U0549197

清史論叢

中国社会科学院
古代史研究所清史研究室 编

二〇二〇年 第二辑

社会科学文献出版社
SOCIAL SCIENCES ACADEMIC PRESS (CHINA)

《清史论丛》编委会

（以姓氏笔画为序）

王戎笙　杨　珍　杨海英　李世愉

李华川　吴伯娅　陈祖武　林存阳

鱼宏亮　高　翔　郭松义　赫治清

主　　编　李世愉

副 主 编　李华川　杨海英

编 辑 部　王士皓　李立民　李　娜

吴四伍　徐到稳

卷首语

《清史论丛》是由中国社会科学院古代史研究所清史研究室主办的专业集刊，创刊于1979年，是国内清史学界历史最为悠久的学术刊物。在历任主编杨向奎、王戎笙、张捷夫等先生的主持下，我们走过了艰辛的历程，即使在学术著作出版困难的岁月里也从未放弃。其间，海内外学术界给了我们大力支持和爱护，使本刊得以基本保持每年出版一辑。本刊主要探讨清代政治、经济、社会、文化、思想、学术、中外关系等问题，每期篇幅约30万字，努力展示历代学人潜心治学的成果，因而在海内外清史学界具有良好影响，也为中国港台和欧、美、日、韩及东南亚许多大学的图书馆和研究所收藏。不看作者出身，只重论文质量，同时注重培养青年人，一直是本刊坚守的两大原则。不少清史学者的代表作和成名作曾在这里首次刊发，他们用辛勤的汗水浇灌了这个园地。为了适应学术发展需要，本刊从2015年起改由社会科学文献出版社出版，一年两辑，面向海内外清史研究及爱好者，栏目有专题研究、学术争鸣、读史札记、书评综述等。文章千古事，得失寸心知。让我们一起走过岁月，沉潜沉醉，沙里拾金。

纪念《清史论丛》创刊四十周年

清代国家治理问题研究

专题研究

学术争鸣

读史札记

史家与史评

CONTENTS

To Commemorate the 40th Anniversary of the Publication of *Qing Shi Lun Cong*

Research on State Governance in Qing Dynasty

Research Articles

Academic Debate

Research Notes

Historians and Historical Criticism

纪念《清史论丛》创刊四十周年

在《清史论丛》创刊四十周年学术座谈会上的讲话

（2020 年 9 月 28 日）

高　翔

我很高兴今天能参加《清史论丛》创刊四十周年学术座谈会。我对古代史研究所、对古代史研究所清史学科的感情特别深。在我的学术道路上，有两个“娘家”，一个是中国人民大学的清史研究所，一个是中国社会科学院古代史研究所清史研究室，这两个“娘家”在我心中都很重要，我是从这两个地方成长起来的。

《清史论丛》“出身不凡”，从创刊起就可以说独具自己的风格。我记得我在中国人民大学攻读硕士、博士学位时，就经常到期刊室里阅览，《清史论丛》是我每次必看的学术刊物。当时《清史论丛》刊发的文章质量很高，让我受益匪浅。后来，我来到古代史研究所清史研究室工作，每周二的时候，王戎笙、何龄修、赫治清、张捷夫诸先生就和我讲学术界的故事，讲清史研究室的故事，讲“马列五老”的故事。这些先生们深怀厚厚的学术期望，寄托着对年青一代的殷殷关怀。我做学问、做人，实际上是从他们的讲话当中得到了许多宝贵教益的。古代史研究所的清史学科是特别有传承，特别有讲究，特别有规范的，它有自己的学术灵魂，有自己的学术追求，有自己的独特气质与风范，形成了自己的学术传统与风格。这样的一个学科弥足珍贵。作为清史学科的一位成员，我很荣幸能够参与这个团队，我希望把我们清史学科的传统传承下去，发扬光大，这是我真切的期望。

我们古代史研究所的清史学科走到今天，我们的《清史论丛》走到今天，依靠的是一批有坚定理想、有真挚情怀、有勇于献身精神的师友同人。起初，《清史论丛》由杨向奎先生、王戎笙先生作主编，两位先生站位都很高，使我们的刊物不仅紧跟清史学界的前沿问题，而且更具重科学性，更具宽广的胸怀。后来《清史论丛》因为各种原因停刊了，当时我们还缺乏必要的学术资金资助。有幸得到了朱诚如先生的帮助，他支持我们的清史学科，资助了10万元钱开会。此外，李世愉先生为了重启《清史论丛》的出版，联系中国广播电视出版社，费尽周折。记得有一次给大家发稿费（还是赫治清先生告诉我的），说世愉骑自行车，把稿费挂在车前把上，结果被抢走了。世愉没说话，继续从家里拿钱资助，当时我以为是中国广播电视出版社发稿费，结果是他自己掏钱，他都没告诉我们。就是这样一批有情怀有抱负的人，把《清史论丛》恢复出版了。此后，《清史论丛》未再间断，一直延续到今天。所以说，要干一番事业，没有牺牲者、奉献者、矢志追求者，是不可能的。

《清史论丛》走到今天不容易。我为什么愿意参加今天这个纪念会？因为我是亲身经历者。这份独特的情感，让我对《清史论丛》寄予了厚重的希望。这里，我简要地提出三点希望。

第一，要毫不动摇地坚持唯物史观的指导。唯物史观是20世纪以来中国人自己的选择。我们的学术特色很大程度上就是坚持了唯物史观，坚持社会形态理论。离开对唯物史观和马克思主义的坚持，当代中国史学就没资格、没能力和西方学术展开平等的对话。五四运动以来，特别是20世纪20年代末到30年代初社会史大论战以来，中国的马克思主义史学登上历史舞台，取得了一大批卓越成果，我们今天没有理由不坚持走下去。我们建设新时代中国史学，唯物史观是我们新时代的旗帜和灵魂，这是我们要毫不动摇的基本原则，没有质疑的空间。我们中国社会科学院的传统就是毫不动摇地坚持唯物史观的指导，立足中国国情，走中国史学自己的路。这一点，老同志要坚持，年轻同志也要坚持。我们的清史学科，从杨向老到王戎笙先生，都是马克思主义史学学者，都是毫不动摇地坚持了以马克思主义史学为指导的名家。在历史研究所，马克思主义史学人才辈出，如侯外庐先生、林甘泉先生、卢钟锋先生，他们都是马克思主义史学大家，清史学科一定要坚持这一点，《清史论丛》也要坚持这一点。

第二，我们要立足清史学科的前沿，开创马克思主义学术的新道路，努力打造清史研究的中国学派。唯物史观是方法论，是立场、观点，不代表我们就没有自己的思考。马克思主义不是束缚人们学术创新的教条，而是开辟新领域的指南。中国马克思主义史学兴起后，开辟了许多重要的学科学派。如历史研究所的侯外庐思想史学派、厦门大学傅衣凌先生的社会经济史学派，等等。我们的清史研究，要根据新时代的要求，努力用新的方法，创立清史研究的新理论，开辟新领域、新道路，以便更好地服务现实。在这方面，清史学科完全可以发挥更大的作用。

第三，《清史论丛》要引领清史学界形成为社会、为国家现实服务的学术风尚。“以史经世”是中国史学最悠久深远的情怀和传统，司马迁在《史记》中便体现了“述往事，思来者”的思想。为现实服务是中国史学的优良传统，近代中国的发展道路有许多方面都是与清代历史的发展休戚相关的。需要我们立足新时代，发挥《清史论丛》作为集刊的优势，对重大的理论问题进行深入的再思考，推动我们的学术走向新的层次，迈向新的高峰。

此外，我还希望我们古代史研究所要办好我们自己的集刊。与学术期刊相比，学术集刊有不可替代的作用。一些期刊过分强调所谓的学术规范，过分强调所谓的审稿制度，过分强调所谓的与国际学术接轨。这种标准未必适用于所有的具体学科，每个学科有每个学科的风格，专业化、专题化是主要的发展趋势。我们的集刊要鼓励学者的自由发挥，以彰显更灵活、更接地气的小型学术团队的追求，促进个性化学术成果的成型、成派。顺便插一句，我个人觉得《清史论丛》的开本还是20世纪80年代的较好。

最后，祝我们的《清史论丛》越办越好，祝各位老师身体健康、工作顺利，祝古代史研究所的清史学科繁荣昌盛，谢谢大家！

研究重镇　扶新哇畹

——祝贺《清史论丛》创办四十年，略述我与《清史论丛》的因缘

张玉兴

改革开放之初，中国社会科学院历史研究所清史研究室即创办了《清史论丛》集刊，搭建研究平台，发表研究成果，促进学术研究，并培养、扶植研究新人。这是学术界远见卓识，开风气之先的行动。四十年来，踏实稳健，辛勤耕耘，收获丰厚，成就辉煌，目的完全达到。它是名副其实的高水平学术专刊，已成为清史研究的重镇，是史学界的一面旗帜，其以严谨、高质量而蜚声国内外。它的成功给人以启迪。从第一辑起我就是其忠实读者，深受其益，我认为它有如下感人之处。

（一）宽广胸怀，面向全国。其起步伊始，便展示开放姿态。以大心胸、大气魄、大手笔来办刊。除积极刊载本单位论文外，还面向社会，面向全国，发表有分量的研究论文，在学术界真有引领全国的味道。从第一辑定下这一方针，而后辑辑延续，形成传统，至今依然，令人钦敬之至。

（二）巨细兼收，注重质量。名家、大家的大文尽情展示。如第一辑就发表了吴量恺、刘永成、李华、孙毓棠与张寄谦、杨向奎的文章。第二辑发表了韦庆远与吴奇衍及鲁素、顾诚、许曾重与林易、商鸿逵、王锺翰、谢国桢的文章。而后郭松义、何龄修、王方中、周远廉、王思治、黄冕堂、王戎笙、冯尔康、陈生玺、何冠彪、张捷夫、赫治清等皆功力深厚的文章陆续面世，足以影响一代学人，在学界产生了积极的影响。

为培养、练就新人，《清史论丛》最初几辑便发表新人李格、吴伯娅、李新达、任道斌、史志宏、李尚英、王政尧、郭成康、刘建新、刘景宪、陈祖武、高翔、杨珍、杜家骥、赵云田、冯佐哲等的文章。接着，陈支平、刘小萌、定宜庄、许檀、林存阳、姚念慈、杨海英、常建华、汪学群

等的文章接连出现。皆言之有物，都有初试牛刀、练功提质的味道。这里特别需要指出的是，这些当年的新人随后几乎皆成为学问大家。《清史论丛》功德无量。

（三）研究深入，特色突出。主要表现在理论深入、考证精深上。数年后，《清史论丛》上，多见功力深厚的恢宏大作、研究到位的长文。如高翔《五十年来的清史研究》、刘小萌《清代北京旗人的房屋买卖——根据契约文书进行的考察》、姚念慈《多尔衮与皇权政治》、杨珍《盛世初叶（1683—1712年）的皇权政治——对明珠晚年的个案分析》、李世愉《清代两次大规模增广学额之比较研究》、刘凤云《试论康熙中期官僚集团的党争——从四起弹劾案谈起》、林存阳《清安溪李氏三礼学》、定宜庄《家族组织与八旗制度之间：清代盛京内务府户口册与旗人家谱的对比研究》、陈宝良《清代的无赖层与地方社会》、杨海英《清初朝鲜通事考》、汪学群《关于清朝前期学术思想的争论》、高翔《清初理学与政治》、李华川《陈季同生平史事考》、赫治清《清代“邪教”与清政府对策》、吴伯娅《关于雍正禁教的几个问题》、常建华《确立统治与形成秩序：清顺治康熙时期对南方土司的处理》、黄健《凌駉甲乙之际事迹考辨》，等等，皆是论述深入、特色突出的大块文章。这些文章短则几万字，长则十几万字，这种规模的文章只有在《清史论丛》上才得以发表，它为学术界练就大家提供了方便。

（四）直面热点，如实展示。站在学术前沿，直面热点问题，展开学术论辩，进行学术交叉，是活跃学术思想，令人耳目一新，推进学术向纵深发展的良方。《清史论丛》从不回避矛盾，以宽广的胸怀，对待各种不同的学术观点，给予其展示的平台。仅第六辑上就有陈汝衡与何龄修的论辩文章，有杨珍与许曾重即学生与先生驳难的双方文章，还有张玉兴、陈祖武等有针对性的论辩文章。而后，如艾哈迈特·霍加、定宜庄、胡鸿保等人的文章，皆属此类性质。这活跃了学术空气，展示了《清史论丛》的非凡容量。

（五）慧眼识珠，扶植新人。《清史论丛》历届主编及编委皆学术水平高、敬业，有高超的辨识之力，能从众稿件中发现真品，纳入刊中，可谓慧眼识珠。前述那么多的后起之秀，陆续发表从单一到精湛的大块文章，足见其在《清史论丛》的园地上受到重视、获得扶植的茁壮成长过程。这是爱惜人才、辨识人才的必然结果。而且该刊绝无本位主义，宽容纳物的精神突出。不仅为本院本所，同时也为外单位，为清史学界，实即为祖国的科研战线，培植了雄厚的中坚力量，促进了学术繁荣。这是学术大胸襟、大手笔，其功在国家、功在历史，令人钦敬之至！

良师益友，令我感戴。我与《清史论丛》有不解之缘。它让我得到了展示成果的平台，助我研究、助我成长，收获友谊。我在其上共发表过6篇文章，获得了历练与提高，这是非比寻常的学术平台，犹如一登龙门则声价十倍，学术成果让人另眼看待。我曾两次获得所在地辽宁省社会科学联合会优秀学术成果论文类一等奖，即1986年的《范文程归清考辨》与1995年的《明末清初“九义士”述论》，可喜的是，这些皆是在《清史论丛》上发表的论文。我被特殊重视。这足见《清史论丛》的影响力，《清史论丛》的高水平确实让我与有荣焉。真可谓“好风凭借力，送我上青云”，我感谢《清史论丛》。

还应提及的是《清史论丛》对我的青睐。《范文程归清考辨》一文的遭遇我深刻铭记。起初，我曾将其投向某刊物，却被打压：1.4万字，要求压缩成3000字，不得已只得撤回。这才以惴惴之心投稿《清史论丛》，令人欣喜的回话是：拟全文刊用。时为1983年。随之，我拿此稿参与在沈阳召开的全国第二次清史讨论会，此稿的遭遇又让我感慨。该会议题是清代人物，百余位代表皆提交了论文。我是会议秘书组成员，任务之一是分发资料。报到的当天，南开大学的陈生玺老师和中国人民大学的王思治老师读到了这篇文章后，先后找到我，极力肯定，陈师称“这是非凡之作，解决了清史大问题”；王师则赞其“考辨精审，言之凿凿”。两位师长皆主动要将该文推荐给各自学校的学报。我敬加婉拒，却受到巨大鼓舞。而与会的七八位学术刊物编辑，对我说来，他们参会是为刊物组稿的，因会议提交论文数量不等，希望获得全部的论文，以便从中择优，我满足了他们的要求，于是向我一再道谢，然而对我的这篇文章却无一理睬，令我愕然。这七八位主持史学栏目的学问里手，竟有如此眼力！我如果向他们的刊物投稿，该文之命运可想而知。我深感《清史论丛》对我的容纳。而后该文又被台湾《清史稿校注》列为参考文献。我益发感谢《清史论丛》，感戴它是我的良师益友。尤其让我永难忘怀的是，由于这篇文章，我获得了恩师与知己，即《清史论丛》编委何龄修老师。何老师本与我素昧平生，但他接触此文后便极为欣赏，评价是“精品”，属“上乘之作”，是“新中国建立以来史学界的尖端论文”。以后他愈加关注我，对我不断启迪、赐教，他之于我既师亦友，我们竟成莫逆之交，彼此间不断地切磋学问，砥砺志节，这影响我一生，令我坚实前行。这是《清史论丛》热诚扶植后学的办刊方针之必然结果，我深受其益，谨于此再次深深感谢《清史论丛》！

祝《清史论丛》百尺竿头更进一步，未来更加灿烂辉煌！

谨题数语如下，聊表敬意：

研究重镇，扶新畦畹；

再创辉煌，行稳致远。

（作者单位：辽宁省社会科学院）

《清史论丛》引领我学术成长

——祝贺《清史论丛》创刊40周年

李尚英

2020年9月28日，中国社会科学院古代史研究所清史研究室、《清史论丛》编辑部召开了《清史论丛》创办40周年学术座谈会，我有幸受邀参加，和与会者一起重温了《清史论丛》创刊40年来的坎坷艰辛的发展历程、培养新型的科研人才所做的努力，以及令人瞩目的成就。这里，我结合自身的体会，谈谈在《清史论丛》引领下自己学术成长的过程，以表达我对《清史论丛》创刊40周年由衷的、热烈的祝贺。

1978年，著名历史学家杨向奎（我们都尊称为"杨向老"或"向老"）先生任中国社会科学院历史研究所清史研究室主任。向老一生喜欢办学术刊物，认为文科的学术刊物就等同于理工科的实验室，承担着学者发表科研成果与培养学术新人的重要职责。20世纪30年代初，向老受当时火热的宣传抗日活动的影响，认为抗日要有实力，我们应当积极积蓄力量，以灭掉侵略者的嚣张气焰。因此，他与学界同人成立了一个读书小团体，并出版了《潜社史学论丛》，第一期出版后即引起胡适、郭沫若等人的注意，在学界有较大影响。

向老任清史研究室主任后，为了改变清史研究在古代史各学科中落后的局面和大力培养清史研究人才，决定创办《清史论丛》。至今，我一共在该刊中发了7篇论文、文章，对我的学术成长确实起到了不可磨灭的引领作用。

《清史论丛》第一辑出版后，我很羡慕专家们所取得的成绩，同时也希望自己能有文章登载其上。于是就想起康熙初年杨起隆起义在学界中无人研究，而自己手中刚好有大学读书时搜集到的一些资料，就草成一短文，交给了该刊主要编辑何龄修先生。何先生本着提携年轻学人的良好愿望，给我提了几个问题，让我修改。我修改后，何先生又一边给我指出不足，一边亲自动手修改，并补充了一些资料，使文章变得较为丰满，并将文章命名为《北京杨起隆起义简述》，发表在《清史论丛》第三辑（1982）上。这是我在该刊上首次发表文章。文章虽然不长，但它的发表却成了鼓舞我继续努力学习清史、搞好科研的动力；同时，由于杨起隆起义是打着白莲教名义，白莲教属于民间宗教，促使我将民间宗教作为自己此后的研究方向。

清代民间宗教研究起步较晚。20 世纪初著名社会活动家陶成章的《教会源流考》及新中国成立前著名史学家李世瑜的《现代华北秘密宗教》均可看作中国秘密社会史的奠基之作。自新中国成立至改革开放，中国秘密社会史尤其是民间宗教的研究陷于沉寂阶段。80 年代初以来，正如著名清史专家高翔院长在《五十年来的清史研究》中所说："喻松青于 1980 年发表了关于罗教和清茶门教方面的研究成果（《明清白莲教研究》），李尚英于次年发表了自己关于天理教方面的研究心得（《天理教新探》）。此后，学者们开始发掘并利用清代档案，研究课题也转向了潜藏于广大乡土社会中的诸多教派。"从此，民间宗教的研究"进入一个更加广阔的天地"。这就是说，著名史学家喻松青先生的科研成果，首先打开了一个新的研究天地，标志着民间宗教研究走出了沉寂局面，而我的《天理教新探》则是在这个新天地中起了一个助推的作用。此后我又对乾嘉时期研究较少的灯郎教、牛八教、清水教等的形成、活动及影响进行了探讨，并发表了《乾嘉时期几个秘密教门的再探讨》，刊登在《清史论丛》1995 年号上。该文否定了一些学者提出的天理教创立后"八卦教再次得到统一"的观点。这一观点也写入高院长的文章中，我看后很是开心。

《乾嘉时期几个秘密教门的再探讨》一文发表后，我又进一步较为深入地对清代民间宗教的主要教派，如清茶门教、红阳教、八卦教、天理教的源流、发展和盛衰演变，以及其历史地位和作用，进行条分缕析，一一梳理，并将研究成果以《清代民间宗教述论》为题发表在《清史论丛》2011 年号上。著名清史专家、中国人民大学清史研究所原所长王俊义教授，赞扬我的工作"便于研究者参考和读者阅读。尚英也因拥有这些研究成果而成为研究清代民间宗教的专家，在这一研究领域理所当然的有一席之地"。

历史研究的一个重要目的就是以史为鉴，古为今用。我在学习和研究清史时也时常关注这一问题。2008 年四川汶川地震牵动了亿万国民的心，引起了国内外的广泛关注。于是，我认真查阅了国家清史编委会主办的“中华文史网”所公布的档案，对嘉庆二十年和道光七年、十年覆盖山西、河南、直隶三省的被称为“千古奇灾”的两次大地震进行了研究，并以《“千古极灾”——嘉、道时期山西、河南和直隶的大地震述略》为题发表在《清史论丛》2008 年号上。本文对这两次大地震的灾情及清廷的赈灾措施做了概述与评价，对后来人有一定的借鉴意义。2011 年在一次学术讨论会上，河南一位素昧平生的学者拍拍我的肩膀说：“谢谢你的文章。”

尊师重道，是每个学人都应遵守的为人风范。我年方弱冠，即承蒙著名明清史专家商鸿逵先生不弃愚钝，教诲谆谆；中年时又受业于历史学一代宗师、《清史论丛》首任主编杨向奎先生，提携再三。今日学业能获点滴进取，皆赖二师及其他师长的勤勤奖掖之力。每念及兹，心中即有挥之不去的思慕之情。因此，也总想为自己热爱与尊重的慈父般的老师做点力所能及的事。于是我写了《商鸿逵先生论清代八旗的组织与皇权集中的矛盾斗争》和《杨向奎先生学术研究及其著作编年》《勤奋为学　博通经史　兼擅文理　著述宏富——纪念杨向奎先生诞辰一百周年》三篇文章，分别发表于《清史论丛》2006 年号和 1994 年号、2009 年号上。

《商鸿逵先生论清代八旗的组织与皇权集中的矛盾斗争》一文的写作情况是：商先生生前曾几次对我谈及，要写一篇《清代八旗的组织与皇权集中的矛盾斗争》，以备将来编辑论文集时所用。但可惜，商先生 1983 年突然去世，此文未能完成写作，当然更谈不上收入此后出版的《明清史论著合集》中。2007 年适逢商先生百年诞辰，《清史论丛》电话约稿，我想到自己手头有先生当年的讲课笔记，遂以此为基础，参考先生其他有关论著，加以整理、补充，爰成此文，作为对先生百年诞辰的纪念。本文对先生所论述的清初百年来八旗旗权斗争及由此而引起的皇权集中过程进行了概要的介绍，其中先生的许多观点代表了当时学界有关这一问题研究的最高水平。

1995 年是向老八十五岁华诞纪念。何先生让我编辑《杨向奎先生论著、文章目录》。我很乐意做此事，遂向向老请教编纂方法。先生对我说：“撰写学术研究及著作的编年，不能只罗列以往所写著作、文章的篇名，那一点意思也没有，还不如不编。”于是，我按照向老的意见，除对较为一般的论著、文章罗列篇名外，还对于反映先生学术观点的论著、文章做重点叙述，最后定名为《杨向奎先生学术研究及其著作编年》。此文对于读者了解先生学术研究的发展轨迹及其治学成就、所作贡献有所裨益，对于学界后人的成长发展也有一定的促进作用。向老看后也较为满意，并嘱咐我说："本文文字可以再做删减，但不要再增加了。"

2010 年是向老百年诞辰纪念。我撰写了《勤奋为学　博通经史　兼擅文理　著述宏富——纪念杨向奎先生诞辰一百周年》一文。王俊义教授评价说，本文"较为全面、系统地论述了杨向奎先生的学术成就，在阐述杨先生经史成就的同时，又评介了杨先生在物理学方面的重要贡献，使学界和读者能更为全面了解杨先生这位学术大师。而这样的论述则是其他评介杨先生的论著中所罕见的"。他还认为，这篇评介文章和发表在其他刊物上的评介杨、商二先生及其他学长的文章，"绝非是敷衍应景之作，而是很有分量的研究性评介论文，……也说明其关注学术研究的责任感和使命感"。著名马克思主义哲学家、中国社会科学院研究生院原院长方克立教授也说："这种尊师重道、继志述学的精神给我留下了深刻印象，令人感佩。"

以上所述，仅是我在《清史论丛》创刊 40 年来所取得的点滴进取，本不足论道。实际上，《清史论丛》创刊 40 年来引领和培养了一大批优秀的清史专家，他们的成就远远地超过了我。衷心祝愿《清史论丛》的编辑们继承与发挥前辈所制定的办刊方针和优良传统，把《清史论丛》办得更好，为清史研究作出更大贡献。

（作者单位：中国社会科学院大学）

“砥砺四十年　奋进新时代”

——纪念《清史论丛》创刊四十周年学术座谈会综述

周　轩　赵法洋

《清史论丛》创刊于1979年，由中国社会科学院古代史研究所清史研究室主办，是国内清史学界历史最为悠久的学术刊物，在海内外产生了积极而广泛的影响。2020年9月28～29日，由清史研究室、《清史论丛》编辑部共同主办的“砥砺四十年　奋进新时代——纪念《清史论丛》创刊四十周年学术座谈会”在北京举行。中国社会科学院副院长、中国历史研究院院长高翔，以及古代史研究所党委书记赵笑洁、所长卜宪群等出席开幕式。《清史论丛》主编李世愉和清史研究室主任林存阳主持座谈会。来自中国第一历史档案馆、清华大学、中国人民大学、故宫博物院、辽宁省社会科学院、东北师范大学、山东大学、云南师范大学等高校与科研机构的五十余位学者参加了会议。

一　院、所领导及有关部门对《清史论丛》创刊四十年的肯定与期望

在开幕式后的座谈会中，与会的专家学者就清史学科的传承与创新以及清史学界的一些重大问题各抒己见，集思广益。

高翔院长在致辞中回忆了自己在早年学习期间与《清史论丛》结下的不解之缘，讲述了清史研究室以往一起组织集体项目、筹划研讨会与出版刊物的往事，并深切地表达了对清史研究室老一辈学者的怀念之情。他对《清史论丛》的未来发展提出了三点期望：第一，坚持唯物史观的办刊方向。自五四运动以来，特别是自20世纪20年代末到30年代初社会史大论战以来，中国史学逐渐形成了自己的风格和特征，取得了一系列卓越的成果，这些都离不开马克思主义的指导。坚持马克思主义的指导是中国社会

科学院史学的优良传统，也是近百年来中国史学的旗帜与灵魂，希望《清史论丛》和清史研究室能够继续在发挥唯物史观的导向方面作出新贡献。第二，要立足清史学科的前沿问题，打造清史研究的中国学派。唯物史观不是束缚学术创新的教条，而是开辟新领域的指南，新时代的清史研究要在唯物史观指导下不断开辟新的研究领域和研究方向。《清史论丛》作为清史研究的重要学术阵地之一，应当在未来朝着这一方向发挥更大的作用。第三，要引领清史研究为社会、为党和国家现实服务的学术风尚。“以史经世”是中国史学的优良传统，近代中国的发展道路有许多方面都与清代历史休戚相关，希望《清史论丛》能够立足新时代，在服务社会、服务国家、服务现实中发现新课题、形成新理论，同时也要对以往清史学界提出的清代历史地位、清代民族政策、清史分期、中国近代化问题等重大理论课题进行再思考，促使清史研究迎来突破性发展。最后，他还特别指出，中国历史研究院要支持学术集刊的建设，一定要发挥好《清史论丛》作为集刊的优势，在坚持唯物史观的指导下推动清史研究个性化时代的到来，从而使清史研究的百花园更加绚烂多彩。

卜宪群所长表示，《清史论丛》无疑是清史学界具有标杆性意义的刊物，在四十年来的办刊实践中累积了诸多经验，最为宝贵的有三点：一是对现实的强烈关怀；二是开放的学术心态；三是注重从世界史的视角来对清代历史进行观察和研究。他强调《清史论丛》即将面临新的发展机遇，今后一定要继续重视文章的稿件质量，不能闭门造车，要坚持开放办刊物的思想，立足学术前沿，要有学术担当精神，从而继续引导清史研究不断走向深入。

科研局刘普处长祝贺《清史论丛》走过四十年光辉岁月。《清史论丛》自创刊至今，克服种种困难，刊发大量高水平论文，为清史学科的建设、历史学人才的培养以及学科共同体的建设等作出很大贡献。他指出，学术集刊是我国出版制度下的一种特殊产物，对突破学术传播、学术评价等方面的局限而成为期刊的重要补充。中国社会科学院高质量的集刊大部分都集中在人文领域，古代史研究所则是集刊出版的领军单位，《清史论丛》更是高质量刊物的代表。科研局目前已利用创新工程资助科研局内部核心期刊来激励院内集刊的建设与发展，在未来还会进一步加大支持的力度。希望《清史论丛》今后能继续坚持正确的政治方向和学术导向，围绕清史领域的前沿问题进行突破性研究，并进一步完善审稿制度，继续保持投稿文章的高水平，团结清史学界，打造出一个完美的学术阵地。

二　学界和出版界对《清史论丛》创刊四十年的祝贺与评价

在新时代的背景下，《清史论丛》迎来创刊四十周年，特地邀集国内学界的专家学者和出版社、期刊界同人，围绕着清史学科建设与发展及新时代学术刊物的使命与担当等重大问题展开了热烈的讨论。包括国家清史编纂委员会副主任、北京大学明清史研究中心主任朱诚如，《清华大学学报》（哲学社会科学版）常务副主编仲伟民，中国第一历史档案馆副馆长、历史档案杂志社社长李国荣，《历史档案》主编王澈，中国人民大学历史学院副院长、清史研究所所长朱浒，社会科学文献出版社副社长梁艳玲，《文史哲》编辑部副研究员孙齐，东北师范大学《古代文明》执行主编赵轶峰，故宫博物院出版部主任陈连营等出席大会致辞祝贺。

朱诚如在致辞中对《清史论丛》度过四十年的岁月表示了真挚的祝贺。他指出，《清史论丛》四十年来面对清史学科的争议论题和敏感论题时不走偏锋，始终坚持自己办刊的宗旨，把握住正确的前进方向，以高水平的刊物质量引领了众多清史研究的发展方向，十分难能可贵。他还对清史学界老一代的学者表达了缅怀之情，认为老一代清史学者坚持在唯物史观的指导下研究历史问题，坚持刊物要为现实政治服务，并对稿源的筛选审核把控严格，这些优良作风都对《清史论丛》发展成为知名刊物起到了积极作用。最后，他期望《明清论丛》能与《清史论丛》加强学术合作，交流办刊经验，促使学者的眼界更加开阔，从而进一步提升刊物的发展前景。

朱浒也首先在致辞中对老一辈清史学人作出的贡献表示诚挚的敬意，感谢他们对后辈的关怀和强有力的支持。他以个人工作经验为基础，辅以统计数据，认为自 2000 年起，清史研究进入了一个较快的发展阶段，然而展现清史研究成果的平台在建设环节上却相对薄弱。诸多清史学界的第一流学者对《清史论丛》的关注和支持，使得《清史论丛》在四十年间发展成为一个良好的研究平台和学术阵地，同时也在很长一段时间里肩负起了清史研究成果发表阵地的重要任务，贡献良多。他认为《清史论丛》不限制文章字数，这一点不仅对刊物本身的发展有着积极作用，也促进了清史研究成果的繁荣。在致辞的最后部分，他根据当前学术刊物办刊的状况和存在的问题，对《清史论丛》今后的发展提出了建议，期望《清史论丛》作为品牌刊物，能在已有的基础上尽快适应期刊发展的动态，更好地实现转型，赢得更广阔的发展空间。

仲伟民对《清史论丛》取得的杰出成就表示由衷的敬意，希望《清史论丛》在中国历史研究院的支持下迎来更加光明的未来。他还在会上分析了学术期刊发展的三大趋势：第一，学术期刊的专业化、专题化是一种不可逆的趋势；第二，专业化、专题化的学术刊物与专家办刊密不可分，并特别指出《清史论丛》目前的发展态势较为合理，也符合学术刊物的发展趋势，一定要坚持下去；第三，办好学术刊物的关键环节还要做好传播，建议《清史论丛》加强与相关数据库的合作，并充分利用微信公众号等新媒介，扩大影响力与号召力。

李国荣在会上主要表达了三点感想：第一，对《清史论丛》四十年来的学术传承表示敬佩和祝贺；第二，指出《清史论丛》是学界公认的不可或缺的学术阵地，期望它未来能够成为更好的历史学术交流平台；第三，希望包括中国历史研究院在内的全国各个单位的学术研究机构与中国第一历史档案馆交流与合作，充分挖掘明清档案的独特价值，共同推进明清史研究。王澈也在祝贺《清史论丛》创刊四十年的同时，对《清史论丛》在其个人学术成长道路上的诸多帮助表达感激之情，并期待清史研究室与中国第一历史档案馆能在未来进一步强化合作。

梁艳玲表示，自 1979 年创刊到现在，《清史论丛》的主编团队始终坚持潜心研究、严谨学风、把握学术前沿的办刊特色，汇聚了海内外优秀的研究力量，发表了一大批清史领域的优秀研究成果。《清史论丛》是目前社会科学文献出版社旗下创办时间最早的集刊，成就来之不易。自 2015 年起，社会科学文献出版社开始与《清史论丛》合作，将一年一辑改为一年两辑，并在保持原有学术优势的基础上进行了一些提升，以打造更好的发表平台。她还特别指出，在社会科学文献出版社每年举办的集刊评奖中，《清史论丛》都能进入年度优秀集刊名录，多次荣获优秀集刊奖。虽然现在学术传播方式的变化，给编辑出版工作带来了更大压力，但在出版方、合作方、评价方的精诚合作下，《清史论丛》蒸蒸日上可期。

孙齐也向《清史论丛》创刊四十周年表示祝贺。他特别指出《文史哲》和《清史论丛》都是杨向奎先生倡导创办的学术刊物，从这两份刊物，可以看出杨先生等老一代学者的高瞻远瞩，以及他们对学术刊物质量的严格要求。正是在杨先生等前辈学者的关怀、指导与清史研究室诸位老师的不懈努力下，《清史论丛》才获得了非凡的成就。希望《清史论丛》继续发扬优良传统，成为清史学乃至古代史学一个更重要的平台。

赵轶峰回忆了《清史论丛》在其早年学习历程中给予的重要帮助，认为四十年来《清史论丛》刊登的很多文章至今仍有价值，是“不废江河”。他在最后向杨向奎先生、王戎笙先生等老一辈学者致以崇高敬意，认为他们的学术精神支撑起《清史论丛》的发展，以后仍要代代传承。

陈连营对《清史论丛》创刊四十周年表示了祝贺，并在发言中主要谈了三点：首先回忆以前师从陈祖武先生在清史研究室做博士后研究的时光，并感谢张捷夫、李世愉等先生在那时对自己的指导与鼓励；其次，非常感谢2001年《清史论丛》刊登了他的文章，给予他莫大的鼓励，让他感到十分荣幸；最后，期待各位学者今后与故宫博物院出版社加强合作与交流。

三　前辈学者和作者对《清史论丛》的厚爱与追忆

一个刊物的发展，离不开作者群的支持和厚爱。辽宁社会科学院研究员张玉兴、《中国社会科学院研究生院学报》原主编李尚英、云南师范大学教授邹建达等都纷纷发言，畅谈感想。

张玉兴认为《清史论丛》办刊至今，具五大优点：一是具有大手笔、大胸怀、大胸襟的办刊气魄；二是巨细兼容，注重资料；三是研究深入，特色鲜明，主要表现在理论深入挖掘、考证精深上；四是以宽广的胸怀对待各种学术观点，给予其展示的平台；五是慧眼识珠，扶植新人，为培养人才作出了巨大贡献。他非常感谢《清史论丛》为自己的文章提供了难得的展示平台，并祝愿《清史论丛》未来越办越好。

李尚英除表示祝贺外，还谦称自己是在《清史论丛》的培养下成长起来的。四十年来，《清史论丛》坚持唯物史观的指导，锁定清史学科的重大问题；组织文章，重视史料，精心编纂，始终将稿件质量放在第一位，从而享誉海外。他还深情缅怀了杨向奎、王戎笙、何龄修、郭松义等老先生对《清史论丛》办刊的巨大贡献，号召年青一代学者要学习他们的精神，并代代传承下去。

作为《清史论丛》的忠实读者与作者，邹建达对《清史论丛》办刊四十周年献上真挚的祝贺，并在会上分享了他的治学经历以及与《清史论丛》结下的深厚情缘。他认为《清史论丛》的办刊思想、办刊精神、培养年轻人等传统应该继续保持下去。

《清史论丛》办刊至今，历经四十年的风雨，能取得今天的成就，除了院所领导、出版社、期刊社以及作者们的支持与厚爱外，还要归功于清史研究室的诸多老一代学人的辛勤耕耘。清史研究室的三位前辈学者赫治清、冯佑哲、林永匡也应邀出席会议，并在会议上回忆了清史研究室办刊的往事，包括曾经遭遇的种种问题与当年高翔、李世愉等对《清史论丛》恢复办刊的贡献。如今在清史研究室一代又一代学人的共同努力下，已经坚持四十年，实属不易。希望年青一代继往开来，在做好研究、努力写出第一流文章的同时，将《清史论丛》越办越好。

《清史论丛》自创刊以来，努力展示历代学人潜心治学的成果，致力于促进清史研究的发展与繁荣。凡对清史某一问题确有认真研究，即使研究成果还不够成熟，只要言之成理，持之有故，有助于促进问题的深入研究与探讨，都尽量予以发表。与会的专家学者在忆往昔岁月的同时放眼未来，既强化了对当今现状的认识，又讨论了《清史论丛》今后的发展道路，还在拓展新思路的同时给出了诸多具体的建议，期待着《清史论丛》在新时代能肩负起新使命。

（作者单位：中国社会科学院大学研究生院）

清代国家治理问题研究

行政失控与政府治理*

——清嘉庆朝王书常冒领库项案研究

倪玉平

摘　要： 嘉道时期的吏治腐败是一个长期的趋势。嘉庆十四年发生的王书常冒领库项案，作案14起，涉及金额7万两，系工部书吏私雕官印、捏造工程名目，套取户部银库、颜料库、缎匹库及内务府广储司银两、物料。王书常冒领库项案是嘉道时期政府行政管理体系失控的重要表现。嘉庆帝极为震怒，将王书常等人正法，并严惩各级失察官员，但最终的效果却并不理想。没有实质监管的权力运行，必然导致政府治理失败和内部人士铤而走险。这正是嘉道时期私雕官印案屡禁不止、愈演愈烈的原因。

关键词： 嘉道　王书常案　私雕官印　吏治

针对传统中国社会晚期的行政治理结构，马克斯·韦伯曾说："实权落在那些非正式的本地出生的胥吏手中，正式官员根本无力监督、修正这些胥吏的工作，官衔越高，越力不从心。不论是中央行政任命的地方官员，还是中央官员，对于地方事务都不甚了了，无法采取彻底的理性措施。"① 公章印信是政府权力的重要象征，私雕官印是对公权力的公然挑战，被视为严重的犯罪行为，但由于权力的结构性错位，极易发生书吏私雕官印的不法行为。清朝嘉庆十四年（1809），步军统领禄康拿获捏造工程名目、伪造工部文书印信、冒领银两的工部书吏王书常等人。经审讯得知，王书常等伙同各部书吏，自嘉庆十一年（1806）起即冒领户部银库、

* 本文系国家社会科学基金项目重大项目"清代商税研究及其数据库建设（1644—1911）"（16ZDA129）的阶段性研究成果。

① 〔德〕马克斯·韦伯：《儒教与道教》，王容芬译，商务印书馆，1999，第110页。

颜料库、缎匹库及内务府广储司银两、物料，作案14起，涉案金额折合银7万两。王书常冒领库项案成为这一时期政府行政管理体系失控的重要表现。嘉庆帝极为震怒，将王书常等即行正法，又将失察官员分别严惩，但效果似乎并不理想。本文即欲以此为题做一简单分析，以窥求嘉道时期的行政失控与政府治理之间的关系。不当之处，尚乞方家指正。

一　案发与审讯

嘉庆十四年十二月初七日，工部侍郎英和因修理城墙，按程序派监督额腾伊与商人王国栋前往广储司领取银两。王国栋偶然看到，广储司同时还有一份工部咨领银钱的文书，系修理正红旗满洲、蒙古和汉军印房兵丁住房工程，估计需银7865.347两，由步军统领禄康等人主持其事。因此前禄康承办工程，都是委托自己办理，王国栋遂前往禄康处询问，何以此事不交由自己经手。闻讯后的禄康大为惊讶，“因并未办有此项工程，何以有领银之事，殊堪骇异”[①]。第二日，禄康入工部衙署面见英和，询问有无工程及批文。经查，发现“来文印信似与工部堂印相符，及调查向来工部印文比较，此文与向来工部印文周围缩小一分有余，似系假造”[②]。得知有人借自己名义冒领银钱，禄康立即派人于初九日午时，将涉案的书吏王书常、王嘉鼎、谢兴邦、蒋得明拿获审讯。

据初十日的口供可知，王书常系浙江山阴县人，33岁，曾在工部当堂书，于嘉庆十三年七月因病告退。十二年三月充补南城察院衙门书吏，十一月因误差被革退。后于十一月初间——“记不准日子”——有素来认识的书吏谢兴邦“到我家内叙及穷苦，向我商量诓骗广储司银两，我应允”。谢兴邦另找工部贴写祝广平，捏造出修理三旗营房工程，计划套取银子7800余两。祝广平写好底稿，谢兴邦誊写文书，然后由王书常向从前当过工部都水司贴写的吴七说明，“叫他去用印信，诓得银两大家分用”。吴七答应将文书拿去盖印。十二月初二日，吴七将文书返给王书常。王书常和谢兴邦又托广储司贴写王嘉鼎为内应，并找到素来相识的蒋得明假充商

① 中国第一历史档案馆藏，《军机处录副奏折》，“嘉庆十四年十二月初十日”，《步军统领禄康折》，档案号：03－2459－027。

② 中国第一历史档案馆藏，《军机处录副奏折》，“嘉庆十四年十二月初十日”，《总管内务府大臣苏楞额等折》，档案号：03－2459－030。

人。初三日，王书常将印文交与蒋得明投交内务府，约定初七日领银，不料尚未领到银两即被抓获。审讯谢兴邦、王嘉鼎、蒋得明，“所供情节与王书常所供相符”。随后，在蒋得明身边搜出假印领一张、门单一张。按清代公文格式，捏造修工文书、冒领银两，“自必捏称监督大人司官的名姓”，但审讯时这些人均称：“我们捏称修理三旗营房工程的假文书上，原写的是禄中堂、陈大人，并无监督的名姓。这原是我们凭空捏造，实在不认识这两宅的家人，并无勾串作弊的事，不敢妄说。”① 四人口供完全相同，也就是说，他们一致声称此次冒领乃他们的首次作案。

十一日上午，审讯结果没有发生大的变化，只是吐露出一些雕刻假印章、制作假文书的细节。谢兴邦说，他曾在广储司当过差使，“支领银两较别处容易”，王书常遂请吴七雕刻假印，以供行骗。结果吴七要印模，王书常“因家中存有在工部当堂书补缺的稿，稿上有印可以作样，就裁下交给吴七的”。十一月二十八日，谢兴邦写好文书领子门单。王书常向吴七询问假印曾否雕就，“吴七将用泥雕成的假印一颗给我看了”。他们约定十二月初三日早上到吴七家盖印，“至期我揣了文领到吴七家，他已熬好苏木水，将各件用了假印，我随同谢兴邦将文领交给蒋得明投递了”。吴七则供称，“到广储司冒领工程银两分用，必得有人雕出工部假印，才好盖用假文书关领”，但“堂印难用，只得用泥雕”。拿到王书常的有印旧稿后，“我就用黄泥做成印模，又用白蜡盖面，将印文粘上照样刻成，在火上烤干，不记日子给与王书常看了”，盖印后“仍交给他的，后来的事我不知道”。②

从初九日初审开始，审案官就采取“连夜熬审”的办法。至十一日下午，经过两天不间断的审讯，案情终于有了突破。在当天的第二份续报奏折中，军机大臣庆桂等人奏称，王书常等人供称，“自上年五月内即有捏指工程、诈为工部印文、赴广储司冒领银两之事。嗣后尚有数次，记不清事由月日”；另又揭发出同伙、原充广储司书吏、现在分发安徽未入流丁凤诏，以及原充工部书吏、现在分发浙江未入流秦大纶。考虑到“捏款假

① 中国第一历史档案馆藏，《军机处录副奏折》，“嘉庆十四年十二月初十日”，《步军统领禄康折》，档案号：03－2459－027。

② 中国第一历史档案馆藏，《军机处录副奏折》，“嘉庆十四年十二月十一日”，《军机大臣庆桂等折》，档案号：03－2459－032。

印，伙同冒支，不法已极，所供尚有不实不尽”，庆桂等一面审讯，一面将各犯家产查抄。[①] 可见此案并非王书常等人所称的首次作案即被抓获，最初的口供显然是经过了他们周密的事先准备，统一了回复口径。

至十二日，审讯有重要进展。庆桂等人抓住作弊始于何时这一关键细节，逐一审问各犯，各犯虽“供词闪烁，展转支吾”，但最终无奈松口。据王书常供称，连此次破案，“伊与吴玉曾冒领分银七次，系自上年五月听从丁凤诏、秦大纶及商曾祺、胡二等通同冒领，每次领得银自二千至四五千不等，与谢兴邦等按股均分”。随后又供称，“除七次外，上年秋冬间尚有二次实记不清月日”。之所以自上年五月始行冒领，“据供工部工程银两自上年三月以后全在广储司支领，是以商同雕刻工部假印，随时捏造事由，按款赴领”[②]。也就是说，他们承认冒领库项共计 9 次，其中成功 8 次，冒领银数 3 万余两。

随着同样涉案的书吏商增祺、胡二等人被抓，至十三日，案情又有了更多的发现。据商曾祺口供，自己原系工部虞衡司经承，后被革退。嘉庆十三年十二月，工部铺户张清泰告知，“他与王书常们商同雕用假印冒领广储司银两，叫我入伙分银使用”。随后商增祺为张清泰誊写假文书，捏造工部咨领补制吉林等处鸟枪银 3800 两银，张清泰将银子领出，“分给我银三百八十两，王书常分银五百两，其余银两俱系张清泰收下，不知他又如何分用”。胡二供称，他系西城察院衙门书吏，其堂弟胡学云在广储司当贴写。本年五月，胡学云拿着工部咨领广储司银两文书，“我看出封套上的印不真，向兄弟查问，兄弟说是谢兴邦托他带到广储司投递的，后来兄弟告诉我说，他查明那文书是谢兴邦们假造冒领银两，他讹了银二千两，叫我不要言语”。隔了几日，谢兴邦来找胡学云，因胡学云不在家，谢兴邦便将 250 两银子转交胡学云，“余银谢兴邦另行自己给我兄弟的，我并未分用银两”[③]。这一口供又显示，此案存在着勒索和共同分肥情节。

① 中国第一历史档案馆藏，《军机处录副奏折》，“嘉庆十四年十二月十一日”，《军机大臣庆桂等折》，档案号：03－2459－032。

② 中国第一历史档案馆编《嘉庆道光两朝上谕档》第 14 册，“嘉庆十四年十二月十二日”，广西师范大学出版社，2000，第 735 页。

③ 中国第一历史档案馆编《嘉庆道光两朝上谕档》第 14 册，“嘉庆十四年十二月十二日”，第 738 页。

十四日，军机大臣庆桂等人奏称，在会同提审王书常、吴七等人时，经过“反复究诘，并向开导，以该犯商同冒领库银已据供出多次，现已身犯重罪，所有从前假冒之案令其及早据实供吐，免致受刑”；王书常供出，除冒领过广储司库银八次外，另自十一年十二月起至本年九月止，还曾到户部银库、缎匹库和颜料库冒领过六次，并带出伙同分赃之蔡泳受、钱大、陶秃子等人，共计成功行骗14次，“似此胆大藐法，殊堪骇异”。王书常还表示，“我们用假印领银是十一年起的”，当时他正充当工部堂书，铺户蔡泳受等人商议假捏盛京等处修理旗纛，“想要盗用堂印，赴户部缎匹、颜料两库冒领物料，许我分赃一成”。自己与吴七商量，造刻假印，曾先后用假印赴库领得缎匹、颜料等物，卖银分用。其中十二年四月，假捏添制八旗随炮车什物绳觔，冒领银7000余两；八月，假捏采买广生铁炮子，冒领银7000余两；十二月，假捏修理左右两翼铁匠营房座，冒领银7000余两；十三年十二月，假捏修文昌庙赴颜料库，冒领物料卖银分用；本年九月，假捏修理健锐营旗纛赴库，冒领缎匹、颜料等物卖银分用，“俱是用假印文领的”。[①]

考虑到牵涉领取缎匹库、颜料库细缎等物，须有内应，禄康等人又顺藤摸瓜查获工部虞衡司笔帖式惠崑。惠崑系镶蓝旗满洲国忠佐领下人，53岁，与铺户蒋得明同在一司当差。据其供称，本年十二月初三日，蒋得明“再三求我送内务府粘封印文一件，实不知文内系何话，不敢拆开观看。以前曾在户部颜料库打兑画押，是有的，次数不能记得。至于钱文不能向伊讲究，并无收受钱文”[②]。事后的连续审讯，证实了惠崑所言非虚。

十五日，蔡泳受等人的口供则揭露出更大的制度漏洞。蔡泳受供称，伙同王书常等赴缎匹、颜料两库冒领物料三次；秦浩供称，与王书常等冒领银两、物料，他知情分赃三次；陶士煜供认假造咨稿，盗用工部虞衡司印，分得赃银二次。蔡泳受系山西平定州人，在工部铺户蒋得明处做伙计，十一年十二月，即起意伙同王书常假捏黑龙江等处制办旗纛等物，赴户部缎匹、颜料两库冒领物料，假写文领，“原想叫王书常盗用堂印，后

① 中国第一历史档案馆藏，《军机处录副奏折》，“嘉庆十四年十二月十一日”，《军机大臣庆桂等折》，档案号：03-2459-051。

② 中国第一历史档案馆藏，《军机处录副奏折》，“嘉庆十四年十二月”（缺日），《大学士禄康等折》，档案号：03-2459-039。

来知道堂印不能盗用”，是王书常找吴七做假印的。此后又多次犯案，“俱系宋六办的假司稿，陶士煜盗用司印”。所有冒领物料卖出银两后，“王书常二成，其余大家分用”。向来赴库支领物料，“虞衡司的文领总是笔帖式惠崑翻译清文，这假文领内清文是蒋得明搀入真文书内送交惠崑翻译的”。王书常等人在广储司及户部三库冒领银两之事，“我都知情分赃的”。①

工部虞衡司柜科经承陶士煜即陶秃子，浙江山阴人，30 岁。他供称，十三年十一月，蔡泳受假捏修文昌庙赴颜料库冒领料物，“假办了司稿一件，交给我搀入司稿内偷用司印”，陶士煜分得京钱 250 吊。本年九月，蔡泳受等人假捏制办健锐营旗纛赴缎匹、颜料两库冒领料物，“叫我办了假司稿，也混着用了司印”，分得京钱 307 吊。工部虞衡司充当军算科经承秦浩，浙江山阴县人。十一年十二月蔡泳受假捏黑龙江等处制办旗纛等物，分给缎 10 匹、绸 20 匹以及颜料等物。十二年五月，商曾祺等人假捏制办八旗随炮车绳斤等物，自己分银 430 两。八月，王书常等人赴户部银库冒领银两，商曾祺知情后向王书常索银 300 两。

商曾祺供称，“向来制办旗纛俱有青红样名色，所以能仿照事由照样列名色捏造稿文，到缎库内冒领”。但内务府缎库并无应行咨领事由可捏，“又不知缎匹色样，所以不能冒领”。他还指出，“缎匹、颜料两库只凭我们假印咨领便可领出，并不由户（部）札付。只有赴户部银库冒领银两，先用工部假咨文送交福建司金科经承万青照应接收，他就凭假文事由缮办稿札送交银库，我们又用工部假印领到库将银领出的”②。惠崑则供称自己参与的活动，系翻写清字，并签名花押，“实止贪得蔡泳受等车饭钱文，委无知情分赃情事”。其中翻写满文，“每一次铺户们总给我三两吊饭钱”，“实都是我写的，不敢狡赖，实因翻稿赴库原是笔帖式的差使，我从前原去过，他们找我时，我胡涂见小，贪得他们车饭钱文，是以替他们去的”。经过质问蔡泳受等人，均称如此，“原因他老实可欺，看不出我们的事情真假，他也从不向我们查问，所以每次都去找他，实在不知道我们假冒的事。如果他

① 中国第一历史档案馆编《嘉庆道光两朝上谕档》第 14 册，“嘉庆十四年十二月十六日”，第 743 页。

② 中国第一历史档案馆编《嘉庆道光两朝上谕档》第 14 册，“嘉庆十四年十二月十六日”，第 743 页。

知情分赃，我们业已身犯重罪，又岂肯替他隐瞒，甘受刑苦呢”。①

参与分赃的万青之弟万彭供称，万青于十二年与商曾祺在银库冒领银两三次，因事后知情，曾向商曾祺借京钱300余吊，其工部原文三件，万青已烧毁一件，余二件及正稿三件现在万青住房内埋藏，已经由步军统领衙门派员前赴该处查起稿件。万彭表示，他系万青堂弟，在户部福建司帮哥哥贴写，万青于十二年内三次赴户部银库领银，正式文稿俱由万彭经手写成，但当时并不知道此稿为伪造。十三年八月，万青役满后，仍然从家内拿出向银库领取银两的文件三份，让万彭按流程送河南道磨对。万彭因稿件乃从家里拿出，起疑心后向哥哥盘问，万青只能承认文件是自己与商曾祺商量伪造的，而且以前冒领的银子都已经分完花掉。万彭担心旧案曝光受牵连，“怕闹出事来不得脱身，也就替他送去磨对”。十四年三月，万彭因缺钱找商曾祺借钱，商曾祺心领神会，当即借给万彭京钱310吊。至于工部原文五件稿，仍旧埋藏在自己卧房内靠窗户旁的摆放桌子的地下。②

至十二月二十四日，经过连续多日的审讯，案情最终有了明确的结论：虽然有过多次抵赖及狡辩，王书常等人最终供称，用假印冒领户部三库及内务府广储司库银、物料，先后共有14次之多，其中冒领银数共计5万余两，冒领颜料、缎匹按照例价计，值银1.9万余两，“胆大藐法，莫此为甚”，“愍不畏死，屡次以身试法”。此案历经数年，日久未破，最初“原止数人同谋，后日久渐露风声，屡被讹诈”，王书常等人也是生活在恐惧之中，“只得分给银两，求免声张，银数虽多，到手旋即分散花消”③，最终仍落得一场空。

二　惩处与整顿

按大清律例，伪造诸衙门印信，冒支钱粮者斩立决，为从绞监候；伪造诸衙门印信者斩监候，为从减一等杖一百，流三千里；伪造假印将起意

① 中国第一历史档案馆编《嘉庆道光两朝上谕档》第14册，“嘉庆十四年十二月十六日”，第748页。

② 中国第一历史档案馆编《嘉庆道光两朝上谕档》第14册，“嘉庆十四年十二月十六日”，第747页。

③ 中国第一历史档案馆藏，《军机处录副奏折》，“嘉庆十四年十二月二十四日”，《军机大臣庆桂等折》，档案号：03－2396－040。

与雕刻之人并以为首论，诈为六部文书盗用印信者绞监候，诈为其余衙门印信文书者杖一百，徒三年；诈为六部各司文书者俱与其余衙门同科；知人盗后分赃者，计所分赃准窃盗为从论，恐吓取财计赃准窃盗论加一等。可见凡是伪照官方印信者，必从严从重惩处。

此案蔡泳受首先倡议，得赃至八九千两，为数最多，依伪造诸衙门印信，冒支钱粮斩决例，拟斩立决。王书常每次假捏钦派办工事由，按诈传诏旨本律罪应斩候，其起意私雕假印伪造文领亦应斩候。吴玉系听从雕刻之人，依例并以为首论，两人均依伪造印信斩监候律，拟斩监候。蒋得明伙同冒领十次，谢兴邦伙同冒领七次，商曾祺伙同冒领五次，蒋得明、谢兴邦、商曾祺均依伪造印信冒支钱粮为从绞监候例，拟绞监候。考虑到王书常起意私雕，吴玉私雕假印，每次均参加分赃，蒋得明假充办工之人赴库冒领，王书常、吴玉、蒋得明均即行分别正法，以昭炯戒。谢兴邦、商曾祺俱监候，秋后处决。其余人等，如陶士煜盗用司印，罪止满徒，该犯事后分赃二次；王嘉鼎、秦浩、钱树堂俱各讹银二次，事后分赃一次；祝广平誊写文领，事后得银一次；但因均不知王书常等私雕假印情事，发黑龙江给披甲人为奴。另外，假印据供砸碎，已经据步军统领衙门送到的起获雕刻原泥，案结即行毁弃。假捏虞衡司稿据供业已烧毁，起出户部先行稿三件及假印文领暂行存案备查。已革工部笔帖式惠崑，讯无知情受贿情弊，但屡被欺蒙，翻稿画押，亦发往乌鲁木齐效力赎罪。①

嘉庆十四年十二月二十四日，嘉庆帝特意解释为何加重处罚："国家设立库藏，慎守出纳，如有亏缺挪移及额外浮支者，均立法綦严，以儆侵盗。"王书常等假印冒领三库及内务府广储司库银、物料，"情罪重大，实属法无可宽"。长期犯案，但各级官员即毫无发觉，"使奸人肆志，得以售其欺罔，酿成巨案，牵连遣戍降革大小多员"。自己虽然体恤民命，"尚恐此案或办理过严，罹法者众，曾默祷上苍，如用法稍失平中，或阴霾寒栗示以机缄"，但本日"瑞雪时晴，天气开朗，可见军机大臣等所拟悉皆允当，不能因节届迎年并斋戒期近，将该犯等稍稽显戮"。所以蔡泳受、王书常、吴玉均即处斩，蒋得明即行处绞，并派侍郎托津、景禄前往监视行

① 中国第一历史档案馆藏，《军机处录副奏折》，"嘉庆十四年十二月二十四日"，《军机大臣庆桂等折》，档案号：03－2396－040。

刑。蔡泳受、王书常、吴玉三犯，俱先于法场刑夹一次，再行正法，并传集六部、三库、内务府等衙门书吏各数人前往环视，俾共知儆惧。其他涉案人员一一从严处理。①

以此次案件为契机，嘉庆帝对官场的疲玩之风大加整顿。

嘉庆十四年十二月十三日，当审讯刚刚出现眉目时，嘉庆帝就发布上谕，指出王书常等人成功冒领居然有八次之多，“阅之殊为愤懑”。在他看来，“近来部院衙门堂司各官于一切奏牍文移全不细心详核”，内务府对于伪造的工部假印文领，居然屡次照数给发，“毫无觉察，此在总管内务府大臣各员怠玩不职，均属咎无可辞”。苏楞额、阿明阿二人现系工部堂官，两处文稿都应该过目审查，假使于内务府给发银款时，考虑到工部衙门并未具奏此件，稍加查核，“何难立破其奸？乃被欺多次，若谓阅稿时前后俱未看出，则是昏愦胡涂，形同木偶，如竟未寓目，更全不以公事为重，直同瞽目，深负朕恩，岂堪复胜部院之任”。所以当即将苏楞额、阿明阿革职。英和、常福、和世泰也一并先行拔去花翎，交部严加议处。嘉庆帝还强调，各部院大臣俱经朝廷特恩简用，委任要职，嗣后“务各殚心厥职，剔弊厘奸，振刷精神，时以此案为戒，朕一秉大公，不肯稍有瞻顾，若再因循怠忽，自干咎戾，惟执法重惩耳，慎之”②。

为示公平，嘉庆帝还特意派军机章京张之屏到苏楞额家传谕：“以苏楞额平素为人精细，非阿明阿人本胡涂者可比，何以于书吏王书常等私雕假印捏指工程冒领库银至八款之多，毫无觉察，昨经革职尚有何委屈？”其结果自然是苏楞额伏地碰头跪称，自己蒙皇上天恩简放总管内务府大臣，又于本年四月擢授工部侍郎，旋于七月授工部尚书，“自奴才到任后，工部办理工程月折稿件与内务府支发银款，皆奴才曾经寓目，竟全未看出，直同木偶，辜负皇上天恩，惭愧无地，分应褫职治罪，不但毫无委屈，实在感惧悚惶之至”③。

① 中国第一历史档案馆编《嘉庆道光两朝上谕档》第 14 册，“嘉庆十四年十二月二十四日”，第 775 页。

② 中国第一历史档案馆编《嘉庆道光两朝上谕档》第 14 册，“嘉庆十四年十二月十四日”，第 739 页。

③ 中国第一历史档案馆藏，《军机处录副奏折》，“嘉庆十四年十二月十四日”，《大学士禄康等折》，档案号：03－2459－036。

十二月十四日，王书常的口供出现新变化，即发现冒领银两之处，除了广储司外，还包括户部三库，这就导致涉案官员随即扩展到了户部的诸多官员，“讯问之下，不胜骇异”。庆桂、董诰、瑚图礼曾管理三库，“于此等冒领银物之事，毫无觉察，实深悚惧”。尤其是曾任户部尚书的戴衢亨、现任户部侍郎的托津，“遇有诈伪印文未能查出，更属愧恨无地”[①]。

两天后，按嘉庆帝的要求，各部将历次失察的官员、职衔、次数等一一上奏，并给出处罚意见。其中关于户部尚书德瑛，涉及六次失察，“其札库先行稿经伊画诺者三，此等文稿并非紧急事件，何迫不及待之有?”在嘉庆帝召见之时，德瑛还表示：“近来因目力不济，所有稿案曾令伊子代画，笔迹间有互异，并称进署之日多，是以先行稿俱系伊阅画，但不察用项之缓急，率画先行，此非勤职，乃冒昧受人愚弄耳。似此精神不能振作，目力昏花，岂复能胜尚书之任?”嘉庆帝于生气之余，直接将其降补。[②]

二十五日是集中汇总对相关官员进行处罚的日子。嘉庆帝表示，大学士禄康降为协办大学士、尚书，户部尚书“虽常川到署，人皆以其年老易于愚弄，酿成重案，其误公之咎更甚于旷公”，令以二品顶戴休致。对于戴衢亨、赵秉冲、刘镮之，部议各降一级调用。费淳拔去花翎，退出工部，降为侍郎。嘉庆帝还特意指出，“此案甚奇，朕所恨者，不在书吏诓骗多次，而在诸大臣及众司员之因循疲玩，方今大弊无出此四字者，若不各加警省，其患更百倍于此案矣。朕惟思图艰图易以待诸臣之洗心涤虑，助朕成一代令主，亦无可再谕矣”[③]。

至于此案失察各处司员，亦从重处罚。案犯蔡泳受、商曾祺、蒋得明、陶士煜等均系工部虞衡司书吏、铺户，该司掌印郎中英奎自十一年十月至本年六月为止，对于书吏等人的12次舞弊行为，“漫无查察，致成巨案”，故将英奎革职发往乌鲁木齐效力赎罪。其他如工部虞衡司掌印员外郎常安，失察二次；户部福建司历任掌印郎中定柱、宽宁及员外郎时敏，

① 中国第一历史档案馆藏，《军机处录副奏折》，“嘉庆十四年十二月十四日”，《大学士禄康等折》，档案号：03－2459－036。

② 中国第一历史档案馆编《嘉庆道光两朝上谕档》第14册，“嘉庆十四年十二月十六日”，第745页。

③ 中国第一历史档案馆编《嘉庆道光两朝上谕档》第14册，“嘉庆十四年十二月二十五日”，第783页。

各失察一次，均照溺职例革职。颜料、缎匹库司员等，于假印文领未能查出，其中颜料库共计三次，缎匹库共计二次，该管司员概行革职。虞衡司失察书吏、舞弊各司员，以及福建司随同画押各司员，亦分别查明次数送吏部议处。[①] 此后，除病故各员毋庸议外，将颜料库前任郎中、今调臣部郎中宝诚等19位革职，户部监放官郎中四德保等17位各降二级调用。工部虞衡司失察、舞弊司员郎中苏炳阿等24位，照例各降一级调用。[②]

不过，因为涉案人员实在过多，至嘉庆十五年正月十一日，禄康奏恳将失察书吏、冒领库项降革司员，“概予捐复”，即同意用捐纳的方式恢复原官，结果嘉庆帝特发上谕：“此不可行。该员等甫经部议，若遽令捐复原官，非唯不足示惩抑，且迹涉言利，有此政体乎?”但因内务府降调人员仍留本衙门补用，此案户工二部司员同时降调者甚多，他们获咎尚属因公，除革职治罪各员毋庸议外，其降调各员，仍加恩比照内务府之例，“准其各留本部行走”[③]，因而对他们的惩罚也就不了了之。

针对案件处罚的随意性，也有官员表达了不满。嘉庆十五年二月十三日，山西道监察御史赛尚阿奏称，“此案情节不一，而定案不无遗漏，并有一事两歧”。在他看来，一方面，户部银库司员行文先到福建司后，福建司札库，其原来印文，库官并未得见，仅止降级、分赔等罪，而内务府银库亦系来文先到堂后，传广储司抄，广储司传库抄，其原来印文，库官亦并未得见，与户部银库事同一体，而革职、分赔、发往乌鲁木齐效力赎罪，“此一事两歧也”；另一方面，内务府银库官员失察，该堂官因系统辖，例有应得之咎，现在均已分别治罪并分赔库帑，“何独六库郎中系本管总理六库事务，转得置身事外?”向来凡有支领各项来文到堂，堂上传广储司抄，必先呈六库郎中看过后再行传各库抄，并银库月折画稿，六库郎中亦必经手画押过目，兹不治罪，又不着落分赔，“此定案遗漏也”[④]。

① 中国第一历史档案馆藏，《军机处录副奏折》，“嘉庆十四年十二月二十四日”，《军机大臣庆桂等折》，档案号：03－2396－040。

② 中国第一历史档案馆藏，《军机处录副奏折》，“嘉庆十五年正月初七日”，《军机大臣庆桂等折》，档案号：03－1530－002。

③ 中国第一历史档案馆编《嘉庆道光两朝上谕档》第15册，“嘉庆十五年正月十一日”，第9～10页。

④ 中国第一历史档案馆藏，《军机处录副奏折》，“嘉庆十五年二月十三日”，《山西道监察御史赛尚阿折》，档案号：03－2397－006。

同日嘉庆帝进行回复，指出广储司库银存储弘义阁，在紫禁城内，“较外库尤重”，该堂官等分别议罪，“实属咎所应得”。至于户部二库，较内库仍有所差别，银库支发须凭部札，系该部福建司主稿，是以将主稿司员遣戍，银库司员仅止降级，与颜料、缎匹两库之不凭部札者，理应有所区别。六库郎中于从前查办时，经内务府大臣而该员向不专司出纳，未经开送职名，即广储司司员内，亦是择其经手承办有失察之咎者，方行送议，并非故意遗漏，总之，“朕办理庶务权衡至当，该御史未悉其中原委，所奏无庸置议”①。

另外，为纠正书吏私自套取钱粮等弊端，给事中庆明奏请严立规条，希望“每逢奏派工程，动用钱粮事件，皆在午门前宣旨”，结果遭到嘉庆帝的断然驳斥：“朝廷凡举大典，始著各大臣诣午门听宣，而各处工程则系随时修葺粘盖，若动辄廷宣，复成何体制！”②

余　论

王书常冒领库项案，系典型的底层书吏勾结串通，通过“内部人”方式，私雕官印，捏造工程名目，伪造公文，联手作案，大量套取官府钱财。由于牵涉人员众多，其间也存在讹诈分赃等现象。王书常案件的发生，和嘉庆朝的行政失控有着直接联系。其实，只要在财务监管的任何一道程序上做好防护，王书常案件即不可能发生，当然更不可能长时段持续地发生。在利益诱惑面前，没有实质监管的权力运行，必然导致政府治理失败和内部人士铤而走险。

唐宋以来，法律文书中关于私雕官印案的处罚，即屡见不鲜。通过对清宫档案和相关文献进行电子检索，笔者尚未找到从顺治时期至雍正时期的私雕官印例子。不过，这绝非意味着私雕官印现象的不存在。最直接的例证是，乾隆二年（1737）四月，太常寺少卿唐绥祖奏称：“律载凡伪造诸衙门印信及时宪书、符验、茶盐引者。为首雕刻斩；为从者减一等，杖一百、流三千里。”唐绥祖认为，翻印时宪书并不产生实际

① 中国第一历史档案馆编《嘉庆道光两朝上谕档》第15册，“嘉庆十五年二月十三日”，第63页。

② 中国第一历史档案馆编《嘉庆道光两朝上谕档》第14册，“嘉庆十四年十二月二十四日”，第776页。

危害，翻印者无非是为谋生之用，不应与雕刻官印相提并论。经王大臣会议商定，认为“其中颇有可采，律例现在纂修，应请交部会同该馆悉心斟酌”[①] 写入律例，并要求做出法律上的调整，可见私雕官印已经是较为普遍的违法行为。

对私雕官印案惩处的法律条款，乾隆朝还做过几次微小的调整。乾隆二十五年三月，陕西按察使阿永阿条奏私雕假印，“例载为首雕刻者斩监候，为从者杖流”，但他认为，一切犯罪行为区分为首为从者，“皆以起意为首”，而贪图小利、受人钱财的雕刻工匠，“多系得受雇值，误堕术中，较之起意匡（诓）骗，情属较轻”。若概坐以为首，而“立意伪造之人反致为从，不足蔽辜”，请嗣后除诓骗财物、本人自行雕刻者仍坐以为首外，“其有雇请雕刻者，将起意伪造及下手雕刻之人，俱拟斩监候；为从者减等拟流”[②]，这一请求得到批准。

私雕官印行为的发现、调查和处理，和各级官员的努力工作密不可分。乾隆二十六年九月，广东按察使来朝奏称，地方官失察假印，例降一级调用。但其中情节各有不同，“有吏役私雕本官印信者，有奸民私雕官员印信者；有在此县雕刻携往彼县行用者，有潜匿雕刻并未行用者。失察吏役私雕，较之失察奸民私雕更重”，应降二级调用。而未经行用之私雕官钱，较之已经行用者稍轻，应减为罚俸一年。来朝的建议也得到了朝廷批准。[③]

乾隆三十四年四月，御史孟邵奏称，为防止官印私雕的行径，佐杂印信也应严禁私雕。但内阁经过讨论后认为：“佐杂等官卑人冗，所用止系钤记。若悉令由部颁发，事体尤属纷烦。”乾隆帝进一步指出：“莫若交与各直省督抚，于省会地方定一镌刻铺户。如官代书之类，令佐杂等报明上司，将应用钤记即就官铺镌刻，但不许悬挂包刻门牌，以除陋习。其余市肆一概不准私雕。”[④]

道光五年十一月，又有御史刘光三奏称，风闻报捐贡监及文武职衔恐有假冒情弊。经户部查核回奏，“地方奸徒勾通熟悉捐例书役，雕刻假照，描摹印信，尤属大干法纪”，要求各衙门一经查有伪造实据，即行严拿究

① 《清高宗实录》卷40，乾隆二年四月癸亥。
② 《清高宗实录》卷609，乾隆二十五年三月壬申。
③ 《清高宗实录》卷645，乾隆二十六年九月甲寅。
④ 《清高宗实录》卷833，乾隆三十四年四月戊辰。

办，“有犯必惩，无稍疏纵”。①

除了法律条款变化外，还开始出现直接的案发记载，这个更为重要。乾隆在位60年，《清高宗实录》共记载了对13起私雕官印案件的处理，不过所涉及的金额较少，如乾隆四十年闰十月，四川楸砥粮站查获盗买盗卖军米、私刻钤记仓收之杜潮珍、刘潮贵、王德裕三犯，所及军粮不过二十五斛。②

到了嘉道时期，私雕官印案明显增多。在这55年的时间中，仅在《清仁宗实录》和《清宣宗实录》中记载的私雕官印案件，就多达18起（见下表）。

嘉道朝私雕官印案一览表

时间	地点	类别	事由	金额	处理
嘉庆元年十一月癸亥	山东	诓骗花户钱文	张介平私雕假印，诓骗粮户马廷公等钱文，均系应征地丁银两。	不详	正法
嘉庆五年十一月乙巳	湖北	伤兵回籍，捏造文票	湖北襄阳县遣回山东病伤兵丁，来文格式乖异，印文模糊。当经提讯，系襄阳县雕刻假印，捏造文票给与伤病兵丁。	不详	不详
嘉庆十一年八月乙未	直隶	私雕藩司及库官印信，套取钱粮	王丽南等私雕藩司及库官印信，与银匠等串通舞弊，将各州县批解银粮任意侵盗，数至二十八万余两之多。	约31.07万两	正法
嘉庆十二年二月乙丑	湖南	私雕假印、诓收花户钱粮契税	武陵县粮书萧嗣陇等私刻假印，于粮串、税契任意盖用，诓骗多银。用藩司假印捏造批回。	2000两以上	严行审讯
嘉庆十四年十二月戊戌	京师	捏指工程，冒领库银	书吏王书常等私雕假印冒领各处库项至十四次之多。	7万余两	正法
嘉庆二十三年十二月戊辰	直隶	串通营书、浮领库银	张松龄及陈炳和，身充司书，串通营书，多次冒领库银。	1700余两	不详
道光元年正月甲戌	湖北	伪造串票，诓骗钱粮	钟祥县知县王余莒因户书私雕假印，伪造串票，诓骗钱粮。	不详	杖毙
道光四年十月壬午	河南	私雕各营关防印信，骗取军饷	营书王桄桦等串同道书谢帼铭，雇请朱三等私雕各营关防印信，至十三颗之多，冒领粮道库银与硝磺。	银2.02万两，硝磺5.9万余斤	正法

① 《清宣宗实录》卷911，道光五年十一月戊申。

② 《清高宗实录》卷995，乾隆四十年闰十月丁卯。

续表

时间	地点	类别	事由	金额	处理
道光八年八月庚寅	云贵	伪雕石玺谋反	王士林伪雕石玺，图往越南小潮，诓惑滋事，起意谋为不轨。	无	不详
道光十年七月己卯	京师	雕刻部监假印，伙办假照	蔡绳祖等曾充捐纳房贴写，雕刻部印，私办贡监职衔封典文照，得赃难以数计。	5000余人涉案	正法
道光十三年二月己未	四川	假雕土千户印信	马林、马新明、马应朋等总须设法拿获。详讯起衅根由，并将其家藏假雕土千户印信，令马林指认。	无	不详
道光十三年十月辛酉	蒙古	伪编圣旨、私雕印信，骗取钱财	四等台吉广果尔拜认原任台吉车登扎布为师，伪编圣旨。又先后私雕将军、盟长、扎萨克等假印十颗，刁诈羊、驼、马匹并银五百两。	羊、驼、马匹并银500两	斩监候
道光十四年九月丙寅	山东	私雕假印、包办飞卷作弊	该省乡试竟有包揽传递，并私雕假印、包办飞卷等弊。	不详	斩监候
道光十八年七月癸亥	安徽	不详	安徽霍邱县知县蓝桂承审余金树私雕假印，将案犯谢汶沅刑责毙命，又捏造假卷，巧为规避地步且解案盘费。	不详	刑毙
道光十八年八月丁酉	广西	谋反勒索	匪徒韦立松因图诈不遂，编造狂悖逆帖，书写年号，雕盖伪印，藉图吓索。并挟林有夙嫌一并编入，冀图陷害。	无	凌迟
道光十九年九月乙未	四川	假雕冒禀上控	新都县马夫邓贵因递送公文，至德阳县中途，误接不识姓名人假雕冒禀之件。	无	不详
道光二十二年十一月庚戌	京师	私雕印信图记，冒领库贮	内务府已革库掌珽璋私雕印信图记，先后冒领冒销各库贮至三十余次之多。	30余次	处斩
道光二十三年正月庚申	江苏	私雕总督关防，冒领公项	书吏刘肇兴私雕总督关防，冒支寄贮府库闸坝余剩经费银八百七十五两之多。	875两	秋后处决

资料来源：据《清仁宗实录》《清宣宗实录》中相关内容整理。

从上表可以看出，嘉道时期私雕官印案，具有鲜明的特点：案发地点多处，既包括京师和直隶，又涉及山东、河南、湖北、四川、蒙古、安徽、广西、江苏以及云贵地区；案件类型复杂，既包括套取钱粮的经济案件，又包括伪造圣旨、起意谋反等政治案件，还包括伪兵文票、乡试作弊、勒索陷害等其他类案件；案件的处理结果各异，有凌迟、有立即正法、斩监候和秋后处决等，五花八门，不一而足。

嘉庆十一年的直隶王丽南案，有24个州县受牵连，报称310669两银子，其实仅完银12214两，未完银298455两。案发后，嘉庆帝对相关官员予以重罚。[①] 但从此次王书常案来看，嘉庆帝的从重处罚，显然并未取得好的效果。尤其是涉案官员费淳，曾于嘉庆十一年八月以协办大学士和吏部尚书的身份，前往保定亲自审理王丽南私雕官印案，感受不可谓不深。但他自十三年九月起负责管理三库事务，至十四年五月离任，失察书吏舞弊冒领银两物料共计五次，“所有王书常等冒领银物之事，毫无觉察”[②]，因而受到处罚，被拔去花翎，由大学士退出工部，降为侍郎，可见费淳并未能从前面的案子中吸取教训。费淳如此，其他人可想而知。

嘉道时期的吏治腐败，是一个长期的趋势。清代的私雕官印，每一次案发都有着极大的偶然性。行政管理一旦失控，权力运行得不到实质监管和制衡，即便花再大力气进行整治，也不可能有实质性改观。这才是嘉道时期私雕官印案屡禁不止、愈演愈烈的真正原因。

（作者单位：清华大学历史系）

① 中国第一历史档案馆藏，《军机处录副奏折》，“嘉庆十一年九月初七日”，《吏部尚书费淳等折》，档案号：03－2392－031。

② 中国第一历史档案馆藏，《军机处录副奏折》，“嘉庆十四年十二月十五日”，《大学士费淳折》，档案号：03－1631－082。

清代前期广西文教治理综论

徐　毅　庄紫理

摘　要：清王朝对于西南边疆多民族地区进行过前所未有的开发与治理，而且对于西南不同省份的治理方略和治理模式各具特色。与西南其他边疆省份不同，清王朝对于广西的治理方略经历了显著的变化；与晚明武力弹压、以暴制暴的治桂方略不同，清王朝采取的是“文德绥怀”“教化四方”的治桂方略。在这一治桂方略的指导下，清王朝历经顺、康、雍、乾四朝，在广西建构起一个超越“汉化”且更具普适价值的教化工程，将不同的地区、不同的民族进行整合，并纳入其统治体系，从而实现边疆社会秩序的重建与长治久安。

关键词：清王朝　治桂方略　教化工程　边疆治理

作为中国历史上最后一个统一多民族的封建王朝，清朝对于西南边疆多民族地区进行过前所未有的开发与治理。学术界的许多研究成果都是从整体与宏观的角度探讨清王朝治理西南边疆地区的历史。事实上，清王朝对西南不同省份的治理方略和治理模式，各具特色。与西南其他边疆省份不同，清王朝对于广西的治理方略经历了显著的变化，它以“文德绥怀”“教化四方”的治桂方略，取代晚明武力弹压、以暴制暴的治桂方略。在这一治桂方略的指导下，清王朝历经顺、康、雍、乾四朝，在广西建构起一个超越“汉化”，且更具普适价值的教化工程，整合不同的地区、不同的民族，并纳入其统治体系，从而实现边疆社会秩序的重建与长治久安。本文即展示清王朝此一治桂之全过程，以就教与方家。

一　明清易代与国家治桂方略的转变

16 世纪下半叶，当明王朝老态龙钟地迈入晚期之时，详志广西全省情况的《广西通志》编纂完毕。它的作者在《风俗》中描绘了晚明治下的广西："广右在楚粤间，全州故湖湘地，士秀而文，桂柳昭滨楚，其俗近之。自柳子厚、张敬夫后先治兹土，而邹志完、刘去华诸公以继，义风之士多向焉。宜山在宋有冯当世、黄鲁直为之先，人才故斌斌，而厄于胡元，遂稍不振。邕与梧号为重镇，幕府所都，东人辐辏，贤者微重，而矜节小人龌龊自持，咸仰给东人，以为外府，至若遐陬小邑，杂处华夷，衣冠鳞介且溷揉其间矣。"[①] 在晚明官员看来，与内地省份不同，广西并不是一个内在结构完全统一的整体，更像许多版块拼接起来的一幅拼图，其内部呈现出多样的形式。这位作者相信广西可以简单明了地分为三个大部分：浸染湖广风习的桂柳，是与内地省份最为相近的地方；而等而下之的邕与梧为军事重镇，所以"（粤）东人辐辏"，当地消费的人力物力"咸仰给（粤）东人"；而最为蛮荒落后之地，乃边远小邑，"衣冠鳞介且溷揉其间矣"。也就是说，在明人治下，广西是一个经济、文化尚未发展的边疆省份；其内部各地区、各民族之发展存在较大的差距；当地政府财政开支和人民生活，都需要邻省的接济。

事实上，明朝在广西的治理成效，与晚明治桂方略密不可分。自建立以来，明朝在面对"华夷杂处"的广西时，朱元璋遵循的是"教化为先"的治理理念，秉承"圣人之教无往不行"、"以夏变夷"和"蛮固未尝不可以中国之治治也"的治桂方略，即立边方之学，尝试改变广西"华夷杂处"的局面。[②] 然明中叶以后"自瑶夷为梗，边无宁居"，各地先后多次爆发少数民族大起义，严重影响了明王朝在广西的统治，无怪乎明朝官员悲观地预言："广西十年不治，民将无地，二十年不治，地将无民，殆非细故。"[③] 迫于形势需要，明王朝最终放弃了朱元璋所秉持的治桂方略，改由武力弹压、以暴制暴，倚靠"大征以安久乱"。但是，在国力日益衰竭的晚明时期，这种治桂方略，正如万历《广西通志》的作者在序言中所描述的，只能让广西陷入永无休止的"蛮夷动乱"和"土瘠民贫"之中，并不能将广西变成一个繁荣、稳定的边疆省份。

---

① 万历《广西通志》卷 3《风俗》，（明）苏濬修纂，万历二十七年刻本，上海图书馆藏书。

② 万历《广西通志·序》；万历《广西通志》卷 12《学校》。

③ 嘉庆《广西通志》卷 192《前事略十四》。

17世纪中期，清军入主中原，年幼的顺治皇帝就迫不及待地下诏恢复前朝庞大的教化工程。[①] 当时南明小朝廷与清王朝反复争夺的广西，正是清王朝恢复教化工程的重点区域。随着清军对广西的逐步控制，顺治皇帝明确表示放弃明王朝以暴制暴的治桂方略，“将以文德绥怀，不欲勤兵黩武”治理广西，[②] 并通过委派的地方官宣布了清王朝治桂新方略：“惟是我皇上创辟大一统之业，乘此遐荒初辟，首明教化，以端本始。”[③]

值得注意的是，清朝在广西并不是要单纯地恢复前朝的教化工程。与明朝不同，清朝是一个典型的少数民族统治中国的王朝。在入主中原之初，清王朝面对的主要问题就是如何将中国境内天南地北、形色各异的不同臣民都进行整合，纳入清王朝的统治体系之中。明朝在其边疆地区推行的“汉化”政策，显然不能适用少数民族作为统治者的清王朝。清王朝亟待创立一个超越“汉化”且更具普适价值的治理模式。[④] 在广西这一“蛮夷杂处”的边疆省份，清朝正是通过构建一种普适价值的教化工程来实现对边疆广西的治理的。

二　顺治、康熙年间清王朝在广西重建教化工程

清前期，广西教化工程的建构可以分成两个阶段。顺治、康熙两朝属于第一个阶段。这一阶段主要是清朝广西的各级地方官员胼手胝足地重建在广西的教化体系。

首先，顺治、康熙两朝的各级地方官员深入广西基层，致力于恢复分布于各府、州、县的官学体系。顺治九年（1652），清王朝已基本控制广西。是年，清朝委派的广西迁江知县高际运，在当地恢复了清代广西第一所县学——迁江县学。自顺治九年至康熙十三年（1674）孙延龄叛乱为止，广西境内一共恢复府、州、县各级官学51所，其中府学10所，州、县学41所，基本覆盖了清朝实际控制下的广西全境。康熙十三年至十九年（1680），广西官学的恢复工作受到了孙延龄叛乱的冲击，许多重建的官学

① 《清世祖实录》卷9，顺治元年十月甲子。

② 《清世祖实录》卷75，顺治十年五月庚寅。

③ 《清世祖实录》卷126，顺治十六年五月壬午。

④ 正如乾隆皇帝在即位之初的上谕中所坦言的：“从来帝王抚育区夏之道，惟在教养两端。”详见《清高宗实录》卷3，雍正十三年九月壬戌。

再次毁于兵燹。康熙二十年（1681）之后，广西又迎来了官学再次重建的高潮。至康熙末年，广西一共重建了府、州、县学68所，基本恢复了广西的官学体系。[①]

其次，为了保证官学的正常运作，康熙二十二年（1683），广西各级地方官员纷纷招民复耕学田；至年底，广西一共恢复学田1.314万亩。随即，广西将这些学田的地租专门用作官学中贫困学子的生活补贴。[②]

最后，开乡试取士和设立贡院。如果说，官学的修建还只是恢复教化工程的初级工作话，那么开乡试取士和设立贡院，就可以看作清王朝在广西恢复教化工程的高级工作了。这些高级工作是专门为清王朝培养比生员更高一级的上层士绅——举人的。这些举人中更为优秀者，将会通过京城的会试而成为清朝最高级别的士绅——进士。从这个意义上看，广西贡院对广西籍的士人来说，具有由下层士绅提升为上层士绅的功能，这对于清王朝实现对广西全境的统治至关重要。顺治十三年（1656），顺治皇帝下诏，命还未完全平定的广西将于“丁酉科举行乡试，取中举人四十名，俟全省大定，仍复旧额”[③]。然而，在广西开科，清帝国亟待解决两个问题。第一个问题就是在哪里开科的问题，也就是说，广西乡试的贡院设在什么地方。第二个问题则是如何通过开科将广西士人从对明的认同转变为对清的认同。对于当时的清人来说，第一个问题较为容易解决，贡院可以定在明代贡院旧址——临桂县城新西门内。[④] 与第一个问题不同，解决第二个问题则需要相当的智慧和策略，并非轻而易举之事。明朝立国两百余年，在广西已有相当稳固的统治基础。一方面，明朝初年，洪武皇帝将其侄子朱守谦分封到广西桂林地区，藩号为靖江王，其权力来源于其皇室的血统，因此靖江王就成了明皇室在广西统治权威的象征，一直延续到明末，共计14代。[⑤] 另一方面，明末广西长期处于南明与清朝反复争夺之下，时

---

① 据康熙《广西通志》卷11《学校》、雍正《广西通志》卷37~41《学校》、嘉庆《广西通志》卷164~165《经政略·学制》等资料统计而得。

② 康熙《大清会典》卷22《户部六》；嘉庆《广西通志》卷166《经政略十六·学制二》。

③ 《清世祖实录》卷102，顺治十三年六月癸卯。

④ 明代广西贡院旧址，在临桂县城西胜仙门，宋乾道年间建；明天顺年间迁到新西门内，明嘉靖四年重修。见万历《广西通志》卷9《公署》。

⑤ 《明史》卷118《诸王三·靖江王》。

至乡试开科，广西还没有完全纳入清朝的统治下，尚有部分地区还在南明小朝廷的掌控内。对于大多数广西人来说，尤其是对于读书人来说，通过参加清朝的乡试来放弃内心中对明朝的认同，恐怕绝非易事，除非采取一种更为巧妙的策略。

鉴于此，顺治皇帝独具匠心，将“设贡院”与“改认同”这两个问题结合在一起一并解决。位于临桂县城中心的靖江王旧宅——靖江王府，则成了顺治皇帝一并解决这两个问题的关键。顺治皇帝深知，靖江王是明皇室在广西统治权威的代表，在广西士子心目中具有非常重要的象征意义。在很大程度上，广西士人对靖江王的认同与效忠，就等同于对明王朝的认同与效忠。对此，顺治皇帝来了个釜底抽薪，断然下令废弃原来明朝设立于新西门内的贡院，而将明靖江王的王府改设为清朝的贡院。顺治皇帝是要通过这一“新设贡院”的举措彻底摧毁广西士人对明朝的最后一点寄托与念想。要知道，昔日的王府变成今日的贡院，昔日的士人在走进王府，投身到培养新王朝合格臣民的科举考试中时，就意味着放弃对前朝的认同与效忠，欲成为新王朝认可的士绅。改王府为贡院，为广西士人转换统治认同，提供了一个最为巧妙的制度安排。

顺治十四年（1657），广西首开乡试，收获颇丰，依开科前定制，足额取中举人40名，其中桂林府全州籍的伍亶直还在顺治十五年（1658）的会试、殿试中表现出色，高中进士。[①] 伍亶直的高中，成为入清以来广西的第一名进士，这说明顺治皇帝在广西恢复教化工程已初显成效。随着教化工程的全面恢复，至康熙年间，更多的广西籍读书人进入各级官学，并获得了康熙皇帝的赞誉：“（云南、贵州和广西）三省文风日盛，士子俱各黾勉肄业，考试者渐多。”[②]

三　雍正、乾隆时期清王朝在广西对教化工程的深化构建

从康熙朝后期开始，清王朝意识到了教化工程在广西运行时所存在的问题。首先，正如康熙皇帝指出的，广西“路远人少，每至脱科”[③]；也就

① 嘉庆《广西通志》卷73《选举表十三·进士》，卷74《选举表十四·举人一》。

② 《清圣祖实录》卷249，康熙五十一年三月庚子。

③ 《清圣祖实录》卷249，康熙五十一年三月庚子。

是说，对于清朝来说，亟待处理如何扶持广西士子参加各级科举考试，尤其是到路途遥远的北京参加会试和殿试，并且在全国激烈的竞争中始终占有一席之地的问题。其次，万历《广西通志》所描述的广西各地经济文化发展极不平衡，至清初仍然没有发生根本性变化，正如雍正初年的广西巡抚金鉷所言："粤西天末边隅，土司杂处，而习俗民风迥异内省。"① 因此，对于清朝来说，如何将处于土司制度控制且文教落后的地区进行整合，纳入广西教化工程，也是一个极富挑战的问题。最后，要想从根本上改变广西文教落后的面貌，仅仅依靠各级官学远远不够，亟待寻找"助学校之不及"的途径，将教化工程普及更为下层的乡、镇、村。为了解决上述三个问题，清王朝在前一阶段的基础上从宏观、中观与微观三个层面上深入推进教化工程的建构，这就是清朝第二个阶段即雍正、乾隆朝应做的工作。

首先，在国家科举制度的宏观层面进行创新，出台一系列新制度，着力鼓励广西籍士子参加会试和殿试。清初，顺治皇帝在会试制度中仍延续分卷取士制，但是有大臣提出，分卷制所划分的地域并不能实现取士的公平，即"查会试之分南、北、中卷，原为因地取才起见，行之既久，其势不能均平，若不稍加变通，恐遐方士子，不能仰承皇上广兴文教、乐育人材至意"，并提出分卷制的变通方案："嗣后应于南、北、中卷内，再分江南、浙江为南左，江西、湖广、福建、广东为南右，直隶、山东为北左，河南、山西、陕西为北右，四川、云南为中左，广西、贵州为中右，仍照定例各计卷数之多寡，凭文取中。既于科场条例并无更改，又于各省中额不致偏枯。至安、庐、凤三府，滁、和、徐三州，改归南卷。"② 很显然，这一个变通方案的用意就是要照顾地处"遐方"的士子，这当然包括广西籍士子。之后，康熙三十八（1699）和四十二年（1703），针对分卷制的弊端以及改革方案，清王朝又进行了两次大讨论。③ 到康熙五十一年（1712）时，康熙皇帝考虑到"近见直隶各省考取进士额数，或一省偏多，或一省偏少，皆因南北卷中未经分别省份，故取中人数甚属不均"，尤其是像广西这样的边疆省份，"贫士自远方跋涉，赴试至京，每限于额数，

① 光绪《镇安府志》卷7《选举表》。

② 《清圣祖实录》卷151，康熙三十年五月辛亥。

③ 详见《清圣祖实录》卷196，康熙三十八年十二月己酉；卷212，康熙四十二年四月壬戌。

多致遗漏，朕深为轸念”，于是决定“自今以后，考取进士，额数不必预定，俟天下会试之人齐集京师，着该部将各省应试到部举人实数，及八旗满洲、蒙古、汉军应考人数一并查明，豫行奏闻，朕计省之大小、人之多寡，按省酌定取中进士额数。考取之时，就本省卷内择其佳者，照所定之数取中。如此，则偏多偏少之弊可除，而学优真才不致遗漏矣”，即采用了分省取士制代替分卷取士制。[①] 可以说，分省取士制最大的受益者就是地处“远方”的广西籍士子，该制度能够充分保证广西籍士子在激烈的考试竞争中占有一席之地，不至于“脱科”，这充分体现了清王朝文教政策中的普适价值。至雍正朝，清王朝对于入京参加会试的广西籍举子采取了更为优惠的政策。雍正十一年（1733），雍正皇帝考虑到广西等省举人“赴京会试，邮程遥远，非近省可比”，于是“欲于落卷中，择其文尚可观，而人材可用者，添取数人，候旨录用，以昭朕格外加恩之意”。这就是所谓的“明通榜”，即在正式录取榜之外，再加一录取榜，这无疑给广西等边疆省份的举子们又开辟了一条入仕途径，改善了他们落第后全无希望的窘况。乾隆二年（1737），清朝进一步将雍正朝优先录用落第举子的政策制度化和规范化，将广西籍“拣选下第举人文理通明者”的名额确定为20人左右，并进一步落实他们回省录用的职位，“以学正、教谕即用”[②]。这些举措都极大地鼓舞了广西籍举子进京参加会试的积极性。

其次，在中观区域层面上，清王朝致力于改变桂西土司地区的文教落后的局面。早在清初，清王朝就仿效明朝采取让土司子弟入学读书的种种措施。[③] 顺治十五年（1658）题准：“土司子弟，有向化愿学者，令立学一所，行地方官取文理明通者一人，充为教读。”[④] 然而，桂西土司响应者寥寥，仍“俗无礼义，尚格斗，争替争袭连年不解”，这使清王朝进一步认识到“夫更化善俗，莫先于学校”，遂于康熙五年（1666）“令各土司子弟，愿习经书者，许在附近府县考试。文义通达，每县额取二名。俾感于忠孝礼义，则争斗之风自息”[⑤]。这一政策进一步补充和完善了顺治朝的规

① 光绪《大清会典事例》卷350《礼部·贡举·会试中额》。

② 光绪《大清会典事例》卷353《礼部·贡举·明通榜》。

③ 有关明朝规定土官子弟入学的政策，见万历《广西通志》卷12《学校》。

④ 雍正《大清会典》卷76《礼部二十》。

⑤ 《清圣祖实录》卷20，康熙五年九月丙辰。

定，在名额上给予了土司子弟参加官学考试的优惠，这是清朝第一次公开为桂西土司子弟专列学额。但是“粤西土司僻处边峒，不识诗书，不明礼义，狠悍成性”由来已久，对清朝为他们提供的整套教化工程难以接受。为此，康熙二十五年（1686），广西布政使教化新疏言：“请敕该抚谕令各土司官有愿送子弟就近府州县读书者，命该教官收纳训诲。”[①] 从顺治十六年（1659）就规定土官及其子弟可以入学，但是二十多年过后，还有官员上书请求让土司子弟入府、州、县学读书。这表明清王朝在桂西土司地区推行的教化工程，收效甚微。除了极个别土司之外[②]，绝大多数土府土州的土官，并不热衷于将自己纳入清朝的教化工程当中去，有些还会进行抵抗。结果，康熙年间，广西形成一个泾渭分明的二元结构——在流官统治区域，清朝的教化工程得以重新启动和不断完善；在土司统治区域，清朝的教化始终难以推行，像泗城土府这样的土司地区，即使建立了清朝的儒学，也绝少有当地世居进学者，[③] 清朝的官员曾无奈地将土司地区称作“无人应试之区”[④]。这种二元结构的形成，阻梗清朝教化的进一步推行。究其根源，就是在桂西已扎根数百年之久的土司制度；更重要的是，土司制度还严重影响了清王朝对于边疆地区的治理。对此，雍正皇帝已有深刻认识：“朕闻各处土司鲜知法纪，每于所属土民多端科派，较之有司征收正供，不啻倍蓰，甚至取其马牛，夺其子女，生杀任情。土民受其鱼肉，敢怒而不敢言，孰非朕之赤子？方令天下共享乐利，而土民独使向隅，朕心深为不忍。”[⑤] 从雍正年间开始，出于文教推广与边疆治理的双重需要，清王朝选择了一条“先改流后教化”的治理路径，即在桂西先大刀阔斧地进行改土归流，[⑥] 继而再用教化进行善后与疏导。

---

① 《清圣祖实录》卷125，康熙二十五年三月丙辰。

② 在大规模改流之前，桂西土司地区仅设立了唯一一所儒学——泗城府学，其建于康熙二十年。当时，泗城土府还处在岑氏土司家族的统治之下。康熙十年，清王朝向该府选派了教授。但迟至二十年，才“建文庙于府治前”。详见康熙《广西通志》卷11《学校》。

③ 《清世宗实录》卷134，雍正十一年八月癸丑。

④ “无人应试之区”源自广西巡抚金鉷的奏折，内称：“惟泗、镇二府实无应试生童，诚宜设法振兴，以鼓励人才。”见《巡抚金鉷题覆四府入籍考试疏》，光绪《镇安府志》卷7《选举表》。

⑤ 《清世宗实录》卷20，雍正二年五月辛酉。

⑥ 有关广西改土归流的历史进程详见李世愉《清代土司制度论考》，中国社会科学出版社，1998。

镇安府学就属于清王朝推行“先改流后教化”后建立的第一所儒学。早在康熙二年（1663），该府作为试点地区就实行了改土归流；[①] 至康熙七年（1668），由通判彭权督建镇安府学。[②] 康熙五年（1666），清王朝将改流地扩大到思恩府，“改广西安隆长官司为西隆州，上林长官司为西林县，隶思恩府”[③]。直至康熙五十年（1711）以后，清王朝才诏令西隆与西林两地设立官学。[④] 雍正朝，清王朝的“先改流后教化”策略在桂西各地全面推行。雍乾两朝改流之后新设立的官学依次为：雍正二年（1724）建西林县学[⑤]、奉议州学[⑥]、土田州学[⑦]和太平土州学[⑧]；雍正三年（1725）建崇善县学[⑨]；雍正十一年（1733）建归顺州学[⑩]；雍正十二年（1734）建东兰州学[⑪]；乾隆三年（1738）底至四年（1739）在镇安府学中增设天保县学[⑫]。原来没有固定学额的泗城府学，在改流之后，照镇安之额取进文武童生。[⑬]

在“先改流后教化”的过程中，为了尽快地扭转“无应试生童”的尴尬局面，雍正皇帝接受了广西巡抚金鉷“寄籍入学”的建言，即：“应令外省及本省异府之人，有情愿入籍者，具呈府县造入烟户册，即申布政司，咨查本籍如无过犯，准其入籍考试，仍呈明学政衙门注册，该学政于考试时，按籍而稽。如册内无名，不得混考。入学中举之后，照奉天定例，不许搬回原籍……如有土属内改流之州县，亦均照此例，准外省及同省异府之人，入籍考试俟十科后，均行停止。”[⑭] 这一政策的目的非常明确，就是通过给予外省或外府士子寄籍入学这一优惠条件，换取入籍考试

① 《清圣祖实录》卷9，康熙二年八月辛酉。
② 嘉庆《广西通志》卷140《建置略十五·学校八》。
③ 《清圣祖实录》卷19，康熙五年七月辛丑。
④ 《清圣祖实录》卷246，康熙五十年四月戊辰。
⑤ 雍正《大清会典》卷76《礼部二十》。
⑥ 嘉庆《广西通志》卷140《建置略十五·学校八》。
⑦ 嘉庆《广西通志》卷136《建置略十一·学校四》。
⑧ 嘉庆《广西通志》卷139《建置略十四·学校七》。
⑨ 民国《崇善县志》第3编《政治·教育行政》。
⑩ 嘉庆《广西通志》卷140《建置略十五·学校八》。
⑪ 嘉庆《广西通志》卷135《建置略十·学校三》。
⑫ 《清高宗实录》卷81，乾隆三年十一月甲子。
⑬ 《清世宗实录》卷134，雍正十一年八月癸丑。
⑭ 嘉庆《钦定学政全书》卷41《寄籍入学》。

之人作为世居民童子之师，“使之薰陶渐染，以开其愚蒙”，尽快发展改土归流之后桂西的文教事业。

就这样，清王朝通过制度改革和借助外力的双重方式，在土司地区推行其教化工程，迫使土司地区对清朝的教化工程进行全面认同，取得了显著的治理成效。正如乾隆二十八年（1763）《皇清职贡图》所评价的：“自改流以来，土人子弟有读书应试为诸生者。”①

最后，为了从根本上改变广西文教落后的面貌，清王朝在恢复官学体系的同时，在微观层面决定向明朝学习，广设义学、社学和书院，“助学校之不及”，试图将教化工程普及更为基层的乡、镇、村。一般而言，清王朝在各省设置的官学中，最低一级仅仅是到县或州，而且每级官学的入学名额都有严格的规定。这就从地域分布与人员录取两个层面上大大限制了清朝教化向县以下基层社会的渗透。为了摆脱这一困境，清初的皇帝们就借鉴前朝经验，将义学与社学作为王朝教化向基层社会渗透的主要媒介，要求全国“每乡置社学一区，择其文艺通晓、行谊谨厚者，补充社师。免其差役，量给廪饩养赡。提学按临日，造姓名册申报查考”②；至康熙朝，亦进一步规定：“各州县于大乡巨镇各置社学。凡近乡子弟，年十二以上，二十以下，有志学文者，俱令人学肄业……如有能文入学者，社师优赏，若怠于教习，专营补充者褫革。”③ 从这个意义上看，清朝广设的义学与社学，具有在基层社会普及文教的功能。以上规定当然也适用于清王朝治下的广西。康熙五十九年（1720），康熙皇帝还亲自为广西的“极边之地”——桂西的土司地区，颁布“各设义学一所”的谕令。④ 值得注意的是，当时广西响应普及文教者寥寥，其主要原因就在于清王朝广设义学、社学的谕令在广西一直缺乏一个行之有效的推广方案。

在广西，最早响应朝廷号召设立义学的是永安知州丁亮工。康熙二十年（1681），丁亮工在永安州尊经阁下创办义学，成为广西创办义学之始。⑤ 受永安州义学的启发，时任布政使的崔维雅于康熙三十四年（1695），除参与

① 《皇清职贡图》卷4，《钦定四库全书》卷7749史部。

② 嘉庆《大清会典事例》卷317《礼部·学校·各省义学》。

③ 《清朝文献通考》卷70《学校八》。

④ 嘉庆《钦定学改全书》卷73《义学事例》。

⑤ 嘉庆《广西通志》卷134《建置略九·学校二》。

临桂知县张遴再兴办义学之外，还发布了在广西省兴建义学的总动员书——《立义学以广文教议》，要求各县广立义学，以此推动清朝的教化。[①] 他的总动员令开宗明义地声明了广西文教不兴缘于“上无督率之长吏，下无训育之师儒，斯民少长蓬茅，无所观瞻向慕”，且“粤民不能束脩负笈，又少就近乡塾可从”，之所以出现这些状况，都是因为各地官学教育远远不能满足文教需求，因此亟待设立相当的书院、义学和社学，“助学校之不及”，以加强对士子们的教化。在他看来，解决这一问题的最好办法便是“令各府州县设立义学，择宽闲公所，选取儒学中老成有学，行谊端方之士，立为社师”。可以说，崔维雅的总动员令即是一个将清朝文教普及理想“广西化”的实践方案。根据崔维雅的方案，清朝“每乡置社学一区”的文教普及理想，结合广西的特殊情况，就应该让当地“士之子”、“佣贩之子”与“瑶蛮桀骜之徒”成为教化对象，能够发挥文化普及、移风易俗与稳定秩序的多重功效，正所谓“不但士之子恒为士，可使佣贩之子亦事诗书，瑶蛮桀骜之徒驯归礼仪；人才于此出，风俗于此成，变乱于此弭，是一举而诸善备焉”。至于如何筹办义学，崔维雅也结合广西的情况认为“是州邑各有司之责也”，但又必须“官给馆谷，以资膳养，约岁费二十余金，正佐捐俸共举，不得派民，其穷荒残邑，力有不足者，同各司道府等官，各随力量捐以助不给”。可见，崔氏立学的最佳模式是一种“不得派民”的官办模式。不久，广西又饬行各州县“广立社学，使天下无不教之民，四民无不学之夫”[②]。此后的康熙五十年（1711）与雍正九年（1731），两位广西巡抚陈元龙与金鉷，续崔氏之志，两次掀起兴办义学与社学的高潮，并身体力行，先后设义学 17 所和 21 所。[③]

对于清王朝与省一级官员三令五申的倡导，广西地方社会表现出怎样的态度呢？早在崔维雅檄各地广设义学与社学之时，就有官员表示担忧，“社学之师岁有廪饩之给，使出于学租，则夺贫士膏火之资，未免得半而失半”，并没有立即奉行崔维雅的诏令，而是将其诏令“檄行府属州县安议详报”，没想到各州县却积极响应，“各愿捐俸急公”。[④] 除了各地方官员

① 嘉庆《广西通志》卷 133《建置路八・学校一》。

② 雍正《平乐府志》卷 8《学校・社学》。

③ 嘉庆《广西通志》卷 133《建置略八・学校一》。

④ 雍正《平乐府志》卷 8《学校・社学》。

捐俸急公外，社会各阶层亦是各尽所能，掀起了一股全社会参与创建义学、社学的风潮。

第一，在各地方官兴办义学、社学的过程中，受到了社会各阶层的鼎力支持。广西第一所义学永安义学就是由丁亮工与州中士绅共同捐款修建完成的。[①] 雍正元年（1723），象州知州徐德秩将原来旧有的义学移建至城西南隅时，既得到了生员覃谷芳捐地的支持；[②] 恭城势江社学早在明代就已经设立，至清康熙年间，由地方官与当地俸、卢、唐、陶、陈五姓土目共同重新开办。[③] 第二，社会各阶层还独自兴办了一批义学、社学。康熙三十八年（1699），由士民共同创办宣化县义学，以祀南宁府知府孙明忠；[④] 康熙六十年（1721），苍梧县人李世瑞在当地尊文阁后建修明义学；[⑤] 康熙年间，由贺县在城星人之严、雷、周、龙四姓各捐田入学，供脩膳所立的义学。[⑥] 在改土归流推行及其之后的岁月中，土司地区的土州州官亦纷纷兴建义学、社学。最早是土田州知州岑应祺于康熙六十年（1721）在州署东所建之义学；另外，雍正时期，上映土州州署东所修建义学一所，也是由土知州捐给脩脯银完成的。[⑦] 乾隆二十年（1755），土知州岑宜栋在该州七里分设七所义学。[⑧] 乾隆年间，阳万土分州州判岑熙建义学一所。[⑨] 值得注意的是，在广设启蒙教育性质的义学、社学的同时，广西地方社会亦掀起建设以书院为代表的高等教育场所之运动，进一步提升广西地方的文教层次。从我们统计的数据来看，在康乾盛世期间，广西集中兴办义学、社学和书院的时间段一共是两次：第一次是从康熙二十年

① 嘉庆《广西通志》卷136《建置略十一·学校四》。

② 嘉庆《广西通志》卷135《建置略十·学校三》。

③ 据笔者调查得知，明清两朝恭城势江地区一直由此五姓土目共同管理。清初社学的建立，也由这五姓共同承办。另有《重建社学碑记》可以相互印证，现存于势江社学遗址内。根据笔者在势江的田野调查中对陶水生老人的访谈笔记整理。

④ 嘉庆《广西通志》卷138《建置略十三·学校六》。

⑤ 嘉庆《广西通志》卷137《建置略十二·学校五》；同治《梧州府志》卷6《建置志二·学校》。

⑥ 嘉庆《广西通志》卷136《建置略十一·学校四》；民国《贺县志》卷6《文化·学校教育·义学》

⑦ 嘉庆《广西通志》卷140《建置略十五·学校八》；光绪《镇安府志》卷15《建置志三·义学》。

⑧ 嘉庆《广西通志》卷136《建置略十一·学校四》。

⑨ 嘉庆《广西通志》卷136《建置略十一·学校四》。

至康熙五十四年；第二次是从雍正三年至乾隆二十五年。在第一次兴办高潮中，广西各地共办义学、社学和书院 84 所，分布在除了镇安府之外的 10 个府 1 个直隶州中；在第二次高潮中，广西各地的义学、社学和书院就增加到了 143 所，遍布所有的府州，其中 2/3 的义学、社学和书院分布在城市，另外 1/3 则分布在乡、镇，乃至村。[①] 这一比例表明，广西义学、社学的分布逐渐朝着清王朝“每乡置社学一区”或者“大乡巨镇各置社学”的理想分布状态迈进，并从空间布局的角度说明了清王朝在广西基层社会普及文教的成功。

就进入义学、社学学习的士子之民族身份而言，各府、州、县呈现多民族共融的局面。虽然义学、社学和书院的士子一般以汉族为主，但是从康熙年间开始，广西各地创办之义学、社学施教对象亦“多即为瑶为壮者”，对他们“以诗书导之，以礼乐教以退让之风，消其犷悍之气”[②]。康熙三十五年（1696），桂林通判摄兴安县事吴中郎，在“其民之隶版籍者十不一二”的兴安设“瑶僮义学”，专门招收“僚、倮、瑶、僮”等族人子弟入学读书。雍正十三年（1735），张昕在安中里中平墟建“瑶僮义学”[③]。总体上看，康熙、雍正两朝，为非汉族建立的义学、社学无多，其主要原因就在于“事需捐俸，措置颇难，有兴于彼而阙于此，有举于前而废于后”，以至于出现“读诵之所以寥寥，而习俗之所以未尽革”的现象；而当时“广西州县城内现立义学而僮瑶乡居就师未便”。鉴于此，乾隆皇帝下令，广西“宜于四乡增设义学，一乡一学，如地方辽阔量加一二处，择生儒中老成明通者为之师，聚附近僮瑶子弟之秀与民一体入学，其束脩之费计每一州县动项五六十两，通省六十余州县约岁动项三四千两，而学徒就食于家，无需膏火，规模既立，饬地方官实力奉行”[④]。为此，广西各地纷纷响应。乾隆三年（1738），岑溪县知县何梦瑶于该县大湴、水文墟和南度埠三处，各设立瑶僮义学一所，岁领司库束脩银 12 两。[⑤] 翌年，官府又在兴安县溶江、体水、车田、高田四处建立“瑶地义学”，司库每年

① 根据康熙《广西通志》、雍正《广西通志》、嘉庆《广西通志》以及相关地方志统计而得。
② 康熙《平乐县志》卷 3《营建·义学》。
③ 嘉庆《广西通志》卷 135《建置略十·学校三》。
④ 《清代广西史料第一卷朱批奏折·民族事务类》第 501 ~ 502 页。
⑤ 嘉庆《广西通志》卷 137《建置略十二·学校五》。

发给馆师金银48两。[1] 在其他州县，那些在乡间的义学，即使不是专为非汉族人群设立的，亦开始招收附近的非汉族子弟入学读书。比如恭城县，“诸瑶……多有读书明理援例报捐者……诸僮咸弃卉服而袭冠裳、挟诗书而讲礼义、游庠食饩，不乏其人”[2]。昭平县“僮人亦有遣子就学，补弟子员者”[3]。在桂西的土司地区，新立的义学、社学对当地世居民子弟的吸引力就更大了，有不少成为入泮者。在义学、社学兴办最有成效的太平和庆远两府，应试生童1700余名。无怪乎，当时的官员惊呼：“两属人才以之比中邦则不足，以之比边郡则有余。”这并非哗众取宠的官样文章，而是清朝官员对于太平府和庆远府一举打破清初以来“无人应试之区”的尴尬僵局而所发自内心的感慨，这使他们有理由相信“此二府者但饬教员严立课程，勤加训诲，二三十年之后人文谅可充盛”[4]。上述的史实充分表明，各地进入义学、社学学习的士子民族身份的多元化，已逐步实现了崔维雅“广西化”的义学、社学实施方案，也从多民族认同的角度再次说明清王朝在广西基层社会普及文教的成功。

结　语

从康熙后期至乾隆中叶，清王朝从宏观、中观与微观三个层面继续深入推进教化工程的建构。在国家科举制度的宏观层面上，通过创立一系列制度，为广西籍士子入仕提供了一条比历史上任何一个时期都要广阔的途径；在中观区域层面上，通过“先改流后教化”的策略，成功将“无人应试之区”的桂西纳入清朝的教化工程之中；在微观基层社会中，通过由清王朝主导，地方官府和民间共同推进的文教普及运动，在广西全省范围内建构起一套从乡镇到县城再到中心城市，从启蒙教育到官学教育的教化工程。在教化工程的持续构建中，广西各民族的精英通过参与兴办学校、入学读书、科考入仕等活动，早已将自身对新王朝的认同融于清王朝的教化工程之中，并借此来提高自身在地方社会的声望与地位。至此，清王朝的权威与统治秩序，随着教化工程在广西基层社会的渗透逐步得到了稳固。

---

① 嘉庆《广西通志》卷133《建置略八·学校一》。

② 光绪《恭城县志》卷4《瑶僮》。

③ 民国《昭平县志》卷7《夷民部》。

④ 光绪《镇安府志》卷7《选举表》。

正如思恩府土田知州岑宜栋所观察到的："圣天子久道化成，四海熙熙，边鄙如田，被服声教者已久，风俗易，文学兴，化之所渐远矣。"[①]

（作者单位：徐毅，广西师范大学；
庄紫理，桂林电子科技大学）

① 嘉庆《广西通志》卷136《建置略十一·学校四》。

清代广东绿营标兵与地方社会治安防范研究*

王爱英

摘　要： 督抚提镇标兵一直是清朝绿营的重要组成部分，按照典制规定，专事训练备战而不防汛。然而，“百峰山盗患”问题的个案研究和广东绿营标兵贴防及分汛的相关论述，却充分说明，承平日久中，标兵在“备援剿”之外，还以贴防、分汛等形式参与到地方社会治安防范中，并发挥了重要作用。在这种情况下，“训练兵”与“差防兵”的界限渐趋模糊，许多相关问题也有了进一步讨论的空间。

关键词： 清代广东　绿营标兵　社会治安防范

绿营兵和八旗兵同为清朝经制之师，即正规部队。从建制和统属上来看，各直省绿营兵有标、协、营、汛四级建制。其中总督、巡抚、提督、总兵有居上统辖之权，其直接统领的绿营兵丁即为本标“标兵”，因而有督标、抚标、提标、镇标等不同名目。① 一些有八旗兵驻防的省份，还有将军直接统领绿营兵所形成的“（将）军标”；同时，从职能作用上区分，

---

* 本文是广州市社科规划“《广州大典》与广州历史文化”2019年度专项研究“清代地方社会治安文武分工协防视域中的广东绿营防汛研究”（项目编号：2019GZY05）的阶段性成果。

① 肖立军：《明代的标兵》（《军事历史研究》1994年第2期，第126～131页）一文认为：标兵最初有“样板军队”及“麾下直辖”两层含义，明代的标兵就是明代督、抚亲统之兵，以及嘉、隆之后的总兵亲统之兵，被视为精兵或样板，对明代中后期镇戍制度的发展起了重要推动作用。入清之后，随着绿营兵制的发展，标兵规制也渐趋完备。同时，在一些文献中仍有“道标”“协标”“亲标”等表述，保留了标兵“麾下直辖”的本意，即各道、协等直接统领之兵，不在本文的讨论范围之内。相关讨论可参见杜家骥《清代绿营统辖体制辨析》，《郑天挺先生110周年诞辰暨中国古代社会高层论坛论文集》，中华书局，2009，第344～351页。

又有“训练兵”与“差防兵”之不同。如嘉庆《大清会典》指出：

各省督抚提镇所辖标下兵曰训练兵，其兼辖之城守、分防各营，皆分领汛地，遇沿边、沿海、沿江处所及大道之旁，皆按段置立墩堡，分驻弁兵，是为差防兵。[①]

也就是说，“训练兵”与“差防兵”相对应而存在。督抚提镇直辖的标兵，即属于“训练兵”，一般重兵屯聚，动辄每营几百人甚至上千人不等，除训练备战之外，按规定较少参与地方差事和防汛；督抚提镇所兼辖、统辖并分防各州县的营汛兵丁，属于“差防兵”，其一部分“承差”防守城池、库狱及押解鞘饷、人犯等；另一部分则分布到大大小小的汛地，承担缉盗巡逻、走递公文等防汛任务。清代名臣孙嘉淦指出：“伏查各省兵制，督抚提镇之标兵，备援剿而不防汛；其副参游守之营兵，则在营者少而在路者多。”[②] 这也强调了标兵作为训练兵“备援剿而不防汛”的职能特点。

已有对清朝绿营兵的研究，以罗尔纲先生《绿营兵制》最为详尽，堪称整体性研究的奠基之作；[③] 关于各直省绿营的区域性研究，以台湾地区学者最为突出；[④] 近年来，关于营制、兵丁、俸饷、马政等方面的研究，也逐渐增多；秦树才等人则从边疆开发层面对云南、贵州绿营“汛塘”进行了一系列研究，但对其治安、防汛职能涉及不多；[⑤] 日本学者楢木野宣、谷井俊仁等人的研究，较早关注绿营防汛制度并将之视为各直省地方“警察机能”的一个方面，但缺乏具体而深入的研究。[⑥] 总的来说，目前已有

① 嘉庆《大清会典》卷38《兵部·职方清吏司》，台北：文海出版社，1990，第1762页。

② （清）魏源、贺长龄辑《皇朝经世文编》卷72《兵政三·屯饷》，岳麓书社，2004，第95页。

③ 罗尔纲：《绿营兵志》，中华书局，1984。

④ 许雪姬：《清代台湾的绿营》，（台北）《中央研究院近代史研究所专刊》第54号，1987；许毓良：《清代台湾军事与社会》，九州出版社，2008。

⑤ 秦树才：《清代云南绿营兵研究——以汛塘为中心》，云南教育出版社，2004，第96～100页；秦树才：《论清初云南汛塘制度的形成及特点》，《云南社会科学》2004年第1期，第96～100页；王晓卫：《清前期贵州绿营营制及布防》，《贵州大学学报》2006年第3期，第85～90页。

⑥ 〔日〕楢木野宣：《清代における城市郷村の治安维持について —绿旗兵営汛の任务と府州県 保甲との関系》，《史潮》1953年第49期；〔日〕谷井俊仁：《清代外省の警察機能について —割辮案を例に》，《东洋史研究》1988第46期，第4号。

研究中有关广东绿营的研究尚不多见，而以绿营标兵为中心的研究基本阙如。基于此，本文尝试以广东绿营标兵为研究中心，以地方社会治安防范为视角，重点关注以下问题：(1) 督抚提镇标兵作为“训练兵”在地方社会发展变迁中发挥了怎样的作用？(2) 其自身的发展状况如何；特别是在具体的地方情势下有着怎样的调整和应对？(3) 相较于典制的规定，这些具体的应对和变通的意义何在；又带来哪些相关问题？

一　广东绿营及标兵发展变迁

广东绿营是在清军进入广东后不断收降明朝军队和委署将弁的基础上发展起来的。顺治四年（1647）五月，清廷实授广东委署各官，以总兵官佟养甲为兵部尚书兼都察院右都御史，总督两广军务，兼广东巡抚。[①] 随后，又以李成栋为左都督充任提督广东总兵官。次年六月，李成栋叛清归明，杀佟养甲，广东总督和提督此后一度空缺。顺治四年七月甲子，诏令“新顺官兵，原隶各营者，仍入经制，有愿归农安业者听”[②]，以此收编前明降军组建各州县绿营。顺治六年（1649）五月之后，广东各地渐次归入清朝统治，遂于八年（1651）诏定绿营官兵经制：

> 广东设巡抚，标兵二营，将领八，兵凡二千。设广东提督，标兵五营，将领八，兵凡五千。设广东水师总兵官，标兵六千，分左右二协，中、左、右三营。二协设副将，复分二营，设将领八，兵一千五百。三营水师，各设将领八，兵各一千。设肇庆、潮州、琼州三镇总兵官，标兵二营，将领八，兵凡二千。设韶州、惠州、高州、南雄四协副将，协标兵皆二营，将领各八，共兵各二千。惟南雄为一千六百。设肇庆、高州水师及吴川等营参将，柘林镇各营游击，将领各七，共兵各一千。设东莞、始兴等州县守备以下将领，兵二百至五百有差。[③]

① 《清世祖实录》卷32，顺治四年五月乙丑。

② 《清世祖实录》卷32，顺治四年七月甲子。

③ 《清史稿》卷131《兵志二》。

合计有1抚、3镇及若干协营，马、步兵合计42302名，广东绿营由此开始正规化建制。此后，清廷多次基于军事部署及地方情势对广东绿营进行添改裁并等调整，而因“各省标兵规制，督抚得随时疏定”，绿营标兵的调整也频频见于广东总督、提督等军政大员的奏疏中。[①] 顺治十年（1653）六月，以李率泰任广东广西总督，遂设标兵5营，兵5000名。之后，又设高雷廉镇，并改平南王藩下所属左、右翼总兵，设左翼镇、右翼镇。顺治十八年（1661）四月乙酉，广西提督杨遇明领广西提标兵6000名赴潮州，以原衔充广东提督，广东提督复设，[②] 遂驻惠州。至此，顺治年间广东绿营标兵在频繁的战事中发展为1督、1抚、1提、7镇的规模。其中，督标5营，抚标2营，提标5营，水师镇、潮州镇、肇庆镇、琼州镇、高雷廉镇、左翼镇、右翼镇7镇标兵各2～3营不等，兵力雄厚。

康熙元年（1662）起，为配合广东沿海迁界，绿营布防也随之进行调整，其中提镇标兵裁撤添改是很重要的一个方面。康熙元年，裁肇庆镇，改高雷廉镇为高雷镇，别设廉州镇；二年，别置广西总督，广东总督移驻廉州，专镇广东；三年，裁广州府水师镇，增设广东水师提督，驻顺德，设左、右路水师总兵官，分驻新安和广海卫；同时，废外海诸营汛，沿界密置墩台汛兵，侦缉防守，严禁迁民越界，片帆不许下海，以杜绝海上接济郑氏军队。自顺治八年开始逐渐形成的广东绿营布防格局为之一变，明显加强了沿海防务和水师力量。康熙七年（1668）起，随着部分州县复界，遂裁广东水师提督及左、右路水师总兵官，同时撤排栅界壕，以海边为界，渐次修复废毁诸营汛，沿海贴防官兵悉数撤回。[③] 此时广东绿营兵达7.682万员名，较顺治八年的42302员名大为增加，议政王大臣会议决定，裁去1.282万员名。然而未及完成，“平藩”战争又起，奉上谕仍留之以资守御。[④] 康熙十九年（1680）战事平定，遂将平南王藩下十五佐领官兵归新设广州将军管辖，其所统绿营量留二镇共兵4000名驻广州旧城，分左右前后4营，是为将军标。康熙二十三年（1684）四月，裁廉州镇，复设高雷廉镇。这一时期围绕迁界和撤藩，广东绿营曾设广东水师提督及

① 《清史稿》卷131《兵志二》。

② 《清圣祖实录》卷2顺治十八年四月乙酉。

③ 《清圣祖实录》卷29康熙八年五月壬寅。

④ 《清圣祖实录》卷46康熙十三年三月丙寅。

多镇总兵官，上文提及的廉州镇、高雷镇及左、右路水师镇之外，还有顺德镇、海丰镇、饶平镇、韶州镇、碣石镇等。全省绿营7.32万员名；其中，标兵36营，包括将军标4营，督标5营，抚标2营，提标5营，以及左翼、右翼、顺德、碣石、潮州、高雷廉、琼州和南澳（与福建共管）8镇。康熙四十二年（1703），裁顺德镇，广东就此保留7镇总兵之数，直至清末。

经过了清初频繁战事之后，广东绿营开始进入日常防守状态，督抚提镇标兵经制也趋于稳定。雍正元年（1723）十二月丙辰，移左翼总兵官驻顺德，以加强广州周边防务。同时，经过多次反复之后，自雍正十二年（1734）起，广东总督再兼辖广西，更号两广总督，移驻肇庆。乾隆十一年（1746），两广总督迁广州，标兵留驻肇庆。乾隆年间，广东绿营稳定发展，营制趋于完备。其中，标兵计有将军标4营，兵3467名；督标5营，兵4503名；抚标2营，兵1430名；提标5营，标兵4327名；七镇标兵17营，兵15231名，[①] 总计标营33个，兵28958名，约占全省绿营72565名的40%。乾隆二十七年（1762），裁高雷廉镇设高州镇，裁琼州镇设琼雷镇；三十二年（1767），将军标4营裁为左右两营。

乾嘉之交，东南沿海海盗猖獗，西方国家不断从海上滋扰，广东绿营随之加强了沿海防御力量：一是剿抚并用，成功荡除张保等各路“洋盗”，之后于嘉庆十五年（1810）八月增设广东水师提督，驻虎门太平墟，设中左右前后5营，弁兵4519员名，统辖南澳镇、碣石镇、琼州镇、高州镇（含北海镇）水师4镇。广东绿营自此水师和陆路两提督直至清末；二是裁左翼镇改设阳江镇，裁右翼镇改设南韶连镇，各领镇标3营。这样，广东全省陆路和水师绿营共95营驻防分汛，其中标兵36营，28336名，占全省经制绿营70896名的40%，[②] 水师力量大为增强。鸦片战争后，内忧外患的清政府一面“裁弱留强”，整顿绿营，一面尝试编练新军、创设巡警等。同治七年（1868），两广总督瑞麟将广东水陆绿营6.8万多员名奏裁三成，尚余水陆4.79万多员名。光绪末年，广东督抚又多次奉裁绿营，未几即全部废除，专练新军。

---

① 据罗尔纲《绿营兵志》第186～192页的统计。

② 道光《广东通志》卷174《经政略十七·兵制二》。

以上，广东绿营标兵经制之设，充分体现了绿营“因地设官、因官设兵”的原则，而裁撤添改等营制变更，则与广东历史发展变迁的地方情势紧密关联。同时，近代以前广东绿营标兵，一直保持着40%左右的比例，充分凸显了标兵作为“训练兵”之重兵统驭备战的特点。

二　以“百峰山盗患”为例看绿营标兵“援剿”及贴防地方

新会，古称冈州，地处珠江三角洲西南部，西江、潭江下游，明清时期属于广州府所辖，是岭南大儒陈白沙的家乡和岭南学派的发源地，同时，又是“盗乱”问题严重的地区。新会扼粤西南咽喉，据珠三角要冲，地理位置非常重要。县志记载：“四塞之邑，滨海负山，足以薮盗，而又壤接肇、高，为郡南咽喉，控扼南顺诸邑。”[①] 明清时期，新会境内“山贼”“海寇”此起彼伏，特别是县境西南的百峰山（因有上百座山峰耸立而得名）一带，“乱峰崋嵬，莫可名状，与古兜、汤瓶诸山联亘数十里，山深谷邃，林木蓊蔚，不逞之徒往往啸聚”[②]。百峰山支脉相连，绵延数县，因而盗患往往波及新会周边的新宁、开平、新兴、恩平、三水、南海、顺德、高要、高明等县，范围很广。因“盗乱”难治，新会在清代被视为“繁疲难”要缺之地。

明初，新会曾设一守御千户所和七屯田百户所，旗军596名，负责守城、备倭等事务。明朝中后期以来，军政腐败，武备废弛，新会西有“罗旁瑶乱”影响境内“土贼”，东有“海寇”持续，明政府一面尝试通过增加“民壮”“打手”和认可“乡兵”等力量，加强分化镇压；一面“设县分治”，于景泰三年（1452）划新会东北地区的白藤堡与南海县大良堡等地，置顺德县，成化十四年（1478）割新会西部的常德乡得行都（部分属地）与新兴、阳江两县，部分县地置恩平县，弘治十一年（1498）割新会西南地区的得行都部分属地、文章都等5都56图，建新宁县，以加强地方行政统治。崇祯十一年（1638），因“盗贼”再起，恩平县知县宋应昇，请割新会四都设开平县，辗转未行。[③] 崇祯十六年（1643），“平康、得行、

---

① 康熙《新会县志》卷10《兵防》。

② 道光《新会县志》卷2《舆地·山川》。

③ 民国《开平县志》卷19《前事》。

登名、古博四都贼起，以沙岗张酒尾、那伏关逢三为魁，往往啸党百峰山中，肆劫乡落，浸至逾城夜劫”，此后四十余年肆行不绝。[①] 于是设县呼声再起，部议核准设县，又因清兵入关，地方动乱，再被搁置。顺治元年（1644）甲申，虽有知县李光熙、游击郝时登剿杀关逢三、张酒尾，然而其党羽声势不减，滘头司徒义，潘村邝歪髻、邝于康，那伏关逢四，沙岗张述玺、张允初等“剧盗”数十人以百峰山为巢穴，纠众劫掠，肆行乡里，后招抚司徒义、邝于康等人，劫掠稍息。[②] 明清鼎革乱局之下，新会地方社会秩序更加混乱。顺治三年（1646）八月，设城守游击 1 员率兵 500 名防守，面对独冈“山贼”黄蛮长纠合“海贼”黄信及新会、新宁、新兴、恩平远近群盗十余万人两次围攻新会，城守营兵丁无能为力。顺治六年（1649），时仍为南明政权控制的肇庆府，决定增设县治加强行政统治，划新会县西部的平康、登名、古博及得行都部分属地与新兴、恩平两县部分地区，设开平县，隶肇庆府。[③] 从崇祯十一年至顺治六年之开平设县的历程，我们大致看出“百峰山盗患”的严重状况。

顺治七年（1650）十一月，新会正式纳入清朝统治。顺治八年五月，知县刘象震请兵剿贼，斩首 5000 余级，盗患暂时得到平息，百姓始剃发归顺。七月，新会收降明末驻军，改游击为守备，设千总 1 员，把总 2 员，兵 500 名，是为新会绿营经制。那么在新的政治统治之内，新会县级政权治安防范力量是怎样的呢？这 500 名兵丁的防守力量又发挥了怎样的作用呢？事实上，顺治初年，清朝政府即大量缩减民壮、捕役等州县治安人员数量及其工食银，而将大量防守城池、库狱，缉捕盗贼，押解鞘饷、人犯等任务委之于绿营。[④] 就新会一县而言，据康熙二十九年（1690）所修县志记载，仅有皂隶 16 名、马快 8 名、看监禁卒 8 名、民壮 50 名负责全县治安防范工作，岁支工食银每役 7 两 2 钱（马快因为有草料，银稍多）；牛肚湾、沙村、潮连、大瓦、药迳各埠巡检司，专司县城三坊之外各乡都

① 康熙《新会县志》卷 3《事纪》。

② 康熙《新会县志》卷 3《事纪》。

③ 民国《开平县志》卷 19《前事》。

④ 参见王爱英《“寓兵于役”与“裁减冗役”——清代民壮的发展概况和社会地位》，《中国社会历史评论》2011 年第 1 期，第 33 ~ 49 页；王爱英《清朝地方社会治安文武分工协防体系考论》，《清史论丛》2013 年号，第 40 ~ 61 页。

治安任务，每员仅配有书办 1 名、皂隶 2 名。[①] 全国各州县治安力量的极度萎缩情况大致相仿，乾隆十一年，全国民壮仅 4.5 万余名，以当时全国约 1436 个州县单位计算，每州县不过 32 名。[②] 至道光年间，新会县仅余民壮 24 名，另有马快 8 名，禁卒 8 名，每役岁支工食银仅 6 两；沙村司及牛肚湾司巡检，各设民壮 4 名，潮连司无民壮。[③] 新会县级行政系统的治安力量实在是人少、钱少，力量单弱，对于三坊、四乡十三都的广阔县境及境内多盗的治安状况来说，无疑是杯水车薪。那么，防守城池、看管库狱，以及分防各乡都图里等任务，只能有赖于新会营的 500 名绿营兵丁，这样平均计算下来则为数并不算多。为此，清政府将新会营守备复改为游击，不断增兵，至康熙五年（1666），会宁游击兼辖新宁，麾下兵丁已增至 1008 名。八年（1669），又奉部文添拨哨船 27 只、兵 643 名，水陆实额官兵达 1651 员名，明显加强了防守力量。[④] 成书于康熙二十九年（1690）的《新会县志》，记载了新会营的 1191 名水陆兵丁具体的分防情况：守城官兵 165 名，分守新宁官兵 101 名，其余分防虎臀、南坑、长沙、古劳、朱六合、坡山、崖门炮台、外海嘴炮台陆汛 8 处，以及江门、马元、良则涌、崖门、虎坑、沙路、马牯屯、坡山、银瓶嘴、猪头山、周郡、北街口水汛 12 处。[⑤] 很显然，新会营的布防特点就是以小部分驻城防守，大部分分防到各汛地承担治安防汛任务，对于动辄几百甚至上万人规模的“盗乱”爆发，能发挥的镇压作用实际上很是有限。如此，方志中“守兵不敢加遣一矢，每一搜剿必请藩镇大师”的记载，也就不难理解了。[⑥]

顺治十三年（1656），沙涌刘保踞官田、黑坑诸山为“乱”，其部林时象、李山、官七、梁经玉、刘裔进、黄元沛、黄元述皆为巨贼，督抚连年用兵却不能根尽。康熙元年（1662）八月，派官兵进剿马冈、朱福（皆开平县属）等处“山贼”，至十二月师旋，“贼势”复炽。康熙三年八月至

---

① 康熙《新会县志》卷 11《赋役》。

② 王爱英：《“寓兵于役”与“裁减冗役”——清代民壮的发展概况和社会地位》，《中国社会历史评论》2011 年第 1 期，第 6～7 页。

③ 道光《新会县志》卷 5《禄饷》。

④ 康熙《广东通志》卷 12《兵防》。

⑤ 康熙《新会县志》卷 10《兵防》。

⑥ 康熙《新会县志》卷 10《兵防》。

十二月，广州府水师总兵官张国勋、广海参将范明道领兵水陆夹剿，于百峰山七村、古井等处擒斩新会、新宁二县之“土寇”4000名有余，并多获船只器械，总督卢崇峻为此于次年四月专折上奏朝廷“余孽悉平”，请求加大奖赏力度，将“削平百峰、古井等处将弁”下部察叙，有功议加一等者，着加二等，记录一次者，着加一等。① 然而不久刘保等复起，再调提镇大军追击，诱刘保等就抚并诛杀之，党羽林时象等逃脱，“复为盗魁”②。尽管对“百峰山盗患”不断征剿，但新会地方仍是“盗案如山”，“粤之三尺童子、夫人而知之也”③。究其原因就是，标兵进剿虽在一定时间内有一定的镇压作用，但是诸盗以百峰、古兜诸山为巢穴，“往往兵集则遁，兵去复出”，“杀一贼首，复立一贼首”，因而多次用兵但始终无法根尽株绝。④ 此外，还存在官兵良莠不齐问题，如所发平南王藩下官兵，“至则逗留邑城，悉索夫役，贼皆先遁，从无加遣一矢，惟所至纵掠”，百姓有“贼梳兵栉”之叹。特别是在康熙十三年（1674），刘保余部李山、官七、梁经玉等为乱，焚劫村堡，先是巡抚刘秉权发兵进剿，紧接着平南王尚可喜奏请调正在梧州“平藩”前线的左翼总兵班际盛回省进剿新会。⑤ 然而班际盛会同水师总兵张伟率部进剿，反为李、梁击败，转而屠六洞、河村、马涌等乡以泄愤，所到之处纵兵抢掠，杀戮无数。至十九年（1680）尚之信兵败后，“所掠妇女乃奉旨给还，然死者卖者已过半矣”。⑥ 康熙十五年（1676），吴三桂派伪将军马雄等攻新会，杀掠男妇数万，留驻防守的总兵张伟及游击芮梦龙以新会降贼，致民怨载道。标兵多次进剿无法从根本上解决问题，于是康熙十八年（1679），经生员林宜等呈请，朝廷及广东督抚开始筹划在百峰山设兵事宜。并一致认为，大、小官田地方土地平阔，又位于百峰山和皂幕山、昆仑山诸山中间地带，向来被视为百峰山北向门户，是“盗贼”出山纠众劫掠的“要路之区”。于是调防汛守备一

① 《清圣祖实录》卷15，康熙四年四月庚辰。

② 康熙《新会县志》卷3《事纪》所载“康熙八年总督卢兴祖……”有误待考，查总督卢兴祖康熙六年革职去任。

③ 吴震方：《岭南杂记》上卷，中华书局，1985，第6页。

④ 康熙《新会县志》卷10《兵防》。

⑤ 《清圣祖实录》卷50，康熙十三年十月乙巳。

⑥ 康熙《新会县志》卷3《事纪》。

员，带官兵防守官田、古兜一带，“贼众”不久乞降，李山、官七被清军烧死。总督吴兴祚又发大兵一举捕杀“贼首”黄元沛、黄元述、刘万启等。[①] 入清以来的“百峰山盗乱”问题就此迎来转机，之后几十年未再出现大规模盗乱。

然而官田、古兜两地相距甚远，仅守备一员带兵防汛，往往顾此失彼，鞭长莫及。时人认为设县临民，“以民为兵，以耕为战”才是“久安长治之策”，因而康熙二十二年（1683），新会籍生员唐化鹏呈文督抚，强调官田设县可以“上控百峰山，下制罗汉寨”，既免除了提镇大兵连年征战及调运转输之苦累，又达到“熄十县之寇，安全广之民事”的实效。[②] 然而设县官田之事辗转延搁，至雍正元年（1723），又有址山张祖珠、冯玉荣聚众数百于官田，白日肆劫舟江、良溪等村，盗乱再起。地方照旧无力抵御，总督杨琳发大兵征剿，擒杀张、冯，余众始散。四月丙辰，杨琳就此事专折上奏，然后雍正皇帝刚刚于正月份颁发十一道上谕，训诫直省总督及以下各官，览奏大为震怒：

> 朕知粤东兵马懦弱不堪，大盗竟敢与地方官公然抗衡！武备不强，贼何能尽？如欲剿尽山贼，必以操练兵马为先，粤省此一事最为紧要。尔等共膺封疆重寄，不可偷安，亟宜加意振作，方能改革旧习。且朕观天下督标、抚标之兵，尤属不堪，率皆不以为事。彼此怠弛，不肯同心合力整顿料理，而往往以避嫌藉为口实，若以标下军卒，视为督、抚之私兵，天下有是理乎。各省督、抚自兹各当奋勉惕励，操习以勤，赏罚以公，何虑营伍之不整肃耶？[③]

雍正帝从批评“粤东兵马懦弱不堪”开始，延及天下督抚标兵之种种弊病，言辞犀利。大约此次事件后，广东督抚调标兵900余人贴助防守新会各地，加强盗乱防范，算是对朝廷诟病的直接回应。总督郝玉麟在雍正八年的奏折中强调了新会地方“襟山带海，奸宄易于出没”的紧要形势，

① 道光《新会县志》卷13《事略上》。

② 吴震方：《岭南杂记》上卷，中华书局，1985，第7~8页。

③ 《清世宗实录》卷6，雍正元年四月丙辰。

以及该县“官少兵单，不足弹压，不敷分汛”的治安状况，解释了“从前派拨将军督抚三标兵共九百余名前往该县地方贴防”的原因和现状。[①] 然而标兵贴防地方，与经制不符，随时可能会被裁撤，并非长久之计。因而，广东提督王绍绪提出，直接将左翼镇总兵移驻新会以加强镇守的方案。为此，雍正八年六月丙午，广东总督郝玉麟遵旨议奏，针对王绍绪奏议提出“议改营制十三条”。其中第一条就明确指出，左翼镇之设意在拱卫省城，应仍驻顺德。紧接着第二条提出新会“盗患问题”解决方案，即将新会营游击改为参将，添设守备各员及兵丁677名，合之原额共1800名，分防新会，而将将军、督、抚三标贴防弁兵全部撤回；对原各标贴防官兵，也做了妥善安排：一律撤归水汛，分段责成，就近巡察内河航道，转而加强了内河及沿岸的地方治安防范。[②]

从雍正《广东通志》所载来看，时正在募补添兵中的新会营明显加强了分汛巡缉力量，企图把“盗乱”消灭于萌芽状态。时新会营1646名兵丁中，除新会城守兵341名及分防新宁城守防汛兵丁共210员名之外，其余分防境内长沙、江门等水陆汛地64处，较之康熙二十九年所修县志之所载水陆20汛大为增加，布防更加分散。另有南坑等汛有千把总1员、兵200名，仍由抚标左营按季轮防，百峰山、柴场二汛共兵50名仍由香山协贴防，尚未及撤回。[③] 同时，于雍正八年（1730）设大官田捕盗同知，管辖新会、新宁、开平、恩平以及随后建立的鹤山各县缉捕事务，加强统领协缉。雍正十年（1732），经总督郝玉麟疏请，清政府正式于新会、开平两县连界之大官田析地设县，名为鹤山，归肇庆府管辖。随着百姓人口聚居和耕作范围扩大，百峰山向北支脉至大小官田、黑坑一带的大规模“盗患”一定程度上得到根治。于是，十年后的乾隆七年（1742）八月，裁撤大官田同知。之后关于“百峰山盗患”的记载，主要集中到百峰山向东南绵延的支脉古兜山一带地区。民国时期的“单眼英”、叶兰初、陈祝三，邱明阶等“土匪”，即以古兜山为“贼巢”，至今仍留有“劏人石”等遗迹。

---

① 雍正《广东通志》卷62《艺文志四·文集·国朝》。

② 雍正《广东通志》卷62《艺文志四·文集·国朝》。

③ 雍正《广东通志》卷23《兵防志》。

以上关于“百峰山盗乱”问题的回顾，大致反映了清朝地方社会治安文武分工协防体系的实际运作过程和绿营标兵的角色、作用；广东将军及督抚提镇标兵，一方面多次进剿“百峰山盗乱”，发挥了“训练兵”备战援剿地方的基本职能作用；另一方面，又在必要的时候贴防新会以加强分汛缉捕，在事实上承担了“差防兵”的一定职能。而新会营兵丁作为“差防兵”，其分防的汛地不断增加，从而更加分散地深入各地缉捕防范，试图“建威销萌”，把不安定的因素消除在萌芽状态。

三 广东绿营标兵贴防及相关问题

如何看待标兵的贴防现象？贴防在广东绿营中有着怎样的规模？其在实施中又面临哪些具体问题？我们看到，经过清初频繁的战事之后，“量山川之险易裁骑彍为步兵，按营汛之僻冲易战军为守卒”①，广东绿营逐步过渡到日常状态，分防营汛兵丁更加分散。而绿营标兵也在地方情势急需的情况下，以贴防、分汛等形式大量参与到地方缉捕防范事务中。

“贴防”，顾名思义，即贴助防守、协助防守汛地的意思，如前引广东总督郝玉麟上疏提到“地方稍缓而贴防之兵便足协帮”，便是此意。这里专指督抚提镇标兵贴助防汛，参与地方州县缉捕防范事务，官兵大规模调戍他省战事，则不在本文定义的贴防之内。道光《广东通志》记载，广东督标五营与肇庆城守协同驻府城，水师营驻城外，也强调督标各营“无经管城池，四至无拨防塘汛”，因而贴防高要等各州县汛地。② 至少在康熙年间，广东绿营标兵之贴防已属常见，围绕贴防地方失事的处罚，也出现在兵部处分例中。雍正《广东通志》可见贴防的大量记载，如将军标贴防南海县大沥、隆庆二汛共计兵200名，龙门县铁冈汛兵50名；督标五营轮拨贴防曲江县火烧山汛兵100名；惠来营贴防海丰县高塘凹汛兵52名；潮州镇标中营、左营贴防海阳县蓝屋角汛、仲坑汛等。贴防涉及绿营各标甚至惠来、香山等营，实际数量远不止以上所列。因而总督郝玉麟《议改营制十三条事宜疏》中有“粤省贴防处所甚多”的表述，仅各标兵贴防新会、瓮崗［峒］、火烧山等各汛兵丁就达1200余名之多。道光《高要县志》记

① 雍正《广东通志》卷23《兵防志》。

② 道光《广东通志》卷177《经政略二十·兵制五·营汛疆里三》。

载，督标中营贴防白洞汛等4汛，左营贴防厂前汛等6汛，右营、前营、后营贴防各5汛，水师营贴防学前汛等25汛。[①] 嘉道之际，督标各营统计贴防汛地56处，经制兵4839名，贴防兵达1423名，贴防比例达29.4%。[②] 此外还有潮州镇标中营驻潮州府城，因为“本营无专辖地方”，因而除驻防兵472名之外仍有贴防兵303名，贴防汤坑汛、大罗汛、贵人村汛、礤下汛、筲箕坪汛、长滩汛、洞脚汛、吴全汛、葫芦田汛、银坑汛、仲坑山汛等。潮州镇标左营有贴防仲坑山火烧塘汛兵30名。[③] 至同治年间，督标六营在原有贴防各汛的基础上又增加了牛皮墟、大沙墟和合水墟3卡。

针对广东绿营大量贴防的事实，康熙十一年议准：“贴防兵为盗，将该处专汛兼辖统辖官，照地方官失事例议处，领兵贴防官革职，贴防之兼辖官，降二级留任，统辖官罚俸一年。”[④] 以此督促地方专汛之兼辖、统辖各官加强对贴防兵丁的约束管理，并使贴防员弁明法纪、知敬畏。在此基础上，雍正元年议准：“广东将军、督抚、提镇标下官弁，有贴防地方者，若附近村庄河道失事，将贴防官兵并参，照专汛一例议处”。[⑤] 并进一步明确指出，标兵贴防的职责权限和失事惩处参照专汛官兵。而雍正八年议准，将军、督抚、提镇标下贴防官兵还归水汛，也强调“遇有失事，除将本汛将备千把照例参处外，仍将游巡官弁一并附参，照贴防官例议处”[⑥]。道光三年的规定，则进一步针对贴防兵丁自身为盗，以及被劫地方专汛兼辖、统辖各官及领兵贴防官弁区分不同情况，给予相应的处罚，并增加了对具有统辖之责的提督、总兵的处罚规定，明显加大了惩处范围和力度。[⑦] 兵部对贴防弁兵的这些处分条例，从兵丁约束、捕盗、营伍等不同层面加以规定，目的就是避免总督郝玉麟奏折所言及的贴防“虽在汛守，终属客寄，又不隶新会营管辖，未免呼应不灵”[⑧] 等种种弊病，以真正发挥贴助

① 道光《高要县志》卷9《经政略二·兵防》。

② 道光《广东通志》卷177《经政略二十·兵制五·营汛疆里三》。

③ 道光《广东通志》卷176《经政略十九·兵制四·营汛疆里二》。

④ 光绪《大清会典事例》卷625《兵部·绿营处分例·约束》。

⑤ 光绪《大清会典事例》卷633《兵部·绿营处分例·捕盗一》。

⑥ 雍正《广东通志》卷62《艺文志四·文集·国朝》。

⑦ 光绪《大清会典事例》卷623《兵部·绿营处分例·营伍》。

⑧ 雍正《广东通志》卷62《艺文志四·文集·国朝》。

防汛的实效。

然而，标兵贴防虽事实存在但终非经制，从理论上讲，带有很大的临时性和非正规性。如康熙《南海县志》明确指出："现尚有将军标、顺德镇标贴防各汛官兵员名未据开报，查亦权时添设，非属经制，□合声明。"[①] 广东总督郝玉麟的奏疏也将将军、督、抚标兵贴防新会属于"客寄"而非新会经制营制，说明标兵贴防并非经制规定，而是根据地方情势进行调整变通的结果。如康熙元年迁海以来，大批官兵被调拨贴防沿界墩台，八年五月因部分展界由总督周有德疏请悉数撤回。再如德庆州奇槎水汛，原为肇庆协右营分防，康熙四十三年（1704）因汛广兵稀，知州蒋琮瑜、胡显祖先后会同营弁详奏督抚，遂将奇槎汛归督标前营防守。[②] 康熙四十一年（1702），总督石琳为加强排瑶管理，奏裁韶州协，添设三江口协，随之将右翼镇标贴防花县汛兵353名和高滩汛兵280名悉行撤回，派拨到韶协原管各汛汛守，右翼镇标这633名兵丁由贴防各汛而到直接防汛，也充分体现了因时制宜的调整。[③] 同时，贴防属于"权时添设"的"客寄"行为，难免有"呼应不灵"等管理问题，再加上远离本营带来的长途赴汛、饷米支应困难，以及在事实上不能兼顾家口等问题，因而，督标水师营贴防三水县琴沙炮台的50名兵丁，每月除原有钱粮包封外，每人还可以领得9钱的"缉捕口粮"，由肇庆府捐资发放。[④] 这些看似小事，却都是贴防官兵所面临的实际问题。所以，对贴防进行调整也在随时进行中，且同样体现了因地、因时制宜的原则。一种情况是添设汛防兵，撤回贴防兵。如雍正八年，将军及督抚标兵贴防弁兵新会900余人悉行撤回，而将新会营直接添兵677名加强缉捕防汛；将河头汛添兵400名兼防瓮崗［峒］、石窝、龙迳各汛，向有督标贴防弁兵撤回。一添一撤，以期"实任专而巡防力"。[⑤]另一种情况是因地制宜，将贴防地点适当调整，便于就近约束。如雍正八年，将军标贴防龙门营铁冈汛与增城营贴防番禺县白沙塘

① 康熙《南海县志》卷9《兵防》。

② 光绪《德庆州志》卷7《经政志三・兵制》。

③ 雍正《广东通志》卷62《艺文志四・文集・国朝》。

④ 《道光间广东防务未刊文牍六种》，全国图书馆文献缩微复制中心（据广东中山图书馆善本缩印），1994，第354、373页。

⑤ 雍正《广东通志》卷62《艺文志四・文集・国朝》。

汛等四汛对调，便于本标本营就近防守。[①] 雍正七年，因碣石镇三标所属营汛向例互相贴防，兵部议复原任广东总督孔毓珣疏请，将贴防右营白沙湖等五汛兵丁及左营大德、东台等四汛兵丁，悉令撤回中营，也属于这种情况。[②] 对贴防调整的最终结果是，各标营拥有了各自固定的汛地，而不再贴助防守其他营汛的汛地。从道光《广东通志》的记载来看，除前边所提到的督标六营及潮州镇标中营、左营仍有部分贴防兵记载外，其余的抚标、提标、镇标等已经不再以贴防名目出现，而是直接分防所属的汛地了。统计显示，这一时期广东水、陆提标，平均约49%的兵丁分防各汛；而各镇标更是以小部分驻城，大部分分汛。如碣石镇标三营兵2539名，其中防汛为2174名，分汛比例高达85.6%；南韶连镇标三营兵2332名，防汛1722名，分汛比例达73.8%。合计各镇标额兵13278名，分汛8389名，防汛比例平均63.2%。甚至连较少出防外汛的抚标也直接分防两处炮台汛，并轮防广州老城各城门和多处堆卡。这一时期广东绿营标兵36营，共计兵28342名，其中13972名分防或贴防到732处汛地，参与地方缉捕防范事务，比例达49.3%；而此时全省绿营额设水陆弁兵67851名，驻防2.695万名，分汛41835名，分汛比例达61.7%。标兵贴防或分汛占阖省绿营防汛的33.4%。[③] 在清朝前中期被视为“权时添设，非属经制”而又大量存在的广东绿营标兵贴防，大部分已直接分防汛地而成为经制的一部分。

由上可见，贴防作为广东标兵参与地方防汛的一种形式，在康雍年间已经非常普遍。“权时添设”，既未违背经制，又达到了贴助防守地方的目的。而在之后的调整中，除督标仍保留贴防名目外，提标、镇标各营已逐渐分防各汛而成为经制，甚至抚标弁兵也参与分汛。从笔者所掌握的材料看，标兵贴防曾见于湖广、福建、台湾、贵州、广西等史料之零星记载中，但以广东最为典型，一定程度上反映了广东治安状况的复杂性。

① 《清世宗实录》卷113，雍正九年十二月。

② 《清世宗实录》卷80，雍正七年四月丙申。

③ 据道光《广东通志》卷175《经政略十八·兵制三》至卷177《经政略十九·兵制五》统计。

余 论

对照清朝绿营标兵作为“训练兵”“备援剿而不防汛”的典制规定，以上关于广东绿营标兵贴防并逐步走向更大规模分汛的有关论述，是很好的个案诠释。而秦树才关于云南绿营的研究也指出：督标驻城防守，设汛分防情况较少；抚标驻城，基本上不分汛设塘；提标少数驻汛分防；镇标部分驻营部分分汛。这指出云南绿营提标、镇标弁兵大量分防汛地的事实。① 而许雪姬《清代台湾的绿营》一书的统计显示，同治七年裁兵加饷之前，台湾大约 2/3 的绿营兵分布在汛塘，数据即包括大量标兵。② 笔者认为，标兵分汛应是承平之下各直省绿营的一个较为普遍的现象，在此期待有更多地方性研究进行验证。

在结束了清初频繁的战事之后，绿营防汛的职责大为增加，甚至督抚提镇标兵也逐渐参与到地方社会治安防范中，“训练兵”与“差防兵”的职能区分渐趋模糊。由此，许多相关问题需要重新加以审视，其中最直接的影响就是贴防、分汛的这部分标兵不能集中训练备战，势必影响其战斗力。鸦片战争爆发后，各直省纷纷表示“无兵可调”，说明标兵大量贴防和分汛犹如双刃剑，从国防备战层面解读其带来的弊病也是毋庸置疑的，特别是大规模战争时期更加明显。对此，清末曾国藩曾有过深刻论述：

> 向例，营兵差、操二字混在一处，然差则护饷、押犯、缉捕等事，必须散处塘汛，各专责成；操则习技、练阵、听令等事，必须聚处营盘，同受约束。其事迥不相同。既须屯聚常练，即不能散处当差；而各项差使，势又不能尽废。③

曾氏的无奈，在于同时承认了“操演”和“差防”的合理性，道出了绿营制度设计上的尴尬！然而，从地方社会治安防范视角来看，绿营承担地方差防任务又是州县行政治安力量极度萎缩下的必要行为，彰显了制度

① 秦树才：《清代云南绿营兵研究——以汛塘为中心》，第 107 ~ 112 页。

② 许雪姬：《清代台湾的绿营》，第 432 页。

③ （清）曾国藩：《曾文正公奏稿》卷 30《大阅事竣折》。

设计的合理性一面。从这个意义上来说，对清朝绿营“军警不分”“军政不分”之类的指责，一定程度上概括出清朝地方社会治安文武分工协防体系的制度特点。清末军事变革中绿营裁撤进展缓慢，各地方绿营所承担的缉捕防范任务“难以卸肩”是其中一个很重要的原因，这进一步证明了绿营乃至标兵对于地方社会治安防范的重要意义。[①] 因而，对清朝绿营标兵乃至绿营其他方面的研究，不可囿于典制规定，而应更多地关注具体地方情势下的落地执行、变通情况，只做静态的抽离是没有太大意义的。

（作者单位：仲恺农业工程学院）

① 王爱英：《从绿营防汛到近代警察——清末军事变革的再审视》《历史教学》，2011 年第 4 期，第 26～30。

平定“三藩”前西南土司地区法治之混乱及其成因

方悦萌

摘　要：土司制度经历元朝的土官制度、明朝的土司制度、清朝的改土归流三个发展阶段。明朝对前代的土官制度实现规范化，并在更大的地域范围推行正式形成的土司制度。但土司制度也存在明显的弊端，后期日趋严重。明清之际与吴三桂叛乱时期，西南地区土司违法的问题十分突出，加剧了社会混乱的局面。了解清朝平定“三藩”之前西南土司地区法治混乱的状况及其成因，具有重要的学术意义。

关键词　“三藩”　西南土司　法治混乱

一　明清之际的西南土司地区

明朝将元代的土官制度进一步补充完善，形成在南部民族地区普遍推行的土司制度。在制度的完善程度、推广之地域与施行之时间方面，明代的土司制度远超前代的土官制度，所产生的影响不可低估。

对土官制度的性质、内容、特点和作用，《明史·土司传》的作者有精辟的论述：

> 迨有明踵元故事，大为恢拓，分别司郡州县，额以赋役，听我驱调，而法始备矣。然其道在于羁縻。彼大姓相擅，世积威约，而必假我爵禄，宠之名号，乃易为统摄，故奔走惟命。然调遣日繁，急而生变，恃功怙过，侵扰益深，故历朝征发，利害各半。其要在于抚绥得

人，恩威兼济，则得其死力而不足为患。[①]

《明史·职官志》大致统计了西南地区所设土司的数量，以及土司职掌等方面的情形。其言：洪武七年（1374），“西南诸蛮夷朝贡，多因元官授之，稍与约束，定征徭差发之法。渐为宣慰司者十一，为招讨司者一，为宣抚司者十，为安抚司者十九，为长官司者百七十有三。其府州县正贰属官，或土或流……皆因其俗，使之附辑诸蛮，谨守疆土，修职贡，供征调，无相携贰。有相仇者，疏上听命于天子”[②]。

从《明史·土司传》等史籍的记述来看，朝廷实行土司制度的初衷，是统治者认识到南方少数民族众多，而且情况复杂多变，因此朝廷设法利用其内部错综复杂的矛盾，以授予首领官职的方法，插手其内部争斗，以达到使之相互牵制及统治其地的目的。具体来说，中央政府的做法是假之以爵禄，宠之以名号，以获取“易为统摄，故奔走惟命”的效果。但若朝廷调遣日繁，压迫过甚，则土司急而生变，一些土司恃功怙过，也易造成危害。《明史》认为，防止土司坐大反叛的关键在于，“抚绥得人，恩威兼济”。施行土司制度，并利用土司参加管理，“利害各半”。清人多认为《明史·土司传》所言甚有道理，予以赞同。道光《云南志钞》转述《明史·土司传》的上述内容，并称：“呜呼，斯言可谓约而尽矣！”[③]

道光《云南志钞》追述明代末年由于统治腐败，云南等地土司的叛乱及所造成的严重危害，既今天来看来也属触目惊心。其言：

明自中叶后，抚绥失宜，威柄日弛，诸土司叛服靡恒……中原多故，土酋吾必奎、沙定洲等相继而反，未几，流寇入滇，蹂躏屠戮，迫胁诸土司，其乱甚于晋之永嘉，师儒沦丧，礼义消亡，蛮夷犷悍猛鸷之风复炽。[④]

前明征伐，颇藉其力，沙源、禄永命、龙在田、吾必奎、普名声，俱以从征善战著名。然自嘉靖初年至万历中，土酋之反者八九

① 《明史》卷310《土司传·序》，中华书局，1974，第7981页。

② 《明史》卷76《职官五》，第1876页。

③ 道光《云南志钞》卷8《土司志下》，道光刻本。

④ 道光《云南志钞》卷7《土司志上》。

起，及其末造，沙定洲之变，屠戮焚烧，滇人几无孑遗。[①]

对明代西南地区土司违法的情形，史籍多有记载。云南麓川傣族土司思氏，明初发动反叛，正统年间，明朝出动数十万军队多次征讨，历时八年方告平定。丽江土知府木氏，领地宽阔达数百里，“宫室之丽，拟于王者”；木氏在与鹤庆府交界处设关隘，远方来者，木氏命之人方得入内。[②]木氏土司与北面的藏族土司争夺中甸、维西等地，长达数十年。其他的土司如川南的播州杨氏、永宁奢氏，贵州的水西安氏、思南田氏，广西的思明黄氏、田州岑氏与泗城岑氏，辖地多达百里或数百里，拥兵数万乃至数十万，称霸一方。播州杨氏、永宁奢氏于明末作乱，严重危害地方。弘治年间，广西恩成的土知州岑钦攻夺田州土府衙门，杀戮百姓 50 余家。泗城的土知州岑应，夺据上林长官司及贵州镇宁等处 18 城镇。岑钦、岑应还联兵攻占田州，杀虏百姓 2.63 万余人。[③] 泗城、上林土司间的争地仇杀，从成化时绵延至弘治年间，时间长达数十年。

为制裁违法及无能驭下的土司，明朝对一些地方进行过改土归流。被改流者大致有以下几种情形：土司不能驭下而被朝廷改流；土司发动叛乱，平定后被改流；土司相互纷争、仇杀而被改流；土司有罪，遭受处治而被改流；土司因绝嗣被改流；出自某些原因，朝廷接受土司的请求而改流。[④] 明初的改土归流断断续续，明代中后期速度加快。至明末清初，西南数省中靠内地区的大中土司已去其半，州县以下的土司也改流不少。仅云南一省，明朝改流县以上的土司有 26 家；贵州地区的土司，则从明代数量最多时的 228 家，减少到清初的 170 余家。[⑤] 明代的改土归流大都是应急而为的，不能解决土司制度存在的深层问题。

明代后期西南地区土司的违法十分严重，究其缘由，与明朝在西南民族地区并行郡县卫所和土司之两种统治方式有关。首先，由于实行郡县卫所、土司统治的双轨制，农业地区与边疆僻地的差距明显扩大，明代后期

① 道光《云南志钞》卷 8《土司志下》。

② 《徐霞客游记·滇游日记六》，中华书局，2014。

③ 《明孝宗实录》卷 38，弘治三年五月庚辰，南京国学图书馆影印本。

④ 方铁主编《西南通史》，中州古籍出版社，2003，第 661 页。

⑤ 龚荫：《中国土司制度》，云南民族出版社，1992，第 461、747 页。

郡县及卫所地区大致实现内地化统治，而土司地区仍长期滞留于十分落后的统治阶段，诸多矛盾由此而起。其次，明朝对土司地区关注不够，基本上由土司说了算，导致不少土司地区成为独立王国。最后，明代大多数皇帝疏于问政，吏治腐败，办事拖沓，对土司的监管也产生不利的影响。进一步来说，明代后期土司屡屡造反，很大程度上是由于朝政腐败，官府的执行力太差。突出表现在土司办理承袭手续上，官府拖沓推诿，导致申请承袭的土司势力愤而反叛。另外，明后期朝廷对土司的叛乱也缺少及时有效的应对，这也是酿成大祸的一个原因。这些都反映出西南地区的土司严重违法，与明朝忽视法治建设有密切关系。

明朝对土司地区疏于监控，以至于局势难以管控，以乌蒙（今云南昭通）、乌撒（今贵州威宁）、东川（今云南会泽）、芒部（今云南镇雄以北）地区较为典型，情况亦最严重。《雍正西南夷改流记上》称：

> 明洪武中，未下滇，先平蜀，招服诸蛮，故乌蒙、乌撒、东川、芒部四军民府旧属云南者，皆改隶四川。然诸土司皆去川远，去滇、黔近；乌蒙、东川近滇，乌撒、镇雄、播州近黔。嘉靖中，虽改芒部为镇雄府，旋因陇氏之乱，仍革流归土；虽命东川兼听云南节制，仍不属滇而属川。惟万历中改播州为遵义、平越二府，分隶黔、蜀。其余各土司则皆去成都二千余里，去滇、黔省会仅数百里。滇、黔有可制之势而无其权，四川有可制之权而无其势。土蛮不耕作，专劫杀为生，边民世其荼毒，疆吏屡请改隶，而枢臣动诿勘报，弥年无成画。①

清朝平定西南土司地区后，鉴于这一地区土司势力盘根错节、大小反抗迭起，清朝的政区设置有过多次调整。清初沿明制置云南省，设巡抚治云南府（治今昆明市），并设云贵总督，云南、贵州省换驻。顺治十八年（1661），改设云南总督，驻云南曲靖。雍正五年（1727），朝廷令云贵总督兼辖广西，雍正十二年（1734）停止兼辖。乾隆元年（1736）改设云南总督、贵州总督。乾隆十二年（1737）仍改为云贵总督。光绪时裁免云南巡抚。清朝在岭南地区置两广总督。康熙二年（1663），广东和广西分设

① （清）魏源：《圣武记》卷7《雍正西南夷改流记上》，中华书局，1984，第285页。

总督，以后两广或有分合。总体来看，广西设总督的时间不长，大部分时间广西、广东同归两广总督管辖。

雍正四年（1726），鄂尔泰出任云南巡抚兼云贵总督，据其奏折，由威宁进抵东川，亲睹东川城垣顷圮、人户萧条的情形，并了解到东至乌撒、西至会川、南至寻甸，北至乌蒙、西北至会理之地，东西广420里、南北宽370里，周围延袤1700余里，山坡宜种荞，坝子宜种稻，高山有水，旱涝无恐，因土司势力猖獗，无法进行耕种。康熙三十一年（1692），朝廷虽初步进行改土归流，但上述地区“仍然为土酋所有”。土司大小头目随意侵占田亩，私派钱粮，甚至纵夷劫杀、绑掳平民十分普遍，“非设一知府、一经历所能遍理”。在另一奏疏中，鄂尔泰又说：

> 查四川东川一府，原系土酋禄氏世守地方。考禄氏，籍隶马龙，分据东川，明季并未归版图，至康熙三十一年始献土改流，议归四川管辖，其地与云南省寻甸、禄劝、沾益三州接壤，距云南省城四百余里，方隅广阔，地土肥饶。昔遭流寇蹂躏之后，缘半未开辟，兼之土人凶悍，专事劫掠，川民不肯赴远力耕，滇民亦不敢就近播垦。
>
> 东川去成都二千八百余里，一切事宜，俱有鞭长不及之势……是川省之无济于东川，而东川之无益于川省也，明矣。况寻甸、禄劝、沾益三州之民时遭东川土人之害，绑掠人口，劫抢牲畜，不一而足。①

鄂尔泰指出，东川等府在明代划属四川，距离成都2800余里，而其地与云南省的寻甸、禄劝、沾益三州接壤，距云南省城400余里。对于此种情况，《雍正西南夷改流记上》说：“滇、黔有可制之势而无其权，四川有可制之权而无其势。”因此，这一地区终成化外，鄂尔泰也称为“明季并未归版图”。缘于此，“川民不肯赴远力耕，滇民亦不敢就近播垦”②。鄂尔泰奏折言的是雍正朝大规模改土归流之前的情形，可见康熙朝进行的初步改流效果颇为有限。

---

① 《云贵总督鄂尔泰为敬陈东川事宜、仰祈圣裁奏事》（雍正四年三月二十日），故宫文物馆编《朱批谕旨》“鄂尔泰折一”，1930，云南大学图书馆藏。

② 《云贵总督鄂尔泰请添设东川府流官奏疏》，故宫文物馆编《朱批谕旨》“鄂尔泰折三”。

雍正五年（1727），鄂尔泰所上奏疏称："乌蒙、镇雄两土府扰害边疆，为患三省，数千百年来，稔恶已久。"[①] 明言乌蒙、镇雄等地土司之违法猖獗，是明代以来情形的遗留。他还说："乌、镇两府唇齿相依，镇雄汉多夷少，田地成熟，民能活计。乌蒙所属，止大关屯等处夷知耕种，犹易约束，独土府附近地方从不务农，惟以劫掠为事。"[②] 乌蒙、镇雄地区已完全被土司控制，随意劫掠杀戮，全无法治可言。与乌蒙、镇雄相邻的威宁（乌撒）地区，情况与乌蒙、镇雄大体类似。雍正三年（1725），贵州威宁知府永斌说："威宁界滇、蜀，诸土司虐使其众，时出掠境外。乌蒙禄万钟、镇雄陇庆侯尤强悍。"[③]

除乌蒙、镇雄、乌撒、东川、芒部等地以外，土司违法严重的还有车里（今云南景洪）、茶山、孟养等地。雍正六年（1728），云贵总督鄂尔泰的奏疏称："臣查车里地方，江内江外原各设有土司，除车里宣慰司外，有茶山土司、孟养土司、老挝土司、缅甸土司等员，总因边方穹远，各土司争相雄长，以强凌弱，以众暴寡，其茶山、孟养等地方皆被车里吞并，向来均置不问，以致凶夷肆恶，渐及内地。""车里、茶山、孟养一带地方，界连交趾、老挝、蟒缅诸国，各种蛮贼凭陵江外，忽出忽没，并无定所。"[④]

《雍正西南夷改流记上》也说："澜沧江内之滇沅、威远、元江、新平、普洱、茶山诸夷，巢穴深邃，出没鲁魁、哀牢间，无事近患腹心，有事远通外国，自元迨明，代为边害。"[⑤] 以后，云贵总督范承勋奏疏称："为滇民腹心之患者，则有鲁魁一山，其地接壤千里，内包各种夷倮，多属化外之人，号为野贼，不知始自何年。"[⑥] 可见在云南南部的车里、茶

① 《云贵总督鄂尔泰为钦遵圣谕奏事》（雍正五年三月十二日），故宫文物馆编《朱批谕旨》"鄂尔泰折三"。

② 《云贵总督鄂尔泰为据实陈明、仰祈圣鉴奏事》（雍正五年三月二十六日），故宫文物馆编《朱批谕旨》"鄂尔泰折三"。

③ 《清史稿》卷292《杨永斌传》，中华书局，1977年点校本，第10318页。

④ 《云贵总督鄂尔泰为窝泥既靖、敬陈管见、仰祈睿鉴奏事》（雍正六年正月八日），故宫文物馆编《朱批谕旨》鄂尔泰折五。

⑤ （清）魏源：《圣武记》卷7《雍正西南夷改流记上》，第285页。

⑥ 《云贵总督范承勋为土夷归诚、恳请授职奏疏》，康熙《云南通志·艺文志》，民国石印本，云南大学图书馆藏。

山、鲁魁山等地，土司及夷霸割据其地、为非作歹由来已久，至少明朝对这些地区并未实现有效的管控。上述地区不同于乌蒙、镇雄者，还在于其地处于边疆，稍有风吹草动，违法的土司或夷霸便与境外势力勾结，这蕴藏了很大的隐患。

在贵州与广西等地，也存在土司或夷霸割据一方、严重违法的情形。《雍正西南夷改流记上》称：广西有土司之府、州、县、峒、寨达 50 余处，分隶南宁、太平、思恩、庆远四府，主要是北宋派狄青率军征叛酋侬智高以及明代王守仁征田州时所留设。广西的土司之患，大致是土目专横过于土司。至于贵州的土司，“向无钳束群苗之责”，因此贵州生苗之患“甚于土司”。贵州苗疆广达 3000 余里，其地有 1300 余处苗寨，古州居其中，群寨环其外。苗疆之地梗隔云贵桂三省，“遂成化外”。贵州苗人聚居之地，位处贵州、广西两省之间，以牂柯江（今北盘江）为界，广西西部的隆州与贵州的普安州两地，苗人逾江相斗，“（官府）文武动辄推诿”。雍正四年（1726），云贵总督鄂尔泰的奏疏称：广西泗城土府逞顽肆虐，势大罪重凡杀人掳人，皆越境而逃，官府之中，追究其违法的卷牍堆积如山。若泗城、乌蒙、镇雄三府不除，“则四省界难靖”①。

目睹西南地区一些土司及夷霸目无法纪、为害一方的状况，鄂尔泰等官员既感到十分担忧，同时也促使其思考形成的原因，并提出一些有见地的看法。

雍正四年（1726），云贵总督鄂尔泰的奏疏称：四川、云南、贵州、广西四省劫杀之案，多属乌蒙、镇雄、泗城三府土司所为，他们利用地处四省接界处的特点，杀人掳人，皆越境而逃，官府欲缉人拿人，隔省便无法施行。违法者若潜踪而逃，官府便移咨移关，以敷衍为故事，遂使违法者亦沿成恶习。由此得出“三土府不除，则四省界难靖”的结论。② 雍正六年（1728）正月，鄂尔泰再奏：车里、茶山、孟养一带土司，界连交趾、老挝、缅甸诸国，“劫人烧寨视为泛常，即杀兵伤官亦目为故事”。文武官衙既闻土司犯法，懦者托言羁縻，巧者熟筹利害，纵报知督、抚、

① 《云贵总督鄂尔泰为乌蒙等三十一府以靖云贵川粤四省边界奏事》（雍正四年十一月十五日），故宫文物馆编《朱批谕旨》“鄂尔泰折二”。

② 《云贵总督鄂尔泰为乌蒙等三十一府以靖云贵川粤四省边界奏事》（雍正四年十一月十五日），故宫文物馆编《朱批谕旨》“鄂尔泰折二”。

提、镇，也皆互相隐讳，以为妥安之计，间有建议征缴者，又被指为喜功，遂演成数百年相沿之陋习。[1] 是年八月，鄂尔泰又奏：滇南六茶山系久叛之区，从无数年宁帖。目前虽无大害，日久将为隐忧。该地土司反叛未靖的原因，是驻将“畏其凶焰，不敢深入”，“内则莫窥其巢穴，外则不熟其路径，故来不知踪，去无由迹，以至未事不能防御于先，既事不能追擒于后”。涉事官员多瞻顾粉饰，颇有支吾之词，致使贼风日肆猖獗。鄂尔泰还检讨明朝征伐麓川土司叛乱之举，为之深为叹息，认为明朝之人身为朝廷大臣，不能筹划万全，设法剿抚，动辄提师数万，支饷数省，预为张大其事，以邀事定功赏。以后又旋服旋叛，而留下“总缘未经妥办，故遂遗累至今”的教训。上述结论是在认真研究现状与深入思考的基础上得出的，大致反映了明代真实的情形，所言亦较深刻。[2]

明末清初西南地区土司地区存在的严重问题，主要反映了明朝吏治的高度腐败，以及违法土司及夷霸作案多在数省相连之地，且利用了相关官府互相隐讳、推诿的陋习。而清朝建立未久，短期内对土司地区尚不可能实现有效管控。进一步来说，这些问题集中反映出土司地区法治缺失，朝廷管控松弛，有关地区“遂成化外”的真实情形。

二　吴三桂统治下的土司地区

清朝统一全国时，曾借助明朝降将的力量用兵南部地区。中国南部平定后，清朝将这些降将分封驻守当地，先后封吴三桂为平西王守云南，封尚可喜为平南王镇广东，封耿仲明为靖南王驻福建，时称“三藩”。“三藩”中以吴三桂的势力最大，“天下赋半为所耗，而三桂骄恣尤甚”[3]。吴三桂不仅控制的地域范围大，而其势力也强盛专横，成为“三藩之乱”的始作俑者。此外，尚可喜之子尚之信“以酗虐横于粤”，世袭爵位之耿精忠“以税敛暴于闽”。“三藩”长期割据南方地区，至造反前夕，“三藩”大肆拉拢利用各地的土司势力，“三藩之乱，重啖土司兵为助，及叛藩戡

① 《云贵总督鄂尔泰为窝泥既靖、敬陈管见、仰祈睿鉴奏事》（雍正六年正月八日），故宫文物馆编《朱批谕旨》“鄂尔泰折五”。

② 《云贵总督鄂尔泰为分别流土考成、以专职守、以靖边方奏事》（雍正四年八月初六日），故宫文物馆编《朱批谕旨》“鄂尔泰折二”。

③ 《清史列传》卷80《逆臣传·吴三桂》，中华书局，1987，第6636页。

定，余威震于殊俗”[①]。

吴三桂的势力逐渐坐大，与其掌握了清廷唯恐边疆动乱、宁授边将以重权的想法有关。顺治十六年（1659），清军基本平定云南，顺治帝颁诏以吴三桂镇守云南，并谕吏兵二部：“凡云南省文武官举黜及兵民一切事，命三桂暂行总管，俟数年后补授，仍照旧例。”[②] 吴三桂早有割据云南、伺机叛乱之心。《清史列传·逆臣传·吴三桂》称：“其筹画岂实为我国家哉？彼时已具欲据滇黔而有之心。”[③] 就任云南总管后，吴三桂积极扩充势力，总兵、副将皆得自择。又奏准云南督抚受其节制，移驻提督于大理，总督驻于贵阳。吴三桂专制云贵地区十余年，选用下属官吏称“西选”，因此门生、故吏遍天下。[④]

吴三桂在云贵地区为非作歹，大肆搜刮百姓。他威逼朝廷将明代云南总兵沐氏经营的田庄700顷拨给自己，时称“藩庄”，以百姓为藩役，“藏奸纳叛，有由来矣”。又以昆明五华山朱由榔的旧宫为藩王之府，大肆增修，备极崇丽。吴三桂还不满意，又填菜海子（今昆明翠湖）之半，增为新府。同时假浚渠筑城的名义，广征关市，榷税盐井，收取金矿、铜山之利入私囊。[⑤] 康熙三年（1664），吴三桂擅自决定，增收黑井盐井税银3000两，遇闰加银250两。[⑥] 吴三桂还以游棍充当税官，以市棍充巡役，物无大小，地无远近，百姓均须纳重税，或一地而两税，或二三十里纳一税，“到处搜求，甚于截劫”；云南官场陋例，督抚的衙门官员、衙役，竟敢与官府分庭抗礼，公差竟敢凌厉下级衙门；官员、衙役一奉差牌，则索人夫、索供应、索规礼，“甚致咆哮公堂，锁拷经承”；若上司分派衙役采买鸡、猪、牛、羊、米、豆、布匹，以及细至槟榔、蔬果之类，当事衙役多指一派十，短价剥民，“民之痛切难支，莫此为甚”；吴三桂还毁弃儒学，“渎乱宫墙，饮马泮池”，军队据占昆明文庙有八年之久。自省城以至

① （清）魏源：《圣武记》卷7《雍正西南夷改流记上》，第285页。

② 《清史列传》卷80《逆臣传·吴三桂》，第6639页。

③ 《清史列传》卷80《逆臣传·吴三桂》，第6639页。

④ （清）魏源：《圣武记》卷2《康熙戡定三藩记上》，第62页。

⑤ 《清史列传》卷80《逆臣传·吴三桂》，第6637页。（清）刘健：《庭闻录》，《云南备征志》，云南人民出版社，2010，第910页。

⑥ （清）倪蜕辑《滇云历年传》，云南大学出版社，1992，第524页。

府州县卫的学宫，所在皆废。省城的大小衙门又被吴三桂及所属占为私第。吴氏亡后，城内的衙门旧址茫然不可寻，新上任的云贵总督蔡毓荣及下属，不得已暂住叛军遗留的房屋。①

康熙十二年（1673），尚可喜请归养辽东，朝廷许其撤藩回籍。吴三桂、耿精忠也上书假请撤藩，探听朝廷的风声。康熙帝旨准。吴三桂乃在云南举兵造反，自称“天下都招讨兵马大元帅”，又致书平南、靖南二藩，以及贵州、四川、湖广、陕西相识的将吏，相约起兵造反。② 吴三桂令部将马宝率军攻贵阳，亲率20万军队随后东进。叛军进入湖南，占领湖南全境。叛军占领四川，欲出汉中直下夔州。吴三桂陈兵于长江南岸，有渡江北上进攻京师之势。耿精忠在福建反叛，袭取浙江与江西。尚之信也反叛于广东。康熙十五年（1676），形势向有利于清朝的方面转变。耿精忠向清朝投降，随后尚之信亦降。康熙二十年（1681）初，清军攻下贵州，十月进入昆明城，长达八年之久的“三藩之乱”终被平定。

“三藩之乱”祸及南方各地与陕西、甘肃等地，云贵两省遭受极为严重的破坏。云南是“三藩之乱”的源头以及清朝与叛军决战的地区，遭受的破坏堪称酷烈。吴三桂统治云南、贵州地区十余年，在准备造反以及反叛的过程中，均把土司势力作为重要力量。据记载：平叛的清军抵云南嵩明州，准备与叛军激战。吴三桂之孙吴世璠率领步骑万余人，“列象阵，离城三十里拒战”。吴世璠所率叛军中有象军且开列为阵，足见随同叛乱的土司武装不少，并驱赶大象参战。清军在战斗中五战五胜，阵上斩伪将军胡国柄、刘起龙及伪总兵9人，“贼众自相蹂躏，死者枕藉”。被杀的伪将军胡国柄、刘起龙与伪总兵9人，均为参反叛军的土司头目。

康熙二十年（1681），清军攻下昆明城。次年正月，蔡毓荣就任云贵总督，于康熙二十五年（1686）离开云南。③ 蔡毓荣任职云南期间撰《筹滇十疏》，详述吴三桂在云贵地区的所作所为、“三藩之乱”平定后云贵地区的状况，以及清朝对云南地区的治理措施，内容翔实可靠。蔡毓荣还针对具体情况提出治理的建议，一些意见被朝廷采纳。

---

① 以上均出自（清）蔡毓荣撰《筹滇十疏》，康熙《云南通志·艺文志》。

② 《清史列传》卷80《逆臣传·吴三桂》，第6638页。

③ 方国瑜主编《云南史料丛刊》第8卷，云南大学出版社，2001，第423页。

《筹滇十疏》称自从吴三桂起兵，“悉征土兵，滥加土秩，伪总兵、副将、伪参、游、都、守遍及诸蛮，甚或充伪将军、伪监军，狂逞无忌”。待清军攻入云南，随从的大小土司先后归诚，既是震慑于叛军溃败的形势，也说明参加反叛有被裹胁的情形。鉴于吴三桂遍授土司以武职，隐患极大，蔡毓荣建议朝廷颁令追夺武衔，“大将军等所给衔札，无分文武，概行追缴”。吴三桂还任由土司邀截道路，抢掠村庄；土司若犯罪，俱不告之流官，由土司径自处决，“或一土司有犯，即令众土司环而攻之”，“土人知有土官而不知有国法久矣”。

自从吴三桂发动叛乱，遍征土兵，发给冷兵器与火器甚多。《筹滇十疏》说：土人得其未曾有之兵器，“犷悍益甚”，吴三桂失败后众土司及其随从溃奔，各带所发兵器归寨，“投诚之后，曾无一缴至军前者”，亦为潜在的隐患。《筹滇十疏》称：经过初步的治理，目前流亡渐集，耕凿方兴，但鲁魁山反叛的土司与夷霸未除，终非久安长治之策。鲁魁山地连新、嶍、蒙、元、景、楚之界，位处万山之中，绵亘广远，林深箐密，趋内可至新平、新化、元江、易门，趋外可达车里、普洱、孟艮、镇沅等地，故防之甚难，而剿之亦不易。鲁魁山叛夷剽劫乡村、杀掳人口，殆无虚日，小民畏之如虎，相率纳以保头钱，岁以为常。自清朝开辟滇南，“贼始稍稍敛戢，然而索保末已，警息时闻”。百姓纳保惧死于法，不纳保则惧死于叛夷，“滇人无告之苦，莫此为甚”。蔡毓荣强调：因受吴三桂长期割据及其乱政的影响，“今日之土司，非尤夫承平日久之土司”，尤须精心策划，潜心治理，方可纠正长期形成的积弊。[①]

《筹滇十疏》称，吴三桂对土司普遍缺少教育，土官唯知以世系承袭，其势利祖父相传，子弟则恣睢相尚。吴三桂轻视儒学，对云贵地区的土司产生消极的影响。云南威远土州的土司，“向来不容夷人应考，恐其入学，与之抗衡”。[②] 云南各府州县的学宫，自吴三桂发动叛乱，“悉皆颓坏”[③]。对土司子弟进入学校学习儒学，清初并无明确的规定。《大清会典事例》始定：土司子弟若年幼，由督抚题明注册，选本族土舍护理，待其年纪至

① （清）蔡毓荣：《筹滇十疏》，康熙《云南通志·艺文志》。

② （清）高其倬：《筹酌鲁寇山善后疏》，道光《云南通志稿》，云南省图书馆藏本。

③ 《清史稿》卷255《蔡毓荣传》，第9790页。

15 岁时承袭，未提到承袭人须入学校学习。[①] 由于继承土司职位的子弟懵懂无知，“不知诗书礼仪为何物”，袭职后罔上虐下，势所必然。云贵总督蔡毓荣建议应为定例，以后土官应袭职者，凡 13 岁以上者，当令赴儒学习礼，并由儒学起送承袭。其族属子弟有志上进者，应准入郡邑参加应试，“俾得观光上国，以鼓舞于功名之途”。[②] 以后朝廷就此作出规定，袭职的土司子弟必须进入学校学习，取得一定资格方得承袭职位。经乾隆二十九年（1764）议准，“《学政全书》有土司应袭子弟，令该学立课教训，俾知礼义，俟父兄卸事之日，回籍袭职等语”。[③] 以后边省土司地方，袭职子弟若事务繁多，自揣不能应试，准具呈告退，愿应试者，不得托故避考。进一步来说，在土司地区开办学校，普遍教育土司子弟，必须有社会安定、管理有效的社会环境，而这只有在完成改土归流后才能具备。因此，在土司地区普遍开办学校，教育土司子弟，是在雍正朝改土归流结束后才实现的。

综合其他有关的记载，对《筹滇十疏》所说情形可有进一步的了解。康熙三年（1664），吴三桂曾率领云贵地区之兵，分两路讨贵州水西宣慰安坤之叛乱。平定该地后，设黔西、平远、大定、威宁四府。在平叛的过程中，吴三桂收降了一些土司势力，以后招徕土司一发不可收。《雍正西南夷改流记上》说：“三藩之乱，重啖土司兵为助，及叛藩戡定，余威震于殊俗”[④]。康熙三十年（1691），云南官吏王继文奏疏称，云南的土知府、土知州等官，负有制表报告粮务之责，但多积顽成性，任催不应。究其缘由，据说是有土官不给俸禄的定例，因此有罚俸降俸等罪，皆免予处分。王继文认为，土官虽未领俸，而所守土田仍属国家，以后制表报告粮务诸事，“土官怠玩迟误者，似应照依名例无俸罚米，各按品职，以米作银”[⑤]。《清史稿·蔡毓荣传》称：鲁魁山土夷啸聚为盗，吴三桂授予其伪职，吴

① （清）《大清会典事例》卷 145《吏部一百二十九·土官》，转引自方国瑜主编《云南史料丛刊》第 8 卷，第 172 页。

② （清）蔡毓荣：《筹滇十疏》，康熙《云南通志·艺文志》。

③ （清）《大清会典事例》卷 145《吏部一百二十九》，转引自方国瑜主编《云南史料丛刊》第 8 卷，第 173 页。

④ （清）魏源：《圣武记》卷 7《雍正西南夷改流记上》，第 285 页。

⑤ （清）王继文：《请定土司罚米例疏》，康熙《云南府志》，云南省图书馆藏本。

三桂失败后虽改授土司，仍宜聚集土练，分驻隘口，防止外侵为患。[①]

《清史列传·逆臣传·吴三桂》称：吴三桂益欲揽事权，构衅苗蛮，借端用兵不休，“私割旧隶丽江府之中甸，与番众屯牧，通商互市”[②]。以上所言之事，经考证，情形大致如下。清初“北胜（今云南永胜）乃云南北徼，其外接壤西番，又其外即为蒙古”[③]。吴三桂曾奏报朝廷，称蒙古军队南下占据丽江北部；康熙七年（1668），吴三桂又奏：“蒙古据中甸，执丽江土知府木懿”[④]。蔡毓荣对此的解释是：“兵权悉在吴逆，包藏祸心，养寇自重，诡言蒙番入犯，调兵北胜。”[⑤] 可见吴三桂“私割旧隶丽江府之中甸”给蒙古势力，言之有据。至于在中甸“与番众屯牧，通商互市”，则与联络西藏的达赖喇嘛，开通销售茶叶的道路有关。明末清初，四川地区因遭受战乱，茶叶生产被严重摧残。吴三桂时任云南总管，他利用川茶衰落之机，准备联络西藏的达赖喇嘛，为将来谋反做准备，因此以交易茶叶为由，鼓动达赖喇嘛上奏朝廷，在北胜州（在今丽江以东）试行以马易茶。[⑥] 康熙四年（1665），在北胜州开辟茶马互市。

关于对西南土司是否定期考核，清初即有规定。据《大清会典事例》，康熙五年（1666），朝廷复准四川、广西、云南、贵州各处土司，因属边方世职，“其钱粮完欠，不必照流官例考成”；康熙七年（1668），又复准各处土官经征钱粮，一年内全完者，督抚题明奖赏以银牌花红“永为定例”。[⑦] 清初关于西南各省土司钱粮完欠、不必照流官例考成的规定，是出自其时西南边疆百废俱兴，对土司管理应较宽松的考虑，但实行后问题不少。

吴三桂叛乱失败后，原先对南方土司无须定期考核的规定，显现出其

① 《清史稿》卷255《蔡毓荣传》，第9790页。

② 《清史列传》卷80《逆臣传·吴三桂》，第6637页。

③ （清）刘健：《庭闻录》，《云南备征志》，云南人民出版社，2010，第900页。

④ （清）刘健：《庭闻录》，《云南备征志》，第911页。

⑤ （清）蔡毓荣：《筹滇十疏》，康熙《云南通志·艺文志》，民国石印本，云南大学图书馆藏。

⑥ 方铁：《清代云南普洱茶的兴盛及其原因》，朱诚如、王天有主编《明清论丛》第10辑，紫禁城出版社，2010。

⑦ 《大清会典事例》卷165《户部十四·田赋屯田·土司贡赋》，中华书局，1991；转引自方国瑜主编《云南史料丛刊》第8卷，第179页。

弊端。雍正四年（1726），云贵总督事鄂尔泰提出建议，流官固宜重其职守，“土司尤宜严其考成”。土司之考成不严，则命盗之案卷日积。“大凡杀人劫财皆系苗倮，虽一经报闻随即缉捕，但罪犯潜匿寨中，已莫可窥探。无论吏目等官员任呼不应，即使府州关移臬司以牌票，受者亦置若罔闻，因此十无一解，非官府知情故纵或受贿隐藏”。缘由是流官束手无策，大吏深难其事，不敢随意过问。因此劫杀愈多，盗贼愈甚。罪犯既掳人男女、掠人财物，并无追赃抵命之忧，土司亦无降级革职之罪，“有利无害，何乐不为?”鄂尔泰认为“土司之考成不可不严，所当与流官画一定例”。他还指出：“既有职衔，宁无考察，乃仍以夷待夷，遂致以盗治盗，徒令挟土司之势”。土司借此以残虐群苗，随后复逞群苗之凶，以荼毒百姓、横征苛敛，贡之朝廷税赋者百不一二，而烧杀劫掳、扰害百姓者则十常八九。① 以后，朝廷接受鄂尔泰的建议，规定对土司需定期考核。

总体来看，从顺治十六年（1659）云贵地区被清军基本平定，顺治帝颁诏令吴三桂镇守云南，至“三藩之乱”被平定，吴三桂统治云贵等地长达20余年。其间，吴三桂曾率兵平定水西宣慰司安坤等土司的反叛，设立黔西、平远、大定、威宁等四府，但吴三桂以云贵地区为私人领地，不仅横征暴敛、鱼肉百姓，还竭力培育自己的势力，为割据和反叛做准备，尤其是通过滥授总兵、副将、参将、游击、都司、守备以及将军、监军等官秩，且授予带兵之武职，拉拢各地的土司。又擅自发给土司火器等武器，纵容土司邀截道路及抢掠乡村，若土司犯罪，允许不通过流官而自行解决。土司既为国家的官吏，在吴三桂统治时期，既不参加定期考核，其子弟也不入儒学学习，在云贵地区留下诸多的隐患。

至于尚可喜统治的两广地区，也存在与吴三桂统治下云贵地区的类似问题。《雍正西南夷改流记上》称：“故云、贵、川、广恒视土司为治乱。国初因明制，属平西、定南诸藩镇抚之”②。“三藩”统治时期，西南土司地区存在的诸多问题，已动摇中央政府对地方的控制，使这些地区的法治管理失灵，随时可能引发严重的社会动乱。

---

① 以上均见《云贵总督鄂尔泰为分别流土考成、以专职守、以靖边方奏事》（雍正四年八月初六日），故宫文物馆编《朱批谕旨》“鄂尔泰折二”。

② （清）魏源：《圣武记》卷7《雍正西南夷改流记上》，第283页。

在平定“三藩”之前，西南土司地区的法治极为混乱。究其缘由，既有明朝土司制度遗留问题所产生的深远影响，也有清初吴三桂等诸藩纵容及拉拢土司方面的原因。与此同时，该种状况还暴露了边疆吏治方面存在的严重问题，致使上述地区的土司普遍违法，活动十分猖獗，成为危害土司地区的一大毒瘤。“三藩之乱”平定后，经过多次的实地踏勘，对西南地区土司法治混乱的状况及其成因，雍正朝臣已有较深入的思考与较深切的认识。雍正帝决定在西南土司地区进行大规模的改土归流，彻底扫除积累至多的弊端。

（作者单位：云南民族大学）

专题研究

“若苗也，我民也”：乾嘉苗民起义中的族类界定与认同*

谢晓辉

摘　要： 本文通过对乾嘉苗民起义中严如熤招降大小章仡佬这一事件，以及对该事件记载的后续影响的分析，尝试考察清代中叶地方官员的族类界定观念与社会冲突中苗疆土著的认同表达。招降大小章仡佬这一个案展示，当时的地方官员们在用一套文化加血缘的语言来表达族类观念，同时国家的制度安排、地方事件以及地方历史书写，也深刻地影响了在实际的社会运作中官员们对文化异质地区的族类界定。

关键词： 乾嘉苗民起义　族类划分　大小章人

一　制度背景与问题的提出

有清一代，是中国统一的多民族国家进一步发展的重要阶段。清廷在广袤的云贵、两湖、四川、广西等地区，进行了大规模的改土归流与开发苗疆。[①] 将大量拥有多元族群、语言等的异质文化地区，纳入王朝国家的州县流官统治秩序之下，大量非汉人群由所谓的“化外之民”成了王朝国家体系内的编户齐民。在西南这个族类相当复杂的地区，如何界定人群与表达认同是一个饶有兴致的议题。陈寅恪先生曾精辟地指出，南北朝胡汉之别不在其血统，而在其所受之教化。[②] 那么，在清代新的制度环境之下，进入普通民众的社会运作层面，他们是如何进行族类的区分与认同表达的

* 本文为国家社科基金“清代湘西地区改土归流与开辟苗疆的比较研究”（项目编号：17BZS116）的阶段性成果。

① 参见李世愉《清代土司制度论考》，中国社会科学出版社，1998。

② 陈寅恪：《唐代政治史述论稿》，上海古籍出版社，1997，第16～17页。

呢？以往限于相关史料的缺乏等因素，对这一议题只能在制度层面略加勾陈。近来笔者注意到严如熤在治理苗疆后所著的《苗防备览》中有一份相当生动的史料，它涉及乾嘉苗民起事中苗疆的族类划分与认同的表达，或可窥豹一斑。故不揣浅陋，尝试略作讨论，以求教于方家。

在清代湖南苗疆的开发过程中，湘西南部地区于康熙四十三年（1704）设立凤凰厅，次年设乾州厅，雍正九年（1731）建永绥厅。[①] 通常，此三厅被称为湖南苗疆三厅。自此，新辟的苗疆三厅正式纳入王朝国家的流官统治体系之下，当地的土著也一体编户，成为王朝国家的编户齐民。在苗疆三厅，被登记归为“苗”的土著，与被归为“民”的人户，在赋税[②]、土地登记[③]、基层组织[④]、适用的法律[⑤]、科举[⑥]等诸多方面，存在或多或少的差异。[⑦] 这跟苗疆周边的泸溪、麻阳等县，在清代户籍体系内一体为民的做法有所差异。这就说明，在清朝的行政管理制度内，苗疆三厅及周边州县内各人户的民苗身份以及民苗的界限是清晰的。

二　关于大小章人族类身份的表述

乾隆六十年（1795）正月，以湖南苗疆为核心，席卷湘、黔、川多省

① 乾隆《乾州志》卷1《都郡志》，乾隆四年刻本；乾隆《凤凰厅志》卷3《沿革》，乾隆二十三年刻本；《清世宗实录》卷103，雍正九年二月壬子。

② （清）赵申乔：《报抚苗渐有绪折》，《赵恭毅公自治官书类集》卷1《奏疏》，上海古籍出版社，1995，第492~493页；（清）王柔：《奏陈苗疆事务折》《奏陈治理边疆事宜折》，“国立”故宫博物院编《宫中档雍正朝奏折》第26辑《宫中档雍正朝无年月奏折》，台北：“国立”故宫博物院印行，1979，第30~31、57页。

③ 乾隆《凤凰厅志》卷11《赋役》，乾隆二十三年刻本。

④ （清）但湘良：《湖南苗防屯政考》卷2《建置》，台北：成文出版社，1968，第399~403页。

⑤ 谢晓辉：《当直接统治遭遇边疆风俗：18到19世纪湖南苗疆的令典、苗俗与“乱苗”》，（台北）《中央研究院近代史研究所集刊》第104期，2019，第1~36页；《清代湘西改土归流州县法律安排与司法实践》，《广西民族大学学报》（哲学社会科学版）第42卷第4期，2020年，第47~54页。

⑥ 乾嘉苗民起义之后，清廷加强教化，笼络和培养苗疆上层，于嘉庆十三年，清廷特准在湖南乡试时，将苗疆三厅之“民生”另编边字号，应试三十人，于本省定额内取中一名；“苗生”另编田字号，应试十三人，额外取中一名，见《清仁宗实录》卷192，嘉庆十三年二月戊寅。

⑦ 相关讨论，可参考谢晓辉《帝国之在苗疆：清代湘西的制度、礼仪与族群》，（香港）《历史人类学学刊》第11卷，2013，第51~88页。

地的乾嘉苗民起义爆发。清廷调集七省兵力，多管齐下，方于嘉庆元年（1796）使苗疆初定。[①] 在这场被定性为“苗乱”的剧烈社会冲突中，对冲突双方而言，区分“民”“苗”与“敌”“我”在整个事件的过程中都至为重要，也因此可以比较直观地体现出当时族类区分观念与认同选择的某些重要侧面。值得说明的是，本文中重要的不是他们的身份应该是谁，而是他们有怎样的观念与资源，可以帮助他们去界定族类身份与选择认同表达。

在这场苗民起义中，严如熤以幕僚的身份辅佐湖南巡抚姜晟、湖广总督毕沅镇压起义与处理苗疆的善后。他献策并主持招降大小章仡佬来对抗苗人。严如熤极为重视这次招抚，撰专文《招降大小章仡佬始末》详叙了整个经过，[②] 此举也被认为是他治理苗疆最值得称道的事功之一。[③]

在严如熤所撰写的招降经过中，有三个环节值得特别关注。

第一个值得关注的是招降大小章之前的情况。其背景是乾隆六十年（1795），苗民攻占乾州，并且发动对周围地区的进攻，其中包括泸溪的浦市。泸溪是沅水上游一个战略位置相对重要、经济较为活跃的县。严如熤有言：“泸溪一邑，西北与永顺、乾州接壤，西南与凤凰、麻阳连界。”[④] 浦市位于沅江边，“为上游大市镇，饶油铁白蜡诸货，各省行商多停泊于此”[⑤]。苗民想攻打繁华的浦市，须经过大小章人的村寨，于是派人前往大小章的村寨中游说他们，“吾将取浦市，若能假道不须若同行，子女玉帛与若共，吾与若何弗解旧忿？”对此，大小章人据说有如下反应：

---

① 此次乾嘉苗民起义，耗费了清政府高达1100万余两白银，参见〔美〕李中清《中国西南边疆的社会经济：1250—1850》，林文勋、秦树才译，人民出版社，2012，第34～70页。有关清中以来西南地区的地方动乱与军事化，详见谢晓辉《傅鼐练兵成法与镇筸兵勇的兴起：清代地方军事制度变革之肇始》、卢树鑫《再造“土司”：清代贵州“新疆六厅”的土弁与苗疆治理》、任建敏《咸同年间广西浔州的“堂匪”、团练与地方权力结构的变动》，此三篇文章均刊登在《近代史研究》2020年第1期。

② （清）严如熤：《招降大小章仡佬始末》，《苗防备览》卷17《叙往·要略》，道光癸卯绍义堂刻版，第29～33页；本文中严如熤招降大小章仡佬的原始材料，若无特别说明，则皆来自《招降大小章仡佬始末》一文。简略起见，下文相关引用不再备注。

③ （清）陶澍：《布政使衔陕西按察使乐园严公墓志铭》，（清）严如熤著，黄守红标点，朱树人校订《严如熤集》第1册《乐园文钞》卷首，岳麓书社，2013，第4～9页。

④ （清）严如熤：《苗防备览》卷3《村寨考下》，第17页。

⑤ （清）严如熤：《苗防备览》卷9《风俗考》，第13页。

大小章应曰："若苗也，我民也。我假若道，朝廷且谓我民叛。若从此间外侵，请整军械以俟。"苗忿，遂率众以斗。是时，苗倾巢为叛，众数十万，大小章人走告内地曰："无大小章，是无浦市。辰泸速为我助声援。犵狫[①]扼其前，官兵客民承其后，苗不能出也。"兵民惮苗甚，无有应之者。自二十二日至二十九日，苗分番垒阵攻之。死伤相积，志益奋，苗绕道焚其寨落，乃率众退出浦市。江东苗初惮犵狫，破乘势长驱入……犵狫外徙，携重赀，而衣饰语言与苗无甚别。

闰二月，各路兵勇渐集，黠者利犵狫所有，执为苗，犵狫不能作客语，无由辨。日有杀戮，乃群忿曰："我犵狫力战御苗，焚庄舍，捐妻子，逃徙至此，而反以我为苗，鱼肉我。"相率回故地。犵狫既归，苗诱与俱叛。

在这一环节当中，非常清晰地体现出内地的官兵、客民、苗人以及严如熤对大小章人的身份界定，同大小章人自我认同之间存在显著差异。官兵、客民认为大小章人就是苗，不仅不响应他们联合作战的号召，还趁火打劫，甚至视他们为乱苗，屠戮他们。苗民认为，大小章人同他们虽有"旧忿"，但仍属于可以联合的同类。虽然官兵、客民和苗民普遍观念如此，但大小章人认为"若苗也，我民也"，坚定地认为对方是苗，而自己是民，断然拒绝跟苗人的合作，跟苗民划清界限。并且，他们付诸实践，与苗交战，导致一些村寨被苗民焚毁，不得不携赀外徙逃祸。大小章人在被官兵、客民视为苗而遭屠戮之后，又被"苗诱与俱叛"，他们还是跟苗合作了。在严如熤的眼中，大小章人有一种暧昧存在：一方面，他把大小章人跟苗区别开来，称之为"大小章""仡佬"，即便是已经据称被"苗诱与俱叛"了，仍视之为可以合作对抗苗民的对象，并且在《苗防备览》中将大小章人所在的村寨附入泸溪县民村而不是附入苗寨的名录之内，亦即视之为"民"而非苗；[②] 另一方面，他又非常清晰地指出大小章人"衣饰语言与苗无甚别"，不少大小章人常常不会"客语"，导致被官兵们当成

① 为尊重当时原文本的意涵，本文对出自引文部分的这类称呼予以保留，但绝不表示认同。

② （清）严如熤：《苗防备览》卷3《村寨考下》，第14～17页。

苗民杀戮。亦即从教化和风俗的层面而言，他们也难以与苗民分别开来。

第二个值得关注的是当时情况。此时苗愈战愈勇，官军频频失利，朝野震动，于是任命福康安和何琳等带兵前来镇压苗民起义。在福康安等人主张由黔地攻入楚地苗疆乾州时，原在苗疆作战的大臣们也深感压力，在一筹莫展的情况下，只得向相对熟悉苗疆且家族中历有理苗经验的溆浦严如熤咨询。严氏提出"克服乾州为急务，由黔入则经由苗巢中，迂而险，由楚入则所过皆民地，直而夷"，建议由楚地泸溪直接攻入被苗民占据的乾州。由泸溪至乾州虽然都是民地，但途中必须经过大小章人的村落，因此关键在于如招降大小章人，才可以坦行无阻。故此，有严氏主持招降大小章人一事。严如熤有载：

> 余乃募人能至大小章者，得向国果等数人。是时，苗视犵猪为部属，日遣黠苗监察之。国果能为犵猪语，日与苗遇，不疑汉谍也。国果乘间为大小各头目开示利害，颇心动。乃偕其头目张子宏、张天佑、张天长、符子玉等六人，改装至浦市。见余，余推诚待之，同起居者三昼夜，六人者感泣，插［歃］血矢不叛，余亦设誓保其无虞。
>
> 二十六日，偕六人至辰州，谒制府、中丞，皆大喜，亲慰此六人者，厚犒之。余陈制府曰："是虽已投诚，而苗日在其巢中，恐迫逼勾结，复有事，须令其各送质子。"制府仍命余行。途中……余又语之曰："吾在此无护卫，若子弟即我子弟也，盍各遣子弟从我，为我卫。"则又皆应曰："诺。"至十月十三日，送质子十九人至浦市……余用犵猪作谍，宣朝廷恩威，于是近乾州之三岔坪寨、阳鬼者各苗头吴廷举、石上文等，皆暗遣子弟请符帜，约至期以应。

第三个值得关注的是具体的招募经过。这部分介绍的招募过程有一些细节值得玩味。首先，苗民对大小章人的态度。一方面"苗视犵猪为部属"，但另一方面"遣黠苗监察之"。其次，严如熤对大小章人的认知与态度。他在前文中已经很清晰地指出仡佬"衣饰语言与苗无甚别"，但又指出他们不是苗而是仡佬。他似乎也了解大小章人在社区中的语言习惯，专程请懂仡佬语的向国果等人去说服大小章人，以便让在旁监察的苗民不会发现。他也请仡佬"做谍"，促成他们成功说服一些苗寨的苗头投降，约好届时响应。严氏可以跟大小章的头目们推心置腹，同起居三昼夜。但又要求他们送质子，表示对他们的信任也有限。最后，大小章头目们对如何被内地民人认为是民而不是苗的理解。虽然他们自认为是“民”，但当他们去见浦市严如熤时，先行特别“改装”。

本来万事俱备，只欠东风，但据称福康安担心有人抢了夺回乾州的头功，下令其他诸军不得轻举妄动。如此一来，严如熤的谋划只好暂时搁置，于是有了接下来的值得关注的第三环节内容出现：

> 十一月……（余）乃于十七、八日调令各目，共抵浦市之天王庙。是时黔兵执平隆苗头吴八月，八月之子廷义等纠众数万人以叛。势汹汹，分队至浦市者约三千人。各营兵不能御，退趋江东，余未知之也，督各质子土目以拒。苗益众，质子等泣曰：“事急矣，先生速渡河，我辈奋力冲出可耳。”舟未抵对岸，苗已至河口，质子伏破船下市口，有男妇数百，苗径前掳掠。苗头执旗跳舞而来，甫近船，质子火枪齐发，毙其执旗者数人，苗惊溃，遂率男妇冲围出。然是时质子虽战河西，而诸军已避河东，无以解失。各卡愆，则宣言大小章人明降暗叛，实引苗降。目有逸过河者，则执为苗，戮以邀功，计十有一人。

严如熤与大小章仡佬的各头目在浦市的天王庙中约见。① 但不料有一部分苗民已经攻入浦市，跟严氏一行人遭遇。仡佬掩护好严氏安全渡江，在河西力战苗人，却再次惨遭官兵们的不公对待，被官兵称为“明降暗叛”，一旦渡到河东，便被当作苗人为官军所屠戮来邀功请赏。眼见有11人被官兵杀害以邀功请赏，身为幕僚的严如熤亦百般无奈，最终只得被迫带着质子等人回到溆浦老家躲避各种流言蜚语。

嘉庆元年（1796），湖北又有白莲教起事，清廷疲于应付。此时仍未攻克乾州，不久福康安就病死军中，清廷仍节节败退，驻防在泸溪的两镇

① 有关天王庙在湘西苗疆的重要意义，详见 Donald S. Sutton，“Myth Making on an Ethnic Frontier：The Cult of the Heavenly Kings of West Hunan，1715 - 1996，” *Modern China*，Vol. 26，No. 4.（Oct.，2000），pp. 448 - 500；谢晓辉《苗疆的开发与地方神祇的重塑——兼与苏堂棣讨论白帝天王传说变迁的历史情境》，（香港）《历史人类学学刊》第6卷，2008，第111～146页。

官兵被困城中不得出。不得已之下，清廷又只得起用严如熤招募的大小章仡佬，《招降大小章犵猪始末》载：

> （大小章人）乃分领数千，迂道掩苗后，大破之，救两总兵。大小章人乘胜抢船径渡，与苗接仗二日，俱大胜，斩俘数百，遂复河溪。河溪者，距乾州三十里，苗筑垒以拒我师要隘也。河溪复，而乾州之东路通。捷闻，杜芗中丞对僚属曰：“严先生昭雪矣。”……自是，复乾州，平平隆，犵猪常为军锋。

在苗疆焦灼的情势之下，严如熤招募的大小章仡佬终于得以正式被官方派出镇压苗民起义，立下累累战功。为此，时任湖南巡抚姜晟（号杜芗）有言“严先生昭雪矣”，此句话结合严氏一行人曾不得不回溆浦家乡躲避流言，表明了在招募大小章人的过程中，严如熤这位家族中历有理苗经验、被巡抚延聘的幕僚，也因招降大小章人遭遇了质疑与中伤。

三　划分族类的标准与影响因素

在严如熤招募大小章仡佬的过程中，可以清晰地看到大小章人被分别认为是“苗”、“仡佬”与“民”；大小章人则至少在面对官员们或者内地兵民时，强调他们“民”的身份与认同。在特殊时期，身份界定极为重要，稍有差池，甚至会有性命之虞。在制度上能相对清晰划定的民苗身份，为何在具体的社会实践中，会呈现出如此具有差异性的族类身份；有什么资源可以让他们有如此的身份划定与认同表达。

严如熤是清代经世致用的重要人物之一，他在苗疆理苗实践中对族类与族类划分的观念，可以为了解清代中叶士大们的相关观念提供一些重要面相。他在《招降大小章仡佬始末》一文伊始即载：

> 大小章者，犵猪也，散处乾州、泸溪边界。相传有章姓兄弟，官团练居此，其子孙习蛮俗，似苗非苗，似土非土，盖边徼中另一种类。人最劲健，力能抗苗，承平时常与苗为仇。[①]

① （清）严如熤：《苗防备览》卷17《述往·招降大小章犵猪始末》，第29页。

在这段文字中，他指出散居在乾州、泸溪边界上的大小章仡佬，其先祖是从内地由“官团练”进入“蛮”境，子孙“习蛮俗”而成为边地的另一种类。在《苗防备览》中有关风俗的部分，严如熤对大小章人有更为详细的一段描述：

泸溪犵狫，居上五都之大章、小章、大西老、烟竹坪，下五都、六保之洞廷［庭］山等寨，及乾州之下溪口、铁枕岩、把布、把金、上下百户各寨，共计寨落百数十处。其民非苗非土，盖别为一种类也。张姓人极众，符姓人次之，其他覃、杨、谢、刘各姓，皆零星杂住。相传宋时有江西章姓兄弟二人为屯长，居此落业，子孙繁衍。其出自兄者为大章，出自弟者为小章。后改章为张，由大小章分支而出，散居于永顺、保靖、永绥间者，平扒、丫家、茶洞、老旺寨、尖岩等处为多，大约入赘彼地，遂仍其俗。在土村者为土民，在苗寨为苗人。而张姓总皆大小章苗裔，庆吊尤相通云。①

严氏这两段有关大小章人的介绍，都指出大小章仡佬是宋时有内地血统与官方背景的章氏兄弟来此后，其子孙“习蛮俗”而成的。② 虽然仡佬是“似苗非苗”的另一种类，入赘土村便成为土民，入赘苗寨便成为苗人，但大小章人是具有共同内地血统的民人、仡佬。他将大小章仡佬的村寨归入“民村”之列，将位于战略险要位置的大小章人之地定性为“民险”。从这些细节可以看出，他是用一套血缘加文化的语言，描述大小章人的族类身份的：仡佬、民人、似苗非苗。有意思的是，从严氏的描述来看，当时已然形成了一种说法，即大小章人是有共同的祖先，由内地移民

① （清）严如熤：《苗防备览》卷9《风俗下》，第5～6页。

② 当然，严如熤对仡佬的这种描述，跟当代学者们对仡佬的研究有相当距离，据潘光旦先生的研究，在隋朝时，武陵山区就有跟仡佬有关的记载，见潘光旦《湘西北的“土家”与古代的巴人》，潘乃谷、潘乃和选编《潘光旦选集》卷2，光明日报出版社，1999，第309～480页。但是，历史上族类划分的观念、士大夫对他们的记载等，与当代民族识别的理路有相当大的差别，很难直接将他们等同起来。其实，被严如熤称为大小章仡佬的后代们，在20世纪50年代的民族成分划分时普遍被归入了苗族或汉族。

进入苗疆的。[①] 他们"力能抗苗，承平时常与苗为仇"，即有共同对抗的对象"苗"。大小章人的后裔们，在世俗生活中有较为密切的交往，所谓"庆吊尤相通也"。根据严氏的种种描述，大小章人已经有了人群共同体的意识。在苗疆，尤其是在所谓的苗乱当中，最为关键的一个区别在于"民"与"苗"。在这个最为核心的区别当中，严氏将大小章人划归为"民"，但又是有别于内地之民、别为一种类的"仡佬"，并不是所有的仡佬都属于民。但他并未具体解释为何大小章人可以被归为"民"，为何迁入边地习"蛮俗"就被称为"仡佬"。

在本文看来，家族中历有理苗经验的严如熤的这种族类界定，除了受血缘与文化观念的影响外，同时也受行政制度、地方历史以及历史记载的影响。其实，在介绍大小章仡佬时，严氏已经流露出基层行政的观念与泸溪地方历史、历史记载对他界定大小章人身份的影响。在第二段有关大小章人的介绍中，他是从王朝国家基层行政体系的角度指出，大小章位于泸溪的村寨主要属于上五都、下五都和六保的。上、下五都等都是明初泸溪编制都图里甲时的名称。[②] 明代由于苗乱频仍，位于泸溪县城西北界的上、下五都，被抽调为民壮，用来专门防苗，史载：

> 自宋元明以来，惟恃五都蛮民为西南藩篱，六堡汉民为西北捍卫而已。[③]
>
> 本县固有守哨蛮兵七十二名，以上下五都二里蛮民，习娴刀弩，勇悍可用，故免其正杂徭役，专充民壮，以守县治……迨嘉靖间，蜡尔苗叛，乃调蛮兵守洞口哨，暂佥汉民六十名为壮丁代守县治。[④]

明初，大小章人所在的村寨就被编排入里甲体系，意味着他们已经是

① 有关移民传说与入籍、身份的经典讨论，详刘志伟《传说、附会与历史真实：珠江三角洲族谱中宗族历史的叙事结构及其意义》，《中国谱牒研究》，上海古籍出版社，1999，第149～162页；赵世瑜《说不尽的大槐树：祖先记忆、家园象征与族群历史》，北京师范大学出版社，2018。

② 康熙《泸溪县志》卷2《城郭》，湖南省图书馆藏善本古籍，据康熙六年刻本拍摄胶卷。

③ 乾隆《泸溪县志》卷2《城郭》，乾隆二十年刻本。

④ 康熙《泸溪县志》卷12《兵防》。

王朝国家的编户齐民，在行政体制内有了“民”的身份。但明王朝在苗疆将大量苗民编入里甲的努力，却难以为继。很快，苗乱频仍，泸溪、麻阳等地的大量里甲人户逃亡。无奈之下，明廷只得将泸溪部分里甲拨出，设置了镇溪所（清代裁撤后成为新设乾州厅的核心组成）。有些都图里甲毗邻未设置州县又有难以驾驭的苗民之地，因为他们相对熟悉苗民和擅长武力，譬如上、下五都，就免其差徭，专门充当民壮防苗。① 他们的职责就是“防苗”，这也部分解释了为何他们“力能抗苗，承平时常与苗为仇”。

大小章人得以免除其他赋役差徭，只需充民壮的正当性，来自他们对苗民相对熟悉、擅武力，可以防苗作为“西南藩篱”。故此，史载中往往又称其为“蛮民”“蛮兵”，以区别于其他纳粮当差的里甲户。明中叶，在苗疆设置堡哨系统之后，大小章人所在的村寨即被抽调去守洞口哨，除了被称为“蛮兵”外，又有极少量记载称之为“凯”“仡”②。“仡”一说，可能是受史载中对湘西武陵山区有仡佬、仡僚一类记载的影响。③ 其实，这些“蛮兵”也不一定就完全听命于王朝，他们也有可能是地方混乱的制造者。④ 但无论如何，他们有“防苗”这一正当性，使得他们可以免除其他赋役差徭。清初，这些戍守堡哨的蛮兵被裁，成了普通民户，⑤ 他们所在的村寨也被列入泸溪“民村”，成为普通的民户。⑥ 然而，地方行政制度的设置以及用以防苗的地方历史和相关记载，都深刻地影响了家族中熟悉苗疆的溆浦严氏对大小章仡佬的定位：民人、仡佬、似苗非苗。

很有可能，也是这一段历史与经历，使得曾经作为职业性“防苗”民壮、户籍体系下的“民”的大小章人，在面对官兵时强调“民”的身份与认同。其实，在文化上，他们也相较于附近村寨的苗民显得更为主动靠近

① 有关明代湘西苗疆镇溪所的设置，以及州县里甲、卫所与土兵体系的互动情况，参见谢晓辉《只愿贼在，岂肯灭贼？——明代湘西苗疆开发与边墙修筑之再认识》，（台湾）《明代研究》第18卷，2012，第47～80页。

② 康熙《麻阳县志》卷10《外纪》，日本藏中国罕见地方志丛刊，据日本内阁文库藏康熙二十四年刻本影印；（清）严如熤：《苗防备览》卷9《风俗考》，第9页。

③ （宋）陆游著，李剑雄、刘德权校《老学庵笔记》卷4，中华书局，1979；（宋）朱辅：《溪蛮丛笑》，（明）陶宗仪著《说郛》卷5，涵芬楼百卷本，1938，第8页下。

④ （明）游震得：《边防条议》，康熙《辰州府志》卷7《边防》，国家图书馆古籍善本；（清）俞益谟：《办苗纪略》卷2《采议》，康熙四十三年余庆堂刻本，第34～46页。

⑤ “本朝废蛮兵而不用，留戍洞口哨者悉听散归”，康熙《泸溪县志》卷4《兵戎志》。

⑥ 乾隆《泸溪县志》卷5《都图》。

内地的大传统。笔者曾多次走访大小章人所在村寨，注意到他们的村寨中早在乾隆二十四年（1759），就已经立碑记载张氏族人捐钱建桥的事。从附录的功德名录来看，张氏族人的命名方式显示出他们已经排了字辈。咸丰八年（1858），更有张氏表弟以生员的身份撰写碑文，记录张氏族人修路的事功。[①] 笔者在他们的村寨中收集到了三份手抄本族谱，在谱序中介绍家族历史的部分，都强调他们内地移民的身份与入籍、入住当地的历史。[②] 在跟他们不同族人的访谈当中，他们说出非常多跟当地民、苗相关的历史记忆，但对笔者屡屡提及的作为族称的“仡佬”“凯”一词完全没有概念。

然而，严如熤对大小章仡佬的这些历史书写，并非真的对他们当地人影响甚微。其实，正因为《苗防备览》对大小章人的事迹、风俗等有详细记载，且这本书在苗疆具有特殊的地位，大小章人得到了地方官员们的广泛注意。最为明显的体现是，此后据称有大小章人聚居的厅县，地方志中常常会有记载。譬如《古丈坪厅志》就提到古丈坪有苗、土、客、章几类人，[③] 并指出在厅城一个叫作土蛮坡的地方，为与乾州、泸溪、保靖三厅县交界之地，“章、苗、民杂处，群蛮莽伏”[④]。在这里，“章”已经作为一个与苗、土、民类似的一个新的族类被并排列举。

更有意思的是，在该书中，有一段关于民、土、客、苗和章的精彩论述：

> 民言语、土言语、章言语、客言语，皆各不同。长潭、热溪一带多土，官坪、平坝一带多章，而皆齐于民。田、尚八姓先来此土，遂为土著之民。江右商民最多，各省偶有流寓，分住各村寨，年岁久，暂统称为客。客与民，对章对土，统自称曰客。章对苗，自称曰客苗，亦曰熟苗。土人与民似近矣，而非苗、非章、非客、非民，自成

① 该数通碑刻现均位于泸溪县小章乡的田边与路边。

② 笔者在小章乡分别收集到《张氏族谱》《唐氏族谱》《符氏族谱》。从谱序来看，基本上都是属于抄自清中后期和民国时的族谱版本。

③ 光绪《古丈坪厅志》卷1《治古丈坪厅条陈》，江苏古籍出版社，2002，据光绪三十三年铅印本影印。

④ 光绪《古丈坪厅志》卷3《舆图下・说险要》。

为风俗礼制。①

这段话，特别清晰地描绘出苗疆身份与认同的弹性和相对性。在这里，“客”是相对于“土”的一个概念，跟他们入住当地的先后顺序与传说密切相关。相对于“章”和“土”而言，“客”与“民”都是“客”，而“章”和“土”都算是土著；但“章”相对于苗而言，又是“客”，因此对苗民又自称“客苗”“熟苗”。也就是说在章和苗彼此相处时，苗被认同是更为土著。作者没有提到“苗”和“土”两者相比较谁更为“土”的问题，只是提到“田、尚八姓先来此土，遂为土著之民”。该书还提到：“环古丈坪厅城而居者，有田、尚八姓，自谓从土司披草莱，驱狐狸豺狼，以辟此土。至今与向之生长斯土者，称土著之民”②。也就是说，根据清末尚氏和田氏的叙述，田、尚等八姓是跟随土司进入而定居当地的，连同原来定居于此的人一起被认为是土著。到清末根据他们的自我认同以及入住传说，在古丈坪“土”和“苗”被认为是最为土著的一群人，“章”相对于“苗”则是“客”，但最“客”的不是“章”而是“民”和“客”。有意思的是，一方面章跟苗、土、民一样似乎别为一类，但另一方面，章在与苗的交往中又自称为“客苗”“熟苗”。

不仅如此，还出现了有别于“土籍”、“苗籍”和“民籍”的“章籍”。《古丈坪厅志》有一段特别有意思的记载：

> 大小章姓，各分房支，今尽为张。厥始来自江西，俗别于苗，自成章籍。其久沾王化，而尚隶籍土弁。民间尤呼为生苗。驯良服从，无异齐民，亦时有读书自见者。③

古丈坪所在之地，既是原土司直接管辖的地区与苗人聚居区域的一个交杂地段，也是土司向苗人聚居区域内扩张的一个区域，直到道光二年(1822)，才设立古丈坪厅。在改土归流初期，当地主要是由苗户和土户组

① 光绪《古丈坪厅志》卷3《舆图下·说民村寨》。
② 光绪《古丈坪厅志》卷9《民族第四·序编》。
③ 光绪《古丈平厅志》卷9《民族第四·序编》。

成，并且苗户占更大比例。到了清末，不仅非常清晰地将"章"视为一个与民、土、苗并列的族类，同时还出现了"章籍"。光绪年间的《古丈坪厅志》对那些"章籍"聚居的村寨有具体的记载，并且还编有《章族姓编》《章籍性情嗜好》等专门介绍"章籍"的内容，其中对大小章人事迹以及风俗的记载，很大程度上是受严如熤《苗防备览》的影响，甚至大段地照抄原文。因此，严如熤在《苗防备览》中对大小章人较为正面的描述，深刻地影响了官方对大小章人的分类与记载。在他们的记载中：一边透露着大小章人久经王化，已经"驯良服从，无异齐民"或"然自涵濡德化已久，一切无异齐民"；[①] 一边又指明其为"非苗非土，为苗疆之另一种类"，并且出现"章籍""章族"这样的词语来对其加以描述；又一边在体制上用"章族""隶籍土弁"指出其自称为"客苗""熟苗"和民间还是有人称他们为"生苗"。可见，一直到清末，地方上的族类界限与标准，依旧具有多元和模糊的特质。[②] 王朝国家的制度设置、历史事件与对其的相关历史书写，深刻地影响苗疆的族类划分及其标准。

余 论

从严如熤招募大小章仡佬这一事件，到对这一事件形成的文本的分析，可以发现：在当时的所谓官员们的心中，其实是没有一个真正的、具有一定确定性"苗"的标准的。表现在户籍上的看似清晰的"民"与"苗"的界限，其实相当模糊，在他们的心目中谁应该是盟友而谁是敌人，在实际的情境下可能有不同的理解。在严如熤的眼中，仡佬是值得信赖的盟友，应该受到保护；在毕沅和姜晟的眼中，他们是一群尚未界定的人，是敌是友游移于两端；在很多将士的心目中，他们是"非我族类，其心必异"的敌人，应该予以剿杀。在这样的一个背景之下，看似已经泾渭分明民苗身份，其实在实际操作层面非常模糊，这种模糊不仅来源于汉人的移民与所谓的开化土著——各种身份与认同在变动的社会里同样变动不居；同时，也源于朝廷官员心目中关于"民""苗"等界限的主观不清晰。

---

① 光绪《古丈坪厅志》卷 9《民族第四·民族姓编·章族姓编》。

② 在《清代前期苗民起义档案》所载的奏折以及附录的审讯犯人的笔录和供单，也提供了众多这方面的例子，如《审讯杨国安等笔录》，中国第一历史档案馆等合编《清代前期苗民起义档案史料》上册，光明日报出版社，1987，第 279～282 页。

从唐代《元和郡县志》中提到今天保靖境内的洛浦县“东西各有石城一，甚险固，犵獠反乱，居人皆保其土”[①]，到宋代包括陆游、朱熹、朱辅等诸多文人士大夫中对湘西一带仡僚、仡佬、仡之类的些许记载，到明朝偶尔出现在苗疆营哨之中的所谓“播凯”“犵苗”等兵，到乾嘉苗民起义中忽然被凸显出来的大小章仡佬，再到清末出现在地方志中的“章籍”“章族”，看到的不仅是一些人群称呼与族类名称的某种延续性，而且还可以发现在这个过程中自我认同以及官方认同、他者认同之间的距离。更重要的是，我们可以清晰地看到，族类划分与族类认同在制度、事件和历史记载中被建构和进一步强化的过程。

（作者单位：中山大学历史学系·历史人类学中心）

① （唐）李吉甫：《元和郡县志》卷30《锦州洛铺条》，中华书局，1983，第749～750页。

论清代的土弁恩赏与惩处

卢树鑫

摘　要： 按制度规定，清代土弁的设立需经中央政府批准后，再由督抚佥发委照委任，并不由中央政府颁给印信、号纸。实际上，清代在西南边疆还存在大量未经中央政府批准，而由督抚以至府厅州县等地方官擅自设立的土弁人员，基于此，土弁乃地方流官衙门的职役。因此，清代对土弁的恩赏，最突出的便是将这一虚衔转换为实职。此外，清代对土弁的惩处既参照土司的相关规定，还根据其"役"的身份而具体做出惩处措施。

关键词： 清代土弁　职役　恩赏与惩处

土弁是清代土司制度中新出现的一个重要变化。以往的研究指出，清政府在平定、开发、治理边疆地区的过程中，对率众归附或立有军功的少数民族头目，按照绿营弁衔守备、千总、把总等授以职衔。[①] 因此，从职衔与专称而言，土弁专指雍正朝改土归流后在西南地区新设的土守备、土千总、土把总、土外委等土职，属武职。

土弁，初皆世袭，后其中部分改拔补而非世袭。因此，土弁实际上是作为一种"土职缺"，即为当地少数民族设置的官缺，由地方长官任命，只是任期与流官不同，除特殊情况（如有过失或年老、有疾）外，一般是终身制。严格地说，土弁不是"土司"，称"土司"乃名不符实。[②] 需要注意的是，土弁虽是由地方长官任命，但按制度规定，其设

① 吴永章：《中国土司制度渊源与发展史》，四川民族出版社，1988，第215～217页；龚荫：《中国土司制度》，云南民族出版社，1992，第852页；李世愉：《清代土司制度论考》，中国社会科学出版社，1998，第111～112、117页；等等。

② 李世愉：《清代土司制度论考》，第111～112页。

立需经中央政府批准后，再由督抚佥派委任。然而，通过从区域社会史的梳理发现，清代在西南边疆存在大量未经中央政府批准，而由督抚以至府厅州县等地方官擅自设立的土弁人员。① 这一类的土弁，实际上是供地方官府役使、管理地方社会的职役，类似于内地州县地方社会中的乡约、保长等。清代地方社会中图甲、保甲之制，"皆民之各治其乡之事，而以职役于官"。无论乡约、里长、保甲长等，凡是有"地方之责"、办理公事者，都是"在民之役"，或又称"在官人役"。以往的研究以"准官员""准官吏"等指称这类职役，是置身清代身份制度之外的"现代判断"，并不符合历史实际。事实上，役与官、吏属于不同的身份类别。②

这一身份的差异，也体现在清政府对土弁与土司的区别奖惩制度上。尽管自土司制度建立之日起，就有对土司的奖励与处罚，但在清代以前一直没有形成严格的、明确的专项制度，严格意义上的土司奖惩制度直到清代才确立。清代土司奖惩制度的核心内容是"有功则叙、有罪则处"。就处罚的制度而言，凡残虐地方、纵贼为患、吓诈部民、对属下违法失察等均在处罚之列，处罚内容与流官相同，分为罚俸、降级、革职等。③ 相关的处罚细则，亦详见于历朝的会典或则例、事例之相关内容中。但又因土弁并非土司，因此我们无法从相关的土司记载中寻找到对其的奖励与处罚，而只能从相关的档案记载中去阅读、判断清政府对土弁的身份认知与判定。事实上，随着土司制度研究的深入，学界同人也越来越注意和提倡，重视对清代档案资料的利用。④ 近年来的不少研究成果，充分利用未刊档案史料，对清代土司制度的生成、演变动态过程进行了细致了梳理。⑤

① 拙文：《再造"土司"：清代贵州"新疆六厅"的土弁与苗疆治理》，《近代史研究》2020年第1期。

② 孙明：《清末四川乡职身份良贱之两歧——以团保首人为重点》，《近代史研究》2018年第2期。

③ 李世愉：《清代土司制度论考》，第137～142页。

④ 李世愉：《研究土司制度应重视对清代档案资料的利用》，《青海民族研究》2013年第1期。

⑤ 如陈季君《试论清代土司承袭中的册结及其作用》，《青海民族研究》2016年第4期；陈季君《清代土司承袭流转时限考——以清代55件档案为中心的考察》，《遵义师范学院学报》2018年第2期；彭姣《从清代档案看土司袭职程序的规定及其运作》，《清史论丛》2017年第2辑，社会科学文献出版社，2017，第196～204页。

由此大大推进了清代土司制度的相关研究。

基于此，本文将通过对清代档案的梳理，并主要就贵州“新疆六厅”土弁在地方治理中的角色及其役的身份所受到的制度约束，呈现清代对土弁恩赏与惩处的运作实践。

一　土弁获得的恩赏

清代的土弁主要设于贵州、云南、四川及湖广。① 经中央政府批准设立的土弁，对其立功与违法的处理，是参照清代土司制度的相关规定进行的。② 至于为何是“参照”而非“按照”土司制度的规定处理，则是因为清政府恩赏的土弁职衔，并不在原有的土司职衔系列之内，只是虚衔而已。因此，清初以来对土弁的最大恩赏，便是将这一虚衔转变为实职。

事实上，由于土司政治的割据性已不适应清代构建统一的多民族国家发展的需要，并受清代初期以来中央政府形成的促进边疆与内地一体化的政策影响，③ 清政府虽恩赏土弁职衔，但未赋予土弁“世有其土，世长其民”的权力。土司之外，清初以来在西南地区的土弁，大多系督抚及府厅州县流官等在外给予委牌佥立的土职，并不由中央政府颁给印信、号纸。在相当一些地区，土弁实际上是以类似地方流官衙门职役的身份，在流官的统辖之下协助其治理边疆。因此，从切实有利于边疆民族地区治理的角度看，地方流官希望中央政府直接将作为职役的土弁职衔转变为实职，或不经中央政府批准而从地方立法的层面直接将土弁的虚衔转变为实职，进而使土弁这一职衔名实相符。

如同治五年（1866），四川总督崇实从边疆治理的实际需要出发，认为土千总的虚衔无足弹压、约束边夷，奏请赏还雷波厅属土千总杨石金之

---

① 李世愉：《清代土司制度论考》，第 115 页。清代土弁分布的详细情形，可参考龚荫《中国土司制度》一书中“各家土司纂要”的记载。

② 如乾隆年间，云南清理九龙江外猛笼土把总，便是“照云南土司犯军流例，同其亲丁家口一并迁徙江西安插、管束”。参见《奏为九龙江外猛笼土弁应行迁徙以靖边疆事》，台北故宫博物院藏清代宫中档奏折及军机处档折件，文献编号：403027352。

③ 李世愉：《清政府对云南的管理与控制》，《中国边疆史地研究》2000 年第 4 期；李世愉：《清前期治边思想的新变化》，《中国边疆史地研究》2002 年第 1 期。

正长官司原职。[①] 四川凉山雷波千万贯土千总于雍正六年（1728）经中央政府批准授予职衔，并允许承袭。[②]《清穆宗实录》载："又谕：前据骆秉章奏，四川雷波厅属土司杨石金，在横江汛等处剿贼出力，业经降旨赏换花翎。兹据崇实奏，该土司所辖地面甚广，约束番众，甚关紧要，仅有土千总虚衔，恐不足以资弹压，恳请赏还原职等语。杨石金著准其赏还千万贯正长官司原职，并颁发印信、号纸，以示鼓励。"[③]。

此外，乾隆二十年（1755）间，贵州从地方立法的层面将通事的土弁虚衔转变为实职，将土弁的身份拔高，从而在制度上维护、巩固土弁在苗疆基层社会的管理者身份与地位。乾隆二十三年（1758）始，时任贵州布政使沈其衷提议，将"新疆六厅"内过往由厅官委任通事为土弁的做法，改为由巡抚、布政使、道、地方官四项等次，换给通事以土千总、土把总等土弁职衔和委照，并允许这一土弁身份可以承袭。这一基于苗疆治理实际的地方性立法，显然有违清中央政府在西南地区的土司、土官授职与承袭的顶层设计。因此，沈其衷之后的贵州布政使徐垣和钱度，提议停止由巡抚、布政使、道等给予通事土弁职衔、委照的做法，并明令通事此前领

① 元至元十三年置雷波长官司，明仍其旧。清康熙四十三年授雷波千万贯正长官司，颁给印信、号纸，住牧千万贯。雍正六年，云南米贴夷妇陆氏戕害云南官兵，诱附近结觉、阿路等夷人作乱，雷波千万贯正长官司杨明义助逆，四川提督黄廷桂率军荡平之。事后，清廷将杨明义革职，追缴印信、号纸，不准承袭，并将其地改土归流，置雷波卫。此外，杨明义继母沙氏恭顺，率同幼子杨明忠随师引道，拴获逆酋，具有劳绩。善后，经黄廷桂奏请，雍正七年和硕亲王允祥会同兵部议准，将沙氏安插千万贯一带住牧，量委土千总职衔，将千万、谷堆、鱼红、天喜、哈都鲁等处夷众，责成沙氏严加约束，毋许滋事。如有盗窃、不法奸徒，勒令沙氏查拿、解送。雍正皇帝俞允。参见何耀华《凉山土司考索》，《何耀华学术文选——中国西南历史民族学论集》，云南人民出版社、云南大学出版社，2016，第113页。

② 《为核议川陕总督题请杨明忠承袭伊母沙氏土千总职衔约束千万贯一带夷务事》（乾隆十三年七月二十六日），中国第一历史档案馆藏内阁兵科题本，档案号：02－01－006－000908－0015。

③ 《清穆宗实录》卷178，同治五年六月戊戌。杨明忠之后，千万贯土千总的承袭情况，据光绪《叙州府志》卷三十之"土官"载：明忠传子阿弼，阿弼传子吉趣。二十四年，吉趣病故。子纯武、继武，均年幼，不能任事，咨准吉趣妻杨国氏护理土务。四十八年，纯武病故。子杨成，年仅三岁，仍以杨国氏护理。嘉庆二年。杨国氏病故，杨成承袭。成传子应泷，应泷传子荣耀。荣耀病故，无子，以族人杨文承袭。文子杨石金，精明武勇，能伏诸夷。咸丰十一年。随同官兵征剿滇匪，奏赏五品顶戴。同治二年，随官兵攻克横江双龙场股匪，在事出力。四年正月，奉上谕：赏还千万贯正长官司原职，并颁发印信、号纸，以示鼓励。

有的职衔、委照不得世袭。在钱度等看来，通事乃“在官人役”，授予其土弁职衔、委照的做法不但与国家的土司制度不符，而且还与国家改土归流的趋势相逆，因此理应禁止。[①]

清代贵州的土弁主要于黔东南的“新疆六厅”（包含古州厅、清江厅、台拱厅、都江厅、丹江厅、八寨厅）设立，其最初的身份乃雍正年间随清军开辟苗疆时充作向导、传译的通事。雍正十年（1732），时任贵州巡抚张广泗上奏，请求将“效力通事人等，请分别勤惰等次，给予养赡，并授以土外委、千、把总札付，令其宣布条约，化导苗民”[②]。通事，又称通司、通译、通人、舌人、翻译等，多指从事口头翻译者，服务于清代边疆民族地区（如藏区、台湾、苗疆等地）的军事、行政机构。[③]

值得注意的是，虽然张广泗奏请优赏通事以土弁职衔，但他也一直强调应对通事的职权进行规范与管控，并在一定期限后将通事裁撤。[④] 但据《黔南识略》的记载，“新疆六厅”内各地方衙门的通事长期存在，并按等次授予土弁职衔。据载，如八寨厅“无土司管辖。原设通事十六名，分头、二、三、四等，有给土千、把职衔者。嘉庆六年，奉文酌裁四等通事四名，现在头、二、三等通事十二名。内头等通事四名，仍给土千、把职衔”；丹江厅“设土千总三名，皆循分供役”；都江厅“设通事二名，皆土千总职衔，听流官调遣”；台拱厅“设土千总三人、土把总五人、通事十人分管各寨”；清江厅“土千总六员、土把总七员、土舍一员……外设通事十三名，分管苗民一百七十七寨”；古州厅“向无土司管辖，设通事二十二名，分管各寨。乾隆四年军务告竣，准给通事以土千把总、土舍之职，分三等军功，由布政司颁给钤记。现存土千总六名，土把总二名，土舍七名”。[⑤]

① 拙文：《再造“土司”：清代贵州“新疆六厅”的土弁与苗疆治理》，《近代史研究》2020年第1期。

② 《清世宗实录》卷119，雍正十年闰五月庚寅。

③ 参见陈支平《“番社”通事的作用及其弊病》，《台湾文献与史料钩沉》，商务印书馆，2015，第211～224页；朱映占、张媚玲《通事在近代康区治理中的作用及思考》，《云南师范大学学报》（哲学社会科学版）2017年第3期；等等。

④ 《张广泗奏革除苗疆派累并厘定屯堡章程折》（乾隆三年七月二十八日），中国第一历史档案馆等合编《清代前期苗民起义档案史料》上册，光明日报出版社，1987，第240页。

⑤ 杜文铎等点校《黔南识略·黔南职方纪略》，贵州人民出版社，1992，第91、94、95、112、118、184页。

显然，根据该书的记载，这些获得土弁职衔的通事乃协助苗疆地方官府管理苗寨、苗民的助手。而实际上，这一通事群体则往往是侵害苗民的剥削者。乾隆十三年（1748）起担任贵州天柱县知县的谢圣纶[①]以其亲历苗疆的观察，对“新疆六厅”中的通事、土弁的身份与作用发表看法，并指出应对土弁进行规范，加强管理。其言曰：“新疆厅员所辖境内，屯军、卫弁而外，又有土千总、土把总等职，并非有汗马之劳、野战之功。不过因逆苗猖獗、会兵剿戮之余，该土弁等能通晓苗话、往来传谕，遂令鼠奔兔脱之众俯首来归。因而前宪悯其微劳，赏授土千总、土把总职衔，仍给以通事工食，原与各苗寨之通事、头人等也。”[②] 从谢圣纶的叙述中可以看出，他认为这些随军效力获得军功的通事，获得赏授的土弁职衔后，仍是与通事相类似的吏役。随后，他进一步阐释称：“卑职窃见新疆各土弁，率系出入乘马，跟随白役，俨与经制无异。实则皆刻剥愚苗以资豢养，而愚苗无知，望之皆震慑惊惶，尊奉恐后。偶因户婚细故批令查处，在厅员不过如州县之批饬保甲。而狐假虎威，又以通晓苗话，上下相蒙，勾串滋弊，于是挟制愚苗，擅作威福，藉端吓诈，实为苗民之蠹。”[③] 谢圣纶提到的“白役”，或称“帮役”，即姓名未列入政府档案的衙役。清代州县衙门差役，通常称为“衙役”，一州一县衙门可雇用的衙役额数，制度上有明确规定。然因额定的衙役名额太少，而实际需要的衙役人数众多，是以，额外多雇衙役是清代州县的普遍现象。当正式衙役被派遣下乡时，总有数量众多的白役跟随，参加对百姓敲诈勒索钱财的活动。[④]

基于对“新疆六厅”土弁身份的清楚认知，谢圣纶认为，这些获得土千总、土把总职衔赏授的土弁，实则仍是临时性委任的通事，其跟随在衙门白

---

① 谢圣纶，字研溪，福建建宁人，生卒年不详。从其生平活动推知，大致生于康熙末，卒于乾隆中后期。曾中乾隆六年顺天乡试举人。由教习任上，选授贵州天柱知县。在天柱五年，后调移云南。于乾隆十七年起，莅滇九载，历任大理府云南县（今祥云县）知县、代理宾川州知州、丽江府通判主政维西，其间又代理贵州柳霁县知县等。乾隆二十六年，因祖父去世，辞官归乡，再未复出。《滇黔志略》全书30卷，前16卷为《滇志》，后14卷为《黔志》，各自为篇，约33万字。谢圣纶官滇、黔时，根据耳闻目见，对风土之所流传随时札记，遂成《滇黔志略》一书。参见古永继《谢圣纶与〈滇黔志略〉》，（清）谢圣纶辑，古永继点校，杨庭硕审定《滇黔志略》，贵州人民出版社，2008，第1~3页。

② （清）谢圣纶辑，古永继点校，杨庭硕审定《滇黔志略》，第388页。

③ （清）谢圣纶辑，古永继点校，杨庭硕审定《滇黔志略》，第388页。

④ 瞿同祖著，范忠信、晏锋译，何鹏校《清代地方政府》，法律出版社，2003，第95~99页。

役身后作威作福，实乃苗民之蠹。考虑到“新疆六厅”的土弁恃符怙势，干涉民事，是可能引致苗疆动荡的不稳定因素，因此谢圣纶主张，即便不将土弁概行裁汰，对其加强管理则属理所应当，而对通事的佥派则应更加慎重并不必给以通事土弁职衔。他说：“今新疆宁谧，苗民恭顺，所有一切土弁，似无容多设。合无仰恳宪慈，饬谕各厅员严加约束，毋得令土弁干涉民事。如有户婚细故，只应饬令各苗头查处，毋得擅批土弁。其现在土弁，虽未便概行裁汰，致滋惊扰，倘有因事黜革及业经物故者，似应追缴土弁执照，不必令子孙更行承充，或就地方情形酌留数弁；并慎佥通事，令其传谕苗众，不必给以职衔。如此，则土弁不致恃符怙势，苗民可无刻剥之苦矣。”①

再者，通过谢圣纶的叙述可以得知，在制度层面上，清代地方官府可赋予通事、土弁“传谕”的翻译职能，并不能干涉民事。众所周知，土司制度中土司身份的获得，是来自中央政府的授职、任命。土司凭借朝廷颁给的号纸、印信获得中央政府认证的身份与正当性的权力。土司制度的核心，或者说其职权，在于“世有其土，世长其民”，他们有属于自己的封地、部民，掌握政治、经济、军事、宗教等职权，可以在其领地内自行设置各级下属行政机构，并有权委任下属各级行政长官。② 然而，正是由于土弁与土司的身份差别，谢圣纶强调，毋得令土弁干涉民事。即便地方官府批饬土弁处理户婚田土等常见的民间词讼、争端时，亦仅是要求其负担治安缉查的职责，并不能像世袭土司一般，直接受理管辖区域内土民的词讼并进行审结。从以下乾隆三十年（1765）年审理古州厅苗民老溜因灌田争水起衅伤毙老纽的案件记载中可以看到，土弁的职能主要将苗寨头人上报的命案信息禀告地方官府。“据署古州同知事、安化县知县施发元详称，乾隆三十年六月二十八日，据厅属土千总刘远扬禀，据世格寨头人老兴报称，二十五日，有寨内苗民老溜与老纽在乌蜡坡争论田水，老纽砍伤老溜左手背，老溜砍伤老纽左右胳肘，带伤回家，不料老纽至半夜身死，理合报明相验等情。”③

---

① （清）谢圣纶辑，古永继点校，杨庭硕审定《滇黔志略》，第 389 页。

② 杨庭硕、李银艳：《“土流并治”：土司制度推行中的常态》，《贵州民族研究》2012 年第 3 期。

③ 《题为审理古州厅苗民老溜因灌田争水起衅伤毙老纽案依律拟绞监候请旨事》，中国第一历史档案馆藏内阁刑科题本，档案号 02－01－07－06066－007。

光绪《古州厅志》的记载，除总述该厅额设通事的名数外，还阐明不同等次的通事每年所得的工食银数。借由这一段叙述，我们可以进一步明晰土弁与土司的差别：

> 古州自平定后，额设通事二十三名，题奉部议，果有效力最勤，准古州理苗同知将实绩详明督抚，给予外委土把总、土千总服色。昔存土千总六名，土把总六名，外委土舍十一名，共二十三名。今分作四等，给支工食银两有差。一等七名，每年领工食银二十两；二等七名，每年领工食银十六两；三等八名，每年领工食银十二两；四等一名，每年领工食银四两。①

清制，官员的供给称俸、薪等，按等级支给。而官员衙署中额设的吏役，或按月、按季、按年支给工价及饭食银两，通称为工食银。② 众所周知，清代土司虽为国家的职官，但并不领取俸禄。而土弁由于其“在官人役”的身份供地方官府衙门役使，遂按照身份等级在地方官府衙门支领工食银作为报酬。这也说明，土弁作为“在官人役”的身份长期存在，并没有随着时间的推移而在制度运作层面上转变成为世袭的土司职官，由此我们也可明晰土弁与土司的差异性所在。

正因为如此，无论对于经由中央批准后由督抚等佥发委牌设立的土弁，还是未经中央批准而由督抚以及府厅州县等流官擅自委任的土弁，其希望获得的恩赏，便都是将这土弁的名号、虚衔变成实职，从而获得实际的职权、中央政府认可的身份等。但显然这样有违中央政府制定的边疆管理体制与边疆政策的行为是不被允许的，因此当土弁超越国家赋予其治安管束的职能，而染指、擅受“刑名钱谷”等本是地方官的职掌范围时，理当受到惩处。

二　土弁擅受民事的处罚

事实上，若仅就贵州“新疆六厅”的土弁而言，当地土弁作为地方官府

---

① 光绪《古州厅志》卷1《地理志·苗寨》，黄家服、段志洪主编《中国地方志集成·贵州府县志辑》第19册，巴蜀书社，2006，第297页。

② 李鹏年等编著《清代六部成语词典》，天津人民出版社，1990，第88、96页。

衙门的“在官人役”，并无具备世袭土司的职权，但借由上文的叙述我们不难发现，地方官府一直在纵容或者说擅自赋予其“刑名钱谷”等传译苗语之外的民事权力。那么，当这样一种有违国家制度规范的行为被检举揭穿时，土弁将受到何种处罚，这显然是一个值得关注的问题。透过以下乾隆十四年（1749）至乾隆十六年（1751）间，贵州清江厅属土千总杨政衍滥派差役老宠拿抓苗民远冒娘致死并行贿私和一案，我们可以一窥究竟。

清江厅杨政衍的土千总职衔，系在雍乾之际开辟贵州苗疆时随军效力建立军功而封授的。乾隆《清江志》称：“杨通略。镇远邛水司人。雍正六年，邛水司长官司杨再摆带领土兵随师协剿丹江、八寨诸苗。父杨政衍随营效力，著有微劳。七年内，奉镇远府方委，作乡导招抚。雅慕、展摩、乌包等二十五寨望风归附，惟公鹅、鸡摆尾等寨抗拒不服。奉令踏勘进兵道路，引导右路官兵攻打，得胜。十一月，鸡呼党等寨逆苗计包辛，诱众攻劫清江军营。随师征剿，擒获首逆，正法。十年内，九股苗变，围困台拱。大兵进讨，各苗溃败，走匿高坡。十一年，提督哈檄发三路官兵会剿，奉广西左江镇霍调令，随师先后攻剿乌罗及莲花屯等处，身先奋勇，俱有斩获。十三年内，清江逆苗复叛，奉贵东道宋委，随行营传译苗语，办理军务。乾隆元年，委查各寨叛苗绝产，拨并田土，并协同知事朱寅建筑柳受、东岭二汛城池，起造营房。三年内，事竣，议叙军功头等，详请经略张咨部，给委，承袭今职。”①

按照贵州巡抚于乾隆十七年（1752）八月审看的结论可知，乾隆十四年（1749）十二月，清江厅属鬼怀寨的苗人部良求，在岑等寨硐苗部进发的唆怂下，向厅属龙卑寨龙金保，争夺龙卑寨已故绝的龙辛保名下田地。部良求借称其父九包侯，曾将他过继给龙辛保为义子，因而他向龙金保争龙卑寨龙辛保名下田地，希望平分该产业。龙金保因知道部良求自其父九包死后，跟随远冒娘生活，因此龙金保央求远冒娘调处。远冒娘答应收取龙金保三两银子讲和，担保无事。龙金保不放心，说此事要经过土官杨政衍才妥当，因此，龙金保将此事禀报给杨政衍，杨政衍从中得银三两后亦答应讲和，此事告一段落。

① 乾隆《清江志》卷5《秩官志·土官》，黄家服、段志洪主编《中国地方志集成·贵州府县志辑》第22册，第456～457页。

然而，部进发不依，于乾隆十五年（1750）二月，强砍龙金保的树木。龙金保禀告了杨政衍，政衍差土役老宠往唤远冒娘问话，因远冒娘不肯随行，老宠与之拉扯，致远冒娘跌伤身死。杨政衍因怕此事连累自己，遂答应给远冒娘之弟讲冒娘、金冒娘，分别银十五两、五两，并给远冒娘堂兄辇九，银二两。此事寝息。

不料部进发得知了此事，以为可以借命图产，遂冒认为远冒娘的侄子，带同部良求，赴镇远府具控。镇远府将该案移交清江厅确查。时任清江通判孟尚嶷，听信杨政衍及尸亲的捏报，以远冒娘系失足跌死通详，并将田土臆断平分了解。此后，部进发依此前往强割龙卑寨龙金保管业田产、田谷，并于乾隆十六年（1751）正月，向镇远府具诉。镇远府再次将案情移交清江通判孟尚嶷审断，而孟尚嶷仍执前论，并将部进发等诬告。镇远府遂提取一干人犯，饬镇远县知县审讯。此后，此案还经由贵州巡抚批饬，委清平县知县检验，并责石阡府、镇远府会审，贵州布政使审拟，最后贵州巡抚亲审，案情的真相才水落石出。①

从档案记载的供词中，我们还可以发现更多值得关注的信息。杨政衍的供词称："小的蒙前任张大人姑念开疆微劳，委作土弁，事事小心，不敢犯法……及后，府太爷准了部进发们告词，厅主提来亲审数次。那时，小的与金冒娘们，也只得将错就错，大家隐瞒，希图完事，并不是孟太爷授意指使，纵容殃民。这都是实情。那时，饶太爷来相验，小的自己不便往鬼怀去伺候，托兄弟杨政和料理棚厂、路径，烦杨进忠先去等候，做通事，烦便托他们打探尸亲消息是实，不敢虚供。"而杨进忠的供词亦称："小的原是苗人，因开辟新疆，蒙张大人委作土弁，才解姓杨的。上年二月十七日死了远冒娘，杨政衍报了柳霁，饶老爷叫小的来做通事。十九日，先到鬼怀，歇在辇记家，侯官。后因讲冒娘们拦验，小的就转回清江，并没有与杨政衍私和人命的事。"②

---

① 《题为审理清江厅属土千总杨政衍差役老宠往拿远冒娘致死行贿私和一案依例分别定拟请旨事》（乾隆十七年八月二十九日），中国第一历史档案馆藏内阁刑科题本，档案号：02－01－07－05105－006。

② 《题为会审贵州清江厅土差老宠因办案致死远冒娘土千总杨政衍行贿私和一案依律分别定拟请旨事》（乾隆十八年七月初五日），中国第一历史档案馆藏内阁刑科题本，档案号：02－01－07－05158－006。

杨政衍和杨进忠都自陈是因开辟新疆，蒙张大人委作土弁，即其土弁身份是由前贵州巡抚张广泗委任的。贵州巡抚题奏拟定对各犯人等的判罚，经三法司会审之后，拟定如下判罚：

> 据此，应如该抚所题：老宠合照捕役设法制缚，误伤人命者，依已就拘执而杀，以斩杀论，例拟绞监候，秋后处决……杨政衍，除滥差滋事，已经革去土弁，并收受龙金保银三两，计赃罪，止杖责，各轻罪不议外，其贿嘱尸亲，私和人命，合依常人私和人命得财者计赃，准枉法论，律枉法赃二十两，杖六十，徒一年。无禄人减一等，杖一百，折责四十板……又疏称土弁杨政和、杨进忠，虽经听嘱探事，究未预知私和情事，已革去土弁，准予开复，另给委牌管事。[①]

值得注意的是，贵州巡抚拟定处罚的相关依据，涉及对土弁杨政衍的身份认定。从贵州巡抚的判断依据看，此案中杨政衍违反了大清律例中《刑律·受赃》之“官吏受财”条，以及《刑律·人命》之“尊长为人杀私和”条。根据题本中的说明，杨政衍收受龙金保银三两，计赃罪，止杖责，各轻罪不议，而主要以其贿嘱尸亲、私和人命，违反“尊长为人杀私和”条，并以此论罪。当然，又因其“在官人役”的身份，所以在判罚上依据更为明细。

大清律例《刑律·受赃》之“官吏受财”律条规定：“凡官吏（因枉法，不枉法事）受财者，计赃科断，无禄人各减一等，官追夺除名，吏罢役，（赃止一两）俱不叙用。”其后所附条例更加细化：“凡在官人役，取受有事人财，律无正条者，果于法有枉纵，俱以枉法计赃科罪。若尸亲邻证等项，不系在官人役，取受有事人财，各依本等律条科断，不在枉法之律。”[②] 其中，又以月俸一石作为区分有禄人和无禄人的标准，凡月俸一石以上者为有禄人，月俸不及一石者则为无禄人。《刑律·人命》之“尊长

① 《题为会审贵州清江厅土差老宠因办案致死远冒娘土千总杨政衍行贿私和一案依律分别定拟请旨事》（乾隆十八年七月初五日），中国第一历史档案馆藏内阁刑科题本，档案号：02－01－07－05158－006。

② （清）薛允升著，王庆西等编写《读例存疑点注》，中国人民公安大学出版社，1994，第708～709页。

为人杀私和”规定：“……常人（为他人）私和人命者，杖六十。（受财，准枉法论。）”[①] 显然，杨政衍因其“在官人役”的土弁身份，取受人财，又以二十二两银私和人命，按律枉法赃“二十两，杖六十，徒一年”，又因其无禄人身份，减一等，适用枉法赃“一十五两，杖一百”，最后折合四十板责。

我们看到，杨政衍被革去土弁，是因其“滥差滋事”受累。所谓滥差，则不单单是指杨政衍差遣老宠往拿远冒娘问话这一行为本身，实际上则是说明杨政衍在此之外可能存在佥派差役等有违规定的诸多行为。事实上，但凡被委任为土司者，他们的职权是政治、经济、军事、宗教等全面掌管，基于此，土司在自己的领地内，可自行设置下属机构，并有权委任下属各官。[②] 但由于土弁职役的身份，注定其在制度上不能像土司一般设立衙门、委任属官等。正如接下来我们将看到的，土弁私设衙役的行为，因牵涉命案事件而被揭发时，亦终将受到惩处。

三　土千总杨正设立衙役致伤毙人命案

这是一起乾隆二十五年（1760）贵州清江厅属土千总杨正设立衙役致伤毙人命的案件。[③] 事情的起因是，清江厅属下敖小寨苗民彭包尚与其妻舅，即下敖大寨苗民王嫩才，关于陪嫁银和舅公礼银的纷争。按王嫩才的说法，彭包尚是其妹夫。乾隆二十一年（1756），彭包尚之妻死了，王嫩才等要求彭包尚归还其妹陪嫁的首饰银九两，但彭包尚分厘未还。此外，乾隆二十四年（1759），彭包尚的大女儿出嫁，夫家谢姓包有舅公礼银二十两，但彭包尚只给王嫩才等九两，余下则自用，不肯归还王嫩才，两家的矛盾自此结下。随后，王嫩才及其弟兄屡次向彭包尚讨取而不得，反遭彭包尚辱骂。乾隆二十五年（1760）六月二十六日，王嫩才等赴土司衙门告状。土千总杨正差衙役彭起连查问，因故造成彭包尚身死。

乾隆《清江志》中关于“赤溪湳洞土千总”吴氏、杨氏的记载，略显

① （清）薛允升著，王庆西等编写《读例存疑点注》，第616页。

② 杨庭硕、李银艳：《“土流并治”：土司制度推行中的常态》，《贵州民族研究》2012年第3期。

③ 《题为贵州清江厅人彭起连礼银之争拴跌彭包尚身死议准绞监候事》（乾隆二十六年三月初九日），中国第一历史档案馆藏内阁刑科题本，档案号：02-01-07-0766-007。

含糊，言其是由长官司改为土千总。其言称："杨秉焜。原籍江西丰城县人。始祖杨通谅，于前明洪武年间随征有功，授黎平府赤溪湳洞长官司。国朝改为土千总。雍正七年至乾隆元年，苗民叛服不常，大兵进剿，祖昌燕奉调，带领土兵屡从攻讨，积有微劳。三年内，事竣，议叙，复蒙经略张咨部，给委，世袭今职，拨隶清江。"① 但据王宗勋的考证，赤溪湳洞长官司因在康熙年间征吴三桂叛乱无功被废，其地划归黎平府经历司管理。在"开辟新疆"的战争中，原废赤溪湳洞土酋吴谦、杨昌燕率其土丁随从，并建有"微功"，事后均擢为土千总，仍领前长官司地，隶黎平府。乾隆二年（1737），因距黎平府遥远，而靠接清江厅，遂将赤溪湳洞土千总划归清江厅就近管理。② 显然，尽管康熙年间废除了赤溪湳洞长官司这一职衔，但原先的土官吴氏、杨氏后人仍在当地享有威权。不过，原赤溪湳洞长官司的领地既归黎平府经历司管理，则其人再称为土酋，则不恰当。此外，吴氏与杨氏二者长官司的职衔既已被废，则同样不可能是由长官司改为土千总。事实上，通过这起案件的记载可以发现，赤溪湳洞土千总杨氏的设立同样未经中央政府批准，而是贵州巡抚的在外便委。

据刑科题本记录，赤溪湳洞土千总杨正供称："土弁今年二十二岁，六月二十六日，下敖寨的王梭才、王嫩才到土弁那里，告彭包尚负片［骗］财礼首饰银子不还，约众把他凶殴。土弁怕他们闹出事来，故此差查，并没有敢去拘审。不料土役彭起连见他不服，把他拴拉下楼，跌伤身死。这是土弁擅受的不是，没有辩的，求超释。"③ 而另据土役彭起连供称："小的今年六十五岁，是赤溪湳洞司下敖大寨苗人，父母俱死，家里只有妻子关氏，两个儿子。小的跟杨土官服役有两年了，彭包尚是小的共七代祖公的兄弟，没有服制。素日不往来，并无仇隙。乾隆二十五年六月二十六日，王梭才弟兄在土官处，告彭包尚负骗首饰舅公礼银，还要约众凶殴。本官票差小的协同头人查禀。小的领了票子，因妻子患病，就耽搁几日，回明了本官。二十九日，小的到寨里密访，并无率众凶殴的事，才没有会同头人，只自己去寻彭包尚，不见，就回家去了两日。到七月初二

① 乾隆《清江志》卷5《秩官志·土官》，第458页。

② 王宗勋：《赤溪湳洞长官司考辨》，《贵州文史丛刊》1988年第2期。

③ 《题为贵州清江厅人彭起连礼银之争拴跌彭包尚身死议准绞监候事》（乾隆二十六年三月初九日），中国第一历史档案馆藏内阁刑科题本，档案号：02－01－07－0766－007。

日，又到彭包尚家，才遇见他。因是同族兄弟，不愿他郎舅打官司，就老实说你该王梭才首饰银子并舅公财礼，快拿了出来，我替你办酒和事，具禀，销票，免得受累。他不答应，竟自走了……原说我是奉差来查，并不是我来催你还账。你既不依，同我见本官去，就把身边带的一根铺盖棕绳拴他颈项，原想借此要他拿出银子完事。……小的才下完楼梯，随手把索头一带，不防他没有站稳，随势跌下梯脚边，磕伤左太阳穴，就说不出话了。”①

彭包尚因故身死，尸亲等上告，经清江厅审理并逐级上报，刑部会同兵部、都察院、大理寺等遵旨核复，议定：“彭起连除藉差劝和，图得酒食未成，轻罪不议外，合依威力制缚人因而致死者，绞律，应拟绞监候，秋后处决。已革外委土千总杨正，审无纵役诈赃别情，其违例擅受，已经详革，应毋庸议。王梭才、王嫩才告追首饰财礼银两，讯系苗俗相沿，应予免议。彭包尚未还银两，毋庸议追，仍将苗民陋习严饬，禁遏。尸棺给亲领埋，棕绳饬行销毁。”最终，乾隆皇帝朱批：彭起连依拟应绞，着监候，秋后处决。余依议。②

此外，会审此案的刑部尚书鄂弥达，审查贵州巡抚周人骥革去杨正土千总之职的报告时还特别指出，该外委土千总杨正系贵州巡抚自行委充之员，已经详革，应毋庸议，同意将杨正革职。

再者，对于土千总杨正设立衙役致伤毙人命案的发生，前文所述贵州布政使钱度便认为，系由前任布政使沈其衷倡导的改革后由贵州巡抚擅自给予杨正职衔、委照所导致的，其言称：“今一旦由院、司、道给委，伊即俨若官长，妄自尊大，因而鱼肉苗民，靡所不至……清江厅土千总设立衙役殴毙人命，俱经详革在案……凡此，皆由给委而起。”③ 显然，正是这项改革，使得这些地方官的“在官人役”演变为妄自尊大的“官长”，并导致了一系列的派敛苛索乃至命案的出现。不过，最终钱度等虽停止了前

① 《题为贵州清江厅人彭起连礼银之争拴跌彭包尚身死议准绞监候事》（乾隆二十六年三月初九日），中国第一历史档案馆藏内阁刑科题本，档案号：02－01－07－0766－007。

② 《题为贵州清江厅人彭起连礼银之争拴跌彭包尚身死议准绞监候事》（乾隆二十六年三月初九日），中国第一历史档案馆藏内阁刑科题本，档案号：02－01－07－0766－007。

③ 乾隆《独山州志》卷6《秩官志·土官》，故宫博物院编《故宫珍本丛刊》第205册，海南出版社，2001，第289页。

任布政使的改革举措，但对于此前已领有由巡抚、布政司、道等衙门刊发的委照，亦赞同各府意见，暂不处理，等将来遇有事故再查追缴销。最终，这一方案由督抚批准通过。此举亦无形中确立了土弁身份经由职役转变为官长的合法性与权威性。[①] 杨正被革职后，贵州地方当局又另选人员顶充赤溪湳洞土千总一职，数年之后，充补的土千总杨伟作为专管捕官，因疏防致厅属峒苗姜会先等抢猪打伤事主噶乜三身死，而拿获凶贼逾限被参。[②] 令人稍为疑惑的是，该案中作为专管捕官的赤溪湳洞土千总杨伟系，是列入所有文职疏防人员中的一名而被题参的，这显示出清代边疆治理的某些特性。[③]

综上，显然，杨正私设衙役殴毙人命案与前述清江厅属雅慕土千总杨政衍滥差滋事案相类似，杨政衍与杨正等二土弁，虽事实上是苗寨的管理者无疑，但在制度上，清政府并没有赋予其管理苗寨的职权。是以，我们从这些案例中看到，当土弁受理管辖苗寨范围内的词讼等项时，事实上是已经僭越了清政府赋予其身份相等的职权范围，因而才说是违例擅受。最后其受到惩处是被革去其土弁，亦是依其违例擅受所致。

余　论

综上可见，清政府既对清初以来立有军功的少数民族头目加恩封赏，授予土弁职衔，但这些新设的土弁若有违法、苛索等事情被揭发，清政府同样严惩不贷。

乾隆三十五年（1770），贵州古州厅属党堆寨苗人香要聚众不法，拒

① 拙文：《再造“土司”：清代贵州“新疆六厅”的土弁与苗疆治理》，《近代史研究》2020年第1期。

② 《为贵州清江厅赤溪湳洞司土千总杨伟等员疏防清江厅属峒苗姜会先等抢猪打伤事主噶乜三身死题请参处事》（乾隆二十九年十一月十四日），中国第一历史档案馆藏内阁兵科题本，档案号：02－01－006－001903－0002。

③ 清代基层政区出现盗案后，被问责的官员主要是负责治安事务的文武官员。文职问责对象主要包括：（1）州县承缉官或专辖官。州县中最常见被问责对象是捕官。捕官在县为典吏，在散州为吏目。如果案发所在地是由具有分防职责的州佐贰官、州通或州判、县佐贰官县丞或主簿、专司缉捕的巡检官员所辖，问责主体就为相应的专司人员，该县典吏免予问责。（2）州县的正印官。正印官指县之知县，散州之知州。出现制度中的规定情形，正印官会被问责查参。参见谭琪《清代州县治安制度研究》，中国工人出版社，2015，第125页。

伤兵役，地方官前往剿抚。事毕，经被派往贵州查办的湖广总督兼署荆州将军吴达善奏请，“土舍欧韵清，从前访知香要逆谋，首先报官，又随营拿获首犯，请赏给土把总”；乾隆皇帝认为“土舍欧韵清始终出力，著加恩赏给土千总，并赏银一百两”。[①] 怎料，距乾隆皇帝恩赏土千总不到两年的时间，即乾隆三十六年（1772）十一月，欧韵清即因借请札需费，向各苗寨勒索银七百两，并令出米五二十石，代还所借仓粮，被岑龙等六寨苗民老浓等具控于贵州巡抚李湖。然而李湖心存姑息，并不认真严查。随后云贵总督彰宝奏报此事，乾隆皇帝龙颜大怒，谕旨查办并申饬李湖，其言：“从来边地苗民构衅，多由土舍索诈滋事而起，督抚等理应随时体察，竭力整顿，以杜事端。土弁欧韵清，前于党堆寨不法一案，首先禀报，原不妨酌量优奖。若该弁借此出入苗寨，倚势婪索，则自干罪戾，即当执法重惩。况此案前经李湖交发黎平府知府王勋查审时，欧韵清虽不肯按数全认，已有自供得银一百七十两，米五十二石之事，是案情已属显露，岂可不未彻底根究。倘因前此微劳，竟行为之隐忍，必致肆行无忌，骚扰苗寨，何可为训！该抚李湖，平日办事尚属认真精明，何以此案既经寨苗控告，仅行饬府查讯，并不即行奏闻，迅速严办。岂李湖心存化大为小之陋习，遂尔意存姑息，全不顾事理之轻重耶！李湖著传旨严行申饬，仍令其将因何不行奏闻之处，明白回奏。”[②] 此外，因此前皇帝已谕旨调李湖署理云南巡抚，贵州巡抚印务暂由贵州布政使图思德暂行护理。故而，此案交由图思德查办。

图思德奏称，“李湖前次询出勒索情由，未将该管道员龚学海指参，不免意存回护”。乾隆皇帝认为，“所奏甚当。此案前据彰宝查奏时，朕即知李湖，必因曾经保留龚学海之故，碍于颜面，不即将案内情节，专折参奏……李湖历任司道，办事颇为实心，乃朕所深知之人，是以擢任巡抚。即其保留龚学海一节，亦曾降旨嘉于录叙。至欧韵清滋事不法，关系苗疆。虽前次曾著微劳，业已赏衔奖励，岂可因此曲为宽纵，致令扰累苗民。该管官不加究治，原属不合，但其获咎，亦不致甚大。李湖若据实查办劾参，道厅等亦只照常议处，与该抚保留颜面无关，何必过为顾虑。此

① 《清高宗实录》卷863，乾隆三十五年六月甲午。

② 《清高宗实录》卷900，乾隆三十七年正月丙午。

事殊不类李湖平日所为。”[①]

结合上文的叙述可知，自清廷在贵州新辟苗疆建立行政管理以来，这些身处苗疆基层社会的土弁苛索、滋扰苗寨的事例，如钱度所言，不可悉数。然而，在以上处理土弁欧韵清不法一案中，乾隆皇帝自认李湖是其所深知之人，却对李湖曲为宽纵，不类其平日实心办事的行为，殊为不解。事实上，欧韵清是借请札需费，向寨苗勒索银七百两，米五十二石。事发之后，欧韵清自供得银一百七十两，米五十二石。那么其勒索所得余下的五百三十两银子的去向才是关键，或是厅员，或是道员，应当脱不了干系。李湖对此存化大为小之意，曲为宽纵，则说明在地方官员看来，这类事情太过常见，所以不加重视。但乾隆皇帝显然并不这么认为，对自干罪戾的土弁执法重惩。此后，图思德又奏："古州一带生苗，须土弁得人，方免滋事。欧韵清等婪赃，虽经败露，恐别寨有似此者。现饬贵西道亲赴各寨严查，并赍追出欧韵清等赃银，按寨宣谕给还。至岑龙、少鸟等寨土弁，现令地方官妥选验充。承充人或再婪索，地方官不立举发，接任之员，照例参奏。如即系选举之员，加倍重处。”[②] 该案至此寝息。

透过欧韵清之案以及前文的总体分析可见，清廷既基于边疆治理的实际赏授土弁职衔，令其协助地方流官管理基层社会，同时又从选任程序上要求地方官妥选验充并加强管理。诸此种种都说明，我们既要从档案史料的记载中去探析、呈现清廷于土司制度之外在西南边疆构建的土弁制度的运作实践，还要从中进一步明晰清政府加强边疆治理的思路与决心。

（作者单位：中国社会科学院近代史研究所）

① 《清高宗实录》卷903，乾隆三十七年二月戊子。

② 《清高宗实录》卷903，乾隆三十七年二月乙未。

台湾清代“湖南勇”墓葬的历史记忆与海峡两岸的民族认同

罗　中

摘　要：被泛称为“湖南勇”的台湾清代大陆军勇墓葬，主要分布在台湾南北的6座墓园和庙宇中。在清朝末年、日本割占台湾时期、台湾回归中国之后，这些墓葬均被当地民众建祠供奉，逐渐成为地方上民间信仰的重要组成部分。“湖南勇”历史记忆的延续与传承，对巩固海峡两岸的民族认同与民间记忆，对加强大陆人民对台湾同胞的关怀，具有非凡的意义。

关键词：“湖南勇”墓葬　民间信仰　民族认同

同治、光绪时期，因八旗、绿营的羸弱不堪，湘军逐渐成为抗击外国列强侵略、保卫边疆的主力，尤其是在反击日本、法国对台湾的侵略战争中，立下了汗马功劳。时至今日，台湾南北各地还留有多处湘军卫国护台的历史遗址与遗迹。其中被称为“湖南勇”“楚南坟”的墓葬，被当地民众建祠供奉，随着时代的发展演变逐渐成为地方上民间信仰的重要组成部分。

一　“湖南勇”墓葬在台湾的分布

据安徽大学社会与政治学院教授赵树冈的实地调查，台湾清代大陆军勇墓葬，主要分布在6座墓园和庙宇中[①]：淡水“湖南勇”墓6座墓碑，均为湖南籍；高雄甲仙乡“镇海军”墓27座墓碑，其中14座为湖南籍；苗栗卓兰镇昭忠庙中41座墓碑，其中33座为湖南籍；宜兰苏澳镇日月宫忠灵塔中11座墓碑，其中3座为湖南籍；苗栗头份市杨统领庙中1座，为

① 以下文中有关的基本数据和材料，均由安徽大学社会与政治学院赵树冈教授提供，谨致谢忱。

湖南湘潭籍碑；屏东枋寮白军营庙中1座，为湖南湘阴籍碑。在总计87座墓碑中，湖南籍墓葬共58座，约占66.67%。

（一）淡水“湖南勇”墓

“湖南勇”墓位于淡水镇中正东路与竿蓁一街交叉口的斜坡上，面积约600平方米，共有墓碑6座。清代这一地域即为坟场，民国时期建有淡水公墓。后因城市开发的需要，当时的台北县政府曾发布公告，要求淡水公墓迁葬，但因没有采取强制迁移措施，“湖南勇”墓得以保存下来。1998年，该遗址被列为新北市市级古迹，正式名称为“沪尾湖南勇古墓”。

“沪尾湖南勇古墓”朝向大致为坐东北朝西南。墓碑规格基本一致，正面呈长方形，顶端为圆弧状，材质均为观音山石。碑面粗糙但平整，文字刻画细浅。碑文内容见表1。

表1　“沪尾湖南勇古墓”碑文内容一览

编号	墓主	碑额	籍贯	立碑人	立碑时间
1	故勇李有章之墓	擢胜左营	湖南善化县人		光绪七年九月立
2	故勇袁致和之墓	擢胜左营	湖南善化县人		光绪七年十月立
3	故勇张月升之墓	擢胜左营	湖南善化县人		光绪七年十月立
4	故勇胡芳芝之墓	擢胜左营	湖南善化县人		光绪七年十月立
5	故勇严洪胜之墓	擢胜左营	湖南善化县人		光绪七年九月立
6	故勇李佑铨之墓	擢胜左营	湖南永定县人		光绪七年八月立

6座“沪尾湖南勇古墓”的墓碑铭文规范一致，碑额均为“擢胜左营”，墓主身份都是“故勇”，姓名后均加有“之墓”二字。籍贯中5位是湖南善化（今属长沙市）人，1位是湖南永定（今张家界市永定区）人。立碑时间都是光绪七年，但月份不同，十月立3座，九月立2座，八月立1座。与台湾其他地区的湘军墓碑相比，“沪尾湖南勇古墓”墓碑的形制整齐，文字排列规范。同时，所有墓碑都立于同一年，且都没有标示立碑人，这很可能是当时驻扎此地的擢胜左营有意规划的墓地，统一制作墓碑而树立。

擢胜左营为孙开华招募的勇营。孙开华（1839～1895年）是湖南省张家界市慈利县人，一位沉寂百年的土家族英雄。他16岁即以武童应募参将鲍超所统领的“霆军”，参与过平定太平天国运动与捻军起义，后任福建漳州镇总兵。1871 年，琉球宫古岛的船民因受台风影响，漂流至台湾，进入牡丹社世居民地而遇难，史称“牡丹社事件”。日本以此为借口，称琉球是日本属邦，大举进攻台湾，终究以清朝赔偿 50 万两白银结束。事后，时任南洋大臣李宗羲令孙开华移驻厦门，节制勇营督办海防，并招募兵丁，名为“擢胜营”。1875 年，丁日昌奉命赴台巡阅，特请旨调孙开华入台，擢胜营首次进入台湾。由于兵力部署的需要，一年后孙开华返回大陆。1879 年 11 月，因中日琉球事件，孙开华再度奉命来台，擢胜营整编成右、前、后三营，分驻基隆、沪尾要塞。1880 年，孙开华再次返湘招募乡勇，编成中、左二营戍守台北。1884 年，在抗法保台的战斗中，孙开华指挥的沪尾战役大获全胜，粉碎了法军占领台湾的图谋，极大地鼓舞了各个战场上的军民士气，对其后冯子材指挥的镇南关大捷产生了重要影响。

从擢胜营的发展历史可以了解，“沪尾湖南勇古墓”之 6 座擢胜左营墓碑的墓主，应是光绪六年（1880）年孙开华返回湖南招募的兵勇。这 6 位兵勇墓的立碑日期，为光绪七年（1881）的八月至十月，他们未能投入三年后的“中法沪尾战役”，墓主与该战役并无关系。但新北市文化局将“沪尾湖南勇古墓”列为市级古迹后，在所完成的调查报告中，以及此后的各类报道和学术研究中，都将此地遗址之背景与“中法沪尾战役”联系在一起，这反映出“中法沪尾战役”在当地影响的深远。当然，“沪尾湖南勇古墓”也为湘军在“中法沪尾战役”的兵力部署，提供了一定的历史佐证。

（二）高雄甲仙乡“镇海军”墓

高雄甲仙乡“镇海军”墓遗址位于高雄甲仙乡小林村五里埔，因安葬此地的清军兵勇墓额上多为“楚南”“湖南”，因此被当地人称为“楚南坟”“楚南墓”“湖南墓”，现已建设成为墓园。《甲仙乡志》载：“光绪十二年，满清政府据台，驻军于本（甲仙）乡小林村五里埔头顶，约有一营楚南籍士兵从事开辟小林至三民乡道路，及连接六龟、台东之横贯道路，因水土气候不适，患风土病者前后殉难百余人，埋葬于五里埔头，古坟排列整齐，令人忆起先人修筑道路之壮志，虽然横贯道路未成，但路迹断断续续延绵重山，至今尚存。”[①]“甲仙乡镇海军墓遗址”是高雄市所定的三级古迹之正式名称。

“镇海”之名，源于湘军赴台军队之“镇海营”编制。“甲戌（同治十三年）冬，观察筱涛夏方伯驻营于岸之北，镇海营驻焉”[②]。“镇海营”时受台湾道夏献纶的节制，先后平息过光绪元年（1875）的屏东恒春“狮头社乱”，以及光绪年间的花莲“番变”。光绪四年（1878），“镇海营”开始扩编为左、中、后三营，光绪八年（1882）又增设了右营与前营。光绪十一年（1885），因为台湾建省之需，刘铭传着手台湾军务整顿，改“镇海营”为“镇海军”，设前、中、后三军。台湾建省后，首任巡抚刘铭传为了因应台湾东部后山防务的需要，同时也为利于当地自然资源的开发，遂下令修筑嘉义至台东的道路。“镇海军”承担任务后，为尽快完成这一工程，兵分东、西两路，从嘉义、后山两头相对掘进，会师于八潼关。今高雄甲仙乡是当时镇海中军驻扎之地，墓葬大都是当时修路牺牲的“镇海军”兵勇。

1998年，“甲仙乡镇海军墓遗址”被高雄市定为三级古迹后，新建了“镇海军墓园”大型石牌一座，以及供奉“甲仙镇海军将士神位”牌位的石质小庙一座。园内80余座古墓分为6排，因地形的限制，各排坟墓的数目不等。修整时以英文字母标注排列，以阿拉伯字标注坟墓，形成有序的排列坐标：A排18座、B排16座、C排9座、D排9座、E排15座、F排18座，共计85座。所有墓葬大多以坐西南朝东北的方位而建，每座面积宽约1米、长约2米。墓碑基本上是用当地未经细琢的绿色片岩、板岩、砂岩打制而成，形制与大小较为统一。

“镇海军”墓的最大特点是军旅性质鲜明突出。因当时驻台兵勇基本上都是来自大陆而非台湾本土，驻扎地周边无亲无故，故其死亡后墓葬只能由同营军伍建造，这一军旅特点在墓碑铭文上得以充分体现。园内85座墓碑中，只有27座刻有铭文（具体见表2），这反映出当时“镇海军”兵勇文化水平极低，大多数士兵不识文字，不可能在所有的碑上镌刻铭文，因而大多数的墓葬虽立有石碑，但没有碑文。

① 林理杰等编《甲仙乡志》，高雄：甲仙乡政府，1985。

② 周懋琦：《安平第一桥碑记》，现立于台南市大南门碑林。

表 2　27 座墓碑铭文一览*

编号	墓主	碑额	籍贯	立碑人	立碑时间
A6	镇海中军右营故勇殷维胜之墓	楚南		湘潭契友立	丙戌年六月十五立
A8	故友赵兴胜墓	楚南	湘阴县人		光绪十二年吉日立
A9	徐太丰墓		楚南平江县人（碑左）		光绪十年六月□日立
A10	贺升和	楚南	宁乡县		光绪十二年立
A11	邱宝臣	楚南	湘阴县		光绪十二年立
A13	故友谢胜堂	楚南	宁乡县		光绪十二年六月吉日立
A14	故友唐胜元		楚南宁乡县		光绪十二年六月初九立
A15	故勇吕得盛	前营后哨	福建澎湖		丙戌六月立
A18	赵得胜	前营后哨	四川广元县		丙戌六月
C3	□（江）庆芳墓，		□（监）利县人氏		光绪十二年
C6	廖福林墓	楚南	岳阳巴陵人	中军前营立	光绪十二年六月十二日故
D7	牟占魁	前营后哨	四川人		丙戌月日
E1	故友邓有声之墓，镇海前营哨左［哨］八［队］，	湖北	汗（汉）川县人氏		光绪十二年五月
E2	李胜祥茔	湖北			光绪十二年立
E3	故友刘传炎之墓	楚南	岳州		光绪十二年
E4	故外弟蔡彩之墓	台邑西门			光绪十二年九月立
E6	故友王蒙信	浙江	台州		光绪十二年立
E7	故蒋炳南墓	楚南	湘阴县		光绪十二年立
E8	尹凤鸣之墓	楚南	巴陵县		光绪丙戌年立
E9	故友田汉云	楚南	湘潭		光绪丙戌年立

续表

编号	墓主	碑额	籍贯	立碑人	立碑时间
E13	故友徐福金之墓	镇海前营	浙江人氏		光绪十二年七月初三日立
E14	故友周盈廷之墓，镇海前营	楚南	临湘人		光绪十二年秋八月立
E15	故友朱明高之墓	湖南	衡州府贵（桂）阳县人氏		光绪十二年□月立
F3	陈有胜之墓	土地公			
F8	张金友				
F10	金秋春				
F13	李清奇				

注：★表中编号之所以空缺，是因无字的墓碑编号未列入。

在有铭文的27座墓碑中，虽然全部刻有墓主姓名，但碑面其他信息并不完整。墓主姓名、籍贯、立碑人、立碑时间等信息完整的只有2座。23座刻有籍贯，23座刻有立碑年代，1座刻有立碑人姓名，8座刻有营伍字号，4座仅有姓名，其余信息全无。

在27座墓碑中，除了徐、李、赵等三个姓氏各有2座外，其余的殷、田、邱、蒋、贺、谢、唐、廖、刘、尹、周、朱、邓、江、牟、王、吕、蔡、陈、张、金21个姓氏，均为1座，显示了当时同家族入营伍的人员并不多。在姓名后加“墓”字的有5座，加“之墓”两字的有9座，加“茔”字的有1座，姓名前加“故”字的有14座，表明碑面制作并无统一性。

有10座用“故友”两字，这是墓碑中表示存亡两者关系使用最多的铭文。以“契友”“故外弟”注明两者关系的，各有1座。在8座署有勇营字号的墓碑中，有3座为“前营后哨”、3座为“镇海前营”，“镇海中军右营”“中军前营”各有1座。不同的营哨兵勇安葬于一处，可能这是“镇海军”统一的墓地。

在23座刻有籍贯的墓碑中。湖南籍的有14座，其中标明“楚南”的有13座：“宁乡县”3座、“湘阴县”3座、“湘潭”“巴陵”各2座、“平江县”“岳州”“临湘”各1座，标明“湖南”的有“衡州府贵（桂）阳县”1座。湖北籍的有3座：“汗（汉）川县”1座、“□（监）利县”1座、有省湖北名无县名1座。四川省籍的2座：“四川广元县”1座、有省四川名无县名的1座。浙江籍的2座："台州"籍贯的1座、有省浙江名无县名的1座。福建澎湖籍1座，"台邑西门"之蔡彩应是台湾本地籍。

"楚南"是历史上"湖广行省"统辖今湖南、湖北两省地域时，对湖南地区的专指，以墓碑最多的"光绪十二年（1886）"计，两省分治已200余年。但台湾清代湖南兵勇墓碑仍大多标明"楚南"，当地也有"楚南坟"的俗称，其原因何在，值得进一步研究。

（三）苗栗卓兰镇昭忠庙

苗栗卓兰镇昭忠庙坐落于卓兰镇老庄里"湖南营"山麓，方向呈坐北朝南。建立昭忠庙祭祀护台阵亡清军，是时任督办台湾军务福建巡抚刘铭传于光绪十一年（1885）奏请而修建的，当时朝廷批准曰："予基沪阵亡病故各员弁彭沛霖等优恤，并于台北建立淮楚昭忠祠。"[①] 但现存的昭忠庙并非清朝的遗存，而是1959年以来的陆续重建，由军民庙、昭忠庙和神蛾亭等建筑构成。军民庙门联为："大清来游高山地；同朝回国见太平。"庙内供奉的主神是"武显将军刘少斌"。昭忠庙前的对联为："往事昭昭亿万世长传宇内；精忠耿耿千百年犹在人间。"庙内供奉"湖南湘军三千烈士之神位"。军民庙与昭忠庙之间，树立着以半圆形状排列的41座墓碑，碑后均建有墓冢。

卓兰昭忠庙内的清代军勇墓，安葬的是光绪年间在卓兰"助民抚番"以及"开拓垦殖"中的死难兵勇遗骸。光绪十一年（1885），刘铭传为剿抚卓兰世居民"番乱"，派台北中路军统领林朝栋主管其事。林朝栋系台湾本地官员，他调派至卓兰的"栋军"，是以本土兵勇为主的"隘勇营"。考虑到林朝栋的兵力不足，刘铭传又令驻防彰化的记名提督、总兵柳泰和率领春字楚勇三营，驻防中路。春字营原为平定太平天国的湘军勇营，以能征善战驰名，在中法战争中曾重创法军，声名远扬，"中法沪尾战役"后驻防彰化。在清军重兵威压下，卓兰一带世居民番社，基本就抚。因"助民抚垦"有功，清廷赏封林朝栋"劲勇巴图鲁"，并加三品衔；柳泰和则赏封"建勇巴图鲁"。光绪十三年（1887）初，春字营撤离卓兰，留下了3000余名死亡兵勇的墓葬。

---

① 《清德宗实录》卷214，光绪十一年八月乙酉。

昭忠庙内的湘军墓葬，其规模并非光绪年间形成的，而是其后卓兰民众在当时“湖南营”旧址垦殖，陆续掘出墓碑40余方，其中33位为湖南人，官阶最高者是湖南益阳人刘少斌，曾封授武显将军（正二品）。本地民众为追思、感念湘军为国捐躯的壮举，于1959年发起集资，在“湖南营”山麓建立军民庙，将卓兰周边陆续搜集的41座军勇墓碑及骸骨迁移于此，以供凭吊祭奠。在1985年湘军进驻卓兰100周年纪念秋祭之时，台北市湖南同乡会赠送“昭忠庙”横匾。2011年，又将武显将军刘少斌及3000英灵神位移至后方昭忠庙安座，借以纪念百年前湘军远戍卓兰保台卫民。

集中立于昭忠庙内的41座墓碑，均有编号，按后高前低的地形分列为三排。后排位置最高，共立有5座墓碑，居中的第1、2、3号碑间距较小，呈紧靠状态。第4、5号碑分立在这三座碑的左右两边，间距约为1米。中间一排墓碑成圆弧排列，第6号至第22号碑立于左边，第23号至第38号碑立于右边。前排墓碑位置最低，第39号至第41号碑居中而立，似是在为以后有可能出土的遗骸预留石碑基座，因此规划整齐而立在中排墓碑下的居中位置。

园内墓碑大多为花岗岩材质所制，因都是自他处迁入昭忠庙集中树立的，形制并不统一，但制作还算规整。墓碑上的文字内容排列基本一致，最上方是横排的碑额，正中为冠有军功或籍贯的墓主姓名。单列籍贯大多在墓碑左侧，右侧是立碑时间。碑面上的字体多样、书法好坏不一，第1号刘少斌墓碑上的字体中规中矩，应是具有一定文化水平的人所书。其余墓碑上的字迹朴拙，并有错字、别字间杂其中，应该是粗通文墨者所为。字迹的刻痕也粗浅不一，不像出于专业石匠之手，可能是同营兵勇所为。详见表3。

表3　昭忠庙军勇墓碑一览

编号	墓主	碑额	籍贯	立碑人	立碑时间
1	皇清武显将军刘公少斌之墓	楚南	长沙府益阳县人	春字副营右□立	大清光绪十三年三月日
2	故友花翎守备彭立忠之墓	楚南	宁邑县人		光绪十二年立 丙（戌）年九月二十五日未时去世

续表

编号	墓主	碑额	籍贯	立碑人	立碑时间
3	故蓝公家禄之墓	湖南	原（辰）卅（州）麻阳县		光绪十二年十月立
4	先考刘公宗文大人之墓	湖南	长沙府湘阴县佳澍港	陈柏魁	光绪十二年十一月陈柏魁刊
5	平江李作梅之墓	楚南		春字副营	光绪十二年冬月立
6	钟祥县罗公少爷名运鸿之墓	湖北		孝男少霖立	光绪十二年十月十六日
7	宁邑五都故赵连财之墓	楚南		春字副营乡友立	光绪十二年十一月初五日 巳时中故
8	故胞兄花翎守府陈光照之墓	楚南		宁乡县胞弟汉楼立	光绪十二年八月十九巳时春
9	宁邑杨汉武墓	楚南		春字副营立	光绪十二年八月廿五亥时故
10	何炳春之墓	楚南	平江西乡	春字副营立	光绪十二年
11	巴陵周有余之墓	楚南		春字副营	光绪十二年冬月立
12	南昌龚清云之墓	江西		春字副营	光绪十二年冬月立
13	临海冯得标之墓	浙江		春字副营	光绪十二年冬月立
14	平江李翱鹏之墓	楚南		春字副营	光绪十二年冬月立
15	故显考朱公开□大人之墓	湖南	平江县化乡小地名杨家坊住		光绪十二年十月初六酉（时）
16	长沙张松林之墓	楚南		春字副营	光绪十二年冬月立
17	孙□贻之墓（中间的字：像“谷”或“答”二字，无法确定）	楚南	宁邑住速冲	春字副营	光绪十二年十月
18	□兄花翎张福胜之墓	楚南	淮（湘）阴县人	兄德政高立	光绪十二年丙戌年九月二□
19	衡州府衡山县朱义文之	楚南		春字正营后□合友人	光绪十二年十月二十日
20	李福田之墓	楚南	宁邑五都大		光绪十二年十五日立
21	周王南之墓	楚南	宁邑住南田	春字副营	光绪十二年十月
22	伍俊臣之墓	楚南	宁邑住		光绪十二年十月

续表

编号	墓主	碑额	籍贯	立碑人	立碑时间
23	東阳县人林世才年二十八岁（钦差卫队四棚亲军）	江苏			光绪拾二年岁次丙九月 二十七日立
24	五品军功李培墓	楚南		春字副营兄弟□□立	光绪十二年元月初十子时立
25	刘正海之墓	陕西	宝知（鸡）县人氏	春字副营立	光绪十二年十月二十五午时去世
26	湘乡三都黄名琛之墓	楚南		□初开为主碑	光绪丁亥六月二十四午时立
27	巴陵李得胜之墓	楚南		春字副营	光绪十二年冬月立
28	刘迎春之墓	楚南	湘邑住赤石	春字副营立	光绪十二年十月
29	宁邑王开发之墓	湖南		春字副营	光绪十二年十月□□立
30	刘玉发之墓	江西	崇仁县人	春字副营立	光绪十二年十月
31	故友陈公和贵老大人之坟墓		湖南湘潭县人		丙戌年八月十五日去世 光绪十二年八月十五日立
32	□锦堂之墓	楚南	宁邑住县桥		光绪十二年冬十月二十立
33	彭少堂之墓	楚南	宁己（邑）住胡山	春字副营立	光绪十二年十月
34	熊荣华之墓	楚南	己（巴?）陵县太□		光绪十二年十月吉日
35	故林公汉臣之墓	楚南	宁乡□	胞弟	光绪十二年阳月
36	衡州府衡山县欧阳公凤墓	湖南		兄贵和	光绪十二年十月初三日
37	曹得胜之墓	楚南	冲（郴?）卅（州）长岭上		光绪十二年十月春
38	彰化丁得胜之墓	福建	彰化	春字副营	光绪十二年冬月立
39	巴陵县李宏恩之墓	湖南	住平地		光绪十二年吉月日立
40	故友花翎守备彭桂堂之墓	楚南	湘□县人		丙戌年九月十八日戌时去世光绪十二年十月立
41	陈吾琴之墓	广东	潮邑住港内		光绪十二年十月

41人中来自楚南（湖南）的人最多，为33人，其中1人没有标注县籍或县籍不明，其余的分属于益阳、宁乡、麻阳、湘阴、湘潭、湘乡、平江、衡山、巴陵、长沙等县。江西有2人，1人来自崇仁县，1人没有标注县籍。其余的湖北、江苏、福建、广东、陕西、浙江等省均为1人。

部分墓主的姓名前加有品级、军功、籍贯等内容，计有"皇清武显将军"1座、"花翎守备"2座、"花翎守府（备）"1座、"花翎"1座、"五品军功"1座。冠有府县名的17座，姓名前仅有"故"字并无其他职务标识的有5座。

41座墓碑上基本信息的铭刻较为规范统一，碑额籍贯也较完整，虽然第31号碑额的省籍为空白，但籍贯中表明了是湖南湘潭人。其余40座碑额都明确了省籍，注明"楚南"的有26座，注明"湖南"的有6座，在籍贯中注明"湖南"的1座，共计33座。注明"江西"的有2座。注明"湖北"、"浙江"、"陕西"（原碑上"陕"的偏旁刻为"日"字）、"江苏"、"广东"、"福建"的各1座。

立碑人与墓主的关系，大多在墓碑左侧标示了立碑者姓名或营伍字号，但也有在墓碑中央墓主姓名前标示出来，如第8号墓碑"故胞兄花翎守府陈光照之墓"即如此，立碑人为"宁乡县胞弟汉楼"，这也是在台湾所见的清代墓葬中，唯一显示亲兄弟关系的碑文。41座墓碑中清楚标示立碑者的有28座，其中以营伍为立碑人的占了相当多数："春字副营"20座，"春字正营"1座。以"故显考""先考""孝男"标明与立碑人亲属关系的，各1座；以"胞弟""兄"标明与立碑人亲属关系的各有2座。立碑人信息不明的有13座。有的墓碑中虽然立碑人信息明确，但与墓主关系让人不明所以。如第4号墓碑的"先考刘公宗文大人之墓"，立碑人为"陈柏魁"，既然以"先考"表明为父子关系，但姓氏又不相同。又如第6号墓碑的"钟祥县罗公少爷名运鸿之墓"，立碑人为"孝男少霖"。称墓主既为"罗公"又为"少爷"，自称却为"孝男"，不符合子为父立碑的称呼方式。

所有墓碑都有立碑时间，除第1号墓主刘少斌标明光绪十三年三月、第26号墓主黄名琛以丁亥年指光绪十三年外，其余39座墓均标明光绪十二年（丙戌）。月份以十月最多，共有18座。冬月和十一月有10座，九月有3座，八月有3座。没有月份的有2座。元月、三月、六月各1座。标示为阳月（十月）和吉月（元月）的各1座。

（四）宜兰苏澳镇日月宫忠灵塔

宜兰县苏澳镇日月宫建成于1965年，坐落在该镇永光路的最高处。忠灵塔建成于1975年，位于日月宫的入口处，附属于日月宫。该塔整体建筑共为6层，平面投影呈八卦形状。一楼大厅正中供奉地藏王菩萨，右边为“清朝戍守苏津边防历代军士兵勇之灵祠”，左边为“台湾区域开疆拓土历代万姓先贤之灵祠”。庙内有对这两个大型牌位的特别说明：分别供奉的是漂洋过海来台湾的军勇；历经万苦开辟这片土地的先民。庙方尊称这些清代军勇为“塔公”，当地民众则称之为“湖南勇”。

忠灵塔的修建，与20世纪70年代开始的苏澳港建设、基隆至花莲的北回铁路修筑、苏澳到花莲公路改道等工程紧密相关。在工程施工中发现了大量骨骸和墓碑，从墓碑铭文知道大多是清代的军勇。苏澳清兵墓群的发现引起民众的关注，宜兰县政府依据当地习俗，找到了日月宫，希望寺庙能代为保存。庙方认为奉祀无名骸骨既是民间信仰宗旨，也是一件功德之事，因而将施工收集的遗骨迁入庙内。但近400座的墓碑及其遗骨，日月宫原来的空间无法存放。经庙方与地方人士共同商议，决定筹资另建塔安置。该塔于1973年动工，经两年后完成。时任县长陈进东认为这些遗骨大多为清代抗敌护台牺牲的兵勇，于是将新塔命名为“忠灵塔”。

苏澳镇背山面海，地势险要，是清代淡水、鸡笼到花莲的必经之路。“苏澳港在（噶玛兰）厅治南，港门宽阔可容大舟，属噶玛兰营分防”①，常有驻军防守。“光绪元年，北路统领罗大春筑通台东之路，频与番战。光绪三年‘王家骥’等守军（驻今永光里），在此遭番出击而阵殁。今永光里长安巷四号日月宫（奉祀太阳神君）附近有墓碑十块，其中有刻勒‘皇清敕授登仕郎王公讳家骥’，并有白骨散布山坡，1972年收拾纳于忠灵塔中，实为当时遭番害之将兵遗骸”②。苏澳港的前山称炮台山，历史上有

---

① 台湾史料集成编辑委员会：《福建通志台湾府·海防》（上），台北：远流出版事业股份有限公司，2004。

② 洪敏麟：《台湾旧地名之沿革》，台中：“国史馆”台湾文献馆，1980。

清军即驻防于此。后山在清代称为“金面山”，是已故军勇的埋葬之处，即今忠灵塔所在的“金字山”。2005 年，台“内政部”公告“苏澳镇金字山清兵古墓群”为“具历史文化价值”之遗址。

苏澳的清代兵勇墓葬遗址较多，以金字山为中心，已发现的清代军勇遗址有两个营盘和一处群墓葬。台湾水泥苏澳厂、永春蛙仔湖、日月宫旁边的小丘墓冢等处，都有清代兵勇墓碑和遗骨出土，当地人称这些墓主均为“湖南勇”或“湖南仔”。发现军勇遗骨后，民众都按当地习俗，建立万应祠、万应庙奉祀。后因修建铁路，万应祠、万应庙被拆，村民们将祠庙内的兵勇骸骨全数迁至忠灵塔内。墓碑原来大多陈列在永光里，忠灵塔建成后也随遗骨一并迁入。

所有的清代兵勇墓碑都存放于忠灵塔的三层，由于塔内的空间有限，墓碑不可能一一竖立，只能用袋子把每块墓碑包裹好，按照碑体大小分类，以 7～8 通的数量叠起存放。由于石碑形大体沉，堆叠好后基本上没有移动，不可能对这些墓碑进行全面调查清理，很难了解塔内所藏的近 400 座墓碑中，具体有多少通清代军勇墓碑。陈列的墓碑只有 14 座，其中兵勇墓碑 11 座，民人墓碑 3 座。将 11 座墓碑信息用于对忠灵塔内近 400 座墓碑的分析，显然是不成比例，只能粗略地从这 11 座墓碑中发掘清代军勇在当地的部分历史背景。

从忠灵塔内可以查验的墓碑来看，墓碑都是打制而成，整体形制呈长方形，顶端为圆弧形。最大的是第 1 号王家骥墓碑，正面稍有打磨痕迹，其余的碑面都略显粗糙。从字体和刻痕看，所见的墓碑字体接近标准楷书，并没因墓碑形制大小或墓主地位高低而有所区别。铭文雕刻痕深且平整，应该是出自专业石匠之手。考虑到苏澳历史上前山驻防、后山墓葬的地域区分，以及墓葬较为集中，很可能当时有专门的石匠为清军制作墓碑（见表 4）。

表 4　苏澳忠灵塔陈列墓碑一览

编号	墓主	碑额	籍贯	立碑人	立碑时间
1	皇清敕授登仕郎王公讳家骥	江南		友人周树人	光绪五年仲春月
2	俞长松（左：定海左营勇）		安徽六合		光绪二十年二月

续表

编号	墓主	碑额	籍贯	立碑人	立碑时间
3	左哨四队勇郭登云	定海左营	山东临溪		光绪二十年五月初三
4	故谭公讳必胜	□南			
5	陈洪登大人	江南		友人郭华贵	光绪八年五月
6	张玉发（左：□□左营左哨七队故勇）		山东齐河县		光绪二十年腊月初八
7	田王华		楚南□（辰）州卢（泸）西（溪）县		光绪九年二月
8	故友兄张公连陲		住湖南长沙密海县人		（左）光绪元年十二月
9	陈金魁		广西广信广丰县人		光绪六年八月
10	湛得胜		湖南岳州丰江县人		光绪戊寅年相月
11	沙德明（左：楚军南字营副哨长）		（湖）北武昌府江夏县人		光绪十二年九月

在墓主信息中，冠以职官身份的有两人：第 1 号碑王家骥的“皇清敕授登仕郎”、第 11 号碑沙德明的“副哨长”。注明营哨的有 4 人：第 2 号碑俞长松铭于碑左的“定海左营”、第 3 号碑郭登云的“左哨四队”、第 6 号碑张玉发的“□□左营左哨七队”、第 11 号碑沙德明的“楚军南字营”。

表明立碑人与墓主关系为平辈朋友的有 3 座：第 1 号碑王家骥与第 5 号碑陈洪登均称为“友人”，第 8 号碑张连陲的称为“故友兄”。尊称墓主为“公”的有 3 座：第 1 号碑“王公讳家骥”、第 4 号碑“谭公讳必胜”、第 8 号墓“张公连陲”。第 1 号与第 4 号碑在尊称“公”后名前加“讳”字的形式，在清代军勇墓碑中并不多见。

11 座碑均可看出墓主籍贯，在碑额上题名籍贯的有 3 座：第 1 号碑与第 5 号碑均为“江南”、第 4 号碑的“□南”，既可认为是“江南”也可认为是“楚南”或“湖南”。其他墓碑中的籍贯，湖南 2 座、楚南 1 座，合计 3 座。山东 2 座。安徽、广西、湖北省各 1 座。籍贯显示出县的有 8 座：“安徽六合”“山东临溪”“山东齐河县”“（湖）北武昌府江夏县”“楚南□州卢西县”“湖南岳州丰江县”“湖南长沙密海县”“广西广信广丰县”。其中“楚南□州卢西县”或许是“辰州泸溪县”，即今日湘西土家族苗族自治州的泸溪县。湖南无丰江县，疑为“平江县”，长沙无“密海县”。

出现“江南”字样的第1号、第5号碑额，立碑时间分别是光绪五年和光绪八年，而原江南省早在顺治十八年（1661），就被拆分为“江南右布政使司”和“江南左布政使司”，康熙六年（1667）取江宁、苏州二府首字改“江南右布政使司”为“江苏布政使司”，取安庆、徽州二府首字改“江南左布政使司”为“安徽布政使司”，成为江苏、安徽两省。但在200多年后的光绪五年（1879），碑额上还是题“江南”而非江苏或安徽，这与墓额上题“楚南”而非“湖南”一样，其原因尚需深入研究。

11座墓碑立碑时间最早的是光绪元年（1875）1座，其次是四年（戊寅）、五年、六年、八年、九年、十二年各1座，最晚是光绪二十年的3座，没标注年代的1座。刻有月份的有10座：二月（仲春）3座，五月与十二月各2座，八月与九月各1座，标明“相月”（7月）的1座。忠灵塔的墓碑年代，在已知的清代台湾军勇墓葬中最为分散，几乎是不同的碑面有不同的年代。其原因应该是与这些墓碑来自不同的墓地而集中放置于忠灵塔内有关。

（五）苗栗头份镇杨统领庙

杨统领庙位于苗栗县头份镇滨江街，坐北朝南，庙门额上书有“杨统领庙”四字，门柱楹联为：“统监民军以抗日万姓讴歌如昨，领导义勇而保乡千秋殂豆常新。”上下联的第一个字连起来就是“统领”。庙前立有青石香炉一座，左侧墙壁镶有《头份杨统领庙碑记》，记述了纪念“新楚军”统领杨载云在甲午战争后，领导民众反抗日本占领的英勇事迹及杨统领庙的建设背景。庙内中央神龛上供奉的牌位为“杨统领再云万善爷诸公神位”，以“杨统领再云”和“万善爷诸公”在牌位上并列，可见庙名虽然冠为“杨统领”，但其内的祭祀对象并非仅仅“杨统领”一人，“万善爷诸公”亦享有同等地位。“万善爷”也称“大众爷”“有应公”，是对台湾民众对无名骸骨的泛称。

庙后有一座长方形水泥砌建的墓冢，墓冢前镶有两块墓碑：一块是“大众爷诸神位”；另一块是“头份杨先生再云之墓”，墓碑上的纪元为日本占领台湾时期的昭和六年（1931）。墓碑书“杨先生再云”，不同于庙前《头份杨统领庙碑记》中的“杨载云”。是因为在日本统治时期，不允许台湾各地祭祀抗日人物，如果知道了会砸碑毁墓。据说当时杨统领的碑墓曾被日本人毁掉过，但老百姓在原墓所在地立上一块石头，刻上“石爷”二字，头份镇的人都知道“石爷”就是杨统领。建庙时为了避免日本殖民政府的阻挠、毁坏，有意将墓碑名字刻为“杨先生”而不是“杨统领”，称为“杨再云”而不称“杨载云”，并加上“万善爷”同祀。每年农历七月初三的“大众爷”生日之时，在杨统领庙举行中元普度法会，这已形成传统。

记载杨载云事迹的史料较少见，但大多对他赞扬有加。《头份杨统领庙碑记》载：杨统领载云，湖南人，中日甲午战役以武职任副将。《重修台湾省通志》的记载曰：“杨载云（? 年－1895 年），湖南湘潭人。台湾知府黎景嵩组新楚军，杨载云奉命任台湾民主国新楚军统领，乙未（1895）年，在头份庄会同各地义军北上新竹御敌，起先屡战皆捷，后因兵寡械薄而渐露败象，唯杨载云仍然奋勇抗敌。杨军火炮手中弹死后军心动摇，士兵退却遭杨统领手刃以示决心，部众不服竟开枪将其击毙。葬于头份之坪顶埔。”[①] 吴德功《让台记》对杨载云的记载最为详细：光绪二十一年（1895）闰五月五日，台湾府知府黎景嵩召台北、彰化、云林、苗栗四县绅富，决议开设筹防局，用以筹款以备战守，并试图恢复台北。同时以花翎副将杨载云为新楚军统领，统领新楚军二营，“栋军”傅德升营、郑以金营，均归节制，进攻新竹。杨载云会同“栋军”傅德升、郑以金，以及陈瑞昌所招募的台勇营，与吴汤兴、徐骧等部。驻守头份，每日邀战，以收复新竹为目标。傅德升之“栋军”攻南门，杨统领新楚军攻北门，郑以金攻西门，徐骧等苗栗勇三面环攻。六月十八日，日本北白川宫亲王率本队攻新竹笔尖山，当时新楚军数营在笔尖山附近固守。日军由香山及头份山后四面环攻，新楚军统领蓝翎副将杨载云奋力抗敌。日军大规模炮轰义军，杨载云不避炮火，力战而死。[②]《让台记》评价杨载云曰：“论者悲杨之遇，未尝不服其勇也。今遗冢在头份山上，士人虔奉，香火不绝焉。”并录有《头份吊古诗》赞杨载云曰：“头份岭下车纷纷，头份岭

① 瞿海源：《重修台湾省通志》卷 9《人物志》，台中：“国史馆”台湾文献馆，1992，第 341 页。

② 吴德功：《割台三记 · 让台记》（台北：台湾银行经济研究室，1959），黄秀政著《台湾割让与乙未抗日运动》，台湾商务印书馆，1992，第 218 页。

上日欲曛。荒冢累累蓬蒿满，停舆凭吊新楚军。回想乙未六月间，台岛治兵如丝棼。依时廉蔺不交欢，南北将帅门户分。公本血性奇男子，丹心捧日才不群。初寄专阃拜登坛，讵料金牌召孔殷。公愤奋臂冲前敌，身冒炮火甘自焚。呜呼楚军统将谁，蓝翎游击杨载云。”① 署名为“隐姓埋名之思痛子”的《台海思痛录》，也给予杨载云以高度评价：“观杨载云斩馘千余，隐若一敌国，谁谓今人不古若哉？使诸将皆如载云，虏食得下咽乎？”苗栗南势坑警世堂的《齐省宝鉴》刊有《台中府城隍杨再云诗》一首：“台岛风光究若何，中心耿耿独操戈。府边血泪痕犹在，城里烽烟迹若么（磨）。隍土崩颓千载恨，杨花飞舞六年过。再看碧落回旋转，云上欣赓击壤歌。”将这首藏头诗每句的第一个字连起读，即是“台中府城隍杨再云”。②

杨统领庙内的墓地并非杨载云的最初埋葬处，据头份镇镇公所资料所载，杨载云阵亡后，部属以战旗包裹其尸体，运回头份葬于坪顶埔打醮坪，当时人称“杨统领之墓”。1931 年，民众将杨载云遗骨迁葬至头份镇棘子园墓地内，并建庙祭祀。后因特大台风的影响，墓地被毁坏，杨载云墓内的统领帽和骨坛，被移往头份镇公所车棚内暂厝，不久又移往附近的大众庙。高速公路的修建，大众庙遭拆除。地方人士于 1979 年向当地政府申请补助 20 万元重建，1985 年被列为二级古迹。2009 年，苗栗县政府在杨统领庙附近建立徐骧纪念公园。2015 年，为纪念“乙未抗日”120 周年，苗栗县政府举办“追寻历史巡礼，重现苗栗乙未地景”活动，将吴汤兴起义誓师地的铜锣天后宫、徐骧纪念公园、杨统领庙、头份义民庙、苗栗客家文化园区等地列为参观旅游景点。

（六）屏东枋寮白军营庙

屏东枋寮白军营庙，位于台湾最南端屏东县的枋寮隆山村，也有“白军营淮军义冢”之称，传说因为淮军军服为白色而称为“白军营”。此遗址破坏严重，此地曾发掘出 400 多具骨骸，有顺序的葬成 4 列，类似于军队操练排列，中间还有一个可能是祭拜的平台。现只有一块墓碑石，其上

① 吴德功：《割台三记·让台记》（台北：台湾银行经济研究室，1959），黄秀政著《台湾割让与乙未抗日运动》，第 219 页。

② 杨宝莲：《概说客家劝世文》，台北：万卷楼出版社，2014，第 46 页。

碑额刻有“湘阴”，墓主名“姚廷辅大人”。发掘出的400多具骨骸，被土地所有人清理后分放在7个大水缸里埋到小庙的后面，题有“淮军义冢”四字。当地民众以台湾阴庙信仰形式供奉，没有被列为古迹。

二　“湖南勇”墓葬遗址民间信仰的变更

台湾“湖南勇”的墓葬与骸骨，现在都以“军民暨烈之香位”“忠烈士英魂香位”“万姓烈士”“清朝戍守苏津边历代军士兵勇之灵祠”“甲仙镇海军将士神位”等形式供奉于庙祠，成为台湾以牌位为象征的重要民间信仰，使“湖南勇”的历史记忆得以延续与传承。“湖南勇”民间信仰的形成，经历了清代的祭祀忠灵、日本侵台时期的拆庙建社、民国政府时期的忠烈神明三个历史阶段，祭礼方式随着时代的变化也发生着改变。通过对历史记忆延续方式的不同变化进行研究，有益于恢复民间记忆，重新建立意识形态或国家认同。

（一）厉坛与昭忠祠

康熙二十二年（1683），清王朝收复台湾后，出于任职、戍守、垦殖和“平番”等因素，不少大陆官员、兵勇、移民等进入台湾，由于气候不适，加之劳累、病痛、“番乱”等原因，“台湾多流寓客死者，或希反首邱，或艰营窀穸，率皮柩于南北坛”①。“希反首邱”即希望返葬故乡，源于《九章·哀郢》“鸟飞返故乡兮，狐死必首丘”之句，说的是飞鸟最终要返回故林，而狐狸死亡时，它的脑袋也要朝向那出生地的小山。就是以鸟兽临死的情景来表达离国离家之人对祖国和家乡的怀念。“艰营窀穸”中“窀穸”亦作“窀夕”，具有“埋葬”“墓穴”之意，“窀，长埋谓之窀，长夜谓之穸”。“《左传·襄公十三年》：惟是春秋窀穸之事，所以从先君于祢庙者。杜预注：‘窀，厚也；穸，夜也，厚夜犹长夜。春秋谓祭祀，长夜谓葬埋也’”②。“艰营窀穸”就是指无力处理丧葬。清地方政府为维护台湾社会的稳定，安抚大陆入台人员，特设置了“殡舍”以供暂停棺

① 谢金銮等：《续修台湾县志》卷7《艺文二》“建设义冢殡舍碑记”，台北：远流出版事业股份有限公司，2005，第639页。

② 许慎：《说文解字》第七下，万卷出版公司，2009，第601页。

柩。《续修台湾县志》载："又于竹围内另建寄榇之舍，募僧守之。并籍记其姓名、乡贯及寄榇之年月，以备稽查。其有欲归故土者，或听其自运。抑或实因无力搭运，则为之定以铺房，配船运之。至停寄之柩，实有姓名可稽、亲属现在者，计其月日已在一年外者，程以三月之限，有力者去其营葬，无力者就官园瘗之。"① 同时，也安排专门船只负责运灵柩返回大陆。但因海峡的阻隔，人力、气候与船期的影响，再加之经济贫困等因素的约束，不可能所有的亡故者都能按期归葬。"无眷属管顾，而内地之亲族虑及波涛之险阻、工费之浩繁，运葬甚罕"，只能"旧棺櫘率寄顿城厢南北坛中，重洋远隔，音耗不闻。内地眷属，搬运为难"②。因此，原为祭厉所设的"厉坛"即成了"寄榇"的重要场所。"台郡有南北二坛，俱为寄榇之所。南坛在郡治之南郊，北坛在北门外，台郡习俗惑于风水，每多停棺不葬；又流寓而死者，或不能运柩还乡，或无人为营窀穸，皆寄柩于二坛。"③

所谓"厉坛"，即祭祀四方无主孤魂的地方。《重修台湾县志》载曰："乡厉坛二：一曰大众坛，在大南门外。康熙五十五年，里民众建，前堂供厉鬼，后堂奉佛。其右立万缘堂，寄贮遗骸，男东女西。仍设同归所，以瘗枯骨。一曰万善坛，在安平镇一鲲身，建年未详。乾隆十五年，水师协镇沈廷耀增建坛前建庵奉佛，庵西南隅盖瓦屋五间，周缭以垣。"④ 之所以称为"厉"，是因亡于外乡的孤魂野鬼，以无所归而被界定为"厉鬼"。《左传·昭公七年》子产曰："鬼有所归，乃不为厉。"只有让无所之鬼有一归宿，才能消除其"厉"，因而"自是建坛祀之，不复为厉，今乡人致祭"⑤。所谓"坛"，是指高出地面的露天平台，官方制式是"坛制方广一

① 谢金銮等：《续修台湾县志》卷7《艺文二》"建设义冢殡舍碑记"，第639页。

② 余文仪：《续修台湾府志》卷2《义冢》，台北：远流出版事业股份有限公司，2005，第221～222页。

③ 蒋元枢编《重修台郡各建筑图说》，《建设南坛并义冢殡舍图说》，台北：台湾大通书局，1987，第69页。

④ 王必昌：《重修台湾县志》卷6《祠宇志·厉坛》，台北："行政院文化建设委员会"、远流出版事业股份有限公司，2005，第253页。

⑤ 余文仪等：《重修凤山县志》卷5《坛庙·厉坛》，台北："" 行政院文化建设委员会"、远流出版事业股份有限公司，1968，第216页。

丈五尺、高二尺。前出陛三级。缭以周垣，开门南向”①。但因“坛”露天不遮风雨，不利于“寄椓”，因而出现了与房舍相结合的坛，即被台湾民间称之为“万善”的“大众坛”。《台湾县志》云：“大众坛，即乡厉坛也，康熙五十五年，里人仝建。前祀大众，即厉鬼也，后祀观音。东西小屋，所以寄骸，男骸在东，女骸在西。坛后设同归所，收埋枯骨。”② 这种类似庙宇，既能祭祀也能“寄椓”的场所，获得了官方的认可与支持，乾隆时期的水师协镇沈廷耀，曾出资在“大众坛”前盖瓦屋五间，建庵奉佛。官员的支持并出资扩建，官方祭祀体系自然也纳入其中。

“祭厉”是中国古代历朝沿袭的一种祭祀方式，《礼记・祭法》记载有“泰厉”“公厉”“族厉”三种祭法。“泰厉”用于古帝王无后者之祭，“公厉”用于诸侯无后者之祭，“族厉”则是大夫无后者之祭。不同等级的祭祀有不同的规定：“王为群姓立七祀、诸侯为国立五祀、大夫立三祀。”③ 以平息“厉鬼”为祟的祭祀，是我国历代祭典的一项重要仪式。

“祭厉”仪式的起源，可追溯至周代的“掩胔之义”。所谓“胔”，《礼记・月令》载“孟春之月”“掩骼埋胔”；郑玄注曰：“骨枯曰骼，肉腐曰胔。”④ 故而《大清会典》中将“收埋枯骨”称为“掩骼”。传说周文王在梦中见亡者尸骨无人掩埋而悲戚，醒后因感悟而寻找枯骨妥为掩埋。这一“掩骼”行为，被后世视为仁君施善政的典范，即所谓的“昔文王葬枯骨，人赖其德”⑤。“收埋枯骨”的事件亦见之于正史，《后汉书》载，陈宠任洛阳太守时，“讼者日减，郡中清肃。先是洛县城南，每阴雨，常有哭声闻于府中，积数十年。宠闻而疑其故，使吏案行。还言：‘是衰乱时，此下多死亡者，而骸骨不得葬，傥在于是?’宠怆然衿叹，即敕县尽收敛葬之。自是哭声遂绝。”⑥ 清王朝收复台湾之际，曾有不少军勇命丧于远离故土的沙场。因战场、交通、籍贯不明及海峡气候的影响，大多数阵

① 余文仪等：《重修凤山县志》卷5《坛庙・厉坛》，第216页。

② 王礼主修《台湾县志》卷9《杂记志・寺庙》，台北：“行政院文化建设委员会”、远流出版事业股份有限公司，2005，第272页。

③ 范咸主修《重修台湾府志》卷7，台北：“行政院文化建设委员会”、远流出版公司，2005年，第374页。

④ 《礼记》卷16《月令第六》，《十三经注疏》，台北：艺文出版公司，1985，第279~289页。

⑤ 李建民：《中国古代“掩骴”礼俗考》，(新竹)《清华学报》1995第3期，第324~327页。

⑥ 范晔：《后汉书》卷46《郭陈列传》。

亡将士的遗骸只能就地掩埋。战事结束后军队的转营换防，导致这些墓葬几乎无人祭扫。历经时代的变迁，墓碑丢失、墓葬被毁，遗骸暴露于野。乡人也许知其是兵勇，但来历无从查证，成为无名枯骨。然而，命丧沙场的军勇遗骸，如与民间枯骨等同视之，无疑会打击戍边将士的士气。祭祀无名将士的枯骨，自然成为当地政府的“祭厉”内容。咸丰、同治年间，为防范与抵御外国列强对我国边疆的侵占，大量军勇进入了台湾，因而“祭厉”不仅仅是对以前亡者的祭奠，也是激励当下生者士气的重要方式。

清代的“祭厉”沿袭于明朝，“明洪武三年，定制京都祭泰厉，设坛元武湖中；王国祭国厉、府州祭郡厉、县祭邑厉，皆设坛城北。里社则祭乡厉。后定郡邑乡厉祭，皆以清明日、七月十五日、十月朔日。国朝因之”①。即每年清明节、七月十五、十月初一（朔日）三次进行祭祀。《彰化县志》载：“厉坛在县治北门外车路口，祭无祀鬼，即古所谓泰厉、公厉、族厉也。每岁春清明，秋七月十五日，冬十月朔日：凡三祭。惟七月望日为盂兰会，延僧普度，最为盛设。”② 可知清代的“祭厉”较之明朝有了发展，七月的盂兰会“延僧普度，最为盛设”，后世中元节、盂兰盆会成为民间普遍存在的社会习俗。

道光以后，“大众坛”被直接称为“大众庙”“万善祠”了，“澎湖易坛以庙，虽非古制，而祭孤之礼，意则一也。其间祠祀，具系历任守土文武职官因感时事，捐俸兴建，盖以为非庙则主无所依，而守庙之人亦无所居焉，亦何嫌于与古制之不相若也哉”③。因其源于祭坛，也称为“坛祠”，主要功能是供亡故者停灵或安置骨罐，因战祸与天灾导致暴露野外的骸骨，也属于其收埋的范围，故有“万善祠”之称。而“大众庙”“大众爷庙”之名，更指这些祠里收埋的众多骸骨并不知名姓，只能以“大众”泛指。“大众爷”“万善爷”“金斗公”“老大公”“普渡公”“大墓公”“有应公”“万应公”等，在台湾都成为这些无名骸骨的代称。

嘉庆年间起，台湾各县陆续建立了昭忠祠，祠内牌位以官兵勇丁为主。时任钦命按察使衔、台澎兵备道兼提督学政的徐宗干，于道光三十年

① 王必昌：《重修台湾县志》卷6《祠宇志·厉坛》，第252页。

② 周玺：《彰化县志》卷5《祀典志》，台北：台湾银行经济研究室，1962，第55页。

③ 胡建伟：《澎湖纪略》卷2《庙祀·无祀祠》，台北：“行政院文化建设委员会”、远流出版事业股份有限公司，2005，第81页。

(1850) 撰写的《昭忠祠记》载：“台湾府昭忠祠敕建于嘉庆七年，祀诸阵亡官兵，即附功臣祠之侧。十一年，前道庆置座设位。至道光元年，前道叶、胡始将康熙以来朱逆等各案内死事官员弁兵一并入祀。”① 从祠内供奉的牌位来看，既有因战牺牲刻有丁勇姓名的“台湾镇协各标拒贼被害兵丁”牌位，也有因公务亡故的“道光十二年逆犯张丙案内过渡淹殁兵丁一百名”牌位。

中法战争爆发前后，戍守台湾的清军因战争、平番、修路、疾病而死亡者剧增，对于卫国护台而捐躯的将士，显然不能简单地寄柩于“大众庙”，用“以三月之限，有力者去其营葬，无力者就官园瘗之”的方式去处置，事关士气的增长。时任闽浙总督何璟及福建巡抚丁日昌联名上奏，建昭忠祠入祀阵亡、伤亡、病故的将士勇丁。光绪三年（1877），凤山县昭忠祠完工，共建“享堂三间、两庑各三间”。两江总督臣沈葆桢“相应请旨，准其列入祠典，由地方官春秋致祭，以慰忠魂”；然后又将同治十三年（1874）“剿番阵亡员弁勇棺一千一百四十九具”旁葬；“又于枋寮购地，作为义冢，迁葬前敌、内山等处勇棺七百六十九具”。② 光绪十一年（1885），在沪尾淡水战役结束后，台湾巡抚刘铭传上呈《请恤战死将士建昭忠祠折》，请旨在台北府修建淮楚昭忠祠：“窃基、沪之役，战守经年，死伤实众，经臣等叠次随折声请赐恤在案。现由各营陆续查报死事员弁以前六百余人……生既莫邀懋赏之荣，死宜共沐褒崇之典，理合分别阵亡及积劳病故员弁衔名，开具清单，除勇丁另册咨部外，合无仰垦天恩，一并交部从优议恤，并请准于台北府城建立淮楚昭忠祠一所，将基、沪经年战守以死勤事各员弁，列祀祠中，官为致祭，以彰忠荩而肃观瞻。”③ 此后，亡故将士牌位基本上都送入昭忠祠祭祀。

（二）“寺庙整理”与“正厅改善”

光绪二十一年（1895），因甲午战争失败，台湾被迫割让给了日本，

① 郑兼才：《请定台郡祀典牒文》，《六亭文选》（《台湾文献丛刊》第143种），台北：台湾银行经济研究室，1971，第13～14页。

② 沈葆桢：《铭军剿番阵亡员弁勇丁请列入祀典折》（光绪三年六月二十八日）卢嘉德著《凤山县采访册》，台中：台湾省文献委员会编印，1993，第337页。

③ 刘铭传：《请恤战死将士建昭忠祠折》（光绪十一年七月二十八日），《刘壮肃公奏议》，台北：台湾银行经济研究室，1969，第297页。

埋骨台湾的以“湖南勇”为主的清军将士，失去了回归故里的机会，只能遗留于他乡而成为孤坟。日本割占台湾之初，就大力推广神道信仰，兴建神宫及神社，引进日本宗教来排挤台湾原有信仰。台北的龙山寺、艋舺清水岩祖师庙、大龙峒保安宫被强占作为学校。台南的大天后宫被改成日本宗教的布教所。彰化鹿港的龙山寺被强制废除，改成了日本宗教祭祀场地，由日本人直接管理。但由于台湾的特殊社会背景，加上“祭厉”仪式在民间依然延续，“万善祠”“大众庙”“大众爷庙”等庙宇的香火仍十分兴盛。鉴于台湾民间宗教信仰在社会中所起的教化作用非常重要，日本殖民当局对此高度重视。为了从文化上有效地利用和同化台湾民间宗教信仰，台湾“总督府”于1899年颁布了《依照旧惯之社寺庙宇等建立废合手续》，控制庙宇的建立与发展。同时开展了台湾宗教信仰和民间习俗的调查，要求寺庙、斋堂、神明会等宗教组织，必须到当地政府进行名称、地址、创建日期、财产等登记，这种调查工作，实际上是为便利殖民政府进一步加强对庙宇的管理与控制而作的前期准备。日本人井出季和太曾对调查背景有详尽论述：“本岛人对于本岛固有之宗教，信念浓厚实其意料之外，与社会福利关系甚大。同时往往被奸黠之徒，利用迷信，以乘不测之弊多，因此当局认为有调查其实情，讲究适当措置之必要，大正四年九月开始宗教调查，同七年六月（实为六年五月）设置社寺课，继续该事业，今（昭和十一年）既调查告终，而其教义、组织、系统及本岛人信仰状态，既判明其实情，同八年三月台湾宗教调查报告第一卷既付印，第二卷拟记述神道、儒教及基督教之计划。”① 此论中“讲究适当措置之必要”一语，使日本殖民当局宗教调查的实质和目的昭然若揭。调查结果载入《台湾总督府公文类纂宗教史料汇编》（明治二十八年十月至明治三十五年四月）。其报告对台湾民间宗教信仰基本上予以否定，认为台湾佛、道教堕落不堪，僧侣、道士素质不良。将无主枯骨称为“无缘枯骨”，认为是无主孤魂崇拜，并视其为迷信淫祀。

为了有效控制、管理和改造台湾民间宗教信仰，1917年日本殖民政府设置了专办宗教事务人员，再次进行宗教调查。1918年，台湾“总督府”

① 李添春：《台湾省通志稿》卷2《人民志·宗教篇》（十二），台北：成文出版社，1983，第115～116页。

在政府机构内务局中设置了社寺课，并以民间的名义成立全岛性的佛教统一组织“南瀛佛教会”，此会历任会长都是由殖民当局的社寺课课长、内务局局长和文教局局长等担任，官办性质一目了然。不同类型机构的成立，标志着台湾民间宗教组织的管理，被强制性纳入了日本殖民当局所规范的轨道。在殖民政府机构与所谓的“民间组织”的预谋下，日本僧侣有计划地被安排进入台湾庙宇，担任寺庙住持或斋堂堂主。以殖民政府与所谓“民间组织”的双重管理方式，对台湾民间宗教信仰进行全方位监督。

1919 年，曾任台湾“总督府”编修官、内务局社寺课课长的丸井圭治郎，编纂了《台湾宗教调查报告书》，对台湾民间宗教信仰极力诋毁：“所谓‘有应公’即是无人祭祀的枯骨，原来是被本岛人遗弃在路边的枯骨，但却将其拾之崇拜，相信只要对其供养就会得到福利……有应公祠的‘有求必应’文字是何意思？就是对于信仰者无限的欲求可以没有任何牺牲而达成，由此可见此意义是如何非伦理性。”[①] 伊能嘉矩则认为台湾民间宗教信仰是迷信：“台湾自古以来所盛行一种私祀庙祠称为有应公，原系导因于掩骼埋胔之鼓励，而后变形，与向孤魂祈求冥福之迷信结合。”[②] 1925 年，日本殖民政府颁布了《任日本人僧侣为本旧惯寺庙、斋堂之住持或堂主一案》，使日本僧侣担任台湾寺庙住持与斋堂堂主的行为法律化。1936 年，新任台湾“总督”小林跻造对台湾提出“皇民化、工业化、南进基地化”三原则，推行强制同化的系列政策，实行“寺庙整理”“正厅改善”的所谓改革，以图彻底摧毁台湾民间的宗教信仰习俗，

“寺庙整理”就是取消“祭厉”制度。殖民政府先是刻意制造引导性的社会舆论，“有应者，有求必应之义也。称公者何，台人媚鬼，有所求之，故尊之也。此所谓有应公者……建以斗屋，安置其神主，以免暴露。而无赖之徒，遂借此以为赢赌、得彩之庇”[③]，“稻江有应公尚不少，痴儿女之迷信者，疾病祈祷，趋之若鹜，一似果有绝大魔力者。此风不矫，其弊害当不止于破钞已也”[④]，极力抨击、诽谤台湾原有的祠庙祭祀。再以推行火葬的名义，颁冇《墓地火葬场及埋葬取缔规则》，将各祠庙内存放的

① 〔日〕丸井圭治郎：《台湾宗教思想论（三）》，《台湾日日新报》1920 年 4 月 9 日，第 3 版。

② 〔日〕伊能嘉矩：《台湾文化志》，台北：南天书局，1928，第 361 页。

③ 《岛俗琐谈》，《台湾日日新报》（汉文版）1907 年 6 月 23 日，第 5 版。

④ 《蝉琴蛙鼓》，《台湾日日新报》（汉文版）1911 年 8 月 5 日，第 5 版。

阵亡军勇骸骨悉数火化。为了强迫台湾人民信奉日本的神道，殖民政府大量拆除昭忠祠，捣毁泥塑神像。制作精美具有历史价值的木雕神像，被掠夺送至日本研究单位典藏，一般供奉的无价值神像与牌位则集中焚毁。为了掩盖这一罪恶行为，以“神佛升天运动”欺骗大众。在各级地方殖民机构有组织的统一行动下，台湾大量的寺庙神位被焚毁，有区域性影响的寺庙更是首当其冲。桃园大溪大科崁昭忠祠，系台湾巡抚邵友濂上奏《剿平大嵙崁内山番社请将在事员弁分别奖恤》折后，获朝廷准许而建的；邵友濂还专门题写了“俎豆同荣”门匾。[①] 太仆寺卿台湾抚垦大臣林维源，在建祠及维持发展方面给予了大力支持。祠内供奉的牌位绝大多数为大陆军勇，每年二月、八月固定祭祀，香火不绝。在“寺庙整理”的“神佛升天运动”里，祭祀活动被强行中止，神像、牌位被焚毁，祠祀佃人被解散，营勇、故旧、同僚等被迫流离他所，原供奉的殉国将士姓名，因知情者离散而无人知晓，参拜者绝迹，庙宇荒废。不仅仅是清廷御批的有影响力的祠庙遭摧毁，偏远农村民间自建的“大众庙”也没能逃脱这一浩劫。如台南鹿草庄的后堀、麻豆店两个村落，在“神佛升天运动”中，受日本僧侣的胁迫，举行了“牌位烧毁仪式”，共计有1224座牌位被焚毁。[②] 祠庙尚且如此，野外的军勇墓葬更难逃厄运。因失去后人的祭祀，长久失修，坟茔或被野草掩埋或被风雨摧毁，原享受祭祀的忠灵变成了孤魂野鬼。

台湾寺庙大多与大陆寺庙有着悠久的联系，这构成台湾与大陆宗教信仰的神缘。实施“寺庙整理”，无疑从根本上断绝台湾民间社会的中国文化根源。毁掉祠庙的神像与牌位后，殖民政府还规定，奉祀佛道神明的寺庙可以免于拆除，迫使许多寺庙为了避免被拆毁，只能供奉日本殖民政府承认的佛道神像。殖民政府还直接利用未拆寺庙的原址建立神社，神社内不仅供奉“天照大神”“造化三神”等日本本土神祇，甚至把甲午战争之后割让台湾、统兵登陆后死于台湾的北白川宫能久亲王以及一些日本将军，也作为神祇供奉在内。位于屏东枋寮隆山村的“白军营淮军义冢”，是同治末年为打通枋寮至恒春之间陆路交通，福建陆路提督唐定奎所部的

① 《光绪朝东华续录选辑》（下）“光绪十八年”，台北：台湾银行经济研究室，1969，第167~172页。

② 陈玲蓉：《日治时期神道统治下的台湾宗教政策》，台北：自立晚报文化出版部，1992，第230~241页。

七营淮军奉令筑路，因疾病、劳累，官兵伤亡有769员之多。沈葆桢专折请建祠祭祀，[①] 光绪二年（1876）八月，将白军营亡故将士合冢并建祠宇，每年春秋由地方官致祭。日本割据台湾后，改建为“东龙宫”，供奉日本田中纲常将军及其部属。台南的延平郡王祠本是奉祀郑成功的，日本殖民当局改为“开山神社”，奉祀神像中加上郑成功的日本籍生母，明显地将神祇日本化。据不完全统计，台湾在日本殖民期间，官方认定的神社有68座，民间的神社总数有200余座，遍布全岛。在“寺庙整理”的清除下，清代“大众庙”分布地域大大缩小，官方地位彻底消失，残留的也完全转变为民间传统的孤魂信仰阴庙。即使这些寺庙得以幸存下来，还必须将寺庙屋脊的两个角拆除，变得与日式庙宇建筑一致无二。“作为一种区域性的文化载体，寺庙一直在台湾人民的日常生活中扮演着重要的角色，它常能无形地加强社区的文化凝聚力和向心力，形成一种准权力中心”[②]。“寺庙整理”的结果是，这种准权力中心被成功地转移到日本殖民政府及其御用民间组织手中。

“正厅改善”全名为“台湾人家庭正厅改善”。所谓改善，就是实现台湾“总督”提出的“国有神社，家有神棚”要求，强制台湾各家各户必须在供奉祖先的正厅上安置日式“神棚”，祭祀日本的“神宫大麻”与“天照大神”牌位、神符，而台湾原有祭祀的神佛和祖先灵位则只能放置在旁边。由殖民政府操纵的台湾神职会，也适时制定了《本岛民屋正厅改善实施要项》，明确宣布“正厅改善乃为确立本岛人家庭皇民信仰生活之中心，奖励祖灵祭祀国式化，以期贯彻本岛之皇民教化”；所谓的“皇民教化”，就是“在我国（指日本）祭祀祖灵是一种国民道德。故，生前国民对现御神天皇陛下须绝对归顺服从，而国民之祖灵亦须对至上神天照大神奉仕归一，并加以祭祀，如此始得谓彻底做到皇民之祖灵祭祀”；为引导台湾人民融入日本宗教信仰体系中去，“神宫大麻”由殖民政府统一制作分发。1936年，“总督”小林跻造在“神宫大麻发行式”上发表《训词》，提出“敬神等于尊皇”，强调“无论所信宗教为何，每家应设有神棚，安置神宫大麻，以为祭祀皇祖之圣坛”。在殖民当局的强力推行下，“神宫大麻”分

① 卢嘉德：《凤山县采访册》，台中：台湾省文献委员会编印，1993，第337页。

② 陈进国：《论日本侵占时期台湾佛教的日本化》，《日本研究》1997年第4期。

发的数量逐年增加，1936 年为 34 万座，1937 年猛增为 50 万座，仅仅两年时间，其分发的数量之多，竟占当时台湾总户数的 60%。对“神宫大麻”的祭祀也有规定，“国民各家之崇祖方式，须以全国民之宗家，即皇家之祭祀为本，如此才能进至君民一家之境，此乃使岛民习得皇民崇祖本义捷径”,[①] 即要依照日本皇室之春秋灵祭的形式进行。通过“寺庙整理”和“正厅改善”，日本殖民当局有力地削弱了台湾传统民间宗教信仰的社会基础，促使台湾民间宗教一步步地走向衰弱。

（三）忠灵与忠烈祠

第二次世界大战以日本的失败而告结束。1945 年 10 月 25 日，中、日两国在台湾举行了受降典礼，台湾回归中国。民国政府接收台湾后，全面清理殖民时期的日式建筑与宗教图腾，铲除日本神社及神符神像，将神社内的雕塑、纪念碑、公共建筑内的装饰品等具有日本意识的象征物去除，以民国政府的象征物替代，彻底消除殖民地时代留下的印记。

为庆祝台湾回归祖国，缅怀抗战英灵，11 月 16 日，国民政府行政院公布了调查抗战时期殉难忠烈姓名与事迹的第 24542 训令，明令各省市县政府筹设忠烈祠。台湾各地立即行动，原本的“大众庙”、昭忠祠等，在拆除神社之后也得以恢复。新竹县原来入祀淡水清代军勇的忠烈祠，在1935 年日本殖民政府“皇民化”运动时被改造为“桃园神社”，园内立有一座基座为三阶正方形、高约 3 米多的尖塔形石碑，正面阴刻“桃园神社”，背面阴刻“昭和十三年六月十日”等字。神社总面积达 1.8 万平方米，规模宏大。奉祀着天照皇大神、丰受大神、大国魂命、大己贵命、少彦名命等日本的开国祖神，以及明治天皇、北白川宫能久亲王等神位，受日本政府宫内厅的登记与管辖。每年按日本的习俗，在“新年祭”“纪元节”“天长节”“明治节”时，由郡守及当地行政长官等，带领殖民政府官员、士绅民众与学生等进行祭祀。[②] 台湾回归后，新竹县政府于 1946 年将“桃园神社”碑前后两面打磨干净，正面重新刻上“新竹县忠烈祠”，

① 以上引文均见蔡锦堂《日据末期台湾人宗教信仰之变迁》，（台北）《思与言》第 29 卷第 4 期，1991。

② 徐鸿志：《桃园县忠烈祠修缮工程完成纪念碑文》，桃园市政府，1987。

背面重新刻上“中华民国三十五年六月十七日建立”等字样。将有功于台湾的郑成功、刘永福、丘逢甲等历史人物，以及反抗日本殖民统治的70余位志士、仁人供奉其内。[①] 1946年秋，高雄也完成了对日本殖民时期所建的高雄神社的改造，迎奉敬祀国民烈士。1947年，被当地民众称为“国姓庙”“开台圣王庙”的台中大甲区铁砧山的郑成功庙，在当地人士积极捐款出资下重新建立。

民国政府在祭祀忠灵时，注意到对清代大陆军勇墓葬的保护，在《忠烈祠祀办法》中，规定入祀忠烈祠条件：“一、身先士卒冲锋陷阵者。二、杀敌致果建立殊勋者。三、守土尽力忠勇特著者。四、临难不屈或临阵负伤不治者。五、其他忠烈行为足资矜式者。”[②] 实际上古代忠烈都可以入祀。其祭祀也延续着清代方志所载的“官民合建”方式，共同管理祠宇和昭忠祠。位于花莲吉安乡东昌村的清代“花莲港昭忠祠”，在日本殖民时期被改为“东昌万善庙”，其军勇墓全部被迁葬至佐仓公墓。台湾回归后，当地村民又将佐仓公墓的军勇骨骸运回，恢复了“花莲港昭忠祠”，将清军骨骸葬于祠后，墓冢前立上“万姓烈士”碑。花莲大富源社区，清代为拔仔庄，曾有吴光亮、张兆连率大陆军勇在此保护移民屯垦。不少将士因疾病或“番乱”亡故，就葬于附近。附近村落感恩于大陆军勇在开拓拔仔庄时的贡献，对此祭祀香火不绝。但在日本殖民时期的打压之下，这些墓葬逐渐被遗忘。台湾回归后，因土地拓垦与兴建校舍，发现大批无主枯骨，善心人士拾骨合葬，同时建庙供奉。随后规模逐渐扩大，祠庙题名为“昭忠祠”。当地人认为，这是清代后山最早的昭忠祠。

三　海峡两岸的民族认同

“湖南勇”遗址形成的民间信仰，是自清代延续至今的活历史。法国社会学者莫里斯·哈布瓦赫（Maurice Halbwachs）的经典名著《集体记忆》认为，“历史”不是全部或所有的过去，在书写的历史之外，还有一个不断延续与更新（renew）的“活的历史”（living history），这种“活的

① 桃园县政府文化局：《桃园县忠烈祠文化馆文化景观调查及资源应用计划成果报告书》，桃园县政府文化局，2007。

② 《忠烈祠祀办法》，1969年7月25日发布，1999年修订。

历史”与回忆紧密联结。[①] 这不仅相关过去，还联系到现在，也会传承至未来。民族认同与历史记忆延续具有重要的意义，作为族群意识与社会共识的象征媒介，历史记忆是民族认同的重要指标，也是国家向心力凝聚的重要基础。历史记忆对过去的重叙、选择和重组，会使遥远相隔的人群产生共鸣，进而激发出认同心与亲近感，民族观念及外在的文化表征也因此在认同中得以世代相传。台湾现存“湖南勇”墓葬的历史记忆，不仅是维系两岸历史的重要纽带，而且是中华民族认同形成源流中的重要一环。

（一）中华民族的认同

康熙年间收复台湾后，清军、商人、移民等大量进入台湾，大陆文化也相应传入。台湾各地移民以大陆原来的乡名为当地地名，屋宅门额、祖先牌位使用的堂号，墓碑碑额的籍贯，宗族续族谱、返乡谒祖、死后归葬，各类庙宇信徒带着神像回祖庙谒祖等，都是清代两岸民众经常性的活动，这也是中华民族文化延续的体现，更是中华民族认同的表现。

祖籍认同是联系两岸同胞的紧密纽带。“宗族意识和落叶归根、兔死首丘的思想，使得台湾成为故乡的伸展、台湾人成为故乡宗族的延长，住的地方叫同安厝、潮州寮，建宗祠和蒸尝组织，用的是自家的堂号，更自大陆分祖灵而来成为礼拜的对象。活着的时候，回乡探亲、谒祖、抄谱、展坟、定居。死后，富足的就运柩回籍安葬于祖茔；一般人则捡拾骸骨以‘瓦棺’归葬。无法归葬的，也刊刻祖籍地望或堂号于墓碑或神主牌上，以示追维祖德，不忘故土”[②]。台湾在明清两代的碑额上，都标注“祖籍地”，横额的地名虽可以诠释为祖籍意识，透过墓额表示的是“追维祖德，不忘故土”的愿望，但实际上也是民族认同的体现。一般而言，墓碑所刻文字基本上不是墓主的预先安排，尤其是战死沙场的军勇，他们的墓碑内容更不可能由自己事先拟定，立碑人或者刻碑人只能依群体的共同认知来刻写，其内容并非全为亡故者的个人意念，还更多地反映出所在群体的念想。“湖南勇”碑额以“楚南”出现得最多，这是一个地理概念而非政治

① Halbwachs, Maurich, *The Collective Memory*, Francis Ditter and Vida Y. Ditter, trans, New York: Harper and Row, 1980.

② 尹章义：《台湾意识试析：历史的观点》，（台北）《中国论坛》第289期，1987，第103页。

概念，说明在军勇们意识中的认同，是亘古不变的自然地域，并非因朝代变换不定的行政区划。营勇的来源决定了营哨基本上是由彼此无任何亲属关系的人群组成的，这从所有墓碑中，立碑人仅有一个为胞弟的例子可以证实。但军勇基本上源于地方团练，都来自彼此熟悉的地域，碑额首选“楚南”也就成为必然。“江南”而非“安徽”在淮军墓碑中更多地出现，表达的也是群体对来自那方土地的向往。在墓碑籍贯中，都有府、县出现，有的甚至具体到县以下的小地名，如“宁邑五都大”“己陵县太□”“宁乡□”“冲卅长岭上”等。有的还在小地名前加上“住”字，如“宁邑住速冲”“宁邑住南田”“湘邑住赤石”“宁邑住县桥”“宁己（邑）住胡山”等，这些客死异地的军勇留下如此详细的地址，更反映出他们期待有朝一日能够落叶归根、“希反首邱”。这种由墓葬形式转换而成的台湾民间宗教信仰，能唤起下一代对祖籍地的认同，透过文化与信仰的联结，建立起世代相袭的祖籍意识。

祖籍认同在进入日本殖民时期遭到破坏。1895 年，日本殖民政府公布了《台湾及澎湖列岛住民退去条规》，主要目的是迫使台湾民众彻底放弃原有的民族认同。强行要求在公告的二年之内，台湾、澎湖民众必须在“清国人”或“本岛人”中选择其一，以“本岛”与“清国”对立，实际上是要求台湾人民成为“皇民”，效忠天皇与日本。在户籍登记中，用“居住地”取代“祖籍地”，就是要切断台湾人民对中华民族的认同。拆庙宇、建神社、毁神像、祭祀日本本土神祇，本质上是要消除台湾人民对中华文化的认同。虽然日本殖民政府透过“皇民化”积极强化台湾居民对日本的认同，台湾人民却仍以各种方式掩护中华民族信仰的延续。杨载云被神化就是其中突出表现的一例。

杨载云主要历史功绩是抗击日本对台湾的侵占。1895 年 4 月 17 日，清廷与日本签订了《马关条约》，将台湾割让给日本。5 月 29 日，日军从台北贡寮登岸，准备“接收”台湾，台湾军民自发地组织抗日义军进行奋勇抵抗。因该年是中国农历纪年乙未年，史称为“乙未抗日”，这一波及全岛对日本占领军的抵抗运动，从北而南持续到 11 月，后因清军主力部队弃台西渡才告结束。杨载云即为“乙未抗日”活动中，抵抗从新竹、苗栗南下的日本侵略军而为国捐躯的新楚军统领。但杨统领庙的建设，却是在昭和六年（1931），此时正是日本殖民政府“皇民化”运动的高潮时期。

这座祠庙的主要信仰内涵，是纪念杨统领为了抵抗日军而牺牲的忠义精神，体现的是台湾人民对日本殖民政府无声的反抗，以及对中华民族的认同。

台湾回归祖国后，民国政府大力扫除日本殖民政府对台湾人民身份认同的影响，强化民众对中国文化与身份的认同，强调台湾居民的中华民族根源。针对日本殖民统治时期“皇民化”对祖籍地改为居住地的行为，建立并完善国民身份证上的“籍贯”制度，在个人的层次上强化了祖籍意识。在社会群体的划分上，以中国作为分类的参照，极力改造“皇民化”运动后台湾民众逐渐弱化的民族认同，“祖籍地”的籍贯登记数量逐年上升，明显地高于“居住地”台湾。

（二）血浓于水的同胞认同

台湾民众对待“湖南勇”墓葬的态度，是“同胞认同”的自然流露。苗栗卓兰昭忠庙所在地的旧地名称为“湖南营”，刻在墓碑籍贯上“湖南”或“楚南”的地名，对于当地民众而言绝不陌生。光绪年间，柳泰和的春字营驻守在此，死亡军勇就地安葬，建有“春字营阵亡将士墓冢”。日本割据台湾后，驻台清军大批返回大陆，台湾清军的墓葬无人照管而荒废。后因修路、垦殖，在当地挖掘出了大量骸骨，当地民众并非随意掩埋，而是妥善收集清理，倡议集资于“湖南营”山麓修建军民庙，将陆续搜得的41座军勇墓碑及其骸骨集中迁移到庙内。当初因军民庙的规模较小，挖掘出的骸骨只能以麻袋收藏，堆放在庙内。其后，又将附近的军勇墓全数迁葬至佐仓公墓。民国政府时期，在吉安乡东昌村徐庆昌等村民的协助下，将佐仓公墓几牛车的军勇骨骸运至仁里村，1952年建“万善庙”，军勇骨骸都以红布包裹，存放在多个白色箱子中。每年农历七月二十九日举行秋祭，其中一个重要的仪式就是把存放清兵骨骸的房间打开，检查骨骸的保存情况。民众还利用这一天开放的机会，为祭典参与者介绍昭忠庙历史背景和“老庄里社区营造计画”绘制的清军和番民作战事迹墙面，以加深观众对于信仰对象背景的了解。昭忠庙的秋祭是目前台湾唯一明确祭祀大陆军勇的仪式，利用仪式过程说明信仰形成的背景，已成为卓兰每年的重大活动。

白军营庙原来的墓地有400座军勇墓，因时局的剧变而废弃。后在土地开垦时，翻掘出土了许多骨骸。当地民众将遗骨一节节捡起，整齐地放入6个水缸里，新盖了一座小庙，将水缸埋于庙后。其后又因修建道路，拆除旧庙易地重建新庙，旧庙后原来所埋的军勇遗骨被重新挖起来时，发现附有白蚁。土地主人将骨骸放在帆布上，让太阳曝晒去除白蚁后，将骨骸又重新放入7个水缸里，埋到新庙后面。湘阴“姚廷辅大人”的石碑也供奉在新庙中，当地人以台湾阴庙信仰形式进行祭祀。

“镇海军”遗址因碑额多为“楚南”籍，被称为“楚南坟”。“据当地居民流传，该处坟场系清光绪初年，清兵来台驻守开垦，因水土不服及遭时疫，大部士兵病殁，天遥路远，无法回籍安葬祖籍，故集体归葬于此，距今二百年，原为杂草丛木没盖，近年居民垦植后清理一片净土，因有感于士兵流落在外之亡魂，争相祭拜，蔚为风气……居民感于将士忠贞之情，经常予以祀拜，香火不断，每遇假日游客如织。”①

民国政府时期，在开发苏澳建设过程中，陆续发现了300余座墓碑以及上千具骸骨，当地民众在附近建立了“有应公祠”，重新收埋枯骨。其后因台湾北回铁路建设，“有应公祠”被拆迁。施工单位委托宜兰县政府处理祠宇迁移事宜。县政府又请日月宫予以协助，庙方管理委员会认为，奉祀无名骸骨符合民间信仰的宗旨，因此配合施工单位，将骸骨迁入庙内，后又建立了忠灵塔存放。忠灵塔内以“清朝戍守苏津边防历代军士兵勇之灵祠”和“台湾区域开疆拓土历代万姓先贤之灵祠”两座大型牌位，将大陆军勇和拓垦先民的祭祀融入同一个空间，非常具有纪念意义和价值。

基隆、淡水一带的民众，依然保留有沪尾战争的记忆。抵御法军的“湖南勇”也随着民众记忆而流传。每年在淡水古战场附近的沪尾炮台公园，都会演出根据沪尾战役这一激励人心的重大事件改编而成的舞台剧《西仔反传说》。《西仔反传说》分为5幕：“军民齐心抗外侮”“巨炮威逼”“登陆前的宁静”“浴血丛林”“欢庆和平”，并加入音乐及视觉元素。剧中不仅注意对刘铭传、孙开华等主将形象的塑造，还刻画了孙开华与部将胡峻德之间的深厚友情。演出时动人的场景是胡峻德阵亡后，孙开华为其清洗尸身，并以白布裹尸。“引领观众回到历史，将表演带进观众席，

① 高雄县甲仙乡公所民政课：《楚南墓古迹调查表》，1989年3月31日。

让观众也成为演出的一部分，多层次的视觉结合，让整出戏的呈现更加饱满、更具张力，人人都是主角，创造在地共同的记忆”①。这种重现历史的演出，自然具有纪念与反思的意义。

在“湖南勇”传说流传地区，每年中元节也会在仪式过程中，重复并强化大陆军勇记忆。每年的中元节，台湾非常普遍的传统仪式是，每户人家都会在门口摆设供桌，桌上放置香烛以及各类酒水供品，桌下放置装有干净清水的脸盆和毛巾。祭拜时面向街道，祭拜每年仅有这一天才得以享用民间祭祀的无主孤魂。透过戏剧的演绎与传统民俗的祭奠孤魂仪式，“湖南勇”已经成为当地民众的同胞认同的典型象征。

（三）海峡两岸纪念“湖南勇”的交流

台湾人民对“湖南勇”墓碑的关注，不仅仅在于民间，而且官方也适时介入，开展对台湾清代大陆“军勇墓”的全面调查。1990 年，为了评定“楚南墓”的史迹等级，台湾相关部门决定委请专家、学者就“楚南墓”进行考证、研究，具体以“甲仙镇海军墓勘查研究”为题，特请成功大学历史系教授石万寿先生对墓葬群进行勘查研究。石万寿接受委托后，在甲仙乡“镇海军”墓及邻近地区进行了长期研究。他以所见整个墓群大致为 6 排的分布状况，将墓群分为 6 列，每列分别以英文字母 A 到 F 进行编号，再以阿拉伯数字对每列中的每一座墓进行编号，形成由英文字母与阿拉伯数字构成的坐标，并对每座坟墓做了精准定位。再从古迹名称，位置，古迹类别，涵盖范围，创建年代及历史沿革，古迹之现状构造、材料及特征，附近景观及使用情形，管理维护上必要之限制或禁止事项，古迹等级，评定理由及其他建议 11 个方面，对该墓群逐一全面研究。对于墓葬的历史，石万寿教授认为，镇海左营于光绪九年、镇海中营于光绪十年先后调台东驻防，镇海前营留守此地（东阿里关）。可能因军力单薄，遭生番袭营而亡。光绪十四年重新增设（因死亡过多），调台东驻守。镇海前营系南路开山抚番的重要军旅。由前、后、左、右、中 5 个哨组成。配置于开山抚番第一线，即“番害”最频发之地。与已派驻台东之中、左营，挟

① 新北市政府：《2014 新北市淡水环境艺术节简介》，新北市政府，2014，第 3 页。

制中央山脉两侧之行番，对光绪十三年山后之抚垦贡献至大。[①] 在“甲仙镇海军墓的古迹评定”中，课题组明确指出了该墓碑的保护意义：“此墓葬群碑文所记的墓主，大都是祖籍为楚南的人士，可能是在清光绪初年，为卫戍台湾而调来的绿营湘勇，是台湾与大陆血脉相连的一处明证，亦可显出清代人经营台湾的筚路蓝缕的意义。”“墓碑上之籍贯、姓名、年代可查者仍多，非常珍贵。‘开山抚番’是清季台湾海防建设之重要工作，与台湾之近代化关系密切。此地坎墓塚可见仍近百座，深具历史教育之意义……‘楚南勇’具有‘民族的’情操，具有‘开拓的’内涵。”“本案在近代台湾开发史上有一定地位，尤其对台湾与大陆血浓于水的关系上，深具意义和价值。”[②]

苗栗卓兰镇昭忠庙的建设，也是台湾人民自发维护大陆军勇墓的结果。《头份镇志宗教篇》记载：该庙“是清军来卓兰助民‘抚番’，及早年拓垦的历史遗址。卓兰初辟于乾隆末年，拓垦期间，汉人与原住民争夺生活空间，关系不稳定，时而和平相处，时而兵戎相向，时有流血冲突发生，裂痕一直无法平服；至光绪年间，汉人入垦人数日众，对原住民的压迫更为急切，引起原住民的反击。光绪 10 年（1884）马那邦等社的泰雅族原住民频频‘出草’，大举攻向卓兰准备抢回此地。汉人垦民先后有 30 余人遇害，情势严重。汉人不堪其扰，请求清兵派兵抚剿。当时有卓兰汉人詹其祝，参加台湾巡抚都督军旅，结识台北中路军统领林朝栋，经林统领奏请台湾巡抚刘铭传调兵剿抚，派林朝栋主其事。林氏于光绪十二年（1886）春，调派中路栋字隘勇营精兵湖南军至卓兰，驻扎于今卓兰高中后侧坡地，建城筑寨，挖壕掘沟，积极从事抚剿工作。这批湖南军，在中法战争中曾重创法军，以骁勇善战驰名。历经数月恶战，原住民凭借对山径的娴熟，神出鬼没，湘军防不胜防，伤亡颇为惨重，至光绪 13 年（1887）初，地方始完全平靖，湖南军撤离卓兰，双方皆伤亡惨重，死亡人数有千余人”。“1959 年地方人士感念湖南军为乡梓安宁而壮烈牺牲，由地方仕绅徐涌泉、詹益煌、詹德添、杨光、林昌盛、欧前等人，发起集资建立‘军民庙’于湖南营山麓，骸骨也集葬于此，供乡人凭吊。并将卓兰

① 石万寿：《甲仙镇海军墓勘查研究》，台北：“内政部”民政司史迹维护科，1991。

② 见《台湾省政府对镇海军墓的调查总结》，存高雄县甲仙乡公所民政课。

实验高中等地陆续搜得的41座军勇墓碑迁移到庙后。1985年4月7日，为纪念湘军进驻卓兰100周年，举办了多项纪念活动。当年9月13日秋祭时，台北市湖南同乡会恭请黄杰将军书赠‘昭忠庙’横匾。2011年12月31日，将武显将军刘少斌及3千英灵神位移至后方昭忠庙安座。‘昭忠庙’横匾高悬庙前，藉以表彰百年前湘军远戍卓兰保国卫民的义举。”①

结　语

具有强烈乡土色彩的“湖南勇”，已成为联结两岸交往非常关键的重要文化元素。台湾清代“湖南勇”墓葬研究，结合的历史记忆与民间信仰，对巩固台湾的中华民族认同与血浓于水的民间记忆，对加强大陆人民对台湾同胞的关怀，具有非凡的意义。尤其是在台湾行政当局“去中国化”教育日趋严重的局面下，民族认同与文化认同在当前的国际环境及两岸关系中尤为重要。如果缺乏民族认同，凝聚两岸为整体的概念将失去内在生命。唯有透过深入理解大陆人民对台湾历史发展的贡献，重拾台湾逐渐消失的历史记忆即中华民族认同，两岸才有可能真正走向和平统一。

（作者单位：吉首大学）

① 陈运栋文教基金会编纂《卓兰镇志》，苗栗：卓兰镇公所，2014，第896页。

清代八旗科举家族述论*

多洛肯　路凤华

摘　要： 有清一代，在内外合力作用下，以满洲为主体的八旗子弟登上科举考试的舞台，并在科举考试方面取得了重大成就。他们以家族为中心，形成了人数众多、规模庞大的八旗科举家族。本文将详述八旗科举家族的数量、分布和类型，在此基础上进一步分析八旗科举家族的发展过程和取得重大成就的内外原因，以期给清代八旗科举家族一个全景式的观照，进而全面认识清代八旗科举家族的发展成就，从历史的角度指出八旗世家科第之盛不仅是科举盛事，也是八旗科举家族社会风貌和民族文化融合程度的重要反映。

关键词： 八旗科举　八旗进士　科举家族

清代八旗子弟不仅参加文科进士考试，还参加翻译科考试、武科考试等。本文探讨的是八旗文科进士，暂不涉及翻译科进士和武科进士。清代八旗子弟参加文科进士考试，从顺治九年壬辰科（1652）开始，到光绪三十年甲辰科（1904）止，共参加 102 科考试：顺治朝 4 科，康熙朝 15 科，雍正朝 5 科，乾隆朝 27 科，嘉庆朝 12 科，道光朝 15 科，咸丰朝 5 科，同治朝 6 科，光绪朝 13 科，共中式 1417① 名进士，其中 200 余人是从八旗科

---

* 本文为 2018 年度教育部哲学社会科学研究后期资助项目“清代八旗进士群体征录”（18JHQ033）的阶段性成果。

① 此数据为笔者参照李洵、赵德贵、周毓芳、薛虹主校点《钦定八旗通志》和朱保炯、谢沛霖编《明清进士题名碑录索引》及江庆柏编著《清朝进士题名录》等资料，并亲赴中国国家图书馆、北京大学图书馆、清华大学图书馆、中国科学院文献情报中心、上海图书馆、南京图书馆和浙江省图书馆等地查阅 60 科会试同年齿录、会试录、进士登科录、直省同年录、殿试题名录、会试官职录等 101 种资料统计得出的。

举家族走出来的。这些八旗进士以家族为中心，形成了规模庞大的八旗科举家族，这些八旗科举家族数量众多，世代绵延，甚至有的科举家族与清祚相始终。本文的八旗科举家族是指有同宗血缘关系，用汉文参加考试，最少有两名家庭成员为进士的世家集团。

八旗科举家族在举业方面取得的重大成就是值得深入思考和研究的。目前学界对清代八旗科举家族的研究还不够深入，仅有3篇论文：(1) 张杰《清代八旗满蒙科举世家述论》(《满族研究》2002年第1期)，利用《清代朱卷集成》文献资料，论述八旗满洲完颜氏家族、章佳氏家族、瓜尔佳氏家族和八旗蒙古伍尧氏家族、衡瑞家族、桂森家族六个家族的科举成就；(2) 陈先蕾、陈力《清代八旗科举进士科中式额数考》(《重庆社会科学》2006年第11期)，从清代八旗进士中式情况的角度论述清代八旗进士概况，而且将其与各省情况进行比较；(3) 程伟《清代八旗进士考论》[《福建师范大学学报》(哲学社会科学版) 2015年第5期]，论述了清代八旗进士的总体概况。张杰的论文提到的八旗科举家族仅有6个，远远少于清代八旗科举家族的数量，基于此，本文将详细梳理和探讨八旗科举家族的发展历程，以及取得的成就和原因。

一　八旗科举家族概述

八旗家庭最初多是军功出身，入关之后，生活环境和社会环境发生了很大变化，从寒冷的东北入主温暖的中原，在儒家文化的浸染和国家文教政策的大力提倡下，八旗子弟长期学习儒家文化，逐渐从军功型家庭转变为科举家庭，以读书为业，以仕进为上升的途径，把科举上的成功看成家族兴旺的标志。在社会和家族两个环境的作用下，有清一代终于形成了数量众多、规模庞大的八旗科举家族。

八旗文科进士资料主要保存在历科会试同年齿录、进士登科录、会试录等原始文献资料中。由于年代久远，许多科会试同年齿录和进士登科录都已散佚。通过查证得知，102科中的60余科考试资料被保存下来，达100余种之多。笔者通过爬梳这些原始文献资料，同时参照《陶庐杂录》《清秘述闻三种》《听雨丛谈》《清史稿》《啸亭杂录》《池北偶谈》《枢垣记略》《郎潜纪闻四笔》《京口八旗志》，以及李洵、赵德贵、周毓芳、薛虹主校点《钦定八旗通志》和恩华纂辑、关纪新整理、点校

《八旗艺文编目》① 等资料，统计有84个八旗科举家族，见表1。

表1　清代八旗科举家族简览

序号	家族	旗籍	成员	谱系	中式年龄	科名
1	齐氏	正黄旗汉军	1. 齐赞宸			顺治九年壬辰科三甲二十一名
			2. 齐赞枢	赞宸弟		顺治九年壬辰科三甲一百六十一名
2	迟氏	正白旗汉军	1. 迟煌（1632～?）		21	顺治九年壬辰科二甲十一名
			2. 迟炤（1635～?）	迟煌弟	21	顺治十二年乙未科三甲一百十八名
			3. 迟煊（1640～?）	迟炤弟	16	顺治十二年乙未科三甲一百七十四名
3	完颜氏	正黄旗满洲	1. 阿什坦（?～1683）			顺治九年策试满洲进士壬辰科二甲第三名
			2. 留保（1689～?）	阿什坦孙	33	康熙六十年辛丑科二甲十九名
			3. 麟庆（1791～1846）	阿什坦五世孙	19	嘉庆十四年己巳恩科三甲九十三名
			4. 崇实（1820～?）	麟庆长子	31	道光三十年庚戌科二甲七十九名
			5. 嵩申（1841～?）	麟庆孙	28	同治七年戊辰科三甲三十八名
4	张氏	正蓝旗汉军	1. 张登选			顺治十二年乙未科三甲二百八十三名
			2. 张登举	登选弟		顺治十二年乙未科二甲七十六名

① 资料来源：（清）法式善撰《陶庐杂录》，中华书局，1959；（清）福格撰《听雨丛谈》，中华书局，1959；赵尔巽等撰《清史稿》，中华书局，1977；（清）昭梿撰，何英芳点校《啸亭杂录》，中华书局，1980；（清）王士禛撰《池北偶谈》，中华书局，1982；（清）法式善等撰《清秘述闻三种》，中华书局，1982；（清）梁章钜、朱智撰《枢垣记略》，中华书局，1984；（清）陈康祺撰《郎潜纪闻四笔》，中华书局，1990；（清）春光纂，马协弟点校《京口八旗志》，辽宁大学出版社，1994；李洵、赵德贵、周毓芳、薛虹主校点《钦定八旗通志》，吉林文史出版社，2002；恩华纂辑，关纪新整理、点校《八旗艺文编目》，辽宁民族出版社，2006。

续表

序号	家族	旗籍	成员	谱系	中式年龄	科名
5	年氏	镶白旗汉军	1. 年仲隆（1622～?）		34	顺治十二年乙未科三甲十四名
			2. 年羹尧（1680～?）	仲隆孙	21	康熙三十九年庚辰科三甲二百一十八名
6	高氏	镶黄旗汉军	1. 高璜（1651～?）		20	康熙九年庚戌科二甲四十九名
			2. 高瑄（1655～?）	高璜弟	22	康熙十五年丙辰科三甲九十二名
7	纳喇氏	正黄旗满洲	1. 成德（1655～1685）		22	康熙十五年丙辰科二甲第七名
			2. 富尔敦（1685～?）	性德子	16	康熙三十九年庚辰科三甲一百八十一名
8	陈氏	正白旗汉军	1. 陈梦球			康熙三十三年甲戌科二甲三十一名
			2. 陈还（1677～?）	梦球从子	24	康熙三十九年庚辰科三甲一百七名
9	高氏	镶白旗汉军	1. 高其倬（?～1738）			康熙三十三年甲戌科三甲八十九名
			2. 高其伟（1680～?）	其倬从弟	21	康熙三十九年庚辰科三甲二百一十六名
10	章佳氏	正蓝旗满洲	1. 阿克敦（1685～1756）		25	康熙四十八年己丑科二甲第八名
			2. 那彦成（1764～1831）	阿克敦曾孙	26	乾隆五十四年己酉科二甲第三十二名
			3. 庆廉（1810～?）	那彦成孙	27	道光十六年丙申恩科三甲八十一名
11		镶黄旗满洲	1. 董泰（1681～?）		23	康熙四十二年癸未科三甲五十九名
			2. 德兴	董泰曾孙		嘉庆二十二年丁丑科三甲十六名
12	西林觉罗氏	镶蓝旗满洲	1. 鄂尔奇（1682～1735）		31	康熙五十一年壬辰科二甲第八名
			2. 鄂容安（1714～1755）	鄂尔奇从子	20	雍正十一年癸丑科二甲第八名

续表

序号	家族	旗籍	成员	谱系	中式年龄	科名
12	西林觉罗氏	镶蓝旗满洲	3. 鄂敏（? ~1749）	鄂尔泰从子		雍正八年庚戌科二甲第二十九名
			4. 鄂伦	鄂容安从弟		雍正十一年癸丑科二甲十三名
13	伊尔根觉罗氏	镶蓝旗满洲	1. 春山			康熙五十一年壬辰科二甲四十四名
			2. 鹤年	春山子		乾隆元年丙辰科三甲四十四名
14	何舍里氏	正黄旗满洲	1. 何浩			康熙六十年辛丑科三甲五十九名
			2. 何浦	何浩弟		康熙六十年辛丑科三甲第八名
15	格济勒氏	正黄旗满洲	1. 怀荫布			乾隆元年丙辰科三甲一百四十六名
			2. 廉善	怀荫布子		嘉庆四年己未科三甲七十四名
			3. 廉能	廉善从弟		嘉庆四年己未科三甲四十一名
			4. 成琦（1817 ~ ?）	廉善子	34	道光三十年庚戌科二甲五十九名
16	索绰络氏	正白旗满洲	1. 观保（? ~1776）			乾隆二年丁巳恩科二甲第五名
			2. 德保（1719 ~ 1789）	观保从弟	19	乾隆二年丁巳恩科三甲一百四十六名
			3. 英和（1771 ~ 1840）	德保子	23	乾隆五十八年癸丑科二甲二十五名
			4. 奎照（1790 ~ ?）	英和子	25	嘉庆十九年甲戌科二甲十六名
			5. 奎耀（1791 ~ ?）	英和子	21	嘉庆十六年辛未科三甲五十六名
			6. 锡祉（1809 ~ ?）	奎照子	27	道光十五年乙未科二甲一百八名
17	哈达纳喇氏	正黄旗满洲	1. 国梁（1717 ~ 1788）		21	乾隆二年丁巳恩科三甲第三名

续表

序号	家族	旗籍	成员	谱系	中式年龄	科名
17	哈达纳喇氏	正黄旗满洲	2. 国柱	国梁弟		乾隆十年乙丑科二甲二十五名
			3. 玉麟	国梁孙		乾隆六十年乙卯恩科二甲十六名
18	李佳氏	正黄旗满洲	1. 魁德			乾隆二年丁巳恩科三甲六十九名
			2. 存葆（1801～?）	魁德孙	33	道光十三年癸巳科三甲第九名
19	爱新觉罗氏	正蓝旗满洲	1. 良诚			乾隆十三年戊辰科三甲五十七名
			2. 德朋阿（1765～?）	良诚子	38	嘉庆七年壬戌科三甲一百十二名
20	乌苏氏	镶白旗满洲	1. 达椿			乾隆二十五年庚辰科三甲五十七名
			2. 萨彬图	达椿子		乾隆四十五年庚子恩科三甲七十六名
21	他塔剌氏	正红旗满洲	1. 松龄			乾隆二十六年辛巳恩科三甲九十二名
			2. 文宁	松龄族孙		乾隆四十九年甲辰科二甲二十八名
22	额尔德特氏	镶黄旗蒙古	1. 和瑛（1741～1821）		31	乾隆三十六年辛卯恩科三甲九十六名
			2. 谦福（1809～?）	和瑛孙	27	道光十五年乙未科二甲五十九名
			3. 锡珍（1847～1889）	和瑛曾孙	22	同治七年戊辰科二甲第四名
23	栋鄂氏	正黄旗满洲	1. 铁保（1752～1824）		21	乾隆三十七年壬辰科三甲八十一名
			2. 玉保（1759～1798）	铁保弟	23	乾隆四十六年辛丑科三甲第九名
24	蒙乌吉氏	正黄旗蒙古	1. 法式善（1753～1813）		28	乾隆四十五年庚子恩科三甲八十七名
			2. 桂馨（1793～?）	法式善子	19	嘉庆十六年辛未科三甲二十名
			3. 来秀（1817～?）	法式善孙	34	道光三十年庚戌科三甲十七名

续表

序号	家族	旗籍	成员	谱系	中式年龄	科名
25	蒋氏	镶蓝旗汉军	1. 蒋攸铦（1766~1830）		19	乾隆四十九年甲辰科二甲三十二名
			2. 蒋霨远（1802~?）	蒋攸铦子	34	道光十五年乙未科三甲四十名
26	苏完瓜尔佳氏	正白旗满洲	1. 德文			乾隆五十五年庚戌恩科三甲第九名
			2. 景霖（1814~?）	德文孙	22	道光十五年乙未科三甲第三十六名
			3. 恩霖（1812~?）	景霖从兄	33	道光二十四年甲辰科二甲四十七名
27	董氏	镶黄旗汉军	1. 衍恩（1770~?）		32	嘉庆六年辛酉恩科三甲一百九名
			2. 衍豫（1791~?）	衍恩从弟	33	道光三年癸未科三甲第四名
28	他塔喇氏	正蓝旗满洲	1. 秀宁（1774~?）		28	嘉庆六年辛酉恩科二甲七十八名
			2. 毓检（1808~?）	秀宁侄	29	道光十六年丙申恩科二甲七十二名
			3. 毓科（1816~?）	毓检弟	18	道光十三年癸巳科三甲二十一名
29	爱新觉罗氏	镶蓝旗满洲	1. 慧端（1778~?）		25	嘉庆七年壬戌科三甲一百二十六名
			2. 海朴	慧端子		道光三年癸未科三甲第五十三名
30	完颜氏	正黄旗蒙古	1. 隆安（1769~?）		34	嘉庆七年壬戌科二甲八十名
			2. 德成（1795~?）	隆安从子	39	道光十三年癸巳科三甲六十五名
			3. 德龄（1796~?）	德成从弟	38	道光十三年癸巳科三甲五十名
31	叶赫纳喇氏	正白旗满洲	1. 那清安（1767~?）		39	嘉庆十年乙丑科三甲二十一名
			2. 全庆（1801~1886）	那清安子	29	道光九年己丑科二甲二十七名

续表

序号	家族	旗籍	成员	谱系	中式年龄	科名
32	林吾特氏	镶红旗蒙古	1. 色卜星额（1780～?）		26	嘉庆十年乙丑科三甲八十名
			2. 凤柃（1803～?）	色卜星额子	36	道光十八年戊戌科三甲九十二名
33	赫舍哩氏	镶蓝旗满洲	1. 法克精额			嘉庆六年辛酉恩科三甲第九名
			2. 那丹珠（1783～?）	那丹珠曾孙	23	嘉庆十年乙丑科三甲第四名
34	郭佳氏	镶蓝旗满洲	1. 穆彰阿（1782～1856）		24	嘉庆十年乙丑科三甲第二十名
			2. 萨廉（1844～?）	穆彰阿子	37	光绪六年庚辰科二甲九十五名
35	李氏	正白旗汉军	1. 李恩绎（1779～?）		30	嘉庆十三年戊辰科二甲三十四名
			2. 李恩绥（1775～?）	恩绎兄	37	嘉庆十六年辛未科二甲五十六名
			3. 李恩霖（1792～?）	恩绎弟	42	道光十三年癸巳科三甲十名
			4. 李恩庆（1796～?）	恩绎从弟	38	道光十三年癸巳科二甲第二名
			5. 李恩继	恩绎弟		道光六年丙戌科二甲一百六名
			6. 李希增（1800～?）	恩绎子	23	道光二年壬午恩科二甲三十四名
			7. 李希彬（1813～?）	希增从弟	29	道光二十一年辛丑恩科二甲二十五名
			8. 李祜（1822～?）	希增子	19	道光二十年庚子科三甲二十一名
36	栋鄂氏	正红旗满洲	1. 恩宁			嘉庆十三年戊辰科二甲四十七名
			2. 舒文（1810～?）	恩宁子	26	道光十五年乙未科二甲九十四名
37	舒舒觉罗氏	镶黄旗满洲	1. 德玉			嘉庆二十二年丁丑科三甲第十名

续表

序号	家族	旗籍	成员	谱系	中式年龄	科名
37	舒舒觉罗氏	镶黄旗满洲	2. 德山（1794～?）	德玉弟	29	道光二年壬午恩科三甲十一名
38		镶白旗满洲	1. 那丹珠			嘉庆二十二年丁丑科三甲二十九名
			2. 克星额（1783～?）	那丹珠弟	50	道光十二年壬辰恩科三甲四十五名
39	爱新觉罗氏	正蓝旗满洲	1. 功普			嘉庆二十二年丁丑科三甲三十五名
			2. 保清（1800～?）	功普从弟	34	道光十三年癸巳科二甲五十五名
40	爱新觉罗氏	正蓝旗满洲	1. 铁麟（1786～?）		34	嘉庆二十四年己卯恩科三甲四十三名
			2. 鄂尔端（1791～?）	铁麟弟	29	嘉庆二十四年己卯恩科三甲六十九名
			3. 讷勒亨额（1797～?）	铁麟弟	23	嘉庆二十四年己卯恩科三甲三十一名
			4. 锡嘏（1864～?）	铁麟曾孙	32	光绪二十一年乙未科二甲七十名
41	爱新觉罗氏	镶蓝旗满洲	1. 希哲（1784～?）		36	嘉庆二十四年己卯恩科三甲六十四名
			2. 英继（1802～?）	希哲子	34	道光十五年乙未科二甲一百十七名
42	鄂卓氏	镶蓝旗满洲	1. 吉达善（1791～?）		32	道光二年壬午恩科三甲九十一名
			2. 吉年（1796～?）	吉达善弟	27	道光二年壬午恩科三甲一百十四名
			3. 吉明（1800～?）	吉达善从弟	24	道光三年癸未科三甲九十七名
43	甘氏	正蓝旗汉军	1. 书伦（1782～?）		41	道光二年壬午恩科三甲七十六名
			2. 惠麟（1795～?）	书伦从子	38	道光十二年壬辰恩科三甲八十五名
44	赫舍哩氏	镶黄旗满洲	1. 赫特赫讷（1798～1860）		25	道光二年壬午恩科三甲四十五名
			2. 苏呼讷	赫特赫讷弟		道光十三年癸巳科三甲二十四名

续表

序号	家族	旗籍	成员	谱系	中式年龄	科名
45	钮祜禄氏	镶黄旗满洲	1. 恒祥（1801～?）		22	道光二年壬午恩科三甲二十一名
			2. 恒善（1809～?）	恒祥弟	30	道光十八年戊戌科三甲第二名
46	爱新觉罗氏	镶蓝旗满洲	1. 恩桂（1800～?）		23	道光二年壬午恩科二甲六十六名
			2. 锡龄（1819～?）	恩桂从弟	23	道光二十一年辛丑恩科三甲四十四名
47	爱新觉罗氏	正蓝旗满洲	1. 受庆（1795～?）		28	道光二年壬午恩科三甲五十名
			2. 奎润	受庆子		同治二年癸亥恩科二甲三十九名
			3. 宝熙（1868～?）	受庆孙	25	光绪十八年壬辰科二甲第七名
			4. 宝铭（1867～?）	受庆孙，奎润子	29	光绪二十一年乙未科三甲四十五名
48	赵氏	正蓝旗汉军	1. 达纶（1789～1857）		35	道光三年癸未科三甲第六名
			2. 文颖（1814～1854）	达纶子	32	道光二十五年乙巳恩科三甲四十一名
			3. 文起（1818～?）	达纶从子	28	道光二十五年乙巳恩科二甲六十名
			4. 赵尔震（1842～1899）	文颖长子	33	同治十三年甲戌科三甲一百七十七名
			5. 赵尔巽（1844～1927）	文颖次子	31	同治十三年甲戌科二甲三十九名
			6. 赵尔萃（1851～1917）	文颖四子	39	光绪十五年己丑科二甲七十六名
49	博尔济吉特氏	正蓝旗满洲	1. 成山（1798～?）		26	道光三年癸未科三甲七十二名
			2. 葆谦（1826～?）	成山子	27	咸丰二年壬子恩科二甲四十四名
50	朱氏	镶白旗汉军	1. 朱霨			道光六年丙戌科三甲六十七名
			2. 朱朝玠（1807～1855）	朱霨子	30	道光十六年丙申恩科三甲三十六名

续表

序号	家族	旗籍	成员	谱系	中式年龄	科名
51	爱新觉罗氏	正蓝旗满洲	1. 毓本			道光六年丙戌科二甲一百十名
			2. 灵桂（1815～?）	毓本子	24	道光十八年戊戌科二甲第一名
52	杭阿坦氏	镶白旗蒙古	1. 庆安			道光六年丙戌科三甲一百十三名
			2. 庆云（1801～?）	庆安弟	38	道光十八年戊戌科三甲十九名
			3. 国炳（1851～?）	庆安从子	27	光绪三年丁丑科二甲五十二名
			4. 承勋（1850～?）	庆安族孙	43	光绪十八年壬辰科三甲一百七十三名
			5. 丰和（1873～?）	庆安曾孙	23	光绪二十一年乙未科二甲八十二名
53	边氏	镶红旗汉军	1. 边宝树（1799～?）		28	道光六年丙戌科二甲六十六名
			2. 边宝泉（?～1898）	宝树从弟		同治二年癸亥恩科二甲第七名
54	索绰罗氏	镶白旗满洲	1. 麟魁（?～1862）			道光六年丙戌科二甲第一名
			2. 恩寿	麟魁子		同治十三年甲戌科三甲五十七名
55	乌齐格哩氏	正红旗蒙古	1. 倭仁（1804～1871）		26	道光九年己丑科二甲三十四名
			2. 多仁（1807～?）	倭仁弟	35	道光二十一年辛丑恩科三甲四十名
			3. 衡瑞（1855～?）	倭仁孙	38	光绪十八年壬辰科二甲五十四名
56	伊尔根觉罗氏	正白旗满洲	1. 玉书（1804～?）		26	道光九年己丑科二甲三十七名
			2. 宜勋	玉书孙		光绪二十四年戊戌科三甲三十名
57	石尔德特氏	镶白旗蒙古	1. 瑞常（1805～1872）		28	道光十二年壬辰恩科二甲第七名
			2. 瑞庆	瑞常弟		道光十六年丙申恩科三甲五十八名

续表

序号	家族	旗籍	成员	谱系	中式年龄	科名
58		正黄旗满洲	1. 德惠（1801～?）		32	道光十二年壬辰恩科三甲四十四名
			2. 文格（1822～?）	德惠子	23	道光二十四年甲辰科二甲六十名
59	爱新觉罗氏	正蓝旗满洲	1. 庆安（1805～?）		28	道光十二年壬辰恩科二甲二十一名
			2. 延煦（1828～?）	庆安从子	29	咸丰六年丙辰科二甲第九名
			3. 会章	延煦子		光绪二年丙子恩科二甲九十九名
60	爱新觉罗氏	镶蓝旗满洲	1. 常禄（1806～?）		27	道光十二年壬辰恩科三甲二十一名
			2. 宝廷（1840～?）	常禄子	29	同治七年戊辰科二甲第六名
			3. 寿富（1861～1900）	宝廷子	38	光绪二十四年戊戌科二甲八十八名
61	王氏	镶白旗汉军	1. 王清选（1803～?）		31	道光十三年癸巳科二甲三十九名
			2. 王仲选（1808～?）	清选弟	28	道光十五年乙未科三甲五十八名
62	什勒氏	镶蓝旗满洲	1. 春熙（1799～?）		37	道光十五年乙未科二甲二十六名
			2. 春铬（1801～?）	春熙弟	35	道光十五年乙未科二甲五十二名
63	爱新觉罗氏	镶蓝旗满洲	1. 和淳（1811～?）		26	道光十六年丙申恩科二甲五十四名
			2. 和润（1812～?）	和淳弟	29	道光二十年庚子科二甲四十八名
64	戴佳氏	镶黄旗满洲	1. 慧成（1803～?）		34	道光十六年丙申恩科三甲三十九名
			2. 晋康（1824～?）	慧成子	27	道光三十年庚戌科二甲十一名
65	姚氏	正白旗汉军	1. 斌桐（1805～?）		32	道光十六年丙申恩科三甲七十六名
			2. 斌敏（1813～1876）	斌桐弟	53	同治四年乙丑科三甲一百三名

续表

序号	家族	旗籍	成员	谱系	中式年龄	科名
66	徐氏	正黄旗汉军	1. 徐荣（1792～?）		45	道光十六年丙申恩科二甲十七名
			2. 徐受廉（1853～?）	徐荣孙	34	光绪十二年丙戌科二甲五十八名
67		正白旗汉军	1. 延恒			道光十八年戊戌科三甲第四名
			2. 延恺（1812～?）	延恒弟	29	道光二十年庚子科三甲五十六名
68	索绰络氏	镶白旗满洲	1. 宝鋆（1810～1891）		29	道光十八年戊戌科二甲四十二名
			2. 荫恒	宝鋆孙		光绪二十四年戊戌科二甲十七名
69	佟佳氏	正白旗满洲	1. 椿寿（1802～?）		39	道光二十年庚子科二甲六十八名
			2. 桂福（1874～?）	椿寿曾孙	22	光绪二十一年乙未科三甲六十六名
70	马佳氏	镶黄旗满洲	1. 宝珣（1815～?）		27	道光二十一年辛丑恩科二甲六十六名
			2. 绍祺（1826～?）	宝珣子	31	咸丰六年丙辰科二甲四十一名
71	伊尔根觉罗氏	正蓝旗满洲	1. 阿克丹（1805～?）		43	道光二十七年丁未科三甲一百六名
			2. 福全（1830～?）	阿克丹子	18	道光二十七年丁未科二甲六十三名
			3. 中元（1825～?）	阿克丹从子	39	同治二年癸亥恩科三甲第十名
72	颜札氏	正黄旗满洲	1. 景廉（1823～1885）		30	咸丰二年壬子恩科二甲三十六名
			2. 治麟（1844～?）	景廉子	34	光绪三年丁丑科二甲八十二名
73	辉发纳喇氏	正白旗满洲	1. 文彬（1825～1880）		28	咸丰二年壬子恩科三甲八十一名
			2. 延燮（1853～?）	文彬子	40	光绪十八年壬辰科二甲七十四名

续表

序号	家族	旗籍	成员	谱系	中式年龄	科名
74	李氏	镶蓝旗汉军	1. 李淇（1831～?）		23	咸丰三年癸丑科二甲九十名
			2. 豫咸（1854～?）	李淇子	42	光绪二十一年乙未科三甲九十一名
75	胡氏	正蓝旗汉军	1. 守正（1830～?）		27	咸丰六年丙辰科三甲第三名
			2. 守忠（1823～?）	守正兄	41	同治二年癸亥恩科三甲三十七名
76	那拉氏	镶黄旗满洲	1. 铭安（1828～?）		29	咸丰六年丙辰科二甲二十八名
			2. 那桂	铭安从子		光绪二年丙子恩科三甲一百六十二名
77	爱新觉罗氏	正蓝旗满洲	1. 松森（1826～?）		40	同治四年乙丑科二甲第四名
			2. 寿耆（1859～?）	松森子	25	光绪九年癸未科一甲第二名
78	赵氏	正白旗汉军	1. 赵英祚			同治十年辛未科三甲一百四十九名
			2. 赵觐鸿	英祚子		光绪二十一年乙未科二甲第七十六名
79	喜塔腊氏	正白旗满洲	1. 裕德			光绪二年丙子恩科二甲第四十二名
			2. 熙元（1864～?）	裕禄从子	26	光绪十五年己丑科二甲四十名
80	舒穆鲁氏	镶黄旗满洲	1. 裕祥			光绪二年丙子恩科三甲五十名
			2. 裕经（1842～?）	裕祥弟	49	光绪十六年庚寅恩科三甲一百七十五名
81	乔氏	镶黄旗汉军	1. 乔保安（1846～?）		35	光绪六年庚辰科三甲五十六名
			2. 乔保印（1849～?）	保安弟	32	光绪六年庚辰科三甲一百五十一名
82	他塔喇氏	镶红旗满洲	1. 志锐（1853～1912）		28	光绪六年庚辰科二甲二十名
			2. 志钧（1854～?）	志锐弟	30	光绪九年癸未科二甲第二名

续表

序号	家族	旗籍	成员	谱系	中式年龄	科名
83	谭氏	镶白旗汉军	1. 谭国政（1844～?）		40	光绪九年癸未科三甲六十二名
			2. 谭国楫（1870～?）	国政从弟	26	光绪二十一年乙未科二甲二十三名
84	商氏	正白旗汉军	1. 商廷修（1859～?）		40	光绪二十四年戊戌科二甲一百三十名
			2. 商衍瀛（1871～1960）	廷修从子	33	光绪二十九年癸卯科二甲十八名
			3. 商衍鎏（1874～1963）	廷修从子	31	光绪三十年甲辰恩科一甲第三名

备注：1. 本表家族及家族内部成员顺序按照科名先后排序，两个家族第一个成员科名相同者，按照家族第二个成员科名顺序排列，以此类推。

2. 个别八旗科举家族没有查考到姓氏，阙。

3. 本表进士中式年龄与历史传统一致，采用虚数年龄。

通过观察表1可知：八旗科举家族共有84个，210名进士，约占八旗进士总数的15%，有力地证明了八旗科举家族在培养八旗进士方面做出的巨大贡献，进一步展现了八旗科举家族的家学氛围和教育水平。诗礼簪缨的家族环境和氛围使得八旗家族内部的成功最终得到社会的认可，形成了人人称羡的八旗科举家族。

（一）八旗科举家族族别和旗籍分布概况

有清一代，八旗为清太祖设立，分正黄、镶黄、正白、镶白、正红、镶红、正蓝、镶蓝八旗，由满洲、蒙古和汉军三部构成，“又以镶黄、正黄、正白为上三旗，余五旗统以宗室王公”①。八旗地位在科举考试中也体现出相应的差别，从表2能够看出八旗进士在族别、旗籍和录取人数等方面的差别：

表2　八旗科举家族族别、旗籍和录取人数对比情况简览

旗籍／族别	镶黄旗	正黄旗	正白旗	镶白旗	正蓝旗	正红旗	镶红旗	镶蓝旗	家族数量	家族人数	上三旗家族数量占本族家族数量比例
满洲	8	9	7	4	11	2	1	11	53	129	45.28%

① 李洵、赵德贵、周毓芳、薛虹主校点《钦定八旗通志》卷1《旗分志》，第1页。

续表

族别＼旗籍	镶黄旗	正黄旗	正白旗	镶白旗	正蓝旗	正红旗	镶红旗	镶蓝旗	家族数量	家族人数	上三旗家族数量占本族家族数量比例
蒙古	1	2		2		1	1		7	21	42.86%
汉军	3	2	7	5	4		1	2	24	60	50%
总计	12	13	14	11	15	3	3	13	84	210	

从表2可以看出：在84个八旗科举家族中，八旗满洲科举家族数量最多，有53个，129人，约占八旗科举家族总数63%；八旗汉军科举家族数量次之，有24个，60人，约占八旗科举家族总数28.57%；八旗蒙古科举家族数量最少，有7个，21人，约占八旗科举家族总数8.3%。这种情况表明，八旗科举家族在族别当中的分布是极不平衡的，也体现出满洲作为统治阶级在科举考试方面获得的显著优势。如八旗满洲完颜氏家族留保，在康熙六十年（1721）进士考试中没有考中，但是因康熙帝对完颜氏家族和留保本人的偏爱，将其钦赐本科进士，而八旗蒙古和八旗汉军就鲜有钦赐进士的情况。钦赐进士的事例凤毛麟角，而八旗满洲能占到先机，说明满洲统治者对八旗满洲子弟有天然的亲近感。

八旗满洲科举家族有53个，其中12个是宗室科举家族，约占八旗满洲科举家族总数22.6%。清代初建时期，宗室子弟人数较少，无须通过科举考试就可以进入国家机构。后来宗室生齿日繁，宗室子弟的出路也随之艰难。于是，康熙三十六年（1697）规定，宗室成员可以参加科举考试。因此宗室科举考试开始时间比八旗文科考试晚了近半个世纪。宗室科举考试不仅开始时间较晚，而且发展道路亦艰难曲折。宗室科考开始两年后，康熙帝以自己对宗室子弟屡赐恩惠为由，下令停止宗室科举考试。[①] 到了乾隆年间，宗室科举考试才得以恢复，并且在乾隆八年（1743）首次进行宗室会试考试，但是考试结果令人失望，宗室子弟的汉文水平和满文水平都很一般，于是乾隆帝令宗室子弟专习武艺，以后不准参加科举考试。到嘉庆时期，宗室科举考试再次恢复，直到清代末年才停止。有清一代，宗室子弟共参加文科进士考试48科，考中123名进士。123名宗室进士中有

---

① 光绪《大清会典事例》卷329《礼部·贡举·宗室乡会试》。

30名宗室进士是从12个宗室家族中产生的，12个家族进士总数约占宗室进士总数24.2%，说明处于社会上层的宗室家族已经形成了良好的家风和学风，以科举为业成为家族常态，这也反映出上层社会对于科举考试的重视。

八旗科举家族不仅在族别分配方面表现出极大的不平衡，而且在旗籍分布方面也体现出了不平衡。镶黄旗、正黄旗和正白旗是八旗中的上三旗，直接受皇帝领导，具有多方面政治优势。下五旗服从的是宗室王公的领导，和皇帝关系较远，在各方面都不能与上三旗相比。从表2也可以看出，上三旗将这种优势又进一步延伸到了科举领域：满洲上三旗八旗科举家族数量为24个，约占八旗满洲科举家族总数45.28%，蒙古上三旗八旗科举家族数量为3个，约占八旗蒙古科举家族总数42.86%，汉军上三旗科举家族数量为12个，占八旗汉军科举家族总数50%。不论满洲、蒙古还是汉军，每个族别的上三旗的八旗科举家族数量都约占各族总数的一半。这充分展现了上三旗在科举考试方面表现出的绝对优势，充分说明政治优势对于科举考试的巨大影响力。

（二）八旗科举家族类型

84个八旗科举家族类型多样，有父子型、祖孙型、兄弟型、叔侄型4种，其中兄弟型科举家族数量最多，达27家；祖孙型科举家族次之，达25家；父子型科举家族为24家；叔侄型八旗科举家族数量最少，有8家。在众多八旗科举家族类型当中，最能称得上科第盛事的是父子、兄弟同科登进的情况。八旗士子中，父子同登进士的只有1个家族，即伊尔根觉罗氏阿克丹、福全父子同登道光二十七年（1847）丁未科进士，是当时父子同入翰林的荣耀之事。兄弟同科登进的有15个家族：（1）齐赞宸、齐赞枢兄弟同登顺治九年（1652）壬辰科进士；（2）张登选、张登举兄弟，以及迟炤、迟煊兄弟同登顺治十二年（1656）乙未科进士[①]；（3）何浦、何浩兄弟同登康熙六十年（1721）辛丑科进士[②]；（4）鄂容安、鄂伦从兄弟同登雍正十一年

① （清）福格撰《听雨丛谈》卷9（第188页）：是科汉军正白旗人迟炤、迟煊，汉军正蓝旗人张登举、张登选兄弟同登。

② 恩华纂辑，关纪新整理、点校《八旗艺文编目》（第97页）：何浦，字渊若，一字谦斋，氏何舍里，隶正黄旗，康熙辛丑与兄何浩同榜进士。

(1733) 癸丑科进士[①]; (5) 观保、德保从兄弟同登乾隆二年 (1737) 丁巳科进士[②]; (6) 廉能、廉善兄弟同登嘉庆四年 (1799) 己未科进士[③]; (7) 铁麟、鄂尔端、讷勒亨额兄弟三人同登嘉庆二十四年 (1819) 己卯恩科进士[④]; (8) 吉达善、吉年兄弟二人同登道光二年 (1822) 壬午恩科进士[⑤]; (9) 李恩霖、李恩庆兄弟同登道光十三年 (1833) 癸巳科进士[⑥]; (10) 德成、德龄从兄弟同登道光十三年 (1833) 癸巳科进士[⑦]; (11) 春熙、春辂兄弟同登道光十五年 (1835) 乙未科进士[⑧]; (12) 文颖、文起从兄弟同登道光二十五年 (1845) 乙巳恩科进士[⑨]; (13) 赵尔巽、赵尔

① 恩华纂辑，关纪新整理、点校《八旗艺文编目》(第 41 页): 鄂容安，字休如，一字虚亭，雍正癸丑进士。(清) 梁章钜、朱智撰《枢垣记略》卷之 16《题名二》(第 167 页): 鄂伦，满洲镶蓝旗人，鄂容安从弟，雍正癸丑进士。

② 恩华纂辑，关纪新整理、点校《八旗艺文编目》(第 103 页): 观保，字伯容，一字补亭，氏索绰络，乾隆丁巳与从弟德保并举进士。

③ (清) 福格撰《听雨丛谈》卷 10 (第 209 页): 四年乙未会试……满洲廉善、廉能……兄弟同登 (廉氏昆季乡会皆同榜)。

④ (清) 福格撰《听雨丛谈》卷 10 (第 212 页): 是科宗室榜中四人，正蓝旗宗室铁麟仁山、鄂尔端午桥、讷勒亨额鲁斋兄弟同登，皆至九列，饶余亲王之裔也。

⑤ 南京图书馆藏《道光壬午恩科会试同年齿录》: 吉达善，鄂卓氏，字子兼，号茶农，行三，乾隆辛亥二月初三日吉时生，镶蓝旗满洲和伦佐领下例监生，乙卯举人，兵部笔帖式，候选主事。会试七名。曾祖雅岱，祖德昌，父福舒。南京图书馆藏《道光壬午恩科会试同年齿录》: 吉年，鄂卓氏，字秋畬，号碧栖，行四，嘉庆丙辰九月十九日亥时生，镶蓝旗满洲和伦佐领下例监生，辛巳举人，刑部笔帖式，委署主事。会试五十八名。曾祖雅岱，祖德昌，父福舒。

⑥ 南京图书馆藏《道光十三年进士登科录》: 李恩霖，贯正白旗满洲都统内务府保常管领下汉军廪膳生。辛卯科乡试中式第九十九名，癸巳科会试中式第一百四十二名。曾祖光祖，祖士通，父鸿。中国国家图书馆藏《道光癸巳科同年齿录》: 李恩庆，字集园，号秀云，又号皖生，行六，嘉庆丙辰年五月初九日吉时生，贯正白旗满洲都统内务府保常管领下汉军廪膳生。嘉庆丙子科乡试中式第二百四名，癸巳科会试中式第七十五名。曾祖光祖，祖士通，父法。

⑦ 南京图书馆藏《道光十三年进士登科录》: 德成，贯正黄旗蒙古松桂佐领下例监生。壬午科乡试中式第六十五名，癸巳科会试中式第一百八十一名。曾祖克蒙额，祖富明，父隆泰。南京图书馆藏《道光十三年进士登科录》: 德龄，正黄旗蒙古松桂佐领下副贡生。辛卯科乡试中式第一百四名，癸巳科会试中式第二十四名。曾祖克蒙额，祖富明，父隆安。

⑧ 清华大学图书馆藏《道光十五年乙未科会试同年齿录》: 春熙……乙未科会试中式第九名，殿试第二甲第二十六名……胞弟春辂，道光乙酉同榜举人，乙未同榜进士。

⑨ 上海图书馆藏《道光癸卯科直省同年全录》: 文起，赵氏，字子行，号观潮，行二。嘉庆戊寅正月二十八日生。正蓝旗汉军庆善佐领下监生，乙巳进士。曾祖赵洵，祖寅宾，父达禄。中国国家图书馆藏《道光乙巳恩科会试同年齿录》: 文颖，赵氏，字子异，号鲁斋，一号锐峰，行一。嘉庆甲戌年七月三十日吉时生。正蓝旗汉军都统善庆佐领下监生，旗籍。庚子乡试中式第五十一名，会试中式第六十八名。父达纶。

震兄弟同登同治十三年（1874）甲戌科进士①；（14）乔保安、乔保印兄弟同登光绪六年（1880）进士②。父子、兄弟能够同科登进，证明八旗世家在长期和汉族的交往过程中，不仅学习儒家文化，而且把儒家文化变成了自己民族文化的一部分主动学习和接受，这也是满汉民族融合在文化方面的积极体现。

八旗科举家族数量众多，规模庞大，说明了儒家文化对于八旗子弟的重要影响，体现了八旗子弟本身对于学习儒家文化具有很大的主动性和积极性。同时，为了保持“国语骑射”的民族传统，八旗子弟在进士科考试之前要参加骑射考试，合格后才能参加文科进士考试。从这方面讲，八旗子弟亦是能文能武。

（三）八旗科举家族中式年龄

自唐朝起，进士科考试就已成为最难的考试科目，士子取中进士的年龄往往差距悬殊，清代亦是如此。因此有必要关注八旗科举家族进士的中式年龄。在 84 个八旗科举家族中，44 个家族的 105 名进士的中式年龄都可以查考出来。

经过统计，八旗科举家族中式年龄呈现以下三个特点：第一，八旗科举家族取中进士的平均年龄为 30 岁。44 个科举家族平均中式的年龄是 30 岁。30 岁是人一生当中精力最旺盛的时期，也是最容易取得成果的时期，说明八旗士子中进士的时间处在人生中的最佳时期。尤其可喜的是，有的家族内部成员属于少年中式，《啸亭杂录・青年科目》记载：“国朝年少登第，……乾隆丁巳，德定圃保年十九；……甲辰，蒋制府攸铦年十九、文侍郎宁年十八……同中式。”③经过统计，84 个八旗科举家族共有 11 名进士

① 中国国家图书馆藏《同治十三年甲戌科会试同年官职录》：赵尔震，年三十一岁，正蓝旗汉军荣康佐领下同治十二年顺天乡试中式第六十九名举人，会试中式第一百四十一名。祖达纶、父文颖。中国国家图书馆藏《同治十三年甲戌科会试同年官职录》：赵尔巽，年三十岁，正蓝旗汉军荣康佐领下同治六年顺天乡试中式第二百六十名举人；会试中式第一百八十四名。祖达纶、父文颖。

② 中国国家图书馆藏《光绪六年庚辰科会试同年齿录》：乔保印，字锡廷，号佩之，行三。道光己酉年十月十四日吉时生……乡试中式第四十名，会试中式第九十四名。胞兄保安，庚午科举人，同榜进士。

③ （清）昭梿撰，何英芳点校《啸亭杂录》，第 288 页。

中式年龄在20岁以下（包括20岁），从顺治朝历道光朝，长达200年，创造了八旗科举家族的集体荣耀。第二，八旗科举家族进士年龄差问题较大。中式进士最年轻的是正黄旗满洲纳喇氏家族，平均年龄仅19岁。这个家族有两位进士，第一位是纳兰性德，22岁中式进士。第二位是其子富尔敦，16岁中式进士，成为历史上最年轻的八旗进士。富尔敦少年登科的成就与其家族息息相关。其祖父是当时刑部尚书、武英殿大学士明珠，父亲是进士兼诗人的纳兰性德，富尔敦出生在这样的家庭，可谓富贵而顺达，家族的财力和自己的勤学促成了早年登科的成就。纳喇氏家族不仅培养出了最年轻的八旗进士，也成为最年轻的八旗科举家族。这样的科举成就是在清军入关50年内取得的，足见这个家族对儒家文化的重视程度。中式进士最年长的八旗家族是正白旗汉军姚氏家族，家族中式进士平均年龄42.5岁。这个家族是兄弟两位进士，兄斌桐32岁中式进士，弟斌敏53岁中式进士，成为八旗科举家族中式进士年龄最大的一个。中式进士年龄最小的八旗科举家族和中式进士年龄最大的八旗科举家族相差23.5岁。第三，八旗科举家族中式进士年龄基本相同。八旗科举家族平均中式进士年龄基本上在25~40岁。作为人生的最好时期，八旗子弟利用最好的年华努力学习儒家文化，在盛年时期中式进士，这不仅是自己家族的荣耀，也是八旗进士在举业方面取得的集体荣耀。

二　八旗科举家族的发展

清代八旗科举家族共有84个，前期有14个家族，中期有27个家族，后期有43个家族。清代中后期八旗科举家族数量约占八旗科举家族总数83.3%，超过1/2的八旗科举家族是在清代后期出现的。可见，八旗科举家族在清代呈现出直线上升、狂飙突进的发展态势。

（一）八旗科举家族的崛起

清代八旗科举家族的前身基本都是军功家族。到了康熙朝，全国统一，战事消歇，加上国家大力发展文教和文化事业，大大提高了八旗子弟学习儒家文化的积极性，因此，军功家族很快通过科举考试向科举家族转变。家族内部成员通过科举中式，也会鞭策家族内部其他成员热心科举，在家族内部形成刻苦学习的良好氛围，客观上使学习成为博取功名的手段，主观上也提升了八旗子弟的文化水平和文学造诣。科举考试对八旗家族内部产生的积极作用，日积月累，使得八旗家族整体文化水平与汉族家族持平。

八旗科举家族在清代初期已现发展端倪，清代中期以后真正崛起。“乾隆以来，满洲科目最盛者，首属索绰络文恭公观保，与其弟文庄公德保同登进士，其子孙亦复科名不绝……人皆荣之。”① 但是满洲、蒙古和汉军科举家族崛起时间是不一致的。八旗汉军科举家族最先发展起来，顺治朝共有 3 个八旗科举家族，全部来自汉军。康熙朝八旗汉军科举家族亦占八旗科举家族总数的一半。汉军本是汉人，入关以前已加入八旗，但是家庭教育仍以儒家文化为中心。因此，八旗汉军子弟儒家文化根底深厚，学养丰富，在入关后的八旗进士考试中能够以家族的面貌同登科第是情理中的事情。

八旗满洲科举家族的崛起是从康熙朝开始的。康熙朝一共有 9 个八旗科举家族，其中八旗满洲科举家族就有 6 个。同时，宗室成员开始在科场上奋进，并且取得了较好的成绩。努尔哈赤的父亲塔克世的子孙属于宗室成员，努尔哈赤祖父觉昌安的子孙称为觉罗。宗室和觉罗成员都是满洲上层人员，属于贵胄子孙。初入中原时，宗室成员数量不多，到了康熙朝，宗室成员渐渐增多，为了增加宗室成员的升进之路，康熙三十六年规定：

> 国家乐育人才，振兴文教，将使海内英隽之士靡不蒸蒸蔚起。矧宗室子弟，系托天潢，岂无卓越之姿，足称令器，允宜甄陶奖掖，俾克有成。考诸前史，以公族应制举入仕者，代不乏人。今属籍所载，日益繁衍，除已授爵秩人员外，闲散子侄素无职业，诚恐进取之途未辟，致向学之意渐隳。嗣后八旗宗室子弟，有能力学属文，奋志科目，应令与满洲诸生一体应试，编号取中。如此，则赋质英异者，咸服习于诗书，而学业成就者，不阻抑于仕进。凡属宗支，人人得以自效，而于朕兴贤睦族之至意，亦用是以允惬焉。②

① （清）昭莲撰，何英芳点校《啸亭续录》，第 538 页。

② 李洵、赵德贵、周毓芳、薛虹主校点《钦定八旗通志》卷 102《选举志一》，第 1616 页。

于是，宗室成员开始参加八旗进士科举考试，到乾隆中期就形成了宗室科举家族。宗室成员良诚、德朋阿父子都是进士。良诚，正蓝旗宗室，乾隆十三年进士。德朋阿，良诚子，正蓝旗四品宗室，嘉庆七年进士。50多年间父子均中进士，开启了宗室进士家族发展的序幕。

八旗蒙古科举家族崛起的代表是镶黄旗额尔德特氏家族，这个家族有三位进士，前后绵延约百年。第一位进士和瑛，乾隆三十六年进士，累官西藏办事大臣、乌鲁木齐都统、盛京将军、刑部尚书、军机大臣，是清代重要的封疆大吏。谦福，和瑛侄孙，道光十五年进士。锡珍，和瑛曾孙，同治七年进士，钦点翰林院庶吉士。八旗蒙古科举家族的崛起，使得八旗进士群体又增加了新的成员，通过科举考试使得蒙汉民族文化融合的范围更加扩大了。

（二）八旗科举家族的兴盛

清代中后期是八旗科举家族发展的兴盛期，出现了群星灿烂的科举家族，最显著的特点是家族内中式进士的人数大量增加。越到清代后期，八旗科举家族取得的成就越大。

八旗满洲科举家族在乾隆中期最辉煌的家族是索绰络氏家族，这个家族四世出了6个翰林，是清代唯一一个四世取得6个翰林的八旗科举家族，这是整个八旗科举家族的荣耀，是在清入关后的约百年之内积累而成的。同期，宗室方面也创造了辉煌的成就，最辉煌的当为正蓝旗宗室。这个家族三个兄弟铁麟、鄂尔端、讷勒亨额，同中嘉庆二十四年己卯恩科进士。三个兄弟同登进士的荣耀在当时引起了强烈的反响，“是科宗室榜中四人，正蓝旗宗室铁麟仁山、鄂尔端午桥、讷勒亨额鲁斋兄弟同登，皆至九列，饶余亲王之裔也”[①]。当年本科进士中有四个宗室进士，这个家族就占了三个。不仅如此，这个家族的科第还绵延长久，铁麟曾孙锡嘏，又中光绪二十一年乙未科进士。

八旗蒙古科举家族从乾隆后期迎来了大发展的历史机遇。清代八旗蒙古科举家族共7个，其中5个是在乾隆后期出现的，最突出的是镶白旗杭阿坦氏家族。该家族的一个显著特点，是属于驻防八旗。这个家族的第一

① （清）福格撰《听雨丛谈》，第212页。

位进士庆安，道光六年进士。第二位进士庆云，庆安弟，道光十八年进士。第三位进士国炳，庆安从子，光绪三年进士，钦点翰林院庶吉士。第四位进士承勋，庆安族孙，光绪十八年进士。第五位进士丰和，庆安曾孙，光绪二十一年进士。这个家族仅光绪朝就有三位翰林，不仅中式进士人数众多，而且大多集中于一朝，创造了驻防八旗蒙古科举家族发展的神话。

八旗汉军李氏家族仅用35年的时间，培养出了8位进士，成为有清一代进士数量最多的八旗科举家族。李恩绎，嘉庆十三年进士。李恩绥，李恩绎兄，嘉庆十六年进士，钦点翰林院庶吉士。李恩继，李恩绎弟，道光六年进士。李恩霖，李恩绥弟，道光十三年进士。李恩庆，李恩绎从弟，与兄李恩霖同登道光十三年进士，钦点翰林院庶吉士。李希增，李恩绎子，道光二年进士，钦点即用知县。李希彬，李希增从弟，道光二十一年进士，钦点翰林院庶吉士。李祜，恩绎孙，道光二十年进士。

清代中后期八旗进士的繁荣发展，是八旗科举家族儒家化进一步深入的生动体现，八旗科举家族逐渐成为儒家文化的学习者和践行者，成为举业领域里的一朵鲜艳的奇葩。

（三）八旗科举家族的成就

八旗科举家族不论在殿试考试名次，还是在文学艺术领域，都取得了不俗的成绩。

八旗科举家族的进士在殿试考试的排名也值得关注。虽然八旗科举家族中没有状元出现，却有榜眼、探花、传胪等优秀人才。正蓝旗爱新觉罗氏家族灵桂，道光十八年进士，取得了传胪的好名次。镶白旗满洲索绰罗氏家族麟魁，道光六年进士，为本科传胪。正蓝旗爱新觉罗氏家族寿耆，中式光绪九年进士，更是取得了榜眼的好名次。正白旗汉军商氏家族的商衍鎏，光绪三十年进士，取得了探花名次，也是清代科举考试的最后一位探花。清廷对于八旗子弟在科举考试方面确有政策方面的照顾，但是在进士考试结束之后举行的殿试考试，是全国贡士统一参加的考试，八旗子弟要和全国贡士按照同一标准排名，从殿试考试这一环节上来说是公平的。八旗科举家族的成员能够取得榜眼、探花、传胪等好的名次，有力地说明了八旗进士的文化水平。

八旗科举家族在举业方面的成功，促进了其在文学艺术等方面的发展。84 个八旗科举家族有 28 个家族创作出了传世文学作品，仅诗文集近 80 部，而且其中的 4 个家族的每位进士都有诗文集传世，分别是：(1) 正蓝旗满洲章佳氏家族：阿克敦，康熙四十八年进士，撰《德荫堂集》《阿克敦文集》《阿克敦诗》；那彦成，阿克敦曾孙，乾隆五十四年进士，撰《那文毅公遗编》；庆廉，那彦成孙，道光十六年进士，撰《白云红树山房韵语偶存》。(2) 正黄旗满洲栋鄂氏家族：铁保，乾隆三十七年进士，撰《惟清斋全集》《梅庵诗钞》《玉门诗钞》《淮西小草》；玉保，铁保弟，乾隆四十六年进士，撰《萝月轩存稿》。(3) 镶白旗蒙古石尔德特氏家族：瑞常，道光十二年进士，撰《如舟吟馆诗钞》；瑞庆，瑞常弟，道光十六年进士，撰《乐琴书屋诗集》。(4) 正白旗汉军姚氏家族：斌桐，道光十六年进士，撰《还初堂词钞》；斌敏，同治四年进士，撰《子廉古今体诗合编》。4 个八旗科举家族的文学创作集中在清代中后期，科举上的成功促成了文学创作的繁荣。满洲、蒙古、汉军科举家族在文学创作方面的突出表现，表明八旗科举家族进入全面发展时期。

八旗科举家族在科举上的成功，不仅带来了文学创作的繁荣，在书画艺术领域里也有很好的成绩，其中索绰络氏和栋鄂氏家族是其典型代表。索绰络氏家族的观保、德保、英和、奎照、奎耀祖孙三代 5 人不仅都是进士，而且在书法方面都是名家，是名副其实的八旗文化世家。观保曾参编《石渠宝笈》初编。德保的书法作品遗存很多，英和将父亲德保的书法作品编辑成卷，编成《德文庄公遗墨》传世。此外，英和也参编了《石渠宝笈》三编。根据《恩福堂笔记》记载：

> 余幼时习字，临摹《多宝塔》，及冠，检先人书簏中得松雪与子英学士手札墨迹，遂日日仿之，是为学赵之始。后列诸城文清公门，尝领论书余绪，又尝侍公挥毫，略窥作字用笔之道。一日，公出赵迹二赞、二图诗、大字卷子，董华亭所称以鲁公《送明远序》，兼米海岳法者示观。余爱不释手，公即慨赠，有“一生学之不尽，聊当衣钵”之语。①

① (清) 英和撰《恩福堂笔记》卷下，上海古籍出版社，1985，第 136 页。

据上述可知，英和擅长楷书和行书，初学颜真卿和赵孟頫，临摹颜真卿《多宝塔》。后拜学刘墉门下，并得刘墉亲授笔法，接着又得临摹颜真卿行书作品《鲁公送明远序》，又以米芾为师。《铁槎山房闻见录》又记其晚年学习欧阳询、柳公权，又能自成一家，与成亲王永瑆、刘墉齐名当时书坛。英和书法作品《杨慎乐清秋赋轴》以楷书传世，此作结字匀整平和，笔致潇洒俊朗，既有唐人楷法严整以及颜字端庄凝重的特征，又具赵孟頫书法遒美畅达之意，是清代中期馆阁体书法代表作之一。奎照、奎耀，均为英和子，二人承其家学，均习赵书。索绰络氏家族一门三代5人皆以词林起家，而且在书法方面都有建树，既有参编《石渠宝笈》者，又有作品传世者，做到了一门风雅，是真正意义上的“八旗士族之冠”①。这也证明到了清代中期，八旗子弟在学习中原文化的基础上已经有了自己的艺术特质，是八旗子弟中原化的标志。

八旗科举家族良好的发展态势，使其在文学艺术等领域也有优秀表现。一定程度上讲，无论形式还是内容，八旗科举家族都已成为儒家文化的继承者和发展者。

三　八旗科举家族形成的原因

八旗科举家族在清代初期是星星之火，到了清代后期已发展成燎原之势，创造了八旗科举家族的辉煌成就，成就的取得是内外多方面原因促成的。

（一）生态环境的变化

首先，自然环境的变化是其取得成就的外部原因。八旗子弟入关以前，生活在东北丛林和草原高寒地区，艰苦寒冷的生活环境铸成了八旗子弟坚强、独立的民族性格。1644年，八旗子弟跟随统治阶级进入京师，自然环境发生了很大变化。京师不再是长年风沙侵袭、朔朔寒风，而是以温带气候为主，自然环境宜人。因各地驻防的需要，一部分八旗子弟驻防江南形胜之地，从而使其多得江山之助。江南素为人文渊薮，文学艺术水平

① 赵尔巽等撰《清史稿》卷363《英和传》，第11412页。

高于北方，客观上有利于提高驻防八旗子弟的文学修养。到清代后期，随着满汉民族的交流与融合，旗人和汉人的界限不甚分明，驻防八旗子弟已经从客居变成世居民。清代后期的许多进士来自驻防八旗，就很好地说明了自然环境对人文素养的积极影响。

其次，社会环境的变化为八旗子弟在科举考试方面的成功，提供了良好的外部环境。入关之前，八旗子弟生活圈范围狭窄，与其他民族接触的机会有限，社会生活环境处于封闭状态。入关之后，八旗子弟的社会环境从封闭走向开放，开始广泛地与汉人接触，虽然八旗子弟在居住方面与汉人分开，但是因为八旗子弟不能从事工商业活动，日常生活需要汉人提供方方面面的服务，促使民族间交流交往交融。在长期的交往中，八旗子弟渐染汉人风习和儒家传统文化，积极学习儒学，并且将科举考试视为正途。

最后，国家政策的支持也是八旗科举家族成功的重要因素。顺治初年，满洲统治阶级刚刚定鼎京师，为选拔大量的八旗人才进入政权机构，顺治八年开始对八旗子弟开科取士。相对于汉人进士考试，八旗子弟考试内容要简单得多，如八旗满洲、蒙古会试只进行一场考试，懂汉语的翻译一篇汉文和写一篇汉文；不懂汉文，只懂满文，写两篇满文即可。八旗汉军考试内容和汉人一致。此外，在录取名额方面，统治阶级给八旗子弟的倾斜力度也很高。顺治八年规定，八旗考试计划录取 60 名进士，后又增加 25 名，共录取 85 名进士。实际上，顺治九年只录取了 71 名八旗进士，当时参加考试的八旗举人有 120 人，录取比例高达 59. 17%。顺治十二年录取 85 名八旗进士。这两场考试也成为清代录取率最高的考试。考试内容的简单化和录取比率的倾斜力度，大大增加了八旗子弟中式进士的概率，为他们顺利进入国家机构提供了保障，从而也提高了八旗科举家族的数量。

清廷不仅在考试内容和录取比例方面对八旗子弟照顾有加，而且还创办了各级八旗学校，使得上至宗室，下到普通八旗子弟均可入学读书。政府先后创办了宗学、觉罗学、八旗官学、八旗义学、景山官学、咸安宫官学等学校。各驻防地也开设八旗学校，就连盛京、黑龙江等地也设立八旗学校，培养八旗人才。这样的教育举措为八旗子弟中式进士作了充分的文化方面的准备。

总之，自然环境和社会环境的改变促成了八旗子弟在科举考试方面创造的成就，即众多的中式进士和众多的八旗科举家族，成为清代八旗子弟在举业方面成功的标志。

（二）帝王的示范作用

有清一代，八旗科举家族数量众多与帝王之家教育的影响息息相关。清代初期，清代帝王意识到自身有限的文化水平，于是将汉文典籍作为学习的主要内容，积极向儒家文化靠拢。皇太极本人就“性耽典籍，谘览弗倦”①。皇帝不仅勤奋学习，亦对皇子严格要求。《啸亭杂录》记载：

> 皇子六龄，即入上书房读书。书房在乾清宫左，五楹，面北向，近在禁御，以便上稽察也……定制，卯入申出，攻五经、史、汉、策问、诗赋之学，禁习时艺，恐蹈举业弇陋之习。日课诗赋，虽穷寒盛暑不辍，皆崇笃实之学。其较往代皇子出阁讲读，片刻即归，徒以为饰观者，真不啻霄壤分也。②

《听雨丛谈》也有类似记载：

> 皇子年六岁，入学就傅。……每日皇子于卯初入学，未正二刻散学。散学后习步射，在圆明园五日一习马射。寒暑无间，虽婚娶封爵后，读书不辍。道光年间，惠亲王年将四十，兼掌职任，公事毕照常读书。咸丰五年，恭亲王初解军机，仍赴上书房读书。是以我朝诸王，皆能通达简翰，雅度端凝，良由积学功深，有非寒士所能者也。
>
> 皇子冲龄入学读书，与师傅共席向坐。师傅读一句，皇子照读一句，如此返复上口后，再读百遍，又与前四日生书共读百遍。凡在六日以前者，谓之熟书。约隔五日一复，周而复始，不有间断，实非庶士之家所及也。
>
> 每日功课，入学先学蒙古语二句，挽竹板弓数开，读清文书二刻，自卯正末刻读汉书，申初二刻散学。散学后晚食。食已，射箭。

① 赵尔巽等撰《清史稿》卷2《太宗本纪》，第19页。

② （清）昭梿撰，何英芳点校《啸亭杂录》卷1，第397页。

每日一朝于上前及皇太后、皇后宫。率以为常，惟元旦、端阳、中秋、万寿、自寿，共放五日，余日虽除夕亦不辍也。①

以上详述了皇子入学的年龄、每天上学放学的时间、学习内容和学习方式等。皇子六岁必须入学，卯时上学，申时放学，每日在校时间超过10个小时，不仅学习儒家经典书籍、蒙语、满语，还要学习骑射，寒暑不辍。由此得出，清代帝王教皇子之勤、之严是前代帝王无法相比的，寒士之家的教育更是不能与之同日而语。也正因此，清代帝王大多成就卓越。

清代名宦钱载在家书中也曾提及皇子学习的情况：

诸位阿哥，每日皆走三四里，然后至书房读书。下午读完书，又走三四里，然后回家。若冬天有走六七里者，皇子皇孙大半如是。盖一则习劳，一则聚在一处书房，心力易于定，而他务及外务均不得而使之近，此天家之善教也。②

这里记载了帝王之家教育的成功之处在于，一是皇子学习有固定的利于定心读书的书房，二是皇子不能接近其他与学习无关之事务，以确保学习时专心致志。皇帝教育皇子尚且如此严厉，八旗官员亦能上行下效。汤斌曾说："缙绅之家，能如此教子，使当世世名卿。"③

上层统治阶级不仅对皇子实行严格教育，也要求八旗子弟学习儒家经典书籍。皇太极时期，就曾下令：

我兵之弃永平四城，皆贝勒等不学无术所致。顷大凌河之役，城中人相食，明人犹死守，及援尽城降，而锦州、松、杏犹不下，岂非其人读书明理尽忠其主乎？自今凡子弟年十五岁以下、八岁以上，皆令读书。④

① （清）福格撰《听雨丛谈》卷11，第218页。
② （清）陈康祺撰《郎潜纪闻四笔》卷10，第173页。
③ （清）陈康祺撰《郎潜纪闻四笔》卷10，第173页。
④ 赵尔巽等撰《清史稿》卷2《太宗本纪》，第37页。

皇太极本人深谙读书明理在战争中的作用，遂下令八旗子弟学习儒家文化，以达到忠君的目的。皇帝对八旗子弟在教育方面的影响收到了良好的效果，完颜氏家族便是受益者。完颜氏家族阿什坦，以翻译起家，最早接触儒家文化，并且将儒家经典《大学》《中庸》《孝经》等译成满文，使得八旗子弟得以用满文学习儒家文化，这些早期的翻译作品在八旗子弟学习儒家文化的过程中起到了重要作用。因此，其本人被康熙帝称为“我朝大儒”①。完颜氏家族也从阿什坦开始，几乎世代都有科名，成为清代著名的八旗科举家族。

（三）家族长辈的教育

八旗家族长辈重视教育是八旗科举家族兴盛的内部原因。八旗家族认识到读书是维持家族长久兴旺的源泉。八旗进士吴达善的父亲驻防西安时，“家甚富，尝牟利于主算者，主算者算尽锱铢，其父犹以为未足。主算者艴然曰：‘然则一本万利，莫读书若也。’其父恍然悦服，因延名师，督课严肃。故公昆仲者以科第起家，至今为巨族云”②。吴达善父亲认识到读书对于家族世代繁荣的重要性之后，就延请名师教育自己家族的子弟，从而维持家族长久的兴盛。实际上，八旗家族男子需要在外仕宦，八旗子弟的教育任务很大一部分落到了女子身上，因此，八旗家族长辈尤其是女性对八旗子弟的成才起了重要作用。完颜麟庆能够中式进士以及仕途发展顺利，均得益于自己的母亲完颜恽珠的良好教育。麟庆在《蓉湖草堂赠言录·先妣恽太夫人言行略》中提及了母亲对自己的谆谆教导：

> 当先府君由内府出为丞守，历官瓯、越、齐、鲁，以至于没世。太夫人辅内治极劳，……儿辈蒙稚或未及闻，不能述也。惟追忆麟庆年十二，随河南公丧还，太夫人命与两弟受业于洁士舅氏秉怡。每夕则坐灯下，亲课其昼所习业，复讲古史，……此不孝孤辈受教之始。迨麟庆第进士，太夫人自浙中寄以诗，箴有“科名虽并春风发，心性须如秋水平。处世毋忘修德业，立身慎莫坠家声”之句。比授中书又

① 赵尔巽等撰《清史稿》卷484《文苑一》，第13336页。

② （清）昭梿撰，何英芳点校《啸亭续录》卷3，第462页。

> 以“夙夜匆怠”为勉。后居京五年，所以提撕振励之备，至甲戌岁，将偕先府君赴泰安，濒行勖麟庆曰：“汝习勤知俭，深得予心，但聪明忌露尽，好事忌占尽。”孙夏峰先生有言，其志之。又示以初学切要之功：在择善人而交，择善书而读，择善言而听，择善行而从。又恐其干时而徇物也，则诫以无受人怜，无夺人好，恐其逞私智而流于薄也，则儆以忠厚者后必昌，刻剥者家即替，谆谆示教类如此。①

完颜恽珠是江南望族女子，嫁入完颜氏家族后，给家族带来了新的文化因子，用儒学教育家族子弟，且取得了巨大的成功。恽珠子麟庆中式嘉庆十四年（1809）进士，恽珠孙崇实中式道光三十年（1850）进士，恽珠曾孙嵩申中式同治七年（1868）进士。由于完颜恽珠的成功教育，使得完颜氏家族世代均有中式进士者，这是女子在八旗家族教育中起到的重要作用。完颜恽珠对于后代的教育不仅体现在举业方面，还体现在综合素质方面。麟庆进入仕途后，恽珠更是从品质、修养、为官等多方面对其进行教育，目的就是希望家族声誉能够绵延长久。更重要的是，在恽珠周围形成了良好的家族氛围，不仅男子积极学习儒学，而且女子也成为儒学的学习者和践行者，最终使得完颜氏家族不仅成为科举世家，也成为文化世家。

（四）八旗子弟自身的努力

清代初期，八旗满洲、蒙古、汉军基本上都以军功起家。为了长久维持家族声誉，八旗家族就面临转型问题。与此同时，国家出台的有利于八旗子弟的科举考试政策，为八旗子弟步入仕宦之路提供了保证。在国家政策的积极推动和家族长辈的精心培养下，八旗子弟转向对儒家文化的积极学习，适应形势的发展。

在八旗长辈对八旗子弟的严厉教育下，八旗子弟学习的自觉性有了很大提高。完颜氏家族世代在科场努力，在家族内形成了一套完整的学习制度。完颜氏家族进士留保在《完颜氏文存·读书功课》中详细列出了家族子弟需要学习的内容。家族子弟不仅研读《诗经》《书经》《易经》《大学》《论语》《中庸》《孟子》等儒家经典，而且还要学习翻译、书法、

① （清）麟庆辑《蓉湖草堂赠言录》，清刻本，中国国家图书馆藏。

诗、古文、词、表、判、策、论、骑射、拉弓及应制诗文，做到功成于无间，学熟于养优。完颜氏家族子弟的学习内容不仅和汉族子弟一样，而且比汉族子弟更加广泛。为了保持满洲特色，八旗子弟必须学习“满语骑射”，所以八旗家族对八旗子弟的培养更加全面，使八旗子弟成为国家需要的合格人才。八旗科举家族以培养科举人才为主要目标，基于此，八旗子弟往往在文学、艺术等领域能取得令人骄傲的成就，显示出八旗科举家族在培养人才方面的独到之处。正黄旗满洲栋鄂氏家族诚泰为泰宁镇总兵，世为将家。诚泰子铁保，折节读书，在科场中奋进，中乾隆三十七年进士。铁保弟玉保，中乾隆四十六年进士，兄弟二人不仅是进士出身，而且在文学创作方面取得了很高成就，铁保创作了《惟清斋全集》《梅庵诗钞》《玉门诗钞》《淮西小草》等传世作品，玉保也撰有诗集《萝月轩存稿》。铁保在书画艺术方面也取得了不俗的成绩，铁保的书法成就更是享誉当时，成为清代四大书法家之一。不仅如此，铁保还在绘画方面有所成就，与其妻莹川都以画梅著称，堪称八旗夫妻伉俪情深的典型代表。

铁保的成就得到了时人的称赞，“余束发与冶亭尚书交，已廿余年，喜其诗才俊逸，议论今古是非，侃侃正论，以为有古大臣风范”①。这里的“余”是指礼亲王昭梿，昭梿与铁保是多年好友，极力赞扬铁保的诗才。不止于此，铁保和玉保也得到了皇家赞誉，“纯皇帝时，恶八旗词林学问弇陋，特亲试之，擢公兄弟二人，众以轼辙、郊祁比之”②。乾隆帝认为八旗子弟学问弇陋，于是亲测八旗子弟学问如何，经测试，选出铁保、玉保兄弟二人为最优，众人亦将铁保、玉保兄弟二人比为宋代的苏轼、苏辙和宋郊、宋祁。苏轼、苏辙，宋郊、宋祁兄弟均中式进士。可见，八旗进士铁保、玉保兄弟得到从上到下的赞誉。

有清一代，八旗子弟在入关以后，生活环境和社会环境发生了巨大变化，他们积极适应这些变化，深层次地融入儒家文化体系。统治阶级为提高八旗子弟的文化水平，设立了不同类型的八旗学校，而且在科举考试的录取比例上向八旗子弟倾斜。八旗子弟在这些有利的外部环境的作用下，开始了对儒家文化的学习历程。经过长期艰苦的学习过程，八旗子弟终于

① （清）昭梿撰，何英芳点校《啸亭续录》卷3《铁冶亭尚书》，第442页。

② （清）昭梿撰，何英芳点校《啸亭续录》卷3《玉阆峰侍郎》，第443页。

在科场上胜出，形成了数量众多的八旗科举家族。这些八旗科举家族都具有儒家化的显著特点，历代以举业为仕进途径，在文学艺术等领域取得相当的成就的同时，达到了科第绵延长久、历代簪缨相继的良好效果。在国家政策的感召下，八旗科举家族培养出众多具有儒家风范、学养深厚的八旗进士，成为儒家文化的学习者和践行者，进一步促进了满蒙汉融合的进程，为中华民族的融合和中华民族共同体的形成做出了重要贡献。

（作者单位：多洛肯，西北民族大学；
路凤华，内蒙古大学满洲里学院）

八旗汉军火器营制度考

张　建

摘　要： 清廷于康熙二十二年成立八旗汉军火器营，下辖领催、鸟枪马甲和绵甲人，兵数多达6360名，战时还有所扩充。火器营官制分为5级，包括总管、协领、参领、操练尉和骁骑校。火器营在康熙三十六年裁并后，汉军才有鸟枪营、炮营，分管鸟枪马甲和炮甲。所谓八旗汉军火器营下辖“汉军骁骑火器营”和“汉军鸟枪营”的观点，是误读史料的结果。

关键词： 清朝　八旗　火器

清朝敉平三藩后，出于组织利用藩下娴熟枪炮的官兵预筹西北边防的考虑，在康熙二十二年（1683）设立八旗汉军火器营。此举在制度史层面具有双重意义。首先，它是八旗组织中首个火器营，管理汉军马甲总数的2/3，兵多将广，规制崇宏。① 其次，它是继英明汗革除“黑营”（sahaliyan ing）② 后，清朝在旗下重建独立营制之举。嗣后建立各营如八旗满洲火器营、健锐营，规章制度多有参照汉军火器营者。然而，既有观点碍于史料匮乏，对该营的营制认识有误。至于所辖兵丁种类、职官制度的讨论则更付之阙如。本文将依据官私史料，揭橥汉军火器营官兵制度的演变，否定其下曾分设二营之说。

一　营兵数目与种类

八旗汉军火器营的营制经历了逐渐完善的过程，大体分两阶段：一是

① 张建、刘小萌：《清入关前“火器营”献疑》，《天津师范大学学报》（社会科学版）2018年第3期，第22～27页；张建：《八旗汉军火器营的创立》，《历史教学》2019年第14期，第18～25页。

② 张建：《清入关前“黑营”与“汉兵”考辨》，《中国史研究》2016年第4期，第190页。

康熙二十二年至二十八年（1683~1689），营制初创；二是康熙二十八年至三十六年（1689~1697）的调整期，先是设立“汉军火器营兼练大刀衙门”，又在康熙二十九年（1690）乌兰布通战役后，基于实战经验调整营制，尤以康熙三十五年（1696）亲征朔漠时为甚。不同时期，规制有异。

有学者认为，康熙二十八年，“汉军火器营兼练大刀衙门”设立后，下辖两营：

> 汉军火器营与“旧汉兵”的继承性是明显的，体现在前者沿袭了“旧汉兵”依托兵种来划分、编组次级建制单位的组织模式，设立了两个次级训练和作战的单位：汉军骁骑火器营与汉军鸟枪营。①

他声称火器营衙门下辖“汉军骁骑火器营”与“汉军鸟枪营”，却未交代推理过程。就上下文来看，其史料依据不外乎《钦定皇朝文献通考》与乾隆朝《大清会典》，前书记载：

> 雍正六年，奏准大阅官兵数目及营伍、器械。嗣后，遇大阅列阵，首队前汉军火器营官兵排立。……汉军鸟枪营每旗设纛一、执纛领催一名、骁骑三名，随纛散秩官一人、领催二名、骁骑二十名。②

乾隆朝《大清会典》则曰：

> 八旗汉军鸟枪营、炮营，每旗各鼓一、金五。③

既有观点据此认为“汉军骁骑火器营”和“汉军鸟枪营”并行不悖。至于二者的来龙去脉，以及乾隆朝《大清会典》提到的“鸟枪营”“炮营”和

① 王涛：《清军火器、军制与战争——以旗营与淮勇为中心》，博士学位论文，复旦大学，2007，第10~11页。

② 嵇璜等纂《钦定皇朝文献通考》卷192《兵考·十四》，《景印文渊阁四库全书》史部第394册，台湾商务印书馆，1987，第357页。

③ 允祹等纂《大清会典》卷97《兵部·武库清吏司·军器》，《景印文渊阁四库全书》史部第377册，第618页。

汉军火器营是什么关系，则一概不谈。其实，《钦定皇朝文献通考》与《大清会典》固然是治清史最基本的史料，但均属后出文献，落实到清初八旗兵制上，或失之简略，或前后不一。靠这类史料作研究，易将复杂问题简单化，错误在所难免。诠释八旗汉军火器营规制，必须本着史源学的精神，以档案为根基考据，才不至离题千里。

汉军甲兵是火器营的兵力基础。厘清火器营规制的根本，在于还原该营在不同时期领有的兵种。火器营初设时，管束每个佐领的20名马兵鸟枪手，占汉军披甲的2/3。[①] 那么，其余披甲是什么兵种呢？

康熙三十六年，谕：

> jakūn gūsai ujen cooha de. tuwai agūra moringga uksin juwe hacin ohobi. meni gūnin de. tuwai agūra umesi oyonggo. jakūn gūsai ujen coohai moringga uksin be. gemu miyoocan i uksin obufi.
>
> 译文：八旗汉军已作火器、马甲两类。朕思：火器甚要，八旗汉军马甲俱作鸟枪披甲。[②]

此谕宜与雍正元年（1723）汉军副都统李林森所奏参看：

> 惟八旗汉军当年曾另立有火器营，教演鸟枪，骁骑营止习学弓马。[③]

康熙帝将汉军甲兵分为tuwai agūra（火器）和moringga uksin两类，是就八旗汉军之uksin，即披甲或马甲言之。“火器营”的满文是tuwai agūra ing，所辖甲兵统称为tuwai agūrai cooha，直译“火器之兵”，即“火器手”。[④] moringga uksin一词不见于清朝官方编纂的满文词典《清文鉴》。查moring-

① 张建：《八旗汉军火器营的创立》，《历史教学》2019年第14期，第19页。

② 《署正蓝旗汉军都统李淑德奏》（无年月），台北故宫博物院编《宫中档雍正朝奏折》第32辑，台北故宫博物院，1980，第587页。

③ 《正黄旗汉军副都统李林森奏》（雍正元年九月十三日），《雍正朝汉文朱批奏折汇编》第1册，江苏古籍出版社，1987，第932页。

④ 台北故宫博物院藏，《满文起居注册》，114000139，康熙二十三年四月，第22a～b页。

ga 源自 morin（马），义为“马的”，故 moringga uksin 亦可译作“马甲”，但不可与 uksin 所指的“马甲”简单对应。李林森称火器营设立后，汉军甲兵分属火器营和骁骑营，前者操演鸟枪，后者仍照旧制练习弓马，作为传统骑兵。可知 moringga uksin 在此专指练习弓马的马甲。也就是说，汉军佐领的 30 名 uksin 在火器营成立后分为两类：一类是名为马甲，却操演步战的鸟枪手，计 20 名；另一类是骑射手，计 10 名。因此，从康熙二十二年汉军火器营建立起，到康熙三十六年奉旨裁并为止，汉军马甲按装备不同，分属火器营和骁骑营，根本不存在分设“汉军骁骑火器营”和“汉军鸟枪营”的情形。

除鸟枪马甲外，火器营还辖有其他兵种，康熙二十九年纂成的《大清会典》载：

> （火器营）每佐领设拨什库二名、甲兵二十名。[①]

李林森称：

> 伏思，康熙二十二年，编设汉军火器营时，每佐领下领催二名、马兵二十名、敖尔布二名。[②]

“拨什库”是满语 bošokū 的音译，即“领催”，是由披甲充任的小官。敖尔布，即满语 olbo 的音译，本义“褂子”“短褂”，引申为“绵甲”，在清入关前被用来指代绵甲军或步兵，即身披绵甲、步行作战之兵；[③] 火器营成立后，绵甲兵士改为扛抬鹿角木，一律从汉军佐领挑补，每个佐领 2 名，汉文史籍称之为“绵甲人”。那么，清朝是从每个汉军佐领选出 24 名兵丁，组建火器营。结合佐领数目，可粗略推知全营兵数。房兆楹先生根据

① 伊桑阿等纂《大清会典》卷 81《兵部一・八旗甲兵》，台北：文海出版社，1992，第 4035～4036 页。

② 《正黄旗汉军副都统李林森奏》（雍正元年九月十三日），《宫中档雍正朝朱批奏折》，402005013，台北故宫博物院藏。

③ 〔日〕阿南惟敬：《清初の兵制に関する若干の考察》，《清初軍事史論考》，东京：甲阳书房，1980，第 346～347 页。

两部《八旗通志》，逐年统计出八旗佐领数目，据此可算出历年火器营兵数（参见表1）。可见康熙二十二年火器营始创时，八旗汉军共有255个佐领，[①]阖营兵力约为6120名。其中领催、绵甲人各510名、马甲5100名。自康熙二十四年至康熙三十六年（1685～1697）火器营裁并为止，汉军共有265个佐领，营兵约为6360名。其中领催、绵甲人各530名、马甲5300名。

表1　火器营历年兵数一览

单位：人

年份	汉军佐领数目	领催数目	马甲数目	绵甲人数目	总数
1683	255	510	5100	510	6120
1684	260	520	5200	520	6240
1685～1697	265	530	5300	530	6360

资料来源：根据《八旗通志初集》《钦定八旗通志》整理。

然而，表1记载的兵数仅是约数，而非确切的数目。特别是康熙二十八年清廷设立火器营衙门后，每逢出兵，编制有所扩大。次年，准噶尔南进，与清军会战于乌兰布通，不敌而退。战后，康熙帝以火器营为头等军功。[②]从议叙军功的记载看，火器营序列中包括7类兵丁，依次为：（1）“放炮、鸟枪作战之人”（poo miyoocan sindame afaha niyalma）；（2）“执纛之人”（tu jafaha niyalma）；（3）“带小旗领催”（kiru ashaha bošokū）；（4）“押炮披甲”（poo be dahalara uksin）；（5）“挽车步甲”（sejen jafaha yafan i uksin）；（6）“绵甲人”；（7）“抬鹿角木的跟役”（hiyahan tukiyehe kutule）。其中，“放炮、鸟枪作战之人”即炮甲（炮手）和鸟枪披甲。“执纛之人”乃掌火器营大纛之兵。“带小旗领催”指身佩小红旗，在鹿角前指挥射击的领催。以上三类兵丁，除放炮的炮甲外，和扛鹿角的绵甲人都可确定为火器营的旧属甲兵。余下三类兵丁内，“押炮披甲”即护炮之兵，究竟属于火器营兵抑或炮甲和骁骑兵丁，尚难以判断。“挽车步甲”是以八旗各

① Fang Chaoying, “A Technique for Estimating the Numberical Strength of the Early Manchu Military Forces,” *Harvard Journal of Asiatic Studies* 13 (1950), pp. 192 - 215.

② 温达等纂《亲征平定朔漠方略》卷8，康熙二十九年十一月己酉，北京图书馆藏康熙四十七年（1708）内府刻本，第30b～33a页。

兵种内，地位卑下，薪俸微薄，平日看街坐更、查拿奸宄的“步甲”或“步兵”，他们推行炮车或辎重，代马输卒。“抬鹿角木的跟役”并非正兵，而是由兵丁子侄、八旗家奴和雇工人充当的随军仆从，由于绵甲人不足，故选彼等抬鹿角。① 所以“挽车步甲”与“抬鹿角木的跟役”都是战时调往火器营之兵。也就是说，汉军火器营出兵时，除了原属营兵的领催、鸟枪马甲、绵甲人外，还领有炮甲、护炮披甲、步兵和跟役。如果非要说火器营下辖两营的话，从这条史料看，也该是鸟枪营和炮营，而非所谓“汉军骁骑火器营”和“汉军鸟枪营”。可是，就兵丁统一议叙的情况看，汉军火器营、鸟枪营和炮营是否同时存在难以定论，还要从职官设置情况推求。

二　职官制度

火器营的官制，见于《大清会典》：

> 总管（每翼一员，或都统，或副都统兼管）、协领（每旗一员）、参领（每旗一员）、操练尉（每旗五员）、骁骑校（每旗五员）。②
>
> 《旗军志》称：
>
> 置操练尉二员（正五品）、副尉二员（正六品）。一旗置参领一员（正四品）、统领一员（正三品）。四旗置副都统四员、都统一员，即命马军都统、副都统兼任其事。③

李林森所奏，又与《旗军志》不同：

> 每旗协领一员、参领一员、章京十员、骁骑校十员，每翼都统一员、副都统二员，管理八旗。④

① 温达等纂《亲征平定朔漠方略》［beye dailame wargi amargi babe necihiyeme toktobuha bodogon bithe，下略作“《亲征平定朔漠方略》（满文本）”］卷11，康熙三十年闰七月己未，北京故宫博物院藏康熙年间内府精写本，第27a～28b页；刘小萌：《库图勒考》，《满族的社会与生活》，北京图书馆出版社，1998，第187～199页。

② 伊桑阿等纂《大清会典》卷81《兵部一·八旗官制》，第4030页。

③ 金德纯：《旗军志》，北京大学图书馆藏清刻本，第10a～10b页。

④ 《正黄旗汉军副都统李林森奏》（雍正元年九月十三日），《宫中档雍正朝朱批奏折》，402005013。

李林森奏折虽是一手史料，却是追溯四十余年前事，未可轻易否定官私著述的记录。上述记载中，有关协领（gūsai da，即“固山大”）和参领的内容一致，但在总管都统、副都统与基层军官的设置上有别，以下将分别考订之。

就总管一职而言，初设火器营时，“命镶黄旗一等公内大臣都统舅舅佟国纲、正黄旗副都统张所知，为兼管教习鸟枪兵丁总管”,① 以佟国纲掌左翼，张所知统右翼。次年，张所知升任都统。正与《大清会典》所言的两翼各设总管一员的情况相符。康熙二十八年，设立专衙后，每旗以副都统一员钤束火器营（参见表2），《旗军志》谓“四旗置副都统四员”即指此。但从史料来看，这是因为噶尔丹博硕克图征服喀尔喀，边情紧急，预筹战事的临时举措。乌兰布通战后，清朝屡发火器营兵戍边，两翼各选都统或副都统一员领军，在京总管仍相沿不废。如康熙三十一年（1692）备兵大同，左翼派正白旗汉军副都统孙征灏，右翼派镶蓝旗汉军都统诺迈；在京则以镶黄旗汉军都统鄂伦岱、正黄旗汉军副都统李林隆管理。② 表面上维持着每翼设都统或副都统一员，充任总管的制度，实际已有所变化。康熙三十五年，亲征噶尔丹时，出塞火器营官兵打破旧制，以两旗为一营，各营都统、副都统人数不等，如管理镶红、镶蓝两旗之营的大员竟多达5人（参见表3）。不过，这属于临战之举，战后并未沿用。

表2　康熙二十八年兼管火器营副都统一览

姓名	副都统旗分	履历	备注
田象坤	镶黄旗汉军	镶黄旗汉军人，伯父田雄为南明总兵，于顺治二年（1645）缚弘光帝降清。田象坤于康熙四年（1665）袭爵，二十五年六月任本旗副都统。	康熙三十一年降职。雍正二年（1724）三月，授正白旗汉军副都统，闰四月，署正蓝旗汉军都统。雍正四年（1726）革职。
张俊	正黄旗汉军	正黄旗汉军人，康熙二十三年五月任，疑二十六年（1687）解职，次年复任。	康熙二十九年四月去职。

① 《清圣祖实录》卷110，康熙二十二年六月辛卯，中华书局，1985，第122页。

② 温达等纂《亲征平定朔漠方略》（满文本）卷12，康熙三十一年九月辛酉，第31a～31b页。

续表

姓名	副都统旗分	履历	备注
色格印（segiyen，汉文又作色钦、塞格音）	正白旗汉军	苏完瓜尔佳氏，隶正白旗满洲第五参领第四佐领，曾任佐领。康熙二十八年闰三月，由前锋参领任正白旗汉军副都统。	乌兰布通之战表现怯懦，康熙二十九年十月革职，永不叙用。
科尔代（kordoi，汉文又作科尔对）	正红旗汉军	满洲人，康熙二十七年六月，由参领任正红旗汉军副都统，后任右翼火器营副都统。	康熙三十四年六月，调右卫右翼副都统。三十七年（1698）三月，任镶蓝旗满洲副都统。
苏葛（suhe，汉文又作苏赫）	镶白旗汉军	和尔氏，乃满洲旗分之蒙古，隶镶白旗满洲第四参领第十四佐领，曾任佐领。康熙二十七年十月任镶白旗汉军副都统。	康熙三十年十二月，调镶白旗蒙古副都统，次年十月调任满洲副都统，三十三年五月升护军统领，三十六年正月调右卫左翼护军统领，三十八年九月革职。
郎化麟	镶红旗汉军	隶镶红旗汉军第四参领第二佐领，乃崇德七年（1642）编设之世管佐领，曾任佐领。因战功，世袭一等阿达哈哈番加一托沙喇哈番。康熙十年四月，由参领任本旗副都统。	康熙三十一年十二月，升本旗都统，三十七年休致。
喻维邦	正蓝旗汉军	隶正蓝旗汉军第三参领第一佐领，乃崇德年间编设，曾任佐领。康熙二十年十一月，由参领任正蓝旗汉军副都统。	康熙三十八年休致。
张朝午	镶蓝旗汉军	隶镶蓝旗汉军第三参领第四佐领，曾任镶蓝旗汉军第三参领第二佐领。康熙二十六年八月，由参领任镶蓝旗汉军副都统。	康熙五十一年（1712）升广西提督，五十六年（1717）病故。

资料来源：该表据内阁题本及《八旗世袭谱档》《宫中朱批奏折》《清圣祖实录》《康熙起居注》等编成。

清廷委任总管，有一定之规，长期担任火器营总管者仅三人，前两人是佟国纲及其子鄂伦岱（orondai），后一人是诺迈（nomai），皆出身汉军高门。佟国纲系康熙帝生母孝康章皇后之兄，被尊为国舅，自火器营初建便担任左翼总管，直到阵殁于乌兰布通。[①] 其子鄂伦岱至迟在康熙三十一年总管火器营，参与北征军机。父子总管营务 13 年，几与火器营相始终。诺迈是清初

① 杨珍：《康熙皇帝一家》，学苑出版社，1994，第 353 ~357 页。

屡立战功的墨尔根侍卫李国翰之子。他于康熙二十年（1681）出任镶蓝旗汉军都统，在康熙二十七年（1688）接替因故落职的张所知主管右翼火器营，至三十三年（1694）病逝，总管右翼营务7年，头衔是“都统、拜他喇布勒哈番兼管佐领、火器营都统”（gūsai ejen bime. baitalabure hafan. nirui janggin. tuwai agūra ing ni gūsai ejen）。[①]

即便是临时管束的副都统，也非人人可为。以表3开列的8位副都统为例，细究其履历，可分为三种情况。一是出身有军功、入关前降附的汉军家族，如张朝午是天聪五年（崇祯四年，1631）大凌河之战降金，镇压抗清势力有功，赐封太子太保的张存仁之后。[②] 其他如郎化麟、喻维邦皆如此。二是死心塌地的汉奸后裔，如田象坤伯父田雄，曾任南明总兵，却于顺治二年（1645）缚弘光帝降，得封侯爵，世袭罔替。[③] 康熙三十一年后，两番统驭火器营兵出征的孙征灏，则是顺治十四年（1657）降清，导致滇黔洞开、永历政权覆灭的义王孙可望之子。三是满洲官员，如色格印、科尔代、苏葛皆如是。

那么，可以认为，火器营总管一职，确如《大清会典》所言，是两翼各一员，由都统、副都统充任。只是康熙二十八年羽书旁午之际，八旗各自派副都统一员兼管，之后为讨伐准噶尔，调发火器营官兵时，也增派都统、副都统掌兵，属权宜之举而非永久之制。总管皆由汉军世胄、满官及对清廷效忠不二的汉军官员充任，显示满洲统治者既重视这支包含大批藩下人丁的汉军精兵，又暗寓监管防范之意。

表3　康熙三十五年北征火器营统领大臣一览

出塞地	旗分	统领官
独石口（随御营）	镶黄、正白	镶黄旗汉军都统公鄂伦岱、正白旗汉军都统孙征灏、署副都统蓝翎侍卫兴永朝
	正黄、正红	正红旗汉军都统王永誉、正黄旗汉军副都统张所知

① 诺迈谕祭碑拓片，康熙三十三年六月二十三日，北京图书馆古籍部藏。原碑在今北京市房山区羊头岗村西北之“狼家坟”，毁于20世纪70年代，石材用于修建水井。至2018年9月，仍可在井壁上见到约20方碎碑。

② 《张世俊佐领缘由》（无年月），《厢蓝旗汉军呈造佐领世职根源条例家谱册》，“东洋文库”藏。

③ 《镶黄旗汉军一等侯田存德承袭档》，雍正十年闰五月初八日，《内阁八旗世袭谱档》，中国第一历史档案馆藏。

续表

出塞地	旗分	统领官
古北口	镶白、正蓝	正蓝旗汉军都统李正宗、镶白旗汉军副都统雷继尊、正蓝旗汉军副都统喻维邦
	镶红、镶蓝	镶蓝旗汉军都统额驸诺穆图、镶红旗汉军副都统费仰古、赵玥、镶蓝旗汉军副都统宗室巴赛、镶蓝旗汉军副都统张朝午

资料来源：该表据内阁八旗世袭谱档、《亲征平定朔漠方略》等编成。

总管以下，逐旗设立火器营协领、参领各一员，并无异议。唯参领以下，负责日常训练的基层军官职名、人数，记载各不相同。尤其是《大清会典》把参领之下的军官叫作“操练尉”，而李林森却称之为“章京”，这一差异究竟从何而来，有待深究。查火器营初设时，参领以下所设官员为 sula janggin，音译“苏拉章京”。雍正年间，副都统李淑德追溯营务，提到火器营有“另派之协领、参领、苏拉章京、骁骑校（enculeme tucibuhe gūsai da. jalan i janggin. sula janggin. funde bošokū）”。[①] 这条史料并非孤证，康熙二十四年（1685）的《康熙起居注册》也谈及此事：

> 又兵部题火器营每旗添设参领一员，骁骑校二员。上曰：“尔等之意若何?”明珠等奏曰：“火器所关最为紧要，况旗下无职掌闲散章京颇多，似应将伊等补授管理。”[②]

查满文本，“闲散章京”作 sula janggisa，即 sula janggin 的复数。[③] 满文 sula 义为“闲散”，sula janggin 译作“苏拉章京”或“闲散章京”皆可，指没有职掌的小官。看来，清廷从康熙二十四年起，便选拔“苏拉章京”充作火器营训练官了。李林森奏折所云“章京”实指此类。

“操练尉”满文作 urebure kūwaran i janggin，[④] 直译“操练（的）营的

① 《署正蓝旗汉军都统李淑德奏》（无年月），《宫中档雍正朝奏折》第 32 辑，第 588 页。

② 中国第一历史档案馆编《康熙起居注》第 2 册，康熙二十四年四月二十五日，中华书局，1984，第 1323 页。

③ 台北故宫博物院藏，《满文起居注册》，114000151，康熙二十四年四月，第 44b 页。

④ 鄂尔泰等纂《八旗通志初集》（jakūn gūsai tung jy i sucungga weilehe bithe）卷 16，民族图书馆藏乾隆六年（1741）刻本，第 19a 页。

官”。《大清圣祖仁皇帝实录》称康熙二十八年，每旗增设火器营操练官5员，[①]“操练官”与“操练尉”实为一词。据《钦定八旗通志》，雍正时重臣高其位在康熙二十七年（1688）任操练尉，此前他因追论鄂西平叛失利罪夺职，[②]符合无职任闲散章京的条件。可知操练尉设于康熙二十八年之前，由闲散章京出任。前述《大清会典》载火器营两翼各设总管一员，未提每旗设副都统一员专理营务，足见所载制度是康熙二十八年前的旧规。是年扩编后，每旗增设5员操练尉，连同《大清会典》所载原设5员，正与李林森所言10员之数相符。

兵不可一日不练。火器营自协领以下诸官皆为专任而非兼管，必需专业精熟的军官负责日常操演，委用条件相对放宽。从零星史料看，藩下人任官并不稀奇，譬如火器营协领臧世元、操练尉王仪本为孔有德旧部，参领阎琦则是耿藩属下。他们都曾担任过佐领一职，管束原隶藩下的官兵。[③]所以，火器营官员的委用标准不同。总管之职位高权重，必以出身可靠的大员把持虎符；协领以下，则不拘出身，挑补专业军人充任。

综上所述，康熙二十八年建立衙门之前，火器营的官制如《大清会典》所载，是两翼各立总管1员，每旗设协领、参领各1员，操练尉（由苏拉章京充任）5员，骁骑校5员。康熙二十八年后，协领以下官员建置，以李林森所奏较为可靠，即每旗设协领、参领各1员，操练尉10员，骁骑校10员。不过，李氏称火器营两翼各设都统1员、副都统2员总管营务，显然是将统率营兵出征者算入总管之列。可是，即便如此，也该是两翼都统、副都统各1员。那么，多出的1名副都统是怎么回事？这就要回到本节起首关于火器营是否辖有两营的问题上来，既然王涛声称的火器营衙门下属“汉军骁骑火器营”与“汉军鸟枪营”是错误的说法，那么，乾隆朝《大清会典》记载的鸟枪营和炮营是否归火器营衙门约束呢？

---

① 《大清圣祖仁皇帝实录》卷140，康熙二十八年三月丁酉，第535页。

② 纪昀等纂，李洵、赵德贵、周毓方、薛虹主校点《钦定八旗通志》卷191《人物志七十一·大臣传五十七》，吉林文史出版社，2002，第3382页。

③ 《钦定八旗通志》卷22《旗分志二十二·八旗佐领二十二》、卷23《旗分志二十三·八旗佐领二十三》、卷28《旗分志二十八·八旗佐领二十八》，第391、416、484页。他们所属的佐领皆为孔有德、耿仲明旧部，骨干是在前明时接受葡萄牙军人训练的新式部队的后裔。参见张建《八旗汉军火器营的创立》，《历史教学》2019年第14期，第18～25页。

三　鸟枪营与炮营的由来

如前所述，火器营自初建起，便以鸟枪马甲为骨干，但每逢战时，会抽调汉军炮甲、步甲等兵，归入火器营序列。前述议叙乌兰布通之战军功时，火器营就包括炮甲、步甲和跟役。不过，火器营裁并之前，汉军鸟枪披甲和炮甲是分别管辖的。八旗专派副都统一员，料理炮甲、火炮事宜，可自康熙三十四年（1695）备兵右卫事一窥端倪：

> 兵部奏言：所派预备出征之副都统瓦尔达，已授为右卫护军统领。右翼火器营副都统科尔对，已调补右卫。左翼炮营副都统冯国相，已调补右卫。右翼炮营副都统王毓秀病故。伊等员缺，恭请钦简。得旨：以正红旗副都统扎喇克图、镶蓝旗副都统宗室巴赛、正蓝旗副都统喻维邦、正黄旗副都统张所知派出，预备从军。①

是年清朝为远征盘踞漠北的噶尔丹博硕克图，在大同迤西的右卫城驻扎重兵，汉军火器营亦出兵从征。乍一看，汉军似乎分设火器营与炮营的编制，但比勘满文本，便会发现问题。“火器营副都统”满文作 tuwai agūra ing ni meiren i janggin，指右翼火器营总管，固无异议。所谓“炮营副都统”的满文却是 poo de belhehe meiren i janggin，即“备炮副都统”，经管出征炮甲和火炮，并没有炮营的独立编制。② 因此，《大清会典》谈到的“鸟枪营”与“炮营”此时尚非独立营制。这样一来，推断两营何时建立，以及它们同火器营的关系，就显得尤为重要，非遍览档案不能破题。然而，火器营存废不过十余载，存世档案稀少，且碍于现行档案开放制度的限制，很难得出不刊之论。

所幸，李淑德追溯汉军火器营裁并事的折件，提及改易汉军炮、鸟枪纛旗，举出破妄醒谜的要旨：

> te jakūn gūsayooni tuwai agūra ohobe dahame. poo. miyoocan i tu. kiru

① 《亲征平定朔漠方略》（满文本）卷 15，康熙三十四年六月庚戌，第 15b～16a 页。

② 《亲征平定朔漠方略》（满文本）卷 15，康熙三十四年六月庚戌，第 24b～25b 页。

be gemu fulgiyan sikan obuki sembi

译文：刻下八旗既然皆为火器，炮、鸟枪纛、旗俱易作朱髦。[①]

纛乃一军之表，《清文鉴》释之为：

tu. cuse moo i fesin de halbaha maki sindafi. wadan gūwaitahangge be tu sembi. . aliha coohai tu duin durbejengge. bayarai tu golmisahūn ilan jofohonggo. tu i boco gūsa be dahambi. . cooha aba de gaifi yabumbi. . ši ging ni lu sung ni pan šui fiyelen de. terei tu be tuwaci. terei tu debsitembi sehebi. .

译文：纛，竹柄顶置缨，旗幅在侧谓之纛。骁骑纛四角、护军纛长三角，纛色一遵旗色，出兵、畋猎时携行。《诗经·鲁颂·泮水》曰："言观其旗、其旗茷茷"云。[②]

八旗护军、骁骑纛帜不同，出兵、随围携行，万军之中，表表易认，为师旅观瞻所在。火器营初设，康熙帝谕"火器军士皆简练精兵，应表异以别之"，视之为貔貅爪牙，颁赐别样旗纛以彰军威，与他军相别。[③] 裁并营制后，炮、鸟枪纛改标朱髦（fulgiyan sikan），即朱红色缨，意味着地位变化。据乾隆朝《大清会典则例》载，旗下标朱髦之纛有：八旗满洲、蒙古、汉军都统纛（正红旗除外），护军营纛，满洲火器营护军参领、骁骑参领（正红旗除外）纛。[④] 汉军炮、鸟枪纛应比照满洲火器营护军、骁骑参领纛建立，意味着有相对独立的身份。《大清会典》所谓"鸟枪营""炮营"的设立，应自此始。

这一推论，有乾隆年间档案为据。乾隆十九年（1754），会典馆编纂《中枢政考》，已不知鸟枪营来历，咨询兵部，覆称：

① 《署正蓝旗汉军都统李淑德奏》（无年月），《宫中档雍正朝奏折》第 32 辑，第 588 页。

② 《御制清文鉴》（han i araha manju gisun i buleku bithe）卷四，中央民族大学图书馆藏康熙四十七年武英殿本，第 25b～26a 页。

③ 《康熙起居注》第 2 册，康熙二十三年四月初八，第 1165 页。

④ 允祹等纂《大清会典则例》卷 122《兵部·武库清吏司·军器》，《景印文渊阁四库全书》史部第 381 册，第 636 页；允禄等纂、福隆安等校补《皇朝礼器图式》卷一七《武备五》，《景印文渊阁四库全书》史部第 414 册，第 894、900～901 页。

今据厢黄等旗汉军都统咨称：火器营即鸟枪营，每旗金各五面、鼓各一面。炮营每旗亦系金各五面、鼓各一面。[①]

汉军都统称鸟枪营是由火器营转变而来，时间自然是康熙三十六年，火器营裁并后，正与前述炮、鸟枪纛旗改易时间一致。所以，鸟枪营、炮营的建立，是在火器营裁并之后的事。此前，八旗汉军两翼各设火器营总管、备炮副都统，分管鸟枪马甲与炮甲，每逢出征，调炮甲、火炮加强火器营。故李林森折中多出的一员副都统，实为备炮副都统。清朝裁并汉军火器营后，才出现鸟枪营和炮营之名，分别统属鸟枪披甲和炮甲，旗纛随之改易。

结　论

经本节考证，逐渐勾勒出汉军火器营的基本制度，总结如下。

（1）既有观点认为康熙二十八年后，火器营衙门下辖“汉军骁骑火器营”和“汉军鸟枪营”，是靠不住的。八旗汉军每个佐领有 30 名披甲（uksin），其中 20 名是鸟枪马甲，隶属火器营，其余 10 名为练习弓马的传统骑兵，不存在分设两营的兵力基础。火器营初建时，营兵约为 6120 名，后增至约 6360 名，由领催、鸟枪马甲和敖尔布（绵甲人）组成，战时又有所扩充。

（2）火器营的官制在康熙二十八年前后有一定变化。康熙二十八年之前，八旗两翼各设总管 1 员，以都统或副都统充任，之下每一旗设有火器营协领 1 员、参领 1 员、操练尉 5 员、骁骑校 5 员。康熙二十八年后，总管数目视边务紧张、出兵与否，时常变动。协领、参领数目不变，操练尉、骁骑校增至 10 员。

（3）康熙三十六年，火器营裁并后，汉军始有鸟枪营、炮营的建制，分别统辖鸟枪披甲和炮甲，此前从未分设二营。

（作者单位：中国社会科学院近代史研究所）

① 《兵部覆八旗火器营金鼓数目由》（乾隆十九年八月二十七日），《内阁大库档案》，094255－001。

吕留良政治思想的三重向度

韩书安

摘　要：在清初朱子学者群体中，吕留良的政治思想激进主义色彩最为突出。具体说来，在君民之辨上，他批判君主专制，主张“庶人与天子同本”；在王霸之辨上，他抨击汉唐制度，认为“三代以下无善治”；在夷夏之辨上，他固守《春秋》大义，强调“华夷之分大于君臣之伦”。在吕留良的政治思想体系中，君民、王霸、夷夏之辨本质上是公私、义利、文野之辨，它们分别指向政治权力的来源、政治制度的设计和政治活动的宗旨。并且这三重向度之间相辅相成，互为补充，形成一个完整的理论架构。吕留良政治思想的意义，不仅在于他发扬了先秦儒家的民本传统，开拓了宋明理学的外王面向，还在于他从反抗异族政权的起点，走向了解构君主专制的终点。

关键词：吕留良　君民之辨 王霸之辨 夷夏之辨

吕留良（1629 ~1683 年），又名光轮，字庄生，又字用晦，号晚村，浙江崇德（今桐乡市崇福镇）人。作为明清之际一位“别开生面”的朱子学者，其讲学以“尊朱辟王”和“夷夏之防”为显著特征。[①] 在吕氏生前，他所倡导的“尊朱辟王”思想，推动了清初“崇实黜虚”的学风转变；[②] 在吕氏身后，他所揭橥的“夷夏之防”观念，也酝酿了震惊雍正朝的“曾静案”事件。可见，在清代学术思想史中，吕留良是一个极其重要的思想人物。

---

① 吴光：《论吕留良的思想文化成就及其历史地位》，《中共宁波市委党校学报》2010 年第 3 期。

② 张天杰、肖永明：《从张履祥、吕留良到陆陇其——清初“尊朱辟王”思潮中一条主线》，《中国哲学史》2010 年第 2 期。

与张履祥、陆世仪、陆陇其、李光地等清初朱子学者相比，吕留良思想中最具个人鲜明特色的部分体现在他的政治思想方面。钱穆在《中国近三百年学术史》中曾指出，“其（吕留良）发明朱子义理，诚有极俊伟为他家所未及者，而尤在其政论。自朱子卒至是四百余年，服膺朱子而阐述其学者众矣，然绝未有巨眼深心用思及此者。”① 大体来说，吕留良的政治思想，尽管也以程朱理学为基本论域，但因受到明清易代的历史刺激，因而激进主义色彩尤为突出。下面笔者拟从君民之辨、王霸之辨、夷夏之辨三个方面展开，论述吕留良在政治权力的来源、政治制度的设计和政治活动的宗旨上的具体主张。

一　君民之辨：“庶民与天子同本”

如何制约君权以维系民本，这是中国古代政治思想史的一个核心议题。日本学者沟口雄三曾经指出，中国“天”的观念高于王朝统治的权威，形成了对帝王权力的一个有效制约。从汉代到宋代，中国“天”的观念，经历了一个由外在性的天谴论到内在性的天理观的转变。② 但因为政治权力在帝王而不在儒者手中，所以宋儒寄希望于“格君心之非”的道德教化以回归王道政治的理想难以实现。③ 明朝的灭亡，更使得士大夫痛定思痛，总结政治上的经验教训。吕留良从君民之辨的角度对权力来源进行了个人的深刻思考。

吕留良在《四书讲义》中对君主专制之“私”进行了猛烈抨击。他说：

> 秦以后开国之心多从自私自利起念，制度政令皆由此出，凡所以遂民生、兴民行者，一切为因循苟简之术。④

---

① 钱穆：《中国近三百年学术史》，九州出版社，2011，第87～88页。

② 详见〔日〕沟口雄三《中国的天（上）》，《中国的思维世界》，刁榴等译，三联书店，2014，第1～28页。

③ 据《朱子语类》记载，朱熹晚年曾有感慨：先生多有不可为之叹。汉卿曰：“前年侍坐，闻先生云：‘天下无不可为之事，兵随将转，将逐符行。’今乃谓不可为。”曰：“便是这符不在自家手里。”黎靖德编《朱子一·自论为学功夫》，《朱子语类》卷一四〇，中华书局，2011，第2622页。

④ 吕留良：《吕晚村先生四书讲义》，《吕留良全集》卷五，中华书局，2015，第23页。

后世人主无非自私自利心肠，即有限田、劝农、轻赋、节用者也，只是喻于自利，未尝真实为民起念。①

吕留良批判秦以后的君主多是从私心出发，“未尝真实为民起念”。他甚至犀利地讽刺道：“汉唐以来人君，视天下如其庄肆然，视百姓如其佃贾然，不过利之所从出耳。”② 其实，在吕氏看来，归根到底，是“自三代以后，习成一功利世界，己心民心，皆失其正，凡礼乐刑政、制度文为、理财用人之道，纯是私心做就”③。后世君主不知“天子之位，乃四海公家之统，非一姓之私”④，天子不再是公共性的政治职位，而变成了私天下的个人专属，这便是秦汉以后专制政治的根本弊病。为此，吕留良从“理一分殊”的角度，重新论证了君民之间的原初关系。他说：

> 自天子以至于庶人有许多等级，其职业正各不同，然所以不同者，分也，非理也，故曰：“分殊理一。”……庶人无治国平天下之分，然到得修身，则治国平天下之理已具，只看他明明德力量如何耳。其本盛大，则其末阔远；其本浅薄，则其末狭小。直到大德必受命，匹夫有天下，凭修身者，各自做去，固不容越分妄觊，亦未尝禁人自致也。后世自上及下，总不以修身为本，遂将此理看得诧异耳。⑤

吕留良认为，从天子到庶人，虽然有许多差等，但这只是“分”的不同，在根本的“理”上是一致的。庶人修身的功夫做好了，治国平天下之理也具备，甚至“大德必受命，匹夫有天下”，也不是没有可能。这显然发扬了儒家的民本思想传统，否定君权的神圣不可侵犯性。他还说：

> “齐家”即“新民”也，故庶人与天子同本，中间有国有采地治邑者不消说矣。盖从位说下，故云“自天子以至于庶人”，论理其实

① 吕留良：《吕晚村先生四书讲义》，《吕留良全集》卷五，第 412 页。
② 吕留良：《吕晚村先生四书讲义》，《吕留良全集》卷五，第 481 页。
③ 吕留良：《吕晚村先生四书讲义》，《吕留良全集》卷五，第 56 页。
④ 吕留良：《吕晚村先生四书讲义》，《吕留良全集》卷五，第 458 页。
⑤ 吕留良：《吕晚村先生四书讲义》，《吕留良全集》卷五，第 19 页。

> 自庶人以至于天子，天子新民，亦须从庶人齐家道理做起也。[1]

吕留良指出，庶人“齐家”就是天子的“新民”，其道理本质上是一致的，所以“庶人与天子同本”。虽然从位上说，由高到低，是“自天子以至于庶人”；但是从理上说，由先及后，是“自庶人以至于天子”。而“庶人与天子同本”本质上是指君主的爵禄来自庶人的“代耕之义”。吕留良说：

> 代耕之义，上通于君公，直至天子，亦不过代耕之尽耳。天生烝民，俱合一夫百亩，特人各致其能以相生，故有君卿大夫之禄；君卿大夫俱合一夫之食，特其功大者其食倍耳，皆所谓代也。[2]

在吕留良看来，君主权力的起源，实际上来自“代耕之义”。“君卿大夫俱合一夫之食，特其功大者其食倍耳”，他们的区别仅在于此。吕留良指出，爵禄之意“原从庶人始，直推到天子住耳，天子亦代耕之极地也”[3]。他认为先有物质资料的生产，然后才有上层建筑的出现，这固然是基于其地主阶级立场考察的认识，但也符合社会历史演进的客观规律。所以，吕氏还有“天禄本于农禄”的说法。他说：

> 天生民而立之君，必足以济斯民而后享斯民之养，故自天子以至于一命之奉，皆谓之天禄。天禄本于农禄，自农生，故差自农始，由庶人在官者逆推至天子，止此一义……古之天子、诸侯、大夫皆视其禄位为苦事，今则以为乐事，惟以为乐，而民生之苦有不可言者矣。[4]

君主乃上天为民所立，因此“必足以济斯民而后享斯民之养”，所以天禄从根本上说是源自农禄的，因此“古之天子、诸侯、大夫皆视其禄位为苦事”，批评后世君主“惟以为乐，则自然不肯先劳”。吕留良特别强调

---

① 吕留良：《吕晚村先生四书讲义》，《吕留良全集》卷五，第19页。
② 吕留良：《吕晚村先生四书讲义》，《吕留良全集》卷六，第667页。
③ 吕留良：《吕晚村先生四书讲义》，《吕留良全集》卷六，第667页。
④ 吕留良：《吕晚村先生四书讲义》，《吕留良全集》卷六，第668页。

“必先劳无倦，方是天德王道之至”[①]，这无疑对君主的服务意识提出了更高的道德要求。

综上所述，吕留良的君民之辨本质上是公私之辨，他通过对政治权力来源的深入思考，既从“分殊理一”的角度揭示了“庶人与天子同本”，又进一步将之归源为“天禄本于农禄”的“代耕之义”，这无疑体现了他对君主专制的深刻批判。

二　王霸之辨：“三代以下无善治”

如果说君民之辨，是儒家在政道上的根本关切的话，那么王霸之辨，则是儒家在治道上的评价原则。所谓王道，是指以道德为本的仁义政治；而霸道，则是指凭借实力的强权政治。在儒家传统中，尽管以孟子为代表的尊王抑霸是主流观点，但也存在荀子式的主张王霸并用的思想倾向。王霸之辨的政治问题，在宋代则演变为三代与汉唐之争。[②] 朱子和陈亮围绕此问题往来书信二十余封进行辩论，被牟宗三称为“中国学术思想史上一‘郁而不发、暗而不明’之大问题”[③]。及至清初，吕留良仍继续在这一问题上辨析，并且更为强调道德与功利的分疏。

在《四书讲义》中，吕留良坚持朱子“三代专以天理行，汉唐专以人欲行”的根本立场，对陈亮功利之说多有批评。他说：

> 功利之恶，浸淫人心，孟子以后，千载犹惑，学士大夫于此不曾分明，安得有学术事功？陈同甫以汉文帝、唐太宗接统三代，而朱子力辨之，正为此也。[④]
>
> 世间只有这两条路：不喻义即喻利，中间并无隙地可间歇一班人。而且喻义者必远利，喻利者必贼义，中间更亦无调停妙法可两不相妨。[⑤]

---

① 吕留良：《吕晚村先生四书讲义》，《吕留良全集》卷五，第295页。

② 韦政通说：“从哲学史的观点看，三代与汉唐之争，实则是孟轲王霸之辨的延续。”韦政通：《中国哲学辞典》，吉林出版集团有限责任公司，2009，第48页。

③ 牟宗三：《政道与治道》，吉林出版集团有限责任公司，2010，第207页。

④ 吕留良：《吕晚村先生四书讲义》，《吕留良全集》卷五，第547页。

⑤ 吕留良：《吕晚村先生四书讲义》，《吕留良全集》卷五，第144页。

在吕留良看来，王霸问题的争论，其实质是义利之辨。只有消除功利之心，才能复现天理流行。所谓“不喻义即喻利，中间并无隙地可间歇一班人”，二者丝毫不能妥协。他甚至认为：“天下之生，一治一乱，然有天理之治乱，有气化之治乱。三代以上，其治乱皆天理为主；三代以下，其治乱皆气化为主。圣人所论有道无道，正指天理之治乱。”[①] 他以天理气化来评价历史治乱，彻底否认三代以下的政治，无疑体现了朱子学的严格主义作风。并且，为了实现“三代之治”的理想世界，吕留良主张从恢复封建、井田、学校等具体制度着手：

> 问如何富之，曰：“行井田。”问如何教之，曰：“兴学校。”此心是实心，此政是实政，舍此虽圣人亦无他具也。三代以下无善治，然此理自在，不可以其不行而遂谓终不可行也。[②]

吕留良强调，井田、封建、学校，是“古圣人为天下后世计至深远矣”[③]，区别王者和霸者的关键在于他们是否肯行三代的制度：“王者之妙，全在井田、学校等法制，霸者富强，无其心，不得其道，故不能为，即天地亦各有分限而不能为，惟王者参赞化育，上下与天地同流，乃能为之，此谓王道。故以三者虽极重大，然只可谓王道之始也。”[④] 在吕留良的心中，封建、井田、学校三项制度还只是“王道之始”，理想的政治蓝图是“王者参赞化育，上下与天地同流”。

既然三代的王道政治这么理想完美，那为何汉唐以来却没有到得重现呢？吕留良认为，原因就在于“后世汉唐以来，非无贤君治世，然只在上节中运用，到王政便不能行”[⑤]。针对陋儒认为封建、井田等制度“必不能复古”的言论，他激烈地反驳说：“也只为世间无参天地之人，胸中并无

---

① 吕留良：《吕晚村先生四书讲义》，《吕留良全集》卷五，第367页。
② 吕留良：《吕晚村先生四书讲义》，《吕留良全集》卷五，第301～302页。
③ 吕留良：《吕晚村先生四书讲义》，《吕留良全集》卷五，第118页。
④ 吕留良：《吕晚村先生四书讲义》，《吕留良全集》卷五，第524页。
⑤ 吕留良：《吕晚村先生四书讲义》，《吕留良全集》卷五，第525页。

此见识榜样，辄道汉唐以下所为，便是王道，岂不谬哉！"① 他特别从理势的角度分析封建井田兴废的原因：

> 封建井田之废，势也，非理也；乱也，非治也。后世君相因循苟且，以养成其私利之心，故不能复返三代，孔孟程朱之所以忧而必争者，正为此耳。虽终古必不能行，儒者不可不存此理以望圣王之复作，今托身儒流，而自且以为迂，更何望哉！②

吕留良指出，封建、井田的兴废，都是时势偶然所致，并非天理之必然。只是因为后世君相出于私利之心，才不能复归"三代之治"。所以，他极力批评曲学阿世的儒者是"孔孟之罪人"，不知"权势随道转，道不随权势转"的原则。在封建、井田、学校三者之中，吕留良尤其措意于封建，他认为"欲正万世之利害，非封建不可"，批评"世儒谓封建必不可行者，只是私心"。他说：

> 自秦以后，天下之大患坐废封建故也。向使封建不废，则天下之国星罗棋布，各战其地，即有尾大跋扈之祸，亦楚弓楚得耳，自古岂有不亡之国耶？自封建不行，则大藩重镇尚足以屏翰王家；宋艺祖杯酒释兵权，就是暴秦一国私心，自以为子孙万世无患，孰知靖康德祐，子孙屠醢殆尽，率由病弱之弊。谁生厉階，又将孰咎耶？故吾尝以为欲正万世之利害，非封建不可，然苟非乐天保天下之主，无一毫查滓于胸中，则封建亦必不能复行也。③

吕留良指出，后世帝王之所以不复行封建，只是出于权力的私心。但是郡县的弊端是强干弱枝，导致中原政权经常沦陷于异族。他认为封建的弊端比郡县要小得多，"即有尾大跋扈之祸，亦楚弓楚得耳，自古岂有不亡之国耶"？这无疑表现出其消极防卫的文化民族主义的心态。尽管其中

① 吕留良：《吕晚村先生四书讲义》，《吕留良全集》卷五，第525页。
② 吕留良：《吕晚村先生四书讲义》，《吕留良全集》卷六，第586页。
③ 吕留良：《吕晚村先生四书讲义》，《吕留良全集》卷五，第534页。

充满了道德判断高于历史判断的个人偏见，但也体现了他不向现实政治屈服的理想主义色彩。

要而言之，吕留良的王霸之辨本质上是义利之辨，他通过对政治制度设计的复古主张，严厉抨击汉唐制度，揭示“三代以下无善治”，表达了其对明清易代的现实政治的不满。

三　夷夏之辨：“华夷之分大于君臣之伦”

夷夏之辨，或称华夷之辨，是古代中国用来区分华夏与夷狄内外关系的一种文化观念。从先秦到汉唐，儒家的夷夏观是一种开放的态度，主张“诸侯用夷礼则夷之，进于中国则中国之”[①]，强调以文化而不以种族作为两者的分界。宋代以后，由于受外在环境的刺激，“中国”意识逐渐凸显，近世民族主义开始兴起，夷夏观开始走向保守。[②] 在“天崩地坼”的明清易代之际，面对清军入主中原的政治现实，为了解构异族政权的合法性，明遗民群体普遍更强调“夷夏之防”。这可以看作他们在武装抵抗失败之后，转而走向的文化抗争之路。作为一名严格主义的朱子学者，吕留良在这方面体现得尤为突出。

在《四书讲义》中，当讨论到“子贡曰管仲非仁者与章”时，吕留良认为，“此章孔门论出处事功节义之道，甚精甚大”[③]。孔子为什么称赞“管仲不死公子纠而事桓公”的事迹为仁者的行为呢？在吕留良看来，管仲辅佐齐桓公“尊王攘夷”重于他对公子纠的“君臣之义”，这“实一部《春秋》之大义”的体现。但是为了防止“后世苟且失节之徒，反欲援此以求免”[④]，他特别强调节义的重要性：

> 君臣之义，域中第一事，人伦之至大。若此节一失，虽有勋业作为，无足以赎其罪者。若谓能救时成功，即可不论君臣之节，则是计功谋利，可不必正谊明道。开此方便法门，乱臣贼子接迹于后世，谁不以救时成功为言者，将万世君臣之祸，自圣人此章始矣。看微管仲

① 韩愈：《原道》，《韩昌黎文集校注》，上海古籍出版社，2015，第19页。
② 葛兆光：《宅兹中国——重建有关“中国”的历史论述》，中华书局，2011，第42页。
③ 吕留良：《吕晚村先生四书讲义》，《吕留良全集》卷五，第323页。
④ 吕留良：《吕晚村先生四书讲义》，《吕留良全集》卷五，第323页。

句，一部《春秋》大义，尤有大于君臣之伦，为域中第一事者，故管仲可以不死耳。原是论节义之大小，不是重功名也。①

“正其谊不谋其利，明其道不计其功”是儒家的一贯宗旨。吕留良指出，作为“域中第一事”的《春秋》大义，它所揭橥“夷夏之防”的节义，远大于“君臣之伦”的功名。他之所以如此反对“乱臣贼子接迹于后世”，其直接出发点是告诫读书人“圣贤于出处去就、辞受取予上不肯苟且通融一分，不是他不识权变，只为经天纬地事业都在这些子上做，毫厘差不得耳”②。为此，他极力批评“从来尊信朱子者，徒以其名而未得其真”：

紫阳之学，自吴、许以下，已失其传，不足为法……今示学者，似当从出处去就，辞受交接处，画定界限，扎定脚根，而后讲致知主敬工夫，乃足破良知之黠术，穷陆派之狐禅。盖缘德祐以后，天地一变，亘古所未经，先儒不曾讲到此，时中之义，别须严辨，方好下手入德耳。③

吕留良认为，朱子学的真正精神，必然是落实在立身实践上，“从出处去就，辞受交接处，画定界限，扎定脚根”，坚守民族气节，辨明夷夏之防。仕元的吴澄、许衡无疑和宋末的文天祥、陆秀夫、谢枋得形成鲜明对比，所以他感慨“德祐以后，天地一变，亘古所未经”。在《真进士歌颂黄九烟》篇末，吕留良写道：“请看保［宝］祐四年榜，六百一人何麒麟。宇宙只存文、陆、谢，其余五甲皆灰尘。今日有君便无彼，那得令彼不发嗔。如君进士方为真，天下纷纷难立身。半非略似君尚云，此曹岂复堪为人。”④ 宋理宗宝祐四年（1256），进士及第者共有六百零一人。吕留良认为只有像文、谢、陆这样的爱国志士才能流传千古，而其他降臣“岂复堪为人”，连做人的资格都没有。容肇祖评此句时说，吕氏“真是骂尽

① 吕留良：《吕晚村先生四书讲义》，《吕留良全集》卷五，第323页。

② 吕留良：《吕晚村先生四书讲义》，《吕留良全集》卷六，第656页。

③ 吕留良：《与高汇旃书》，《吕留良诗文集》，浙江古籍出版社，2011，第15～16页。

④ 吕留良：《真进士歌颂黄九烟》，《吕留良诗文集》，第338页。

了一切降臣了”①。

吕留良之所以严判夷夏之辨，是因为在他看来，明清鼎革不仅是政权的更迭，还是文化的沉沦。这在他《题如此江山图》和《钱墓松歌》两首诗中体现得尤为明显。曾静就是读到这两首诗后，深受感染，“华夷之见横介于中心”②，激发了其民族观念。由于两诗篇幅过长，下兹引有代表性的数句：

其为宋之南渡耶，如此江山真可耻。其为崖山以后耶，如此江山不忍视……吾今始悟作画意，痛哭流涕有若是。当时遗老今遗民，自非草服非金紫……以今视昔昔犹今，吞声不用枚衔嘴。画将皋羽西台泪，研入丹青提笔泚……人生泪落须有情，为宋为元请所倚。为宋则迂元则狂，两者何居俱可已……尝谓生逢洪武初，如瞽忽瞳跛可履。山川开霁故壁完，何处登临不狂喜……兴亡节义不可磨，说起一部十七史。十七史后天地翻，只此一翻不与亡国比。故当洪武年间观此图，但须举酒追贺画图氏。不特元亡不足悲，宋亡之恨亦雪矣……为我泼墨重作图，收拾残山与剩水。③

又曰：

紫云宋松围一丈，万苍明松八尺余。所争二尺颇不足，主人疑彼年岁虚。我谓主人勿复疑，今古岂争尺寸殊。紫云未必五百寿，固当系之在德祐。万苍不止三百多，只合题名洪武后。其中虽有数十年，天荒地塌非人间。君不见三代不复千余载，汉高唐太犹虚悬。不妨架

① 容肇祖：《吕留良及思想》，《容肇祖全集》（二），齐鲁书社，2013，第655页。

② 张熙在《大义觉迷录》中说：“犯师曾静看见其中有《钱墓松歌》及《题如此江山图》，始而怪，即（既）而疑，继而信。以为吕留良生长江浙大地，其议论文章为天下人宗，夫岂有差？又限于素来不识本朝得统之正远迈商、周之盛，因此华夷之见横介于中心，加之当今皇帝之龙德贤于尧舜者，无由得知于云山万里之僻壤。而犯师曾静，初以错会华夷之分，而误听谣言蛊惑，既以误听谣言蛊惑，而大昧夫君臣之大伦。”中国社会科学院历史研究所清史研究室编《大义觉迷录》，《清史资料》第四辑，中华书局，1983，第110页。

③ 吕留良：《题如此江山图》，《吕留良诗文集》，第345～346页。

漏如许日，何况短景穹庐天。除却戌年与末日，宋松明松正相接。寄语新松莫痴绝，偷得春光总无涉。[①]

诗中以宋元兴亡比喻明清易代，不难看出吕氏的情绪颇为复杂：一方面感叹“如此江山不忍视”“天荒地塌非人间”，愤懑抑郁之情，藏于心中；另一方面笃信“不妨架漏如许日”“收拾残山与剩水”，慷慨激昂之意，溢于言外。大抵吕留良的诗学宗旨，以辨别夷夏为第一义，因而其毫不妥协之民族观念，在诗歌中体现得深沉而厚重。

显而易见，吕留良的夷夏之辨本质上是文野之辨，他通过对政治活动宗旨的道德观察，固守《春秋》大义，主张“华夷之分大于君臣之伦”，强调夷夏之间的本质文化差异，显然是为其反抗清廷政权提供理论上的依据。

总结

牟宗三在《政道与治道》中曾说：“宋明儒者，因偏重内圣一面，对于外王一面，毕竟有不足。长期之不足，形成内敛之过度，其弊即显道德意识之封闭，而不能畅通于客观事业。明末诸儒值逢天翻地覆之时，其共同意识乃在反省历史文化之传统而要求向外开，即要求外王一面之郑重。此要求本是‘内圣外王’之教之固有本分。”[②] 明清之际的士大夫，确实在“外王一面”上，较之前贤有所开拓。作为一个不仕二姓的前朝遗民和严格主义的朱子学者，吕留良“以狂者之性格，而勉为狷者之行径”[③]，因而在政治思想上的激进主义色彩比较突出。具体说来，在君民之辨上，他批判君主专制，主张“庶人与天子同本”；在王霸之辨上，他抨击汉唐制度，认为“三代以下无善治”；在夷夏之辨上，他固守《春秋》大义，强调“华夷之分大于君臣之伦”。在吕留良的政治思想体系中，君民、王霸、夷夏之辨，本质上是公私、义利、文野之辨，它们分别指向政治权力的来源、政治制度的设计和政治活动的宗旨。并且这三重向度之间相辅相成，

① 吕留良：《钱墓松歌》，《吕留良诗文集》，第 393 页。

② 牟宗三：《政道与治道》，第 186 页。

③ 钱穆：《吕晚村学述》，《中国学术思想史论丛》卷八，安徽教育出版社，2005，第 148 页。

互为补充，形成一个完整的理论架构。而吕留良政治思想的意义，不仅在于他发扬了先秦儒家的民本传统，开拓了宋明理学的外王面向，还在于他从反抗异族政权的起点，走向了解构君主专制的终点。因此，作为一股“执拗的低音”，吕留良的政治思想，不仅惊起了清代专制统治的涟漪，而且还汇入近代民主革命的浪潮，[①] 对中国历史进程产生了深远影响。

（作者单位：浙江大学人文学院）

① 关于吕留良对近代民主革命的影响，可参见史曜菖《选家、逆贼到英雄：从文化事业看吕留良的清代形象递嬗与意义》，（台湾）《中级学刊》2014 年第 8 期。

七种生年说的迷雾

——李安德神父生年考

李华川

摘　要： 清前期中国神父李安德的生年问题，由于李安德自己在不同时期面对不同对象时有七种不同说法，一直笼罩在重重迷雾之中。在逐一分析了七种说法的出处和背景之后，本文认为李安德本人不清楚自己的生年，是造成悬疑和歧义的主要原因。进而，本文借助李安德启蒙老师白日昇的两处记录，推断李安德出生于1695年。我们发现，在考证这个问题时，本应是有力证据的内证，反而是制造迷雾的始作俑者；而本只起辅助作用的外证，却成为确认生年的关键。可是，即使遇到这种出人意料的情况，借助有力的外证，我们仍然能够接近真相。考证研究的复杂和魅力，由此亦可窥见一斑。

关键词：《李安德日记》　巴黎外方会　内证　外证

清前期巴黎外方会中国神父李安德的生年，在笔者的相关研究中，一直是一个很大的困惑，就好像一个在异乡航行的水手，遇到了经久不散的迷雾，总是寻不到港口的位置。从2019年前接触《李安德日记》开始，笔者就注意到，不同的学者在各自的著作中，以及同一学者在不同的论述中，对此说法各异，分歧明显，在时间上相差数年，却极少有学者对此加以说明，遑论辨析、考证。也许有些研究者认为这并不是一个重要问题，不值得花费精力考证清楚，毕竟篇幅巨大的《李安德日记》中还有许多其他问题有待研读、解析。不过，笔者认为，如果我们不能以穷根究底的态度来讨论生年问题，那么《李安德日记》中更多的繁难疑义，我们似乎也可以不求甚解，何必费心费力，反复推究呢？依此逻辑类推下去，考证研究的意义也要被消解，变得可有可无。基于对考证方法的尊重，更是为了让自己心安，为解开心中多年的困惑，笔者颇费了一番的功夫，尽可能地搜集有关记录，期待可以拨开笼罩在李安德生年问题上的迷雾。

讨论一个历史人物的生年，当然首先应该依据其本人的说法，即所谓“内证”。很多时候，如果某位古人对于自己的年龄有一种明确的说法，就已经是很幸运的事了，据此即可推断其生年。通过对《李安德日记》和《李安德信札》这两种第一手史料的翻检，我们发现其中至少有十四处李安德或是直接提到自己的年龄，或是提供了有关年龄的线索，这些信息对解决生年悬疑相当便利，这个问题本可以迎刃而解。但令人吃惊的是，事与愿违，依据李安德本人十四处记录推算出的生年，竟然有七种之多，这就不但没有令问题变得简单，而且增加了难度，为这个问题罩上了一层浓雾。我们将这七种说法胪陈如下，以虚岁推算其生年，并一一加以分析。

1. 第一说：1687 年

1756 年 7 月 8 日，李安德在日记中抱怨，与巴黎外方会的法国教士相比，中国本土教士被人认为是二等成员，甚至到了 70 岁，也不能说是法国教士的同事。本土教士处处需要依赖外籍长上的指导，盲目服从他们的命令。[①] 按照虚岁推算，李安德应生于 1687 年。不过，细读相关文字，我们会看到，很明显，李安德此处是在表明，即使一个中国神父到了 70 岁的高龄，仍然得不到平等对待。这是在表达一种不满情绪。此处的 70 岁，更可能是一种夸大的说法。

2. 第二说：1691 年

李安德有两次认为自己生于 1691 年。第一次是在 1763 年 12 月 30 日，此时已临近他以日记形式报告四川教务结束的时候。次年 3 月 10 日，他的日记即戛然而止。在西历 1763 年的最后一日，他为自己的日记写了一个结尾，郑重地献给外方会长上。他在日记中对长上说，你们以后不必再等待一个 73 岁老人的此类报告了。“这个老人满怀悲伤，忍受着来自内部和外部痛苦的折磨，老年人的疾病也让他精疲力竭。他感到身体的虚弱，已接近他的终点。”[②] 此处，李安德以非常伤感的情绪，感叹生命接近尾声。而

① André Ly, “Sichuan, Chronique d’une mission au XVIIIe siècle,” *Journal d’André Ly*, traduction Colette Douet, Paris: Éditions You Feng, 2012, p. 565.

② André Ly, “Sichuan, Chronique d’une mission au XVIIIe siècle,” *Journal d’AndréLy*, p. 1003.

事实上，他之后的生命还有 12 年之久。第二次是 1768 年 7 月 5 日，他在一封致布日果（Brigot）主教的书信中，自称已 78 岁。他伤感地写道："对于使命，我已没有任何用处，好像一棵不再结果的枯树，最好不久后就被砍掉。我像一个外邦的博士那样，日夜忧伤，想要从枯槁躯壳的牢笼中挣脱出来，以求感受救世主耶稣的神圣存在。"① 年老力衰的李安德认定自己生于 1691 年，此时此刻，他并没有虚报年龄的动机，从他书信行文的清晰、正确来看，也没有因年龄太高而昏瞀糊涂。

3. **第三说：1692 年**

这种说法出现了两次。第一次是 1761 年 12 月。雍乾时期，天主教传播被明令禁止，李安德的传教活动只能秘密进行，但他还是多次被官府逮捕。这一年，四川兴起教案，李安德两次被府县官抓去讯问，在被华阳知县和成都知府审问时，他都说自己 70 岁。② 依此说法，他应生于 1692 年。不过，当年适逢乾隆帝太后 70 寿辰，全国大庆。李安德因年老，只是象征性地受到惩戒，便被释放。从当时的历史情境推测，70 岁很可能是虚高的说法。第二次是 1763 年 9 月 24 日。华阳知县拘捕李安德，询问其年龄，李自称 72 岁，③ 这与不到两年前也被华阳县审问时的说法保持一致。可以认为，这只是重复不久之前的说法，也有虚高之嫌。

4. **第四说：1693 年**

这种说法也出现了两次。第一次是 1754 年 6 月，李在成都郊外被捕，同时被捕的还有法国传教士费布仁（Urbain Lefebvre）神父。华阳知县和成都知府在审问时，李回答自己是陕西汉中府城固县人，今年 62 岁。④ 依次可推算其生于 1693 年。与上文他面对官府讯问时的回答相比，此次说法晚了一年。可见，他应对官方的说法并不一致。第二次是 1760 年 7 月 25 日，李安德在回答传信部从罗马向四川传教士提出的问题时，自称 68 岁，⑤ 由此可推算其生于 1693 年。在这封回信中，李安德对于自己的履历

① AMEP, vol. 437, 1768 - 7 - 5.

② André Ly, "Sichuan, Chronique d'une mission au XVIIIe siècle," *Journal d'André Ly*, pp. 784, 788.

③ André Ly, "Sichuan, Chronique d'une mission au XVIIIe siècle," *Journal d'André Ly*, p. 982.

④ André Ly, "Sichuan, Chronique d'une mission au XVIIIe siècle," *Journal d'André Ly*, p. 452.

⑤ André Ly, "Sichuan, Chronique d'une mission au XVIIIe siècle," *Journal d'André Ly*, p. 757.

有相当具体的描述，他说自己 9 岁来成都，14 岁在澳门从铎罗主教手上行落发礼，20 岁去暹罗修院，1722 年晋铎，已在四川工作 27 年，等等。如果认真推究起来，除了在川工作 27 年之外，其他年份信息或是难以成立，或是颇有疑问有待确认。在面对传信部时，他并没有隐瞒、篡改时间的动机，这只能说明他的记忆出了严重问题。

5. 第五说：1694 年

这一说法出现了三次，是次数最多的说法。第一次是 1753 年 7 月 17 日，他前往合州巡视教区，一路上目睹庄稼被水、火灾害破坏，惨状令人心惊，感叹自己虽已 60 岁，但从未见过如此悲惨的景象。[①] 第二次是 1753 年 12 月 31 日，他参加一个教民的葬礼，触景生情而哀叹道："我已 60 岁，不知道哪一天要面临死亡。"[②] 以他当时的心境，绝无可能有意虚构年龄，他此时认定自己 60 岁，可推算生年是 1694 年。第三次是 1765 年 7 月 16 日，他在一封写给罗马传信部的信中，称自己在 1708 年 15 岁时，铎罗主教为其行落发礼。[③] 此时，李安德年事甚高，已退出通常的传教工作，隐居在成都郊外，致力于培育修生。对于在澳门行落发礼一事，他的记忆有一年的误差，也是情有可原的。他一生中有三次说自己生于 1694 年，本来是可以令人相信的，但考虑到第三次出现了明显的记忆偏差，这种说法的准确度也就令人怀疑了。

6. 第六说：1695 年

这一说法出现了两次。第一次是 1760 年 7 月 25 日，他在答复传信部的询问时，说自己 9 岁去成都。[④] 根据其启蒙师白日昇神父（Jean Basset, 1662—1707）的书信，能够认定李安德于 1703 年 7 月 3 日至成都，以此推算其生于 1695 年。第二次是 1762 年 8 月 12 日，在给外方会的报告中，李说自己从 9 岁开始就受到巴黎外方会的抚育，至今已 62 年。[⑤] 从白日昇 1703 年开始教导李安德这一事实可以推算，他此时认为自己生于 1695 年。不过，62 年的说法是明显的错误，应该是 59 年才符合事实。

---

① André Ly, "Sichuan, Chronique d'une mission au XVIIIe siècle," *Journal d'André Ly*, p. 395.

② André Ly, "Sichuan, Chronique d'une mission au XVIIIe siècle," *Journal d'André Ly*, p. 430.

③ AMEP, vol. 446, 1765 - 7 - 16.

④ André Ly, "Sichuan, Chronique d'une mission au XVIIIe siècle," *Journal d'André Ly*, p. 756.

⑤ André Ly, "Sichuan, Chronique d'une mission au XVIIIe siècle," *Journal d'André Ly*, p. 878.

7. **第七种：1696 年**

这一说法两次出现在其书信中。第一次是 1757 年 8 月 26 日，在其写给勒庞神父（Le Bon）的信中，自称 22 岁赴暹罗。[①] 考其赴暹罗时间为 1717 年，可推算其生年为 1696。第二次是 1760 年 8 月 6 日，在另一封写给勒庞的信中，自称 1709 年在澳门行落发礼时 14 岁[②]，则其生年为 1696 年。值得注意的是，5 年以后，他在致传信部的信中又称自己是 1708 年 15 岁时行的落发礼。这足以证明李安德对于自己年龄的记忆相当模糊，他的各种说法都需要谨慎考证，才可取信。

纵观以上分析，据实而论，除了第一种说法是孤证，难以采信之外，其他六种说法都有二三条证据支持，如仅凭文本当时的历史情境，殊难判断哪些是李安德有意虚构的，哪些是他的记忆出了差错的。我们不得不认为，李安德生年问题的混乱，是其本人一手造成的，就是说，李安德神父对于自己的生年实则并不十分清楚，在其漫长的人生中，不同时期，面对不同的对象，他会有不同的表述。那么我们不禁要问，在这六种说法中哪一种更接近事实呢？难道没有进一步考证的可能吗？幸运的是，确实存在两条极重要的线索，帮助我们接近真相。不过，这两条线索并不来自李安德本人的记录，而是出自其启蒙师白日昇神父之口的“外证”。

白日昇在 1703 年 8 月 19 日写给已不在国内的四川宗座代牧梁弘任主教（Artus de Lyonne，1655—1713）的信中，提到自己两个月前从陕西汉中府回成都的经历。他这样写道：

> 我还带走了三个学童，一个 12 岁，一个 8 岁，一个 7 岁。前两人是用他们的坚持和泪水获得父母的允许，来这里跟我受教育的。第三人是其父亲求我带走的。[③]

同年 10 月 4 日，在另一封同样致梁弘任的信中，白日昇对这三个学童有进一步的介绍：

---

① AMEP，vol. 446，1757 - 8 - 26.

② AMEP，vol. 446，1760 - 8 - 6.

③ François Barriquand、Joseph Ruellen，*Jean Basset（1662 - 1707），pionnier de l'Eglise au Sichuan*，Paris：Éditions You Feng，*2012*，p. *303*.

> 我带给梁弘任先生（François Martin de la Baluère，1668—1715）三个学童，其中一个得了极危险的疟疾；另一个太小，只有7岁，还呆头呆脑；第三个11岁的学童满怀诚意，学得非常好。生病的学童只有8岁，他看起来像20岁了，这是一个小天使。天主很可能将要招他进入天使之国。①

白日昇所提到的3个学童中，有一个必是李安德，我们需要做的是确认哪一个是他，然后即可依此确认李的生年。我们先看最年长的学童，白日昇在前一信中先是说他12岁，在不到两个月之后，又在后一信中说他是11岁。以常情度之，前一个年龄是此童或其父母最初告诉白日昇的年龄，等到白日昇自己与其相处数月之后，了解到孩子的准确年龄是11岁，所以，此童年龄应以后者为准。考李安德的好友党怀仁神父也是这次追随白日昇离开陕西的，作为李安德的同学，党怀仁的早期求学经历与李安德几乎完全一致。党神父于1745年5月6日去世，享年54岁。② 以当时国人的传统习惯，他的年龄应为虚岁，即其生年为1692。而1703年，按法国神父白日昇的习惯，要以实岁计算，那么党怀仁就是11岁。可以确定，3个学童中最大的是党怀仁。而且，我们也可以推定，白日昇是以西方人的实岁来计算年龄的，那么，7岁和8岁的学童也是实岁。

我们再来看这个7岁的学童。李安德、党怀仁从陕西来成都的第二年，即1704年9月17日，白日昇在给梁弘任的信中，又提到了4个学童，其中前两个被认为是好孩子。第三个是四川人，是其父将他交给白日昇的，希望能得到良好的教育，但其母并未同意。第四个是一个陕西的青年，因信仰天主教而受其父亲责打，故逃离家庭，跟随白日昇学习。③ 很明显，第三个四川孩子不是那个一年前离开陕西的7岁幼童，第四个青年的经历与那个呆头呆脑的儿童更无法匹配。前两个“好孩子”，毫无疑问，是李

① François Barriquand、Joseph Ruellen, *Jean Basset* (1662 - 1707), *pionnier de l'Eglise au Sichuan*, p. 335. 编者将书信年份标为1702年，有误。

② AMEP, vol. 443, 1745 - 8 - 10.

③ François Barriquand、Joseph Ruellen, *Jean Basset* (1662 - 1707), *pionnier de l'Eglise au Sichuan*, pp. 552 - 553.

安德和党怀仁。那么，1703 年来成都的 7 岁学童，实际上已经不在白日昇身边了，他很可能无法继续学习，不得不退出了。此外，在 1705 年 7 月 13 日的信中，白日昇又提到三个学童，除了李、党二人外，就只有那位四川独子了，① 这是 7 岁学童退出的另一证据。我们知道，李安德一直是追随白日昇、梁弘任二位老师的，因此能够肯定，此 7 岁幼童并非李安德。于是，我们只剩下一种选择，即那位染病的 8 岁学童才是李安德本人。

确定了 1703 年入川的 8 岁学童是李安德之后，在上文中，我们也已认为白日昇当时是以实岁计算的年龄，那么能够确认，李安德生于 1695 年。

依据李安德自己的说法和白日昇的描述，我们考证出了李的生年。如果依照考证的惯例，我们把李的说法称为内证、白的描述称为外证的话，就会发现在这个问题上，本应是有力证据的内证，反而是制造迷雾的始作俑者；而本应只起辅助作用的外证，却成为确认生年的关键。究其缘由，李安德本人不清楚自己的生年、又在不同时期有不同说法，是造成歧义的主要原因。可是，即使遇到这种出人意料的情况，借助有力的外证，我们仍然能够接近真相和事实，考证研究的复杂和魅力，由此亦可窥见一斑。

（作者单位：中国社会科学院古代史研究所）

① François Barriquand、Joseph Ruellen，*Jean Basset*（1662 – 1707），*pionnier de l'Eglise au Sichuan*，p. 563.

事难两全：清政府襄办天津德租界的过程

彭丽娟

摘　要：1895年，德国以“助收辽地”有功为由，顺利在天津划立德国租界。时隔一年，德国要求开办租界。在与清政府酌商租界开办事宜时，德国总以“酬劳为辞”，不仅以贱值收买腴地，而且试图曲解租界合同内容，引起清廷交涉官员的不满，并激起当地绅民的强烈反对。清政府外则“对付西人”，内则“开论百姓”，使用额外贴补百姓的方法化解德国与当地绅民间的矛盾。因而，清政府一跃成为德国与天津绅民间房地转让的中间人、交涉事务的主要承担者。最终，清政府以贴补银十二万两，百姓以迁坟让地为代价，襄助德国成功开办天津租界。

关键词：天津租界　《天津德国租界合同》　中德交涉

1895年，德国以“助收辽地”有功为由，向清政府提出在天津划立租界。清政府为表示“酬劳之意”很快同意。1895年10月30日，津海关道盛宣怀、天津道李岷琛与德国驻天津领事官司艮德（Baron Albert Evan Edwin Reinhold Freiherr von Seckendorff）签订《天津德国租界合同》[①]，天津德国租界正式设立。双方划定租界之后，因德国出价太低，遭到当地绅民的坚决抵制。一方面是德国挟收辽之功步步紧逼，另一方面是民情激愤且小民可怜，两难之下，清政府不得不“由官筹款”对让地百姓进行贴补。天津地方官员随即对德国租界内的地亩、房屋进行清查，估定其价值，1896年四月将查得情况造册提交给德国驻天津领事官。至当年末仍无回文，得不到答复与德国缴价，清政府无法开展下一步的租界交涉事宜。来

① 北洋通商大臣王文韶致总理衙门《咨送订立天津德国租界合同由》，《外交档案》，台北：中研院藏，馆藏号：01－18－049－02－019。

年五月，新任天津领事官的艾思文（Dr. jur. Rudolf Eiswaldt）奉德国国家命令要求开办天津租界。中德天津租界交涉事务时隔一年接续进行。

关于天津德租界的开办，目前学界对此并无关注，仍是研究的空白点。由此，本文即拟在台北中研院馆藏清代官方档案基础上，论述当德国要求在天津开办租界时，清政府与百姓的态度如何；面对德国人与百姓之间的矛盾，清政府又是如何应对的。希望在此基础上，深化对清末中外交往中官民关系的认识，探讨清政府在近代中外交涉中角色的转换。

一 交涉中断：清政府第一次襄办租界

1895 年 10 月 30 日，津海关道盛宣怀、天津道李岷琛与司艮德画押了《天津德国租界合同》。此后双方开始进行立定界石、谕知绅民、核定房地价值等事。

升任津海关道的李岷琛主要负责处理德国租界界内事务。李岷琛与天津府县官员首先分别丈明界内地亩，查得德国“所指之地，除不应租外，尚有六百余亩”[①]。此处议价开办多有为难之处.

（1）买地议价甚为不易。紫竹林附近一带房地价值因英法美三国在此立界经营、商务日盛而日贵一日，动辄数百两。恰好此时美国副领事丁家立（Charles Daniel Tenney）以“每亩价银三百五十两”购买了界内李姓园地一处，界内百姓均将其“指为时价”；亦有人“每房地基一亩索价银七百两”；更为甚者，“租界附近有千金一亩者，即墙外一二里内，亦须数十金一亩”[②]。李岷琛认为，德租界与英租界相近，房地价值自应比照核给，[③]但 1895 年的租界合同议定，德国不管地亩肥瘦、位置好坏，一概以 75 两给价。对此，绅民皆不愿以此价格贱售土地。为尽快了结此事，清政府打算在德国给价之外另外筹款补贴绅民。又因财力困窘，清廷无法给百姓统一地价，所以将土地分作数等分别定价给值。清政府根据当时“近河者时

① 北洋通商大臣王文韶致总理衙门《德国在津开办租界情形由》，《外交档案》，馆藏号：01－18－049－03－004。

② 津海关道李岷琛致总理衙门《天津德国租界事》，《外交档案》，馆藏号：01－18－049－03－009。

③ 北洋通商大臣荣禄致总理衙门《办理天津德国租界筹垫各款请咨部拨给由》，《外交档案》，馆藏号：01－18－049－03－014。

价较优，近海大道者时价较次”的原则估价，将界内土地分为两类，即自海河河堤起向西60丈以内为沿河地，60丈以外为沿海大道地。这两类土地又各分为6等，一共确定了6等12项地价。[①] 根据1895年12月1日王文韶的报告，可知当时估定的地价分等，具体见表1。

表1　清廷拟定的六等低价一览

等级	地亩类型	沿海河者	沿海大道者
一	庄台高地	240两/亩	200两/亩
二	未经筑垫之高地	200两/亩	160两/亩
三	田园地	150两/亩	100两/亩
四		120两/亩	80两/亩
五	洼地	100两/亩	80两/亩
六	水坑地	60两/亩	40两/亩

资料来源：根据1895年12月1日王文韶致总理衙门报告统计整理。

清政府议给上等地亩240两，余以类推，最次地亩给价40两。每处地方加上德国允给的75两均价，上等地亩可获价315两，最次地亩为115两。由此可以看出，尽管清政府努力筹补地价，且高者是德国给价的数倍，仍旧无法均给每亩价银350两的时价。因而，绅民对此地价并不满意，“该地户等动众百十妇女以死相拼”[②]。面对这种情况，天津府县官员不敢轻易行动，以免造成更大事端。天津府县官员只得以维持中德两国邦交为由多方劝导，多数绅民才勉强答应出让土地。对于始终不愿让地的绅民，清政府只能以暴力强使出卖。

（2）迁民让地实为不易。土地清查完毕之后，天津府县官员即开始进行查明房数、估定房价的工作。中方官员查得界内房屋鳞次栉比，共有350余户，大半居民是多年前从英法租界内移居至此的，已安居乐业30余年。现今住户又不得不为议定德国租界所累，迫不得已面对再次迁徙的困境。而围墙内外当下实在没有闲地可让绅民觅地移居，所以绅民多不愿迁

① 北洋通商大臣王文韶致总理衙门《德国设立租界择定地址抄稿咨呈由》，《外交档案》，馆藏号：01－18－049－02－022。

② 北洋通商大臣王文韶致总理衙门《德国买地一事拟由津海关道持平作价请示遵行由》，《外交档案》，馆藏号：01－18－049－02－007。

移。又经天津府县官员多次劝谕，答应多付给房价，绅民才愿移居他处。房屋的估价见表2。

表2 天津府县拟定的房屋价格一览

房间类型	房间数目（间）	每间估价（两）	总价值（万两）
砖灰瓦房	180	80	1.4400
砖灰草房	514.5	42	2.1609
土草房	499	30	1.4970
总计	1193.5		5.0979

李岷琛认为，紫竹林一带房屋价值如同地价一样日益昂贵，较从前大不相同，别处亦无法与之相提并论，绅民每间索价200两。此次估定的房价中上等房每间80两，最下者30两，因而“以上房价均系一再酌减，核实估计”①。界内各住户以估价无法支付重新盖房屋的费用，纷纷要求酌予增加。一方面，李岷琛与天津府县官员苦口劝慰住户顾念中德邦交按期迁移；另一方面，“当此人多地窄之处，百物腾贵之时，择地营居，事事不易”②。李岷琛“剀切致函”德国驻津领事，告知清政府无法在估定价值的基础上进行核减，也无法承担弥补房价的重任，因而“务请照估付价”。

（3）迁移坟冢亦属不易。德租界内有浙江官栈、闽粤会馆、闽粤义园、头二等大学堂及绅民坟墓。德国只允许存留浙江官栈、闽粤会馆与头二等大学堂房基，此外“官产余地分毫不准留出”③，并“欲将绅民坟冢一概迁徙”④。天津地方官员查得界内包括闽粤义园在内约有数十亩坟地，有“尸棺二千四百余具”“无血食者二千具”⑤。也就是说界内的庙宇、围墙边的炮台、大学堂墙外的隙地都必须全部迁让。这一部分的交涉因牵涉官

① 北洋通商大臣王文韶致总理衙门《办理天津德国租界情形由》，《外交档案》，馆藏号：01-18-049-02-025。

② 北洋通商大臣王文韶致总理衙门《办理天津德国租界情形由》，《外交档案》，馆藏号：01-18-049-02-025。

③ 津海关道李岷琛致总理衙门《天津德国租界事》，《外交档案》，馆藏号：01-18-049-03-009。

④ 北洋通商大臣王文韶致总理衙门《德国在津开办租界情形由》，《外交档案》，馆藏号：01-18-049-03-004。

⑤ 《申报》第8007号，1895年8月5日，第1页。

产，经由李岷琛与司艮德的多次筹商，暂从缓议。从 1895 年 12 月立定界石到 1896 年 5 月历经半年，李岷琛与天津府县官员分别丈明地亩、核算房数、估定房地价值，造具清册后，分送德国驻津领事署与总理衙门。光绪二十二年三月初一日（1896 年 4 月 13 日），司艮德请假回国，德国外部调派驻厦门樊德礼领事（Ch. Feindel）署理天津租界事务。李岷琛只得将查估明确的界内房间数目及其估价账簿函送至樊德礼处，供其复查。[①] 可是，直到年末德国方面都没有给予相关回文。在没有得到德国正式回文的情况下，清政府也无法继续进行下一步租界开办的事务。

同时，仁记洋行以南、闽粤会馆以北一区，即大土地庙——天津美国租界归属问题又生波澜。在 1862 年或稍后，清政府有意让美国在天津建立一个专管租界，但驻津美领事以来华美国商人屈指可数为由，将租界中房产、地亩并归招商局管理。1880 年美国驻津领事孟良（Jr. Willie P. Mangum）照会津海关道郑藻如，以日后有权恢复行政管理权为前提归还租界，由天津海关代管。[②] 鉴于美国对天津租界多年失于管理的情形，德国在初次议定天津租界时，即有意吞并美租界。不料，1895 年 7 月 31 日，美国驻华公使田贝（Charles Denby）照会李鸿章称，“无论现欲将原拨美国租界让与何国，立即停止”[③]。田贝的声明，意在不允许清廷将天津美国租界划给德国订立租界。鉴于美国出认天津租界，德国无法吞并这大约 131 亩的土地，为弥补损失，司艮德要求“会馆公地一概不能剔除”[④]，并提起购置闽粤义园余地之议。最终，双方议明暂时将美租界一段留出缓商。如果中国不将此地让给他国作为租界，则仍归中国管辖。

光绪二十二年三月二十七日（1896 年 5 月 9 日），美国国务院声明：“中国从前允给本国天津租界，本国国家允许不要，不归本国管辖。”[⑤] 这是自 1880 年后，美国再次声明放弃天津美租界的管理权。对此，清政府同

---

① 北洋通商大臣王文韶致总理衙门《办理天津德国租界情形由》，《外交档案》，馆藏号：01－18－049－02－025。

② 林京志：《天津租界档案史料选》，《历史档案》1984 年第 1 期。

③ 林京志：《天津租界档案史料选》，《历史档案》1984 年第 1 期。

④ 总理衙门致德国公使绅珂《函复天津议设德租碍难促办希饬领事相机妥商定议由》，《外交档案》，馆藏号：01－18－049－02－016。

⑤ 北洋通商大臣王文韶致总理衙门《德欲展拓租界据理驳覆由》，《外交档案》，馆藏号：01－18－049－02－026。

样没有给予明确回复由中国收管美租界。五月二十一日（1896 年 7 月 1 日），李岷琛接得美国驻津领事此宣布放弃天津美租界管理权的照会。同日，樊德礼来一照会，要求清廷按照《天津德国租界合同》续议第一款的规定办理——美国声明不要天津美租界，即清廷应将其全界永租与德国。美国虽照会清政府不要天津租界，但并未直接言明将此地划归德国，且并未履行外交手续。所以李岷琛多有顾虑，不敢即刻将美租界划拨给德国，也没有正面回复美国领事由清政府接管天津美租界。在樊德礼的催促下，李岷琛不得不再次与美国驻津领事进行确认。李岷琛遂于五月二十五日（1896 年 7 月 5 日）回复美国驻津领事，说明美国即允诺不要天津租界，现今若让与他国，“日后贵国要在天津另立租界，非但地仄难于指拨，即贵国亦不忍再令中国有此为难之事”[①]。并于此日，回复樊德礼，称美国驻京大臣倘若“应允美国日后不于天津再索租界，其地即归贵国租用”[②]。经由李岷琛查勘，美租界一区共计地 34 亩、住民 98 户、民房 600 余间。[③] 因此地不在《天津德国租界合同》议定开办之内，德国如果希望获得该地，还需要统筹协商，另行办理。

天津德租界于 1895 年 10 月 30 日订立合同后正式划立。清政府的官员在德国要求以低价购得地亩的情况下，用半年时间协助德国核算清楚界内房地数目、估定其价值。李岷琛等原以为德国给予应付价值，租界开办事务就可一气呵成。但是，此时德国的外交与军事战略重点已经转移到了租占胶州湾问题上，德国无法抽身处理天津德国租界事务，这一点可以从这一时期德国驻津领事调任频繁中考察到。司艮德离任后，由樊德礼于 1896 年 6 月接任，同年 9 月，樊德礼就因生病赴烟台调养，后又请假回国治疗，德国外交部只得允准副领事古朋阿（B. Krause）署理天津领事篆务。光绪二十二年十月三十日（1896 年 12 月 4 日），古朋阿称奉外交部札文，交卸

① 北洋通商大臣王文韶致总理衙门《德欲展拓租界据理驳覆由》，《外交档案》，馆藏号：01－18－049－02－026。

② 北洋通商大臣王文韶致总理衙门《德欲展拓租界据理驳覆由》，《外交档案》，馆藏号：01－18－049－02－026。

③ 北洋通商大臣王文韶致总理衙门《德国在津开办租界情形由》，《外交档案》，馆藏号：01－18－049－03－004。

驻津领事事务，由艾思文署理。[①] 实际上，艾思文直到光绪二十三年（1897）七月份才真正接任天津署务，由此形成1896年至1897年中德交涉的大段空窗期，相关交涉事务一再延搁。这一搁置，就是一年。

二　重启交涉：清政府第二次襄办租界

事隔一年，1897年，德国正式照会清政府需要开办天津租界。德国公使海靖（Baron Von Edmund Heyking）照会总理衙门称，奉“本国外部咨文”，内令其“将天津租界开办”，随即转告驻天津领事艾思文与津海关道李岷琛商议开办天津德租界。[②]

1897年五月初，艾思文要求在1895年议定的德国租界界内，先行给价租用减河[③]以北、围墙以内的梁家园、靳家园、小王庄、大土地庙四村房地。在检查往年天津德租界存卷时，艾思文发现所有减河以北可租地亩，尚有不明确之处。他估计减河以北可租地亩约250亩，按每亩75两给价，即预备先将银1.875万两作为地价银送至李岷琛处查收。艾思文建议，由双方官员连同地主再次详细丈明减河之北可租地亩，假如不到250亩，剩余银两即归入支付日后减河以南的地价。而对于减河以北所有房屋之价值，艾思文另外提出异议，他称：“所有访闻本处洋人、公正人暨熟悉工程之人，均云此项房价太贵。”[④] 直言李岷琛去年拟定的5万余两房价太高，是未能详查、疏忽所致。因而，艾思文拟请先送银3.5万两作为租用减河以北所有房屋之价值。无论地价还是房价，他承诺只要李岷琛允准，银两便可即日送达。艾思文强调，清政府给德国天津租界，是因清政府“有所感激”；并认为李岷琛办理租界开办事，“亦必同有此意”，希望其尽快协助办理。[⑤]

① 北洋通商大臣王文韶致总理衙门《德驻津领事艾思文署理由》，《外交档案》，馆藏号：01－15－033－03－017。

② 德国公使海靖致总理衙门《天津租界请饬关道与领事和衷商办由》，《外交档案》，馆藏号：01－18－049－03－001。

③ 减河，是为减杀河流水势，分泄洪水，防止洪水漫溢而致河堤决口，由人工开掘出的河道，古称减水河。减河可以直接入海、入湖，或在下游再重新汇入干流。参见中华书局辞海编辑所修订《辞海试行本（第16分册）·工程技术》，中华书局，1961，第227页。

④ 北洋通商大臣王文韶致总理衙门《德国在津开办租界情形由》，《外交档案》，馆藏号：01－18－049－03－004。

⑤ 北洋通商大臣王文韶致总理衙门《德国在津开办租界情形由》，《外交档案》，馆藏号：01－18－049－03－004。

李岷琛在收到艾思文来函后，酌量开办此事，无奈进展不顺。李岷琛查得1896年天津府县官员勘明立界地址，与司艮德商定地价。地亩价值按租界合同规定，每亩75两清算如下：减河以北围墙内可租之地为“一百七十八亩八分三厘三毫九丝”，除去工程局地“三十四亩九分六厘一毫”、河淤地“二十九亩三分四厘”，净地“一百十四亩五分三厘二毫九丝”，共计估价银“八千五百八十九两九钱六分七厘五毫”；围墙以内共350余住户，土瓦房1193间半，估价银5.0979万两。[①] 出于以下三点的考量，李岷琛认为租界开办事务“实与今年创办无异”[②]，需要重新派天津府县官员按户核查清楚，进行买地议价、迁民让地等事，然后出示晓谕，才可定期领价交收。一是，此时恰值学宪院试，天津府县各级均须办考。地方又有拐匪之案，民教不安。[③] 二是，界内居民自中德订立租界合同以来，虽然知道此处地亩已经属于他人，但是当时清廷出示的晓谕，并未写明开办准期，因而绅民仍旧在界内安居。三是，德国所定租界自去年清查造册后，事隔一年，难保民间土地、房屋没有私相授受之事。因而，李岷琛只是暂时虚应，并未应允艾思文将房地价值估计全额送交。同时，另有两事让李岷琛踌躇不已：一是，《天津德国租界合同》中议明中国工程局不领价值让地，德国承诺按照亩数指定另一地调换使用，但是德国一直没有确定地址，所以中国工程局无法搬迁，无形之中阻碍了租界开办的顺利展开；二是，李岷琛无法应允德国先前言明的无法与绅民酌商房地各价的情况。艾思文欲将银1.875万两作为租用减河以北之地价，另外支付租用减河以北所有之房价银3.5万两。李岷琛认为，中国已在地价方面贴赔甚巨，无力再帮补房价。“若非中国国家有所感激，决不能如此办法”，希望艾思文按照合同办事，查照估价全数拨付。[④] 李岷琛指出，此次德国划定的租界之地较英法大至一倍有余，此次仅开办围墙以内250余亩地，“约计此次赔

---

① 北洋通商大臣王文韶致总理衙门《德国在津开办租界情形由》，《外交档案》，馆藏号：01－18－049－03－004。

② 津海关道李岷琛致总理衙门《天津德国租界事》，《外交档案》，馆藏号：01－18－049－03－009。

③ 北洋通商大臣王文韶致总理衙门《德国在津开办租界情形由》，《外交档案》，馆藏号：01－18－049－03－004。

④ 北洋通商大臣王文韶致总理衙门《德国在津开办租界情形由》，《外交档案》，馆藏号：01－18－049－03－004。

垫在十万金上下，现尚待筹措无的款也”[1]。

此后一段时间，艾思文并未给王文韶回文，而是将此事禀明海靖，称津海关道“并不通融办理此事，无故藉端辩驳以致难于办妥”[2]。海靖随即于五月十九日（1897 年 6 月 18 日）照会总理衙门，请其转饬北洋通商大臣与德国领事和衷商办租界开办事，“以期租界地基、房屋早归德国管业”。五月二十三日（1897 年 6 月 23 日），总理衙门转知王文韶，问道：“今该使称无故藉端辩驳，此中是何轇轕？该领事是否格外刁难，及应如何区处免滋口实之处。”[3] 同日，总理衙门回文海靖，已命北洋通商大臣转饬津海关道妥善办理，希望海靖多为体谅；并指出，德租界新开，开办之事难免不多有棘手之处。

李岷琛在接到王文韶的咨文后，只得加快办理租界事务的脚步。李岷琛与艾思文约定于六月初六日（1897 年 7 月 5 日）同往界内查勘地亩、房基情况。不料李岷琛突然“患极重感冒，畏寒发热，不能出房”，向王文韶请假数日，所以未能应约前往租界督同查办，[4] 而是另派官员李荫梧于六月初八日（1897 年 7 月 7 日）会同津海府县督饬在事各员，在距德领事办事处不远处着手开办租界。对此，艾思文并未深信。艾思文认为李岷琛虽患感冒，实际并不严重。李岷琛爽约不赴，实为推诿，敷衍了事。并指责其“于本署领事所欲者、所拟者、所要者一概未允照办”，以至于现在所办事务也与总理衙门允诺之处多有不符。[5] 艾思文将李岷琛借端爽约不赴、拖沓办事之处禀告海靖。海靖另于六月初十日（1897 年 7 月 9 日）照会总理衙门，切请转饬直隶总督立饬津海关道，会同德国驻津领事尽快商订办结德租界开办的相关事务，并附要挟。海靖直言，若再不从速办理，

---

① 津海关道李岷琛致总理衙门《天津德国租界事》，《外交档案》，馆藏号：01－18－049－03－009。

② 德国公使海靖致总理衙门《天津租界请饬关道与领事和衷商办由》，《外交档案》，馆藏号：01－18－049－03－001。

③ 总理衙门致北洋通商大臣王文韶《天津德国租界转饬妥办由》，《外交档案》，馆藏号：01－18－049－03－002。

④ 北洋通商大臣王文韶致总理衙门《抄送德领事艾思文催办天津租界来往照会由》，《外交档案》，馆藏号：01－18－049－03－006。

⑤ 北洋通商大臣王文韶致总理衙门《抄送德领事艾思文催办天津租界来往照会由》，《外交档案》，馆藏号：01－18－049－03－006。

“自应与现在暂驻京之本国水师提督商定另外之法，以免本国政府所订条约受损”[①]。王文韶在对此事一一进行了回应。首先，他就李岷琛因病未能赴约的情况小心翼翼地进行了解释。其次，对于海靖欲与德国水师提督另商办法一事，他认为，“似彼此商办事件，可以不须有此举动”。最后，他承诺立即敦促李荫梧及相涉官员先行办理此事，“一俟李岷琛病势稍可支撑，即当饬令早日销假”，以便会同艾思文商办此事。[②]

总理衙门在了解天津地方官开办租界的种种为难情形后认为，事即如此，应早为设法办结“以联邦交”。并称，即便租界事务已隔一年“亦无难”，德国给予的房地价值与绅民心里预期的价格虽稍有参差，但“不妨略与通融”，由清政府填补差价。总理衙门叮嘱王文韶不能因为房地价值与迁坟让地等事留下口实，“为德不卒转贻笑柄”[③]。同时，总理衙门回复海靖，告知其津海关道与天津府县官员会办租界的种种难为之处，也对李岷琛初六日会勘爽约之事进行了解释。而对于海靖想要与驻京德国水师提督另商解决办法，总理衙门指出，1895 年清政府“特允贵国国家所请，于天津、汉口两处添设德国租界，此意不为不厚”，而且“此似非水师提督所应管，于贵国与中国素敦和好之意，亦有未符”[④]，希望海靖顾及中德两国睦谊素敦，多多体谅处理天津租界交涉事宜之官员们与地内百姓们的种种不易。从这对内对外的话语中可以体察到，作为行政中枢的总理衙门，在处理外交事务中，肩负疏通与调节的中间人责任。

不久，身体转好的李岷琛就偕同天津府县官员一起清查地亩民房，酌定房地价值。在尽可能减少中国贴赔数额的情况下，李岷琛加快办理租界事务的过程以使德国满意。天津地方官员复查得此次仅办的围墙以内地方——减河以北地方，共计可租地“二百五十三亩二厘四毫六丝”，内除工程局地“三十四亩九分六厘一毫”、河淤地“三十二亩七厘三毫三丝”，按照合同

① 德国公使海靖致总理衙门《天津开办租界请饬关道会同领事妥速商订由》，《外交档案》，馆藏号：01－18－049－03－005。

② 北洋通商大臣王文韶致总理衙门《抄送德领事艾思文催办天津租界来往照会由》，《外交档案》，馆藏号：01－18－049－03－006。

③ 总理衙门致北洋通商大臣王文韶《天津德国租界即饬该道会商妥结由》，《外交档案》，馆藏号：01－18－049－03－007。

④ 总理衙门致德国公使海靖《照复天津德租界希饬艾领事会同该道和衷商办由》，《外交档案》，馆藏号：01－18－049－03－008。

无须德国付给价值外，还剩净地“一百八十五亩九分九厘三丝”。每亩按75两算，总计银“一万三千九百四十九两二钱七分二厘五毫”。应迁民户441家，计砖瓦灰草房、门楼过道、窝铺、柴棚共1775间半，又续添盖房屋60间半。房屋价格方面，绅民要求每间给价200两，德国亦无法答应。因此，清廷只得承诺另外给予绅民补贴，“惕之以威，复示之以恩”，地户才勉强答应迁移。[①] 最终议定：“上等房屋，每间给价银八十两，次者七十两；上等砖灰屋每间给价银六十两，次者五十两；上等土屋每间给价银四十两，次者三十两。”[②]

对于德国给予的低额地价与要求的酌减房价，“不独华官有赔贴之累，且户主亦未免深受其亏”，“各村民户多有不欲领银者，嗣经府尊传集绅耆者，再三劝谕，始唯唯乐从”[③]。潮建广三帮商人因德国给予的房地价值太低，不欲领银，“联名具禀督院”恳请再加款额。王文韶批示称：“办理租界乃国家万不得已之举，一切章程自有大例，若一处另筹加款，何以对数百户穷苦商民。”并认为，潮建广三帮商人为“旅寓大帮”，更应共体时艰，格外急公，方为体面，这才可使数百户地主没有异词。[④] 无论普通地户的以死相拼，还是旅寓商帮的联名具禀，绅民的反应都是清政府意料可及的。

界内的房地价格，基本议定完毕。剩有三事，仍需时日商议。一是，头二等学堂在围墙外有地十余亩，德国不允存留，而学堂又非要留存此地不可。二是，此次德国开办界内有浙江官栈，是中国海运储积粮米之区，“门前有沿河余地二亩四分零，为上栈下儎经由之处”[⑤]。门前沿河余地是中国漕务必不能少之地，若遇米有潮湿，即可在此晾晒。九月初五日（1897年9月30日），王文韶向总理衙门禀明此事，提醒总理衙门若德国公使来署商办，一定要与之力辩论，不得租让此地为上。三是，闽粤义冢一区竖立石界，虽然租界合同载明存留，但艾思文定要租用，民众亦不得

① 津海关道李岷琛致总理衙门《天津德国租界事》，《外交档案》，馆藏号：01－18－049－03－009。

② 《直隶：天津德租界》，《萃报》1897年第2期，第13页。

③ 《中国要务：直隶天津德租界》《萃报》1897年第2期，第13页。

④ 《交涉：天津德租界事》，《集成报》1897年第17期，第41页。

⑤ 北洋通商大臣王文韶致总理衙门《天津德新租界内有浙江官栈一所艾领事拟请示德使乞与商办由》，《外交档案》，馆藏号：01－18－049－03－013。

应允。最终清政府允诺多加地价与迁葬费，绅民才答应迁坟让地。

与此同时，王文韶缮写告示晓谕绅民，中德划地交房议定事。王文韶饬发李岷琛在减河以北大土地庙、梁家园、靳家庄、小王庄四村张贴政府晓谕，要求对减河以北各地段分别等次发价，在规定时间内完成迁房让地事务，将减河以北租界如期交割于德国。随后，天津府县官员给予“应用之地各业户”执照，令于“开局时持住领银”。艾思文要求于公历 9 月底一律交割，“公历九月即中八月”[①]。从绅民收到租价银之日算起，到公历 10 月 1 日交割，只有两个多月的时间。也就是说，最迟中历九月初六日交割。李岷琛以绅民买地建房须渐次进行为由，与艾思文商量。艾思文不容稍缓时日，只答应除给房价银及 10 两搬家费外，再给四村居民一月租房费用，并额外按户酌给津贴银两。如果靳家园、梁家园、小王庄三村地户中有来不及搬家的，亦同意可将现有房屋租给原主居住，“从公历十月初一日起归德国收取租费”[②]。而今得此，绅民也情愿依限交割。李岷琛将房地各价照章发给绅民，“所难者，四百余户一时迁徙恐不能克期而待耳”[③]。晓谕申令“务于本年九月内，一律迁让”，并谓“如有无知者愚民，勾串土棍出而滋事者，定行严办”[④]。最后声明：“自经交割，即公历十月初一日以后，所有界内拨归德国，永租地方统归德国经理管业。”[⑤]

德国租用减河以北地亩的中方“垫款”均是“暂时设法挪凑”[⑥]。减河以北交割房地中方共计贴补费[⑦]如下：地 250 余亩，计 1.6 万两；房屋 1700 多间，计 1.37 万余两；迁葬费 4200 余两；闽粤义冢补贴 7000 两；梁

① 津海关道李岷琛致总理衙门《天津德国租界事》，《外交档案》，馆藏号：01－18－049－03－009。

② 北洋通商大臣王文韶致总理衙门《德国租界已妥办了结由》，《外交档案》，馆藏号：01－18－049－03－013。

③ 津海关道李岷琛致总理衙门《德租界大局界定领事格外刁难惟学堂地址尚费唇舌由》，《外交档案》，馆藏号：01－18－049－03－010。

④ 《直隶：天津德租界》，《萃报》1897 年第 2 期，第 13 页。

⑤ 北洋通商大臣王文韶致总理衙门《抄送德国新设租界地段告示由》，《外交档案》，馆藏号：01－18－049－03－012。

⑥ 北洋通商大臣荣禄致总理衙门《办理天津德国租界筹垫各款请咨部拨给由》，《外交档案》，馆藏号：01－18－049－03－014。

⑦ 北洋通商大臣荣禄致总理衙门《办理天津德国租界筹垫各款请咨部拨给由》，《外交档案》，馆藏号：01－18－049－03－014。

家园栈房房地基、局用薪水等计 5900 两，共计 4.68 万余两。[①]

另外，美租界一区方圆虽不及一里，“南则矿务局，北即招商局，东栈中间朱家胡同已成市场，民房二三千间”。经李岷琛亲自查勘，认为清廷无法着手将美租界让与德国。李岷琛据理力争，与艾思文会商数月，最终“彼亦无如我何，因而罢议”[②]。

至 1897 年年末，天津德租界减河以北开办事务全部完成。

三　交涉接续：清政府第三次襄办租界

在德租界减河以北地区交割清楚，李岷琛造具清册照送艾思文查收接管的同时，艾思文亦照会李岷琛，德国打算接续开办减河以南“五百余亩”[③] 地区。

1898 年春，李岷琛派相涉官员勘办德国租界内所有减河以南的原拨地段。查得减河以南可租地共计五顷三十一亩，留地三顷八十二亩，[④] 棚窝铺共 46 间。[⑤] 此处住户虽少，但有坟数千冢，艾思文要求必须全部迁让。因而，德国开办减河以南地亩的困难之处就在于绅民坟地是存留还是迁移的问题上了。《天津德国租界合同》内载有三条与之有关的条款，规定：

> 第五款　官栈旁有一义园寄存灵柩之所，德国应允永不要让，不必移动，并永不抽收捐税各等项。每逢节令祭扫之事，德国亦不禁阻。惟德国工部局所出章程亦须遵守。
>
> 第十三款　德国可租地界内若有坟墓，德国不得自己移动，应照旧存留。但该坟如有子孙情愿自己起迁改葬者，德国应给葬费银每棺

① 北洋通商大臣荣禄致总理衙门《办理天津德国租界筹垫各款请咨部拨给由》，《外交档案》，馆藏号：01－18－049－03－014。

② 津海关道李岷琛致总理衙门《天津德国租界事》，《外交档案》，馆藏号：01－18－049－03－009。

③ 北洋通商大臣王文韶致总理衙门《德国租界已妥办了结由》，《外交档案》，馆藏号：01－18－049－03－013。

④ 北洋通商大臣王文韶致总理衙门《津海关道禀复德租界减河以南津绅坟地留难情形请查核示遵由》，《外交档案》，馆藏号：01－18－049－05－001。

⑤ 北洋通商大臣裕禄致总理衙门《德国租界地价分别付清统归德国管理已缮发告示由》，《外交档案》，馆藏号：01－18－049－03－016。

一两。

续议第十三款　将来德国官拟在租界内作马路，如有坟墓于作马路有碍，德国领事官须请中国官令有坟墓者使其迁移。如有绅士坟墓实在不愿迁移者，马路亦应设法稍让。

三个条款涉及坟茔的存留、迁移与祭扫问题。1895 年的租界合同规定，存留浙江义园、闽粤义地及绅民坟茔。1897 年，开办租界减河以北一区，德国要求闽粤义园必须全部出让，绅民坟茔也要一概迁移。此时开办减河以南地区，艾思文亦要求出让所有的坟墓占地。

李岷琛督饬天津府县官员勘明减河以南一区的坟墓地址，造册函送艾思文查核。光绪二十四年闰三月初一日（1898 年 4 月 21 日），艾思文回函，陈述以下几点：（1）德国租界减河以南地亩除二等大学堂照约存留外，其余各处“无论系坟地或道路一切均归本国永租”，每亩仍按 75 两给价。（2）经德国工程师锡纶查勘，查得减河以南可租地亩共计“七顷六十一亩三分二厘”。“其内有大学堂外地一段，东至闸口，西至海大道桥，北至减河，南至路，计十二亩三分”[①]。（3）坟墓存留一事，“若非修筑马路而坟墓有碍，及该坟子孙情愿自己迁葬，则坟冢仍应照旧存留。凡坟冢以外之地，自然用以修盖房屋、建造厂栈等。至向坟冢有无出入之路自不能顾，即偶有一路，所有民间祭扫之事，本国及工部局皆可禁止，亦可力为拦阻”[②]。并请李岷琛按租界合同规定，交价过三个月即至六月初三日（1898 年 7 月 21 日）将减河以南各地全行交付德国接收。

同时，艾思文将减河以南的地价、房价清算如下：减河南可租之地“七顷六十一亩三分二厘”，除去二等大学堂地“十二亩三分”，净地七顷四十九亩零二厘，按每亩 75 两银算，地亩银共“五万六千一百七十六两五钱”；8 户搬家费 80 两，36 间房屋给价 1188 两；房地总价值共计“五万七千四百四十四两五钱”。艾思文扣除去年开办减河以北剩余的银“五千二百三十八两五钱四分四厘”，所以算的此次开办减河以南租界房地价

① 北洋通商大臣王文韶致总理衙门《津海关道禀复德租界减河以南津绅坟地留难情形请查核示遵由》，《外交档案》，馆藏号：01－18－049－05－001。

② 北洋通商大臣王文韶致总理衙门《津海关道禀复德租界减河以南津绅坟地留难情形请查核示遵由》，《外交档案》，馆藏号：01－18－049－05－001。

值还需“五万二千二百零五两九钱五分六厘”。艾思文随即将算得的数目价银附函送至李岷琛处查收。

李岷琛因为对艾思文的函文内容存有异议，所以于闰三月十一日（1898 年 5 月 1 日）将地价银退还。“该领事函内词意，显与合同不符”[①]。李岷琛声明，待核实此处地亩后，再行致函向艾思文领取此处价银。李岷琛深谙艾思文意在一律迁坟让地，所以谕饬承办租界事务的天津府县及各委员召集有坟各绅士，劝导其觅地迁坟。举人张克家及职员黄文涛、黄宝恒、华至卿等纷纷到李岷琛处协商，绅士皆以祖宗坟墓“年湮代远”难以迁让为辞，请求稍宽时日与家族公商。次日，绅民联名禀奏：“绅民等生长津沽，祖宗庐墓尽在此邦，有葬自前明永乐年间者，有葬自国初年间者，至少亦在百数十年以前。一旦开掘，椎寻之下，其中棺木如何，骸骨如何，非特为子孙者目不忍观，抑且口不忍言。”[②] 李岷琛听闻此言，对小民的难言之痛亦深有体会。另外，近年来津沽数十里内难觅别地迁坟。因而，李岷琛照会艾思文，望其格外体恤，按租界合同内容准绅民存留并祭扫坟墓。总理衙门亦认为德租界减河以南迁移绅民坟地的为难情形实堪矜悯，称：“中国绅民于祖宗坟茔祭扫典礼关系极重，断不可勒令迁移，禁止祭扫。”[③] 总理衙门试图劝导海靖应仍查照原定条款办理，准其存留祭扫，可达到顺舆情而全睦谊的效果。

德国对清政府的请求丝毫不让。艾思文不改其令，建议李岷琛查照租约，核实办理方为上策。“本国只应将绅士坟墓存留照旧，而坟墓以外之地应作何用，并无限制。子孙祭扫应留出入之路，亦无此语”[④]。艾思文固然可以理解李岷琛及清廷体贴百姓的心情，但自以本国利益为重，对于绅民请求坟外空地暂行免动，以便得暇另行觅地迁移之事，艾思文亦不容稍让。艾思文认为绅民迁坟让地、多留空地之请于德国利益无碍，自可照

① 北洋通商大臣王文韶致总理衙门《津海关道禀复德租界减河以南津绅坟地留难情形请查核示遵由》，《外交档案》，馆藏号：01－18－049－05－001。

② 北洋通商大臣王文韶致总理衙门《津海关道禀复德租界减河以南津绅坟地留难情形请查核示遵由》，《外交档案》，馆藏号：01－18－049－05－001。

③ 总理衙门致德国公使海靖《咨称天津德租界内绅民坟地一案抄录照会德使原文查照办理由》，《外交档案》，馆藏号：01－18－049－05－003。

④ 北洋通商大臣荣禄致总理衙门《津海关道与德领事妥商德租界内绅民坟地由》，《外交档案》，馆藏号：01－18－049－05－007。

办。但 1895 年的租界条约意在天津设立德国租界，不是为绅民设立宗祠之地。因而，界内坟地“虽应迁让，然须次第展限办理”[①]。在德国强硬的交涉态度下，李岷琛只得督饬天津府县及各委员办理减河以南租界迁坟让地的相关事务，要求地方官员设法劝谕绅民次第起迁界内数千坟墓，并承诺仍由清廷酌补津贴。

减河以南计房棚、窝铺共 46 间，地共“五顷三十一亩零”，众户众姓坟地“一顷三十亩”。李岷琛及天津地方官员“将界内有主坟冢催令自行迁移，其无主者赶紧代为起迁”[②]。议定“届八月十六日（1898 年 10 月 1 日）交割之期，应即先行一律交收”[③]。八月二十五日（1898 年 10 月 10 日），北洋通商大臣裕禄向总理衙门会禀，饬发德租界界内的告谕，周知减河以南梁园门、小刘庄的地户：“自经交割以后，所有界内拨归德国，永租地段统归德国经理管业。”申令：“该居民等如有现向德国赁妥房间，仍在该处居住者，务应循分安居。”[④]

当德租界全界开办完毕，完全由德国接收时，清廷还需面对如何筹集贴补银的问题。李岷琛估计中方筹垫之数将接近七八万两[⑤]。实际上，中方贴补减河以北开办费共计银 4.68 万余两，当时此款暂由天津地方设法挪凑，没有久悬。当德国租界全境快开办完毕时，李岷琛算得中国须在德国给予的房地价值及一切杂费的基础上，前后贴补共银 12 万余两[⑥]。也就是说，现在开办减河以南土地就需价银近 8 万两。而此时，恰值清廷按期筹还洋债，关库紧张无法周转，无力自为筹拨此款。因而，津海关道李岷琛、天津道任之骅只得上奏户部，请其筹拨银 12 万两，作为开办德国租界

① 北洋通商大臣荣禄致总理衙门《津海关道与德领事妥商德租界内绅民坟地由》，《外交档案》，馆藏号：01－18－049－05－007。

② 北洋通商大臣裕禄致总理衙门《德国租界地价分别付清统归德国管理已缮发告示由》，《外交档案》，馆藏号：01－18－049－03－016。

③ 北洋通商大臣裕禄致总理衙门《德国租界地价分别付清统归德国管理已缮发告示由》，《外交档案》，馆藏号：01－18－049－03－016。

④ 北洋通商大臣裕禄致总理衙门《德国租界地价分别付清统归德国管理已缮发告示由》，《外交档案》，馆藏号：01－18－049－03－016。

⑤ 北洋通商大臣王文韶致总理衙门《办理天津德国租界情形由》，《外交档案》，馆藏号：01－18－049－02－025。

⑥ 北洋通商大臣荣禄致总理衙门《办理天津德国租界筹垫各款请咨部拨给由》，《外交档案》，馆藏号：01－18－049－03－014。

全界之费用。光绪二十四年七月二十日（1898 年 9 月 5 日），北洋通商大臣荣禄会禀总理衙门，请总理衙门转咨户部筹措银 12 万两以应急需。总理衙门回复荣禄，称需荣禄“查案具奏”，才可“请旨饬下户部筹拨”①。九月初六日（1898 年 10 月 20 日），正式接任北洋通商大臣一职裕禄，奏请筹拨贴补天津德国租界垫款一片②，经由军机处抄交户部。户部于初八日（1898 年 10 月 22 日）转咨总理衙门，“查此件应由贵衙门主稿，会同本部办理”③。总理衙门另于九月十七日（1898 年 10 月 31 日）回复户部，应允由总理衙门预议具稿，并将副稿函送户部，待户部查核后再转交总理衙门，定期复奏。户部再次致函，询问何日会议具奏，九月三十日（1898 年 11 月 13 日），总理衙门回复户部，现定十月初二日（1898 年 11 月 15 日）具奏。

十月初二日，由王文韶主笔，总理衙门会同户部将裕禄奏拨的由官筹款贴补天津德租界垫款一折，奏明皇太后慈禧与皇上光绪帝，钦准。禀明“据总理衙门议准户部自应照数筹拨”12 万两，下发暂由汇丰洋行与天津支应局支取。查明津海关道前由汇丰洋行提存银“七万三千六百六十四两六钱”，内划拨甘军粮台 3 万两尚未扣回外，实存“四万三千六百六十四两六钱”，打算将此款全数拨用租界交涉事宜。再由天津支应局于前存外销闲款项下，动用银“四万六千三百三十五两四钱”，计共筹银 9 万两。仍然缺少的那 3 万两，暂由北洋设法挪垫。在甘军粮台裁撤前拨银 3 万两，再于该营领粮缴价内扣回，即将北洋垫款归还，统计凑拨银 12 万两。④

津海关道刘汝翼在接收此咨文后，便从速办理。查得前不久，甘军粮台已由关库提存汇丰银款内划拨银 3 万两。虽立即致函要求缴还，但甘军粮台已用“五千四百四十二两一分”，余下银“二万四千五百五十七两九钱九分”即刻交还。刘汝翼将此情形上报，考虑到此项支用银两既然是甘军粮台支用的款项，希望户部准许即由该军月饷内照数拨还，作租界贴补

① 总理衙门致北洋通商大臣荣禄《咨复办理德租界款项应行自行具奏请旨敕下部拨由》，《外交档案》，馆藏号：01－18－049－03－015。

② 《直督裕禄请拨款办理津德租界片》。

③ 总理衙门致户部《片送北洋大臣奏德国在天津议立租界由官筹款贴补会奏稿由》，《外交档案》，馆藏号：01－18－049－03－017。

④ 总理衙门、户部致光绪《议覆直督奏拨贴补天津德租界垫款一摺奉朱批依议钦此》，《外交档案》，馆藏号：01－18－049－03－019。

开销，由此无须另筹别款归垫。督练甘军的甘肃提督军门董福祥答复道，军士本就“少资腾展”，实在不能以甘军饷项弥补前项支销银两，另请仍由直隶筹通报户部作正开销，免其归还。事已至此，总理衙门只能任津海关道会同藩司、海防支应局、保定练饷局共同筹议，并咨明户部准由直隶筹拨，自行报部开销。无奈，藩司与保定练饷局坦言均已无力筹拨欠款，先后咨会刘汝翼。刘汝翼只得再次与天津海防支应局咨商。原户部筹拨办理德国租界贴补地价一款内，支应局已从前存外销闲款项下，动用银“四万六千三百三十五两四钱”。现在为填补甘军粮台支用的欠款银“五千四百四十二两一分”，支应局应允在前存外销闲款内动拨库平银“四万六千三百三十五两四钱”，作为户部拨款贴补德国租界地价之用；另外，动用拨库平银“五千四百四十二两一分”，作为筹拨甘军归还粮台支用。刘汝翼先后收到汇丰洋行与天津海防支应局的拨款，将此款一并拨作办理德国租界贴补地价之用。“除由职局分别数咨解职关兑收外，所有职关奉拨办理德国租界贴补地价银十二万，业已收清”[①]。

至此，开办天津德租界减河以南地区事务才算清案。

结　语

清政府协助德国开办租界，从第一次以交涉中断而告终的主动襄办，到第二次德国要求开办租界减河以北地区的被动办理，到不久第三次接续开办减河以南一区，德国的交涉态度始终是强硬的。而中方的态度就需要分出三个层次看待，且在具体的事务上也有不同，但可归结于一点“事关中外交涉期限已迫，非一二人所能抗阻”[②]。对于一般的绅民而言，即便是清政府进行贴补之后的房地价值也是远不及时价的，所以只得自损利益而保交涉顺利。对于具体处理交涉事宜的天津地方官员而言，他们可以切身体会到小民生活的艰辛与不易，因而常动恻隐之心，在与天津领事交涉时也多会为绅民争取。而对于总理衙门而言，中德天津租界交涉与其他中外交涉没什么不同，却成为清政府第一次需要主动贴赔，才可顺利完成的交

① 北洋通商大臣裕禄致总理衙门《津关奉拨办理德国租界贴补地价银两已收清由》，《外交档案》，馆藏号：01－18－049－07－056。

② 《交涉：天津德租界事》，《集成报》1897年第17期，第41页。

涉事务。在整个开办租界的过程中，德国多次妄意解释并打破1895年租界合同，无理攫取利益。德国除允许中国留存头二等大学堂、浙江会馆、闽粤会馆等官产外，百姓坟墓及其他地产皆一概迁让，而中方上上下下对迁坟让地一处最为难以接受。

交涉中，天津府县官员一再试图保全利益，深受德国不断苛责其进程缓慢之苦。七月初七日（1897年8月4日），李岷琛函致总理衙门，文中不乏评议德国领事之言，责怪艾思文并不一一遵照原定合同办事。如：

> 近日中外交涉，惟德国最为狡强，而艾领事尤于人情、公事全不明白，任意要挟，不准驳回，稍不遂意，即径达公使。
>
> 大抵外国人办事皆各出心裁，以讨彼国之好，不管事之难办与否也。
>
> 近年惟英国之宝领事、法国之杜领事，既懂公事，亦近人情。惟德国近一二领事满脸糊涂，愎傲之气，真难说话。①

由此可见，中方官员在襄办德国租界的交涉过程中，被烦琐的事务与无力的催促弄得精疲力尽。李岷琛的评论不予置评，但德国官员确在办理此事时，不可通融、语气强硬。常以中国理应酬劳德国为由，对中国官员施压，谓“无论赔垫多少，皆中国事也”②。

在三国干涉还辽之后，德国一度急切想要在天津、汉口两处设立租界，并也如愿以偿。历经5年，中德天津租界开办交涉终于完毕。清廷官员始终襄助德国，渐次进行开办租界诸事。这一过程并非一帆风顺，且由清廷官员承担落实绝大多数交涉事务的重任。中方交涉人员从北洋通商大臣、总理衙门与户部上达光绪帝，下则达津海关道、天津府县各员；德方则从驻津领事到驻京公使。中德交涉层层上通下达，总理衙门在北洋通商大臣、津海关道与德国驻华公使、驻津领事间，充当传声筒与润滑剂的角色。

---

① 津海关道李岷琛致总理衙门《天津德国租界事》，《外交档案》，馆藏号：01－18－049－03－009。

② 津海关道李岷琛致总理衙门《天津德国租界事》，《外交档案》，馆藏号：01－18－049－03－009。

就此事而言，中德交涉之所以用去5年时间，与德国意不在此有关。德国始终希望在中国谋求一海港基地，1897年德国政府借口“曹州教案”派兵强占胶州湾后，将大量的金钱与精力投入建设青岛及山东势力范围中，天津德租界的开办权则让予德华银行主持。天津德租界还未开办完全，就已“荒凉满目，盗贼不免潜踪”[①]。天津德国租界又因其地理位置偏狭，远离城区，脱离核心租界区，让德国难以发现其价值。对于德国而言，此时的天津德租界多少有些像鸡肋。德国占有此地，更像一个你有我也要有的据点，为彰显德国与英法美等国地位平等的象征，一个与他国竞争的平台，其政治价值远大于其经济与军事价值。

（作者单位：山东师范大学）

① 《津沽客述》，《申报》第9096号，1898年8月11日，第3页。

学术争鸣

清军入关辩

李治亭

摘　要： 清军入关，是明清易代过程中的一个重大历史事件。针对学术界的种种说法，特提出“四辩”：一是清军入关并非偶然，实属必然；二是清军入关志在天下一统，所谓“征服说”非理；三是清军入关，顺应历史发展趋势，与农民起义军同属新兴的政治势力，而明朝已堕落为落后势力的代表；四是清军入关，揭示吴三桂降清真相：于危难之际向清“请兵”非“请降”，为报“君父之仇”，直至山海关大战前几个时辰，始表态降清。通过“四辩”，肯定清军入关的正当性，实现中国重新统一，符合中国历史发展的需要，符合亿万百姓求安、求统一的心愿。

关键词： 清军入关　明清易代　吴三桂

1644年，在中国数千年编年史上，以中国社会发生大变动而载入史册。在这一年三月，立国近300年的大明王朝被大顺农民军推翻，宣告灭亡；仅仅一个月后，清军入关，一举打垮农民军，定鼎北京。然后，西进川蜀，灭张献忠之大西政权；南渡长江，横扫南明江南半壁，独得天下。

清军入关，无疑是1644年中与明亡并重的一个重大历史事件。王朝交替，明清易代，皆决于清军进关。以此为开端，开启了中国历史的新纪元，进入以清为标记的新一轮政权循环中。由此可知，清军入关的意义之大，对中国历史影响之深。

迄今，清亡已百余年，清军入关近400年，从民间到学术界，乃至欧美学者，对这一事件仍议论不已，说法很多，歧见不少。实质就是一个问题：清军该不该入关？换言之，进关是否具有合理性？进一步说，清得天下正耶，非耶？事实表明，对清军入关如不能给予合理解释，其结果就会对清史的认识与评价产生影响。

为此之故，本文就清军入关的若干问题做一辨析，以明是非。

一 清军入关是偶然还是必然

改革开放40余年中，史学空前繁荣，长足发展，其中又以清史的发展为最速，其突出表现为清史各个领域的研究已全面展开，几无空白之地！清军入关就是绕不开也是回避不了的一个热点问题。清军入关是清前史与清史的分界线；就是说，以入关为标志，既是清前史的终结，又是清史的开端。承前启后，入关就是清史前后两个时期的交会点。因此，有关清军入关的评说不断、说法种种。其中说法之一，指清军入关为偶然性。具体来说，就是吴三桂降清这个"偶然"事件，促使清军得以进关。此说否认其必然性。从理论上说，是将两者对立起来，只知偶然性不知必然性。

偶然性与必然性及其相互关系，是马克思主义史学理论的一个重要的命题，是我们分析历史事件和识别历史本质的理论指南。恩格斯对此有过精辟的论述，他说："历史事件似乎总的说来同样是由偶然性支配着的。但是，在表面上偶然性在起作用的地方，这种偶然性始终是受内部的隐蔽着的规律支配的。"这里说的"规律"，亦即"必然性"，"被断定为必然的东西，是由纯粹的偶然性构成的，而所谓偶然的东西，是一种有必然性隐藏在里面的形式"[①]。恩格斯这段话，可用一句话来概括：偶然性孕育于必然性之中，而必然性则通过偶然性表现出来。显然，承认偶然性而否认必然性，有违事物发展规律，无法解读历史的变化，就清军入关这一事件而言，否定其必然性，也不符合历史实际。这就需要认真考察清军入关这一事件的由来及其过程，揭示清军入关的必然性。至于何时进关，具体到何年何月，是谓偶然性，即在某个时间突然出现机遇，给必然性创造特殊条件，逐渐使必然成为现实。

现在就来回顾清军入关的由来，以证其必然性不可逆转，是循规律而演变的。

首先，有必要阐述清入关前其统治集团确立的政治目标，并为实现这一目标而为之战斗不已。以往研究清入关前史，却忽略这个至关重要的问题，也就说不明白清入关的必然性，即使说成偶然性，也无人给予驳正。

① 恩格斯：《路德维希·费尔巴哈和德国古典哲学的终结》，人民出版社，2018，第40页。

这里，强调将清统治集团的政治目标说清楚，其重要意义之一，就是有助于正确认识清入关的必然性。

以明万历四十四年（1616）努尔哈赤创建后金政权为标志，确立满洲（女真）族政治共同体政权，形成与明王朝中央对峙的局面。很快，至天命三年（1618），努尔哈赤正式向明中央政权宣战，首战抚顺、清河，从此断绝与明朝的臣属关系，拉开了明清（后金）数十年战争的序幕；同时，也向未来入山海关迈出了第一步。

次年（1619），明军实行战略反攻，于萨尔浒等地几乎全军覆没。努尔哈赤乘胜向辽东进军，南下开原、铁岭等城，至天命六年（1621）攻克沈阳、辽阳重镇，随即将都城迁来辽阳。[①] 他连续作战，于第二年（1622）初，向辽西进军，一举夺得又一重镇广宁（今辽宁北镇），于二月返回辽阳。这时，他向诸贝勒文武大臣表明心迹："既征大明，岂容中止！"就是要同明朝战斗到底。又说：他不惜"一时之劳"，"惟远大是图"。[②]"图"什么，何为"远大"？努尔哈赤皆未明说，与前一句话联系起来，可知其目标，一定打败明朝中央政权！3年后，即天命十年（1625）他决策弃辽阳，选定沈阳为都城。他的一个理由是"沈阳四通八达之处，西征大明从都尔鼻（今辽宁彰武）渡辽河，路直且近"，迁都是为征明提供便利。后来的事实证明，沈阳真的成为清朝勃兴的战略基地，成为未来清军入关的出发地。努尔哈赤选中沈阳是完全正确的战略选择。

努尔哈赤于迁都沈阳的第二年即天命十一年去世，不论他是如何想的，至死都未明确说出他的政治目标，但他把都城迁到沈阳，向山海关走近了一大步；换言之，离关更近了，为将来入关准备了条件，这也许是他生前始料未及吧！

继努尔哈赤之后，皇太极继承汗位，再即皇帝位，在其掌政的17年中，与努尔哈赤完全不同，他不断宣誓他的政治目标：灭亡明朝，一统天下。举例如下。

天聪二年（1628）皇太极即位的第三年，与诸贝勒大臣商讨未来及现行的战略对策，一份佚名奏本称："我国处南朝（指明朝）大计，惟讲和

① 有关辽、沈战役，详见《清太祖武皇帝实录》卷3、《明熹宗实录》卷8。

② 《清太祖武皇帝实录》卷4，天命七年三月己亥。

与自固二策而已。”所谓“讲和”，就是以“逊顺其词”向明朝求和停战，赢得时间，“修我政治，恳我疆土，息兵养民，举贤任才，勿慕虚名，惟求实利，此吃紧之要着，自固之上策也”；而明朝“贿赂积习难除，日久而玩愒必生，明知明踏势所必至。待我国益富，兵益强，乘间自投，破竹长驱，传檄天下矣！兵法所谓卑骄利诱之术也”。①

无须解释，奏本明明白白提出战胜明朝的战略与策略：一方面不断增强后金自身的实力，即“自固”；另一方面只待明内部腐败自乱，后金“乘间”“破竹长驱”，必得天下。

天聪三年（1629）底，皇太极率大军避开山海关，绕道内蒙古，从长城口入，兵临北京城下。诸将争请攻北京城。皇太极审时度势，回答说：“城中痴儿（指明崇祯帝），取之若反掌耳。但其疆圉尚强，非旦夕可溃者，得之易，守之难，不若简兵练旅，以待天命可也。”② 一句话，时机不成熟，暂时放弃攻取北京的想法。七年（1633）十月，他曾批评汉官不看时机而冒进：“尔汉启心郎、生员等，动则以航海取山东、攻山海关为言，天与我以有限之兵，若少亏损，何以前进？”③

九年（1635），后金实力空前强大，形势有利。皇太极开始考虑进关攻取北京的大计方针，他说：“朕反复思维，将来我国既定之后，大兵一举，彼明主（崇祯）若弃燕京而走，其追之乎？抑不追而竟攻京城，或攻之不克，即围而守之乎？彼明主若欲请和，其许之乎？抑拒之乎？若我不许，而彼逼迫求和，更当以何处之？倘蒙天佑，克取燕京，其民人应作何安辑？我国贝勒等皆以贪得为心，应作何禁止？此朕之时为廑念者也。”④

皇太极正在思考攻取北京后可能出现的几种情况，以及如何应对。这说明进关取北京已提到了议程。

十年（1636）四月，皇太极称帝，改国号大清，改元崇德。自此，他对入关既充满信心，又做了充分准备。在理论上反复阐述取代明朝的天然合理。他说；“从来帝王有一姓相传永不易位者乎？”当然没有！“自古至今，其间代兴之国，崛起之君，不可胜数。”他指出，明朝开国皇帝朱元

① （台北）中央研究院辑《明清史料》甲编第1本，中华书局，1987年影印本，第48页。

② 昭莲：《啸亭杂录》卷1《太宗伐明》。

③ 王先谦：《东华录》，天聪七年十月。

④ 《清太宗实录》卷22，天聪九年二月戊子。

璋当年为和尚，后成帝业，即是“崛起之君”之一。可见“匹夫有大德，可为天子，天子若无德，可为独夫”。他指出辽、金、元都曾是弱小民族，先后强大，建立过王朝，可是它们都不存在了，先后被其他王朝所替代。[①]皇太极一套说法，从理论上说，世间一切没有不变化的，一代王朝也不可能永久的存在。强弱、兴亡可以相互转化。他的本意是明告世人：明必亡，清当兴！可以认为，他对明清易代的演变，已获得一个必然性的认识，终将此必然的认识化为必然的行动，后来入关就是这一必然的实际行动。

皇太极为战胜明朝，取而代之，不断提出新谋略、新战术，“伐大树”即是其中著名的谋略之一。崇德七年（1642）九月，清军刚刚获得松锦决战大捷，为巨大胜利的鼓舞，“诸王将帅，争请直取燕京”[②]，如说：“臣等以为不如率大军直取燕京，控扼山海（关），大业克成……”[③]

皇太极看了奏疏，持意相反，他说：“尔等建议，直取燕京，朕意以为不可。取燕京如伐大树，须先从两旁斫削，则大树自扑。朕今不取关外四城（指山海关外的锦州、松山、杏山、塔山）岂能即克山海（关）？今明国精兵已尽，我兵四围纵略，彼国势日衰，我兵力且强，从此燕京可得矣。”[④]

皇太极不急于攻燕京（北京），并非不想得，实因自感力量还不够最强，尤其顾虑明朝这棵“大树”尚未达到“自扑”即自行倒毙的程度。所以，他不断发起对明朝进攻，曾先后 8 次发大军从长城之龙井关、喜峰口等处突入，攻掠河北、山东、河南、山西等地，只夺其资财，不占其地。这一切，就是实施“伐大树”的战略，不断给明朝的经济与政治以重创，用以消耗明的实力致其衰弱。

魏源著《圣武记》，引用乾隆帝东巡时对皇太极战略的分析，说：“山海关，京东天险，明代重兵守此，以防我朝，而大军每从喜峰、居庸间道内袭，如入无人之境，然终有山海关控扼其间，则内外声势不接，即入其

① 《清太宗实录》卷 28，天聪十年四月己丑。

② 魏源：《圣武记》卷 1，“开国龙兴记三”。

③ 《清太宗实录》卷 62，崇德七年九月壬申。

④ 《清太宗实录》卷 62，崇德七年九月壬申。

他口，而彼得挠我后路……皆由山海关阻隔之故。”[①]

从上引史实，可知皇太极已意识到山海关是清攻灭明朝的最大障碍，必得此关，然后才能得天下。如皇太极所称，攻下锦州等四城是消除山海关外的屏障，当此之时，距山海关仅一步之遥！

以上所引是令人确信的：自努尔哈赤开始，特别是在皇太极在位时期，入关夺取明政权是既定的战略目标，何时入关，仅是时间问题。可惜，皇太极未及实现他的政治夙愿，就突发疾病而逝。他的皇位由其幼子福临继承，改元顺治，其叔父多尔衮受命辅政王（后改称摄政王），专职辅助幼帝顺治。多尔衮忠实贯彻皇太极的战略方针，在皇太极去世半年后就完全实现了入关的目标。

事实表明，清军入关，实非临时突发奇想，是早有谋划的，当时机一到即付诸行动。

其次，清军入关是否具备必要的条件，诸如兵力强大否，物资充足否，能否击败农民军？皇太极生前，屡次放弃攻山海关、攻北京的机会，甚至多次从长城关口突入中原，兵临北京城下，但不敢久留，弃已得之城，仍返回关外，其原因无他，就是自感兵力不足，明朝尚有余力，对战胜明朝缺乏十足的把握。为此，从努尔哈赤到皇太极，清（后金）军一直在进行准备，不断充实自身的实力。皇太极的继承者则是利用他们数十年打造的强大国力，信心百倍地敢于入关争衡天下的。

那么，清入关前，都做了哪些实际准备，其实力到底有多强大？这是必然入关而不容忽视的物资条件。毫无疑问，也须以令人信服的史实来证明。

明清（后金）兴亡，主要是通过战争这个途径来实现的，谁的军事力量强大，谁就有获胜的保障。入关前，清（后金）的军事力量由小积大，由弱变强。以努尔哈赤为开端，始于明万历二十九年（1601）正式建军，编制四旗，迟至四十三年（1615）再增四旗，始成八旗之制，编制 6 万人，其成员基本为满洲人，故称八旗满洲。虽然取得多次战争的胜利，总体上比明军还是弱小的。

到皇太极时，其军事力量成迅速发展之势，无论军队的数量还是战斗

① 魏源：《圣武记》卷 1，“开国龙兴记三”。

力，都空前增强。他不断扩军，即增建八旗蒙古、八旗汉军，一如满洲八旗编制，合三大民族八旗，共24旗，以每八旗兵额6万人计算，共为18万人。这是清入关前其兵力的总数。实际上，兵力已超过八旗的编制数。来自明朝方面的降兵降将源源不断地相继编入汉军旗，人数超过编制，也是一个旗。还有一些明降将士不编入旗，自成一个独立的军事单位。如天聪七年（1633）降后金的耿仲明所部，号“天佑兵”；次年来降的尚可喜所部，号“天助兵”。[①] 这两支军队，如同独立大队，就人数而论，也相当一旗的兵力编制。总计入关前总兵力达20万人以上。

另外，在清军编制之外的军队力量相当雄厚，这就是归附后金（清）的漠南蒙古诸部，各有数量不等的军队。只要实际需要，只要努尔哈赤、皇太极下令，他们就率部随八旗军出征，待战争结束，他们率部回到部落。根据每次战役的要求，需要多少，就征调多少。在收服李氏朝鲜以后，也常征召该国参加对明战争。每次人数不多，仅具象征意义。

就军队编制内的总人数而言，清军比不上明兵，但拥有优势：一是八旗制具有高度的组织性和机动性、灵活性，为兵民合一的组织，全民皆兵，出则为兵，入则为民，一有战争，就随本旗出征，与明军之官庸将骄士惰形成鲜明对比。二是军队素质、技能及精神风貌尤其胜于明军。自明清开战以来，包括突入长城作战，迄至入关前，近30年中，明几乎没打胜过一次战役。唯天命十一年（1626）与天聪元年（1627）首宁远及再攻宁远与锦州，清军失利，明军有袁崇焕指挥，凭坚城、用大炮，才保住这两座城未被攻破。[②] 清军精于骑射，在旷野中冲决，明军必败无疑。如前引奏本，对比明军称：“论野地浪战，南朝（指明朝）则不如我国。”[③] 很清楚，清军的战斗力远胜明军。

清入关前，以东北地区为依托，形成以满蒙汉为核心的多民族的政治联合体。如黑龙江流域的索伦（后称鄂温克）、达斡尔、鄂伦春、赫哲诸

① 有关孔有德、耿仲明、尚可喜降清前后史事，详见《清太宗实录》卷16，天聪七年十一月记事；《清史稿》卷23、24，孔、耿、尚列传；昭莲：《啸亭杂录》卷1《收孔、耿二王》；《尚氏宗谱》之《先王实迹》。

② 两大战役，参见《清太祖武皇帝实录》卷4；《明史纪事本末补遗》卷5；谈迁《国榷》卷88；《清太宗实录》卷3，天聪六年五月癸巳。

③ 详见《明清史料》甲编第1本，第48页。

民族加入政权，就连西藏的达赖八世、厄鲁特蒙古也都遣使来到清都盛京，向皇太极表达通好之意，反映藏族与西北地区归附清朝的意愿。[①] 从东北、北部、西北“三北”的辽阔疆域，延至西南西藏，全已倾向清朝，对明已成包围之势。

明仅处长城以内的汉族地区。这里特别指出的是，在诸民族中，汉族对清朝的认同与支持更为重要。明朝的大批将吏即所谓“汉官”归清，成为清的一支强大的政治、文化与军事力量，是未来入关时的一大主力。明已失少数民族之助，如蒙古、藏族等民族皆与之为敌，处南疆边陲地带的各民族与明朝也是时战时和。明朝已被孤立，及至西北农民大起义，明朝危亡不可避免。

再次，考察清入关是否具备经济实力。关于经济状况的变化过程，史料颇多，受文字限制，不便详引，点到为止。努尔哈赤时期，经济尚未见明显增长，至去世第三年，皇太极刚即位，就遭遇经济大灾荒，“国中大饥”，粮食奇缺，物价飞涨，如一匹马就值银 300 两；且即使有钱也买不到粮食，出现“人相食”的可怕惨状。[②] 皇太极时，几经努力，经济状况终大好转，继而大发展。以布尺为例，先是“国库”中连一千尺布的积蓄也没有，数年后，什么也不缺。如皇太极于崇德四年（1639）说：“朕嗣位以来，励精图治，国势日昌，地广食足，又以计令各处互市，文绣锦绮公皆有之。”[③] 自即位到这时，也只有 13 年，与努尔哈赤时相比，确实发生了重大变化，已具备雄厚的经济实力。

最后，须确认清入关前领有的疆域到底有多大，这与其能否入关密切相关。从努尔哈赤起兵创业开始，至其去世，他能占有的疆土还是很有限的，概括地说，明治下的辽东地区，他仅得其半即辽河以东，北至开原，南达辽东半岛旅顺，东至镇江（今辽宁丹东）；今吉林省境已归其有；黑龙江地区仅得中游少部分地区。就东北地区而言，他只得半个东北而已。

皇太极时期，已完成对黑龙江流域的统一。崇德七年（1642），即其去世的前一年，他总结他所取得的进展，说：“予……嗣位以来，蒙天眷

① 详见《清太宗实录》卷 63，崇德七年十月己亥；卷 64，崇德八年五月记事。

② 王先谦：《东华录》，天聪六年六月。

③ 王先谦：《东华录》，崇德四年八月。

佑，自东北海滨（鄂霍次克海），迄西北海滨（贝加尔湖），其间使犬，使鹿之邦，及产黑狐，黑貂之地，不及耕种，渔猎为生之俗，厄鲁特部落，以至斡难河源，远迩诸国，在在臣服。”[①] 这段话，清楚地表明，辽阔的黑龙江流域，自上游，亘至入海，全部纳入清朝版图。

在东北地区的南部即辽东地区，清军越辽河，向西推进，如前已指出，在取得松锦决战决胜后，又向山海关方向进兵，连得锦州、松山、塔山、杏山四城，只剩山海关外临近的中前所、中后所、前屯卫与宁远四城。皇太极去世两个月后，辅政王多尔衮派将士，一举攻克其中三城，唯余宁远城未攻克。至比，明在东北只剩此孤城一座。吴三桂据守此城，因欲招降他，清军暂时停止攻城。此时距山海关，才真正是一步之遥。又过了四个月，至顺治元年（明崇祯十七年，1644）二月，李自成率数十万大军向北京逼近，崇祯帝急令吴三桂撤离宁远，率部进京勤王。吴氏收拢本城百姓与军队后全撤，只剩一空城。明在东北统治 270 余年，至此全失，或者说统治结束。

明在东北全盘失败，直至灭亡，正应了我的老师孙文良教授生前说过的一句至理名言：“明亡始于辽亡，辽亡影响明亡。”[②] 如果从清朝方面说，这句话可变成：清兴始于得辽，得辽即得天下。明清兴亡的过程，就是从辽东得失而开始的，当辽东全部丧失之时，恰是明灭亡之日。同样，清得辽东进而得全东北之日，也是它得天下之时。

以上所论，归结到一点，这就是清军入关是清政权的既定方针，历 20 余年的奋战，完全具备进关的实力与条件，当清军夺取山海关外四城后，已造成入关的全部态势，此即必然入关之势。何日入关，就是一个时机问题。

入关的时机终于来到了。公元 1644 年三月中，获知吴三桂弃宁远进关勤王的消息后，就判断明朝已面临严重危机，辅政王多尔衮遂“下令修整军器”，储备粮饷、马匹，定四月中旬“大举进讨”明朝。[③] 这是在执行皇太极的遗愿，是有备进关，绝非突发奇想。

---

① 《清太宗实录》卷 61，崇德七年七月丙子。

② 详见孙文良《明朝兴亡所系辽东之得失》，《满族崛起与明清兴亡》，辽宁大学出版社，1992。

③ 《清世祖实录》卷 3，顺治元年正月至三月记事。

很快，农民军已进入北京的消息传到关外盛京（沈阳），多尔衮迅立即召开会议，商议在形势突变时如何应对。对清来说，明之亡，实为突发的重大事件，可称为偶然，无法预料。对此空前变局，汉官范文程首议并力主乘明亡局势混乱之时，挥师进关夺权。他疾呼："承丕业以垂休万祀者此时，失机会而贻悔将来者亦此时！"他是说，此次进关是清朝兴亡的关键时刻，是千载难逢的大好时机，成大功而建一统江山在此时，失机会而遗恨将来亦在此时。多尔衮决策，下达紧急动员令，即于四月初七日出征，目标是"直趋燕京（北京）"①。

清军终于把多年的政治夙愿变为实际行动，这就是历史的必然性。而明亡则为清入关提供具体时间表，是谓偶然性。

此外，还有一个更难遇的偶然性事件，正如人们已知的事实，在多尔衮率军进征时，其进京路线仍照皇太极时的避开山海关绕道内蒙古的路线，即从长城口突入。不料，吴三桂遣使赴盛京，请清军入山海关，助他抵抗农民军的进攻。至中途与清军相遇。这才是突然发生的偶然性事件。多尔衮当机立断，改变行军路线，直趋山海关！这一偶然性事件，帮了清军大忙，直接进关大大缩短进京的路程；同时，在山海关迎战李自成的农民军，有吴三桂率部参战，能保证清军必胜；在此关前击溃农民军精锐，逼迫李自成撤离北京，清军兵不血刃顺利进入。对吴三桂而言，清军提前赶到山海关，也挽救他被农民军歼灭的厄运，改变了他未来的命运。②

这两大偶然性，不能不说是清朝的最大幸运！清军进关无疑是必然性，而偶然性就把这必然性变成现实性，即是必然性的体现。因此，说主清军入关是偶然性，既是理论上的失误，也是对历史事实的曲解！

二　清军入关是"征服"还是统一

清军入关是"征服"还是"统一"中国，长期以来就是一个倍受争议的问题。在改革开放40余年来，争议不断。其中，一种有代表性的说法，是清军入关是对汉民族的"征服战争"，是对关内的"征服"③。此种说法

① 范文程奏疏全文见《清世祖实录》卷4，顺治元年四月戊午朔。

② 详见《清世祖实录》卷4；《明清史料》丙编第5本，第414页；参见拙著《吴三桂大将》之"接引清兵""血战关门"，人民文学出版社，2017。

③ 顾诚：《南明史》，中国青年出版社，1997，序论。

比较流行，在不少有关清军入关的论著中，“征服”这一词似乎已成为习惯用语，随意写来，甚至在论及其他民族如蒙古、女真、契丹等少数民族对中原用兵时，也都习用“征服”。还有学者在报刊上发文，直斥满洲为“异族”，明言清军入关是“异国大军压境”，这简直把满洲等同日本帝国主义！清军“武力征服”的后果，致使汉族“亡国亡种”，“以夷变夏”，“天崩地解”①。不妨说，清军入关，中国天崩地陷！还有一种更温和的说法：满族有自己的居住地，不该到华夏民族居住的地方。② 类似说法还有，不赘。

所谓“征服”云云，具体说，就是“征服王朝论”。其实，这个所谓的“理论”并非中国学者的发明，却是美、日学者的“创造”！早在20世纪上半叶，即二战后，美、日学者就将中国北方的游牧民族，如契丹、女真、蒙古、满洲等，定论为“外来”民族，不属于中国。他们建立一代王朝，对中原华夏民族大肆“侵略”，“征服”中国，统统称为“征服王朝”。中国部分学者不辨，引用“征服王朝论”，用以解释清史及中国史，不自觉地陷入学术泥淖。

特别要提出的是，近十余年来，美国的“新清史”风靡中国学术界。以欧立德为代表的外籍学者，毫不掩饰，大肆胡解清史，称：清军入关是对汉族的“征服”，对全中国的“征服”，因为清朝皇帝不是“中国皇帝”，这个民族的原居地满洲“不属于中国”，且恰恰相反，中国是“属于满洲”的一部分，③ 等等。

不论“征服说”还是“侵略说”，都无须解读。其意在否定清军入关的合理合法性，视同中国境外异民族入侵中国！这些说法不只是个理论认识问题，还是个历史实际问题。由清军入关的定性正确与否，涉及对满洲、对清朝乃至对中国的评论，不可不辨析清楚。

既然认定清军入关是对汉族的“征服”，对中国的“侵略”，首先必须辨明建立清朝的满洲人是不是中国境内的固有民族。这早已不是个问题，

---

① 张献忠：《清朝取代明朝是历史的大退步》，《历史学家茶座》第1期，山东人民出版社，2009，第49页。

② 郑天挺：《清史简述》，中华书局，1985。

③ 详见李治亭《评“新清史”：新帝国主义史学标本》，《中国社会科学报》第728期，2015年4月20日。

因为有关满洲的起源及满洲共同体的形成，已被论证过不知多少次了！但为唤醒一些人对这段史实的记忆，不得不简要地做些必要的说明。

众所周知，满族的远祖称肃慎，又称息慎。史载：早在尧舜时代，肃慎族就生活在东北地区的长白山与黑龙江之间，如“山戎、北发、息慎”等北方诸族皆向舜朝贡。[①] 至周时，明确宣示：“肃慎、燕、毫，吾北土地。”[②] 文献清楚地表明，这些民族先是归属尧舜，继之归属周王朝，他们居住过的土地也是其“北土地”。据此可以推断，在夏商二代王朝中，肃慎与之从属关系不曾中断，当无疑问。至春秋，据孔子说：武王克殷时，命九夷百蛮各贡本地名产，其中就有肃慎贡楛失。孔子在陈国讲述这一历史，并在该国旧的府库中找到楛失、石弩遗物。[③] 事实证明，孔子所言不虚，再次见证肃慎与周朝的从属关系，周将此已存在的从属关系接续下来，是可以确认的。

先秦典籍记载甚明，在4000年前，肃慎已归属中原王朝；其后，有关肃慎族后裔的记述，史不绝书。不过，该族的后裔，不再称肃慎。在不同朝代各有一新名称，诸如挹娄、勿吉、靺鞨等，都是在肃慎后发展起来的民族。女真则是继这些民族之后，以一个新民族登上中国历史舞台的，并建立金王朝。120年后，金被元灭掉，女真散居东北各地，处于元朝的统治之下。当明灭元，东北女真又受明统治。200余年后，女真终于恢复元气，重新活跃起来，以努尔哈赤为代表，组织军事武装力量，通过战争的手段，最终完成了对女真部的统一。在统一诸部的过程中，女真各部重新凝聚成一个新的民族共同体，即皇太极命名的“满洲”。毫无疑问，满洲来源于女真族；换言之，女真才是满洲的直接先世。

满洲及其所创建的后金政权，皆始兴于辽东建州卫地。此卫系明洪武在女真居地建的羁縻卫。阿哈出即被任命为首任建州卫军民指挥使。至永乐初，孟特穆接受招抚，被授予建州卫指挥使，孟特穆家族原居黑龙江古肃慎地，举家南迁至朝鲜。孟特穆就是努尔哈赤的始祖，后被尊为“肇祖原皇帝”。他受明朝之封，从此，就成了明朝统治建州女真的地方官。至

① 《史记》卷1《五帝本纪》。

② 《左传》，昭公九年。

③ 《国语》卷5《鲁语下》。

永乐十年，明朝设建州左卫，孟特穆被任命为第一任建州左卫指挥使。[①]至正统七年（1442），从建州左卫中又分出建州右卫，和建州卫，史称建州三卫，这三个卫的官职都由孟特穆后裔所世袭，这就是说，孟特穆及其后人就成了建州女真的统治者，为明朝看边守疆土。一直到努尔哈赤反明前，建州卫地亦即女真人居住之地，为明朝疆域的一个组成部分。从孟特穆到努尔哈赤，世代为明朝的地方官。

以上所论，应当得出结论：第一，满族的先世自古就是尧舜以来历代历朝所属的一个少数民族，他们居住的地区是历代疆域的组成部分；换言之，也是古中国疆域的组成部分。第二，与第一个结论相联系，自元至明，女真望族孟特穆家族为两代王朝任命的女真地区的地方官，传至明末努尔哈赤，才最后叛明，独树一帜，为大清王朝开基立业。

满洲的先世，一直参与缔造中华民族，并当然地成为其中一员，在努尔哈赤统一女真各部过程中形成的新的满洲共同体，即成为中华民族大家庭中一个新成员，也是毫无疑问的。种种事实总概括一句：满洲（族）及其先世从来就是中国本土的一个固有民族。

欧美及日本的一些学者罔顾事实，硬说满洲是中国境外的民族即“外来民族”，因此，其进居中原就是对中国的“征服”“侵略”。不论其动机如何，其说法实际都是分裂中华民族的统一性，也就是制造民族分裂，挑唆满族脱离中华民族。可见西方的“征服王朝论”甚为有害，我们必须予以批驳。

我国学术界受西方史学这种“理论”的影响，一些学者用其“征服王朝论”解释中国历史，得出了与西方学者相同的结论，甚至比西方走得更远，因此，对清军入关的认识陷入误区，对照上文引证的史实可知，其认识失误就是将满洲视为“外来民族”，这与西方将长城看成中国北部边界一样荒唐。

这只是一部分学者的崇洋的观点，此外，比较多的学者还以“华夷之辨”的观念看清军入关。如前引，一个落后的少数民族以武力进驻中原，就是对汉族的“侵犯”，名曰“征服”。这与西方的“征服王朝论”实为同调。这就需要辨明对汉与少数民族即华与夷的冲突、争夺包括夺权的

① 《明史》卷90《兵志二》。

认识？

民族矛盾与阶级矛盾，是并存于我国古代社会的两大矛盾，前者被视为“外患”，视后者为“内忧”，都是危及王朝生存的重大因素。改革开放前，学术界一直坚守“阶级斗争”观念，凡反抗地主阶级、反抗地方官吏的农民起义、农民战争是天然合理的，推翻王朝统治取而代之更是倍受赞扬，以农民阶级斗争为推动社会发展的唯一动力。与此相反，我们对与四周边疆地区少数民族的矛盾，即所谓夷与华间的矛盾和斗争，基本持否定的观点。对取代中原王朝而统治中国的“夷狄”，很少给予正面肯定，因为这些少数民族经济文化落后，他们发动对中原王朝的战争，以劫掠汉民族的财富和人口为目的，满足其奴隶主的经济发展需要。但中原王朝对“夷狄”的战争则是正义的，是“开疆拓土”，予以肯定或赞扬。改革开放开已 40 余年，学术界的思想观念也有很大变化，但以往的“华夷”民族观念在部分学者头脑中依然根深蒂固，在社会中还颇有较大的影响力。如前引一些极端观点，甚至比改革开放前“以阶级斗争为纲”时代的更肆无忌惮。

按照马克思主义民族观，国内各民族应一律平等。各民族间有强弱、大小、先进落后之分，但要一视同仁、一体对待。历代王朝主“华夷之辨”，以华为主，“夷狄”为其附庸而已，绝不可能引民族平等之策。而今之学术，必以马克思主义为指导，正确解释历史上发生的一切民族问题，用一个标准判定其是非曲直。如诸民族中，不论哪个民族反抗中央王朝的民族压迫和民族歧视，同农民反抗地主阶级一样合理；“夷狄”夺取中央王朝政权，同农民起义推翻旧王朝一样合理。农民起义、农民战争是推动中国历史发展的一大动力；“华夷”互动，既有和平交往，也有武装冲突，甚至是大规模战争，也是推动中国历史发展的一大动力。“二十四史”载记：中国数千年历史中，民族冲突与战争，次数之多、持续之久、规模之大，远远超过农民起义与农民战争的水平！“华夷”有如此持久的民族互动，这才是中国最终形成多民族大一统的国家、多元一体的中华民族文化与辽阔疆域的最后因素。如果没有历史上诸“夷狄”的参与，绝没有上指的三个结果！应当看到，在与华夏即汉民族在各个领域的互动中，“夷狄”各有本民族的物质与文化的创造，特别是建立一代王朝的“夷狄”，其创造更多，更具影响，它们不断调整中国的历史进程。

在充分评估“夷狄”在中国数千年的历史进程中应有的地位及其成就后，就不难认识清军入关的真实意义，就能给出正确的评价。

努尔哈赤为明任命的建州女真地方官，最初起兵是为被明军杀害的父祖复仇，矛头指向为明兵充当的向导的一个女真部小头目尼堪外兰。在报了仇之后，继续战斗，统一了建州女真及部分海西女真、东海女真，终于在明万历四十四年（1616）建大金，史称后金。第二年即天命二年，宣布与明断绝臣属关系，正式对明中央发动战争。这一过程的发生发展，皆源于明对女真的民族压迫及剿杀。努尔哈赤发布伐明的“七大恨”，具体揭露其民族压迫与民族歧视的七宗罪状。这与稍后爆发的李自成、张献忠一大批农民领袖领导的农民大起义的原因，在本质上完全一致：一个是反民族压迫，一个是反地主阶级的残酷剥削，反明朝的腐败与暴政。我们称颂农民大起义，讴歌他们杀地方官、劫富济贫；同样，也应该肯努尔哈赤率女真族反明的斗争，与农民起义一样，是合理合法的。有的学者痛斥努尔哈赤起兵是“犯上作乱”，更有的污损努尔哈赤为“强盗”。试问：李自成等领导起义军是否是“犯上作乱”？两者都是坚决反明的，何以褒贬如此悬殊？显然，这完全违背马克思主义民族观，依然贯彻“华夷之辨”的传统观念。

如果说努尔哈赤的目标是夺取明在东北的统治权，那么，皇太极的目标明确就指向北京，推翻明朝的统治，取而代之。农民起义也是如此，初起阶段，也是在地方上东征西讨。当实力变得强大时，就把斗争的矛头指向北京，必欲把明朝的统治推翻！两者都要推翻明朝，农民军捷足先登，先于清军推翻明朝，如愿以偿。我们为农民军取得伟大胜利而欢呼，却不承认也不支持清对明的进攻。

农民军自陕西西安直趋北京。居庸关是北京的西大门，农民军顺利过了关，进昌平，抵北京城下。对此，学术界从未对农民军过此关有过异议。一切都很正常，入此关是农民军的正确选择，等等。

同样是入关，即清军是从北京的东大门山海关入的，却与农民军入关的解释完全相反，被批为是对中国的“征服”“侵略”。为什么清军不能入关？入关就是非法的？照此逻辑，在清以前，如鲜卑、如契丹、女真、蒙古等民族都进入中原，或统治半个中国，或一统天下，那时还未有山海关，以进中原为限，就统统是非法的，统统是对中国的“征服”“侵略”

吗？但检视以往的论点，还不曾有过这类说法，试问为何只论清军入关为非法呢？

这就造成清军入关的两个不同：既不同于农民军起义军，又有别于历史上其他入主中原的少数民族。两个“不同”皆因不能平等对待，人为地搞乱了历史真相。如果在马克思主义民族观的指导下，对同一事物就不能给出两种解释，得出两种不同的结论。理论的差别必然导致认识上的奇谈怪论。

把清军入关看成“征服”“侵略”，在认识上陷入另一个误区，即混淆国内与国外的界限，或者说将两者混为一谈。

首先必须明确一个基本事实，山海关绝非国境线，它是明洪武十四年（1381）才建成的与长城连为一体的一个关口，是当时东北地区（又称辽东）与中原的分界线，如同今日之省与省的交界处，又是汉民族与“夷狄”的民族区域分界线。不论关内侧还是关外侧，其疆土都是中国的一部分，亦即明朝疆域的一部分，山海关就是接通两个地区通道上的一个关口，既非神圣，亦非不可逾越。它的实际价值是京师的东部屏障，主要体现军事防御上，阻碍游牧民族有朝一日的军队进攻，京师（北京）不受惊扰，这是一国之内，因山海关而划定的“华夷”不同地区的分界线而已。

因此，清军入关不过是从一个地区进入另一个地区而已。为何而入关？前已说得很清楚，就是为了夺取全国政权，一统天下。显而易见，清军入关是统一全国，也可以说成“夺权”，这都是贴切的说法，符合历史实际。

在我国的语词中，如“征服”“侵略”等用于国与国的军事战争史中，即一方对另一方使用军事暴力，使之屈服或投降。如近代以来日本军国主义对亚洲各国的侵略，希特勒德国对欧洲各国的侵略；如古代，罗马帝国对埃及的侵略，法兰西拿破仑对西欧各国以及对沙俄的侵略。这些侵略战争，也都是对一个国家及其民族的征服，具体表现为对外扩张，掠夺领土及掠走人口。从世界的角度看问题，“侵略”“征服”是通用的定性语，为各国学术界所共用。

在一国之内，诸民族间争端导致战争，几个政治军事集团之间的冲突，角逐国家统治权，是“征服”与“被征服”的关系吗？又是谁“侵略”了谁？都不是！只能看成一方战胜或消灭另一方，或者说一方统一了各方成一统，仅此而已。

清军入关纯属中国内部发生的一个重大历史事件，为的是争夺全国统治权。入关时，明朝刚刚被农民军推翻，清军面对以李自成为首的大顺政权、以张献忠为首的大西政权，以及南明政权等政治军事势力，原先一个统一的明王朝，已分裂为几个集团建立的政权。明朝的旧统一被打破，必然是重建新的统一。究竟谁战胜谁，谁统一谁，也只有经过实力较量后才能实现新的国家统一，把农民军的行动看成为建立新王朝统一而战，而把清军的行动看作“民族征服”或“侵略”，很不合理，也失于公平。

考查清军入关，还要特别注重一个重要事实是，清军入关并非满洲单一民族入关，而是在满洲贵族率领下，多民族联合进关。满洲八旗只是入关大军之中之一部。在满洲八旗中，也不是只有满洲，还有来自黑龙江流域的索伦（鄂温克）、达斡尔、鄂伦春、赫哲等族，以及汉族、蒙古族，他们与满洲同为八旗大军主力。除此，孔有德、耿仲明、尚可喜等降清的原明将帅，他们各成一支独立大队，也与八旗兵一体进关作战。这种多民族的联合大军去中原夺权，是史无前例的。诸如契丹、女真、蒙古等族进中原夺权，基本是本民族行为，唯满洲进关，却是多民族联合行动，其意义重大：表明多民族共同参与王朝政权的更迭，共同创造这一页的辉煌历史！因而大大有助于推动中国历史的发展。这比以前只是本民族而没有其他民族参加的战争，更具历史意义。如果不认识多民族联合进关的事实与意义，一味地只见满洲而不见其他民族，将其定为“征服”“侵略”之说，就大错特错了。再进一步说，清入关前，已完全统一了广阔东北与辽阔的内蒙古地区，至入关，就是将统一扩大到全国，最终将中国全部统一。这都是在中国本土上发生的巨变，参与者全部是境内的各民族，说他们“征服”“侵略”，就等于说一部分民族征服与侵略了另一部分的民族，又可以说东北与内蒙古征服或侵略了中国，显而易见，无论从理论上还是从事实上，都说不通，都是大笑话。

在这个问题上，我们必须摒弃西方所谓“征服王朝论”，深刻检讨以往的学术观念，让这段历史，也让此前类似的历史，重归正确评价的轨道。从以上所论可知，清军入关实质是中国一个民族关系的问题，靠西方“征服王朝论”，只能把对此战争的论述引向歧途。唯以马克思主义的唯物史观为指导才是正确的选择。

三　清军入关是代表先进还是落后

与清军入关密切相关的一个重大问题是，入关的清军或满洲、清政权，是先进力量还是落后力量？多少年来，学界给出的回答仍然是后者。说落后，主要指向满洲文化比汉人落后，“代表落后的生产方式”；称满族是“一个落后的人数不多却有时彪悍”的民族。还有些观点，远远超越“落后说”，如说：“从努尔哈赤、皇太极到多尔衮都以凶悍残忍著称于史册。”① 更有极端之论，说：“后金——清的所作所为凶残野蛮，代表了黑暗和邪恶。”② 此外，还有其他种种说法，若与上引的切齿之言相比，就没有必要再征引了。总之，就是一种认识，一种评价，否定入关的清朝与满洲，不惜用各种语言将其妖魔化。清军入关这一重大行动，自然被打入“凶残，野蛮……邪恶之列”。

问题如此严重，不能不辩。

在人类历史发展进程中，各民族乃至各个国家的发展千差万别，有快有慢，有高有低，亦即有先进与落后之分。即使一个民族或一个国家，并非达到至善而完美，其生产、生活方式及其文化习俗，也有先进与落后之分，即使一强大民族或一强大国家，必有其短处或弱点，也就是有落后的因素。所以，民族之间有差异差别以及优劣，必须予以承认，无须掩饰。此其一。其二，差异或差别，如先进与落后之分，不是我们评断是非的标准，更不是依据。关键是看这个民族或国家所作所为是否顺应历史发展趋势，是否符合广大百姓的意愿而得民心，如所谓先进民族的所行不义必予否定，反之，虽然落后但其行为正义，则必予以肯定！可见，肯定与否，跟民族的先进与落后并无直接关系。

否定清军入关的一个重要观点，如前已指出，声称满洲的生产方式、文化落后等，不妨就从满洲的生产方式说起。

本文的第一部分已论证满洲的直接先世为金代女真人。至明代，对于东北地区的女真人，明人按其生产方式与生产力发展水平，分为建州女真、海西女真和野人女真。其中建州女真与辽东汉人地区最靠近，受汉人

① 顾诚：《南明史》，第209页。

② 张玉兴：《再论明清易代之际的忠贰问题》，《炎黄研究》2009年第9辑。

影响也最大，因而生产力发达，文化也先进，有人亲眼见努尔哈赤所在的赫图阿拉地区的农业生产实况。此人叫李民寏，朝鲜人，于天命四年（1619）即后金刚建国的第四年，在萨尔浒之战中被俘。他被囚于赫图阿拉，亲眼看见了这里农业生产的盛况；“土地肥饶，禾谷深茂，旱田诸种，无不有之。”[①] 在这里，根本看不到游牧与渔猎的迹象。这是建州女真的中心地区，其农业生产绝不始于努尔哈赤创业之时，最晚也在秦汉时期就已有农业。所以，努尔哈赤说；“吾世世祖居耕种之地。”[②] 所谓“世世”，即指从其始祖孟特穆开端，就已从事农业生产。孟特穆生活在元明之际，率其部落从其原居地松花江与牡丹江流域的依兰逐渐南迁，先落户于朝鲜北部，然后辗转到赫图阿拉定居下来，至第六世即努尔哈赤一代。由此可推知，在孟特穆南迁之前，该部落就已从事农业生产，渔猎仍是他们生活的重要部分。农业发展水平落后于中原地区，但其生产方式与中原并无区别。因此，建州女真与其邻近的海西女真应称为“农耕民族”。唯生活在黑龙江中下游的野人女真尚处在原始部落阶段，进入农耕，还相差甚远，他们同为女真，生产方式差异悬殊，俨然成不同的民族。

特别是后金进入辽东地区后，努尔哈赤以农业为本，十分重视农业生产，宣布“计丁授田”的法令，将辽海地区闲置的土地 30 万日[③]，分给驻扎该处的兵士耕作。当地民人，每一男丁给 6 亩，连乞丐、僧人也参加分配土地，“务使尽力耕作”[④]。努尔哈赤命八旗将士“务农时，裕积贮”，如粮食不足，就无法“养所得人，畜即本国之民且匮乏矣”[⑤]。此类无须多引。后金进入辽东后所行政策足以说明，农业为其社会的主要生产部门。至今一些论著仍说满洲是渔猎民族，有的甚至说是游牧民族，把后金国说成是“森林帝国”。这些说法，都与事实不符，不足以采信。至皇太极之世，大力发展农业，粮食足用有余，其发展水平与关内无别。同时，实行各项改革，迅速将后金社会推向新的发展阶段。一改政治体制，设六部、内三院、督察院、理藩院，既仿自明制又有独创。所谓“清承明制”实始

① （朝鲜）李民寏：《建州见闻录》，辽宁大学历史系，1978 年铅印本，第 43 页。

② 《满洲实录》卷 4，天命乙卯年四月。

③ 日，明代辽东地区土地计量单位，一日意为一日之劳作之面积大小，即 6 亩。

④ 金梁辑《满洲秘档》，盛京故宫藏本，第 56 页。

⑤ 《满洲实录》卷 4，天命乙卯年六月。

于此时，以此改制，完全改变了努尔哈赤时原始的军事民主体制，在政治上完成了向封建国家专制体制的过渡。

（1）改农奴制。努尔哈赤进辽东时，将从战争中俘获的明兵和掠来的汉人“悉为满臣奴隶”，或在其家中受驱使，或被用于农业生产，所得粮食归满洲王公贵族所有，皇太极改变掠汉民为奴的政策，逐步实行新政：不再把俘获的汉人降为奴隶，而是编为民户，恢复其自由民的身份，至入关前，这一农奴制完全改变，与明制一致。

（2）改“华夷之辨”的民族观，建满、蒙、汉民族为一体之制。努尔哈赤时，满洲一族独大，汉、蒙等民族被排斥在外，特别是辽东汉人被奴役，民族矛盾很尖锐。皇太极即汗位后，很快改变其父错误的民族政策，宣布“满汉之人，均属一体。凡审拟罪犯，差徭公务，毋致异同”[①]。几年后，他进一步宣布：“满洲、蒙古、汉人，不分新旧，视之如一。”[②] 与此同时，在努尔哈赤创建八旗满洲的基础上，他又增建汉军、蒙古八旗，从思想上到组织上，实现满蒙汉三大民族的政治一体化。该政策吸收了大量汉官及部分蒙古人加入。由原先的单一满洲政权，变成一个多民族参与的政权。这是对千百年来“华夷分治”的完全否定，开创“华夷合治”的历史新纪元，实具划时代的伟大意义。

（3）改满洲文化的旧习陋规，大量吸纳汉文化，迅速提升本民族的文化素养，面貌焕然一新。这方面的内容很丰富。仅举几例，以窥全貌。努尔哈赤时创建满文，皇太极进一步修订，使之完善，用满文记述历史成《满文老档》，将汉文典籍包括明官制等译成满文，供满洲人学习。祭祀孔子、崇儒重道，命八旗子弟 18 岁以下儿童必须读书上学，否则以唯其家长是问。给满洲人立一条法规：子不得娶继母为妻，侄不得娶婶母，弟不得娶嫂为妻，如有违规，视同奸淫。

值得一提的是，皇太极三令五申禁止汉族女人裹足。汉族女人裹足本是汉人的一大陋习，相沿已久，是对妇女的一个摧残，这是封建礼教给妇女的一道枷锁，多少年来，乃至几个朝代，都没有一个统治者提出废止此习俗的法令，皇太极，一个满洲人，却是第一个通过法令废除此

① 《清太宗实录》卷 1，天命十一年九月丙子。

② 《清太宗实录》卷 24，天聪九年七月癸酉。

陋习之人。[①] 此令把汉族陋习给彻底改掉了，也是对汉族妇女的一个解放。故其社会意义巨大，不可忽视。从此可见，皇太极引进文化改革内容相当广泛，也相当深入，确已取得了实际效果。

皇太极实行文化改革，一方面强调满文化的核心内容，即国语（满语）、骑射、服饰不可改，更不可弃，必传之子孙后代；一方面强调学习汉文化，以补满文化的不足，并用为治国思想。他强调满汉文化互用、互补，用一种文化去纠正另一文化之失，上举禁止汉族妇女裹脚，就是用满洲妇女不裹脚的传统改变汉族陋习，他严禁满族内通婚，就是学习汉族的伦理文化改变满洲，也是革除北方游牧渔猎民族的陋习，这就是满汉文化互用，都产生了积极的社会效果。

应当指出，满洲文化就始于此时，如美国“新清史”学者们，就一口咬定满洲没有文化，而是接受蒙古族的文化特质，这是无中生有，是“新清史”学者们编造的谎言，他们为什么这样做？欧立德就曾不加掩饰地明说：是为了“去中国化”，去“汉族中心化”。[②] 实质是力图割断满洲与中国、与汉族密不可分的天然关系，一言以蔽之，就是分裂中国！显然，在清军入关这个问题上，必须拒绝“新清史”的谬言，免得搞乱我们的正确认识。

从清（后金）于1616年建国，到1644年入关共28年，满洲及其创建的政权由小变大，由弱变强，已形成雄踞一方，与庞大的明王朝相抗衡的一支独立的政治军事势力。特别是皇太极的大力改革，其政治体制、生产方式、阶级关系等各个方面，与明治下的中原社会已趋同，或称为成一体化。满洲作为一个新的民族共同体，已取得巨大进展。在明治理下的边疆各民族中，满洲民族后来居上，突飞猛进，遥遥领先，走在了各民族的前列。

所谓“野蛮”“凶残”“落后”等种种说法，都是对满洲民族及清政权的不实之词。受文字之限，不能展开详细讨论，只是大致勾勒满洲与清政权28年关系的发展历程，点到几件关系重大的事件而已。这已是人所共

① 蒋良骐：《东华录》卷3，崇德三年七月，《清太宗实录稿本》，辽宁大学历史系，1978年铅印本，第7页。

② 参见李治亭《“新清史”：新帝国主义史学标本》，《中国社会科学报》第728期，2015年4月25日。

知的事实。还有一种说法需指出：入关的满洲及清政权不是新的生产力的代表，而是旧的生产力的代表。可以肯定无论满洲还是清政权，都绝不是什么新的生产力的代表。前已论及，清军入关前在东北地区的农耕地带，其经济形态与明同质、体制一体，均属传统的小农经济，或称自给自足的自然经济，不具备任何产生资本主义的条件，连“萌芽”也不曾出现，何况立国不足 30 年，刚刚在农业经济领域取得一些发展，离资本主义——新的生产力相差十万八千里。明朝已建国 250 余年，但依然是小农社会，地主与农民构成社会的主体阶级关系，也未能生长出新兴的资产阶级！仅在江南部分商业发达的地区出现一点资本主义萌芽而已。明朝不是新的生产力的代表，何以要求满洲或清政权成为新的生产力的代表？这完全不切实际的要求，是一种幻想而已。因此，用这一种标准来证明清入关把中国社会拉向倒退，更是离谱之论，这是用“双重标准”来评价明与清，既不公正也不符合实际。

满洲、清政权不是新的生产力的代表，更非新兴资产阶级代表，但也不是如某些人所说的是落后势力的代表。何谓“落后”？就上文所举事实，有哪些方面落后呢？恰恰相反，通过改革，已改革去不合时宜、不合实际的种种旧习和陋规，变得空前强大，势不可当。说它落后不过是主观想象，在史籍中，找不到令人信服的证据。

在做了上面的讨论后，应当明确，清军入关并非一场社会变革，也不是一个阶级推翻另一个阶级的统治，当然也不可能是一种新的生产方式代替另一种生产方式，而是一次王朝更替，即一家姓朱的王朝，为另一家姓爱新觉罗的王朝所替代，不同的是，一个少数民族满洲君临天下。这种王朝更替，君权轮回，自夏商以来，数千年间，不知已发生过多少次！这种周期性变化，在中国历史上已成必然，是司空见惯之事，明清交替就是如此。与生产力、生产方式、生产关系等并无关联。

那么，入关的清军即满洲与清政权到底是什么势力？指为“进步势力”不可取。所谓“进步”具有革命性的创举，当时必须带有某些质的飞跃，满洲及其政权还做不到。如果说是“落后势力”，前已指出“落后”在何处？没有充分的事实来证明，也不能令人信服。与明朝相比，究竟谁“落后”？凡指清政府“落后”的，必肯定明朝为“先进”，对明朝的问题避而不谈，只是否定清政权沦为“落后”①。

如给入关时的满洲及其清政权进行历史定位，如上所说，既不能指为“进步势力”，也不能视为“落后势力”，这两种说法都不符合历史实际，准确的历史定位应是：新兴的政治势力。李自成领导农民起义，建“大顺”政权，不以阶级属性定位，也是一支新兴的政治势力。因为刚出现或刚发生，都可以称之为“新”，与明王朝为对照，适可以新旧区分。毕竟明立国已久，称为“旧”也不为过。关键的问题是，满洲与清政权是否做出“新事”，如有新行动、新举措且获得新效果。前已论及，不赘，需要补充的一个重要方面是，满洲与清政权的新思想、新观念。人的一切实践活动皆源于自身的思想意识，有什么样的思想意识，就会有什么样的行动！阐述其新思想意识，更有利于我们认识满洲与清政权的本质。

如前已指出，清军入关前的皇太极时期，已提出“满、蒙、汉均属一体”的政策，在创建满洲八旗后，又增建汉军八旗、蒙古八旗。清史学界、满学界对此没有深入解读，只当作一般政策而已，将其做法视为一个措施，其实这两件事即三族“一体”。增建八旗并非如此简单，应透过现象看本质，深刻识别其内在的思想意识，然后上升到理论，才使其思想大放光彩。

清以前，历代严格区分华与夷，所谓“内诸夏而外夷狄”，内外有别，各自治理，尤其是华夏（汉）建的王朝，对“夷狄”严加防范，不可进入华夏之地。以明朝为例，建明之初，朱元璋明确宣布：“自古帝王临御天下，皆中国居内以制夷狄，夷狄居外以奉中国，来闻以夷狄居中国而治天下也。”② 夷狄只能服从中国统治。

明清之际，再看看著名思想家黄宗羲所说的：“以中国治中国，以夷狄治夷狄，犹人不可以杂于兽，兽不可以杂于人。”③ 另一思想家王夫之说，“夷狄”效法华夏文明，就是“沐猴冠而为时之大妖”④。

顾炎武也说出类似的想法：“君臣之分，所观者在一身，夷夏之防，

① 毛佩琦：《明清易代与中华帝国的衰落》，《中国社会科学院报》2009 年 3 月 3 日。

② 张德信编《洪武御制全书》之《谕中原檄》，黄山书社，1995，第 267 页。

③ 《黄宗羲全集》第 11 册，浙江古籍出版社，2012，第 12 页。

④ 王夫之：《读通鉴论》中册，中华书局，1975，第 386 页。

所系者在天下。”①

顾、黄、王是这一时期中国三大思想家，看他们写下的这些文字，是对清以前所行“华夷之辨”的民族观的最清楚的解释。华与夷狄不能一体对待，故“三北夷狄”与中央王朝冲突，战争不断，在南疆及西南边区，同样不能安定，时和时战，史不绝书。

了解清以前历代民族观的内涵与实践，然后才能明白入关前皇太极所创民族政策及实践的重大理论意义。他把强盛的汉民族与横行大草原近千年的强悍的蒙古族及新兴的满洲组成政治的命运共同体，共存于一个政权之中。回望历史，无此先例。即使在少数民族组建的政权中，如辽、如金、如元等王朝，也无此例这三个民族各建一座独立的八旗，各建一支本民族军队，这在中国历史上也是独创，三个民族一视同仁，如今天所说民族平等。不仅如此，以满、蒙、汉三族为核心，又联合并吸纳东北地区其他各少数民族加入八旗，进入统治阶级。所有这一切清楚地集中反映以皇太极为代表的满洲、汉、蒙统治集团的民族观之大变革。破传统和“华夷之辨”，把历来的“华夷分制”变为“华夷合治”，以此改写中国数千年对华夷对峙、战和不定的历史，开创“华夷合一”的中华民族新格局，为未来清入关后创建新的民族大一统与国家大一统奠定理论基础，提供实践经验。

皇太极的政治实践，实际构建了新的民族观，与顾、黄、王等思想家的民族观相比，真是天地悬差！他们真是落在了时代的后面，唯皇太极的思想引领时代的新潮流。

无论怎样评估清入关前的民族观都不过分。认识他的民族观，才算真正认识清入关前的历史本质。仅凭这一条，可论清入关前的满洲及其清政权是当之无愧的进步势力。

一提到满洲文化，几乎众口一词“落后”。若论文化积累的体量，满洲就是将其先世的文化都集合起来，也无法与汉文化相比拟！文明与文化发展的水平，确实落后于汉族。以文字书写记录的史书，以文字创作的各类文艺作品，如诗、词、歌、赋等，满洲望尘莫及。正如前已指出的，任何民族既有先进的内容，也有落后与不足。从以上所举，满洲并非一切落

① 顾炎武：《日知录》，甘肃人民出版社，1997，第349页。

后，它有其特别先进之处，如民族观的创举。满洲有其先进的文化，集中表现为满洲的观念文化远胜明朝。所说的观念，就是指人头脑中的思想意识，对事物的观察方法，价值取舍、判断。一句话，就是人的世界观，在这方面，满洲人的思想观念确实胜过汉人一筹，就连明统治集团中的精英层，恐怕也甘拜下风，继上举民族观之后，再以实例以证之。

以民为本，是中国历史文化优秀传统，为汉族发明而阐发，形成一套系统而完备的政治文化理念，满洲则学习并引进以此理念，付诸实践。皇太极作为满洲的优秀代表，他一则不断阐发民生为本的道理，一则躬身实践，他说："君享康宁，臣居尊显，俱兵民是赖，即尔等（接诸王贝勒大臣）功名，亦藉士卒族之力。"[①] 君主享康宁、各种官员显贵，靠的是什么？靠的都是兵民创造，就连他们的战功荣誉，都是靠士卒英勇作战才获得的。

关注百姓尤其是穷人的疾苦，解决其困难，是以民为本的一个重要内容。皇太极将此项作为诸王贝勒满汉臣属的一项重要职责，他指示说："办理事务，当以民生休戚为念，遇贫乏穷迫之人，有怀必使上达。"[②] 这是说，办理任何一件事，首先必须考虑百姓的疾苦，遇有困难的人，一则给予照顾，帮助解决困难；二则要向上级直至皇帝报告。不仅如此，他还指令诸臣要经常到最下层社会中去调查"穷民"的生活实况，如崇德五年（1640），皇太极指示各旗固山额真："今遣尔等往各处地方，稽查穷民，审理冤狱，尔等须各亲至分属屯堡巡行料理，毋使民间冤抑不得上闻。"[③] 他本人身体力行，在去世前不久，还到民间询问疾苦，渡过辽河专程"阅视牛马"牧放的情况。[④]

皇太极处处以民生为念，从对各级将吏的训诫到实际措施，皆以民生为重。崇德八年（1643）四月，正是农忙季节，本欲伐明，但以农务为急，即停止用兵；稍后，为减轻民力，停止正在修造的以供沈阳城内人口居住的大批房舍，以便集中民力收获庄稼，住房工程则来年春再继续修造。[⑤] 皇太极严禁将吏扰民，尤其对害民的官员进行严惩。他本人也从严

① 《清太宗实录》卷 31，崇德元年九月己巳。
② 《清太宗实录》卷 34，崇德二年四月辛卯。
③ 《清太宗实录》卷 50，崇德五年闰正月癸未。
④ 《清太宗实录》卷 65，崇德八年八月癸亥
⑤ 《清太宗实录》卷 65，崇德八年八月癸亥

约束自己，凡出兵打仗，即使在严寒的季节，也不进屯堡，把自己的住处都安置在野外，唯恐惊扰百姓，耗费他们的财务。他常说："涓涓不塞，将为江河。荧荧不救，炎炎奈何！"所以，"凡事当防微杜渐，纵驰以后，则难整顿"①。这一番道理，真心表现出一个政治家的胸怀。类似事例，类似言论，在《清太宗实录》中俯拾皆是。在他的治理下，清之势日隆，蒸蒸日上。

另需指出，以皇太极为代表的满洲新观念、新思想体现在方方面面。例如，他重视民族的共同信仰，以此为民族的内向凝聚力，他阐发王朝兴亡之道，没有一姓王朝可以永久的存在，用进化论的观点来解释清兴之必然、明亡之必然，一切取决于有德与失德。有德者，匹夫可为天子；失德者，天子则为匹夫！此言前已引证，反映他极其重视多行德政、用人才、选人才的思想。他鼓励臣属犯颜直谏，开诚布公地与部属共享成功的喜悦。

这一切无不证明满洲的新思想、新观念，确已走在了明清之际的时代前列。中国境内的民族虽多，却没有一个少数民族达到满洲的水平，不妨与明朝做一做比较，新旧之分、先进与落后之别，不言自明。

明朝自万历十年（1582）废张居正改革，即急速走向衰落。神宗以慵懒著称，20余年不见朝臣，缺官不补，大臣的奏疏留中不发，吏治败坏，不顾民生死活，只图个人享乐。《明神宗实录》与《明史·神宗本纪》及当时私人笔记，尽载其丑事，难以逐项引证，我们就用神宗的刑部右侍郎吕坤痛陈《天下安危疏》来揭示其腐败到何种地步，他写道："自万历十年以来，无岁不灾，催科如故。臣久为外吏，见陛下赤子冻骨无兼衣，饥肠不再食，垣舍弗蔽，苫藁未完；流移日众，弃地猥多；留者输出者之粮，生者承死者之役。君门万里，孰能仰诉?"吕坤诉说，近几年来，"寿宫之费""织造之费""宁夏之费""黄河之费""今大工采木费"，每项"各几百万"，以至于"今国家之财耗竭"！他大声疾呼："今天下之势乱象已形，而乱势未动，天下之人乱心已萌，而乱人未昌，今日之政，皆播乱机。"②

无须引正更多史料，吕坤一篇奏疏，已把万历十年以来到二十八年（1600）出现的问题和乱象，说得清清楚楚。要害问题是，不计民生疾苦，

① 《清太宗实录》卷23，天聪九年六月癸卯。

② 《明史》卷226《吕坤传》。

罔顾百姓死活，大肆挥霍，继续搜刮民财。继吕坤之后，万历二十八年，总督漕运李三才简直是痛斥神宗："陛下爱珠玉，民亦慕温饱……奈何陛下欲崇聚财贿，而不使小民享升斗之需；欲绵祚万年，不使小民适朝夕之乐！……陛下病源则在溺制货财。"一个月后，三才再上疏，直斥神宗："陛下谓为匮乏者，黄金未遍地，珠玉未际天耳！"[①] 万历朝真相尽在两人奏疏中。万历朝开启明亡国之门，难"回狂澜于既倒"。

神宗之后，熹宗当政7年，"以帝之庸懦，妇寺窃柄"，即指"目不识丁"的宦官魏忠贤与女人客氏掌权，熹宗本人荒淫胡为，不理政事，不问民间饥寒交迫，至"亿兆离心，虽欲不亡何可得哉?"[②] 崇祯又继熹宗之后为政17年，"天变于上，民乱于下，帝（崇祯）苟兢业为国，则其要在于爱民。顾不得爱民之术，反至于虐民"。此论一针见血，崇祯要害是"虐民"，明朝江山"遂至溃烂而莫可救"，只有灭亡而已。[③]

有关明亡之事，非本文必论的内容，但也揭示其必亡的依据。以此与入关前的清政权相比，泾渭分明。一方不断出新思想、新政策，满汉蒙诸民族一体，上下同心，积极进取，呈现出蓬勃的活力；一方皇帝庸劣，文武大臣结党，各立门户，残杀异己，吏治腐败，百姓死里求生，遂起义将明灭亡。

不言而喻，明朝就是一个即将灭亡的旧势力，以皇帝为首的统治集团是一个集腐败、黑暗与残暴于一体的集团，成为阻碍社会发展的一股最腐朽、最落后的社会势力。

在清军入关之时，理应将明与清两政权相互比对，才能彰显出清政权是一支新兴的政治力量；同样，以李自成为首的大顺政权也是一支新兴的政治力量。与此相反，明朝已坠落成一支陈旧而腐朽的势力，无论清入关还是大顺进京，都是以新代旧，是中国历史的一次新陈代谢、吐故纳新，清除已腐败的明朝旧制、重建新制，推动中国历史进入一个新起点。

四　吴三桂降清的历史真相

在清军入关的这个大事件中，有4个人物扮演了重要角色。一是清内

① 详见《明史》卷232《李三才传》。

② 《明史》卷22《熹宗本纪》。

③ 《明史》卷24《庄烈帝本纪》。

秘书院大学士范文程，他首议并力主清军入关的必要性与可行性。二是辅政王多尔衮完全接受范的建议，决策进关，将多年的夙愿付诸实际行动。三是吴三桂，在清军进关的途中接引清军顺利入关。四是李自成，他率精锐亲征山海关，如果能将清、吴军阻断于山海关门前，清军进关未果，历史将可能重新改写。

在这4人中，唯吴三桂最受谴责，自清之后历民国，直至今日，都被定为汉奸、叛徒、卖国贼，简直是罪不容诛！缘于清军入关，罪在一人，即吴三桂迎降清军，否则清军入不了关，也就不能君临天下，满族这个“异民族”就不可能统治中国近300年。故以吴三桂引清军入关为“引狼入室”，称其罪恶之重，永世不得翻身！后来，此人在云南举兵叛清，又招致清人的切齿痛恨。可见，吴三桂其人，既被清朝所否定，又为今人所不容。

究竟如何认识和评价吴三桂，可以继续展开学术讨论，见仁见智，各抒己见。这个问题不在本文的论说范围之内，而是要辨明一个重要史实：吴三桂是怎样降清的？就是揭示他降清的历史真相。学术界似乎不认为是个问题，以为吴三桂主观上主动要求降清，至于降清过程，似乎也不存在疑问。事实远非如此。他究竟为何降清？降清是他的主动行动，还是临时决定？降清以前，他的思想状况如何？这些问题应予辨明，亦有助于我们正确认识其人，以及就降清一事做出准确的评价。应当指出，这里要辨明的是史实，不是评价，只是要把吴三桂降清的过程厘清，以确认史实有无。

吴三桂是在明清（后金）战争中成长起来的一员大将。[①] 16岁中武举后就投身行伍，在其舅父祖大寿处任低级军官。其父吴襄已任职总兵官。辽东是明清的主战场，也是前线。吴三桂与父不断参加对清（后金）的战争，也立下一些战功。三桂21岁，升职为游击，已进入将军的行列。此时，正是后金天聪六年、明崇祯五年（1632）；[②] 24岁，升为前锋右营副将，据守宁远（今辽宁兴城）；27岁时，“登坛”拜将，提升为宁远团练总兵。[③] 总兵官是武职中最高官阶，为一个地区的最高军事长官。在仅仅10年多一点时间内，他就从一个无名小卒升为总兵官，速度之快，当时无

① 有关吴三桂身世，这里从略，可参见《清史稿·吴三桂传》《庭闻录》《平定三逆方略》《明季北略》《平吴录》《桑郭余铃》等书相关内容。

② 《明清史料》甲编第1本，第9页。参见孙旭《平吴录》；刘健《庭闻录》卷1。

③ 《明清史料》丙编第1本，第86页。

人能及！他是凭借个人的能力，特别是在战场上的智勇表现才获此殊荣与重权的。如时人称三桂“勇冠三军，边帅莫之及”[①]，他的勇略可令“夷夏震摄（慑）”[②]，赞扬他是“智勇兼备之大将”[③]。

在这期间的辽东战场上，明军屡战屡败，明朝大批将吏或败后而降，或被困出降，或被俘愿降，甚至有的是率部航海来降的，如孔有德、耿仲明、尚可喜等，各率万余人归附后金。史实表明，三桂与其父毫不动摇，坚守他们的防地，继续坚持与清军展开攻防之战。可以说，三桂是坚定的抗清派！

吴三桂能否坚持下去，坚决不降清，在松锦决战后，他面临着严峻的考验。

清崇德六年（1641）八月，清与明在松山（今辽宁锦州南松山乡）展开战略决战，明蓟辽总督洪承畴率吴三桂在内的八大总兵，共计 13 万精锐，被清军彻底击溃，三桂逃归宁远。战后不久，洪承畴于松山被俘，押至沈阳降清，三桂舅祖大寿率将士献锦州投降。在大批将吏降清的人中，还有三桂的其他亲友。

清军在夺取松山锦州之后，很快又连夺杏山、塔山两城。至此，山海关外只剩宁远、中前所、中后所与前屯卫四城（辽宁绥中县境），也是明在东北地区仅剩的四座城。四城中，又以宁远城最大，是山海关外第一军事重镇，三桂率官兵劲旅守此。皇太极和他的谋臣们也把下一个攻取的目标指向了宁远。有的主张：乘松山大胜之势，兵临宁远，必得其城。[④] 皇太极不打算再动用大军，以为宁远城中明将吏已经惊慌失措，若用招抚之策必能奏效。[⑤] 汉官张存仁力主招抚，认为“今之宁远正在仓皇无措之际”，“仗我皇上之福，一纸赐书，胜于加兵数万”[⑥]。此建议很符合皇太极本意。于是，以他为首，带头先给吴三桂发去一封信，力劝吴“决计归顺”，“将军之亲戚可以完聚，富贵可以长保矣！”

---

① 夏永彝：《幸存录》。

② 佚名：《吴三桂纪略》，《辛巳丛编》，第 1 页。

③ 《明清史料》甲编第 10 本，第 958 页。

④ 《清太宗实录》卷 59，崇德七年三月辛巳。

⑤ 《清太宗实录》卷 59，崇德七年三月壬午。

⑥ 《清太宗实录》卷 60，崇德七年四月庚子朔。

接着，皇太极授意与吴三桂有亲属关系及个人交情最厚的人都给他写信，劝其归降。他们是其兄吴三凤、表兄祖可法、姨父裴国珍、表兄胡弘光、挚友张存仁等，都“遵旨各遗三桂书一函”①，还有汉官邓长春、陈邦光、姜武等友人也奉旨分别致书吴三桂。②

这些书信的内容，不必征引，其中心意思是劝导吴三桂认清形势，尽快归降。

皇太极动员这么多人给吴三桂写信劝降，如同发动了一场政治与思想攻势，三桂作何感想？他对此毫无反应，这些信如石沉大海，没有得到点滴回响。不管他有什么想法，他都置之不答，或者说不予理睬，且未见任何行动，说明他实际已拒绝皇太极及其亲友的劝降。时间已过去数月，直到十月初，还未见三桂有任何表示，皇太极又给三桂写一封信，很简短，明言尽速回答。这时，才把三桂最敬重的舅父祖大寿推出来，给三桂写信。结果如同前次一样，三桂还是不作答。③ 他用实际行动给的回答是：于十一月，在宁远城外与清军交战！用行动表明他拒绝降清。直到第二年即崇德八年（1643）正月，三桂总算给舅父祖大寿写了回信。可惜的是，这封最能反映三桂态度的信，没有收入官方史书，故其内容不得而知，但祖大寿将此信转呈皇太极。皇太极给三桂回信称：“尔遣使遗尔舅祖大总兵书，朕以洞悉。将军之心，犹豫未决。”④ 皇太极说三桂“犹豫”，不过是挽回面子的一个托词，实际就是拒绝！连其舅父的话也不听，这尤其能说明他的态度：不降清！以此足以证明：三桂不要亲情、不顾清皇帝的权威，拒降清朝。在他的亲人们及好友都已降清后，他忠明的立场毫不动摇，仅以此事而论，三桂是一个坚定的抗清派将领，当之无愧！

还一件事能证明三桂忠明拒清。明崇祯十七年（1644）二月，农民军向北京逼近，明处于危机中。崇祯下令，命三桂弃宁远，率所部进京“勤王”⑤。三桂若怀有异志，完全可以不奉命，趁明危投向清，这是一个恰当

① 他们的书信内容，详见《清太宗实录》卷 60，崇德七年四月丁未。

② 见《明清史料》甲编第 1 本，第 46 页；《明清史料》丙编第 1 本，第 85～86 页。

③ 两信见《清太宗实录》卷 63，崇德七年十月己未。

④ 《清太宗实录》卷 64，崇德八年正月戊申。

⑤ 彭孙贻：《流寇志》卷 9，浙江人民出版社，1983，第 152 页；参见谷应泰《明史纪事本末》卷 79，第 1379 页。

的时机。也可以迟疑不定，有意拖延进京时间。事实是，他接到崇祯皇帝旨意，没有迟疑，立即行动，命全城官兵撤离宁远，将百姓安置在山海关附近，自率所部进京。行至丰润时，知京师已陷，遂回山海关驻守。[①]

明已亡，国无存，三桂眼前就是清朝，却无意于清，仍无降意。当李自成向他发出招抚时，他没有犹豫，即表态接受，很快整装率部赴京，投向大顺政权。对比一下，宁投大顺，不投大清，唯一符合实际的辩解是：三桂的父母、妹妹一家亲人都在京师。他最钟爱的陈圆圆也在京中，安危未卜。可以相信，三桂只要到了北京，这一切都不成问题，他对此置信不疑。他的动机如此，实际还是拒绝清朝的。

看起来，这一切都进行得很顺利。不料，一个意外事件却打断他去京师之路！四月初，三桂率部行至永平（今河北卢龙县）西沙河驿站，得知其父受刑将死、陈圆圆被掠的消息，深感奇耻大辱，愤怒至极，当即宣布与大顺决裂，率部重返山海关。[②]

假如三桂顺利入京，加盟大顺，其降清之事无从发生，清军不入山海关，按原定路线，经内蒙古草原，从长城口龙井关处入，其局势如何发展，结局如何，就很难预料了。这一突发事件逼迫三桂突然转向，是他降清的一大转机，也是清军顺利进关的一大机缘！此事之严重性在此。人们总是指责三桂为了一个女人，不惜“背叛”云云。这只是问题的一个方面，更重要的方面是李自成的谋士如牛金星等人犯有重大错误。他们在北京大肆打砸抢，连三桂的父母也予抓捕，拷掠资财。大将刘宗敏将陈圆圆掠为己有，必然极大地伤害了吴三桂的感情与尊严。倘若及时纠正，必然减轻伤害，三桂或能接受。可问题是，李自成进北京后，很快意识到守在山海关的吴三桂还未归降，最危险莫过于他若与清军联合，后果不堪设想！权衡利弊，不宜用兵，当许以封爵和供给兵饷方式和平解决。既已定计，相应的政策就应加意保护吴三桂的亲属和陈圆圆，对争取三桂归附绝对必要。可惜的是，李自成对此未予重视，未及时纠正错误，一切照旧。三桂派入北京的间谍把实况探明，及时赶回山海关，至中途永平，遇三桂如实报告，才发生如上的突变。

---

① 计六奇：《明季北略》卷 20，《议撤宁远》，中华书局，1984，第 418 页。

② 刘健：《庭闻录》卷 1，“乞师逐寇”。

向来议吴三桂，皆以其叛大顺为罪，痛加批判，对李自成、刘宗敏等人的严重失误，只字不提，因而不能揭示事实真相，独责三桂也有失公平！

三桂率部重返山海关后，面对国破家亡，无依无靠，又孤立无援，大顺如何应对他，已构成最大威胁。三桂唯一的资本是掌握3万余辽兵，但粮饷不继，生存已处于困境。此时，三桂如出关投清，肯定无任何障碍，这正是清统治集团及其亲友们求之不得之事！但是，三桂在考虑未来打算的种种设想时，完全未考虑投清的可能性！在有关吴三桂官私史书中，根本就没有与此相关的记述！

但是，李自成又逼使三桂做出选择。在得知三桂叛归山海关后，李自成迅速决策，迅速行动，亲自率10万精锐往攻山海关。[①] 三柱闻讯，商讨对策，无路可走，唯有请来清兵才能免于覆亡！还是李自成最终把三桂逼上降清之路。如果李自成采取缓兵之计，不急于用兵，可与吴三桂再谈判，最大限度满足其要求，化解猜忌与不满，就有重新和好的可能。实行这一方针，会大大减轻对三桂的心理压力，不致急急求救于清兵，清军入关的一幕将不会发生。三桂降清也将错过时机，形势如何演变，不得而知。正如我们所看到的事实：清军顺利进关，三桂降清，这一切皆缘于李自成率大军进攻山海关。

截至三桂与李自成决裂、重返山海关时，我们尚未发现他降清的任何意向，也没有降清的蛛丝马迹可寻。那么，他到底是怎么降清的？这个过程，就从他主动联系清朝出兵，助他击败大顺军为开端，前后不过10天，便见分晓。

三桂首次遣使赴沈，具体时间是顺治元年（1664）四月十一日，于十八日到达翁后（今辽宁北镇附近），巧遇由多尔衮统率的清军，使者将三桂的书信呈给多尔衮。必须指出，此信是向清朝请求出兵，绝不是“请降”。清官书所载无异议。当时之史家所记，如《明季北略》列标题是“吴三桂请兵始末”[②]，《鹿樵纪闻》之题为“西平乞师”，《庭闻录》之题为“乞师逐寇”，《甲申传信录》之题为“借兵复仇”等，诸多典籍都以

① 彭孙贻：《流寇志》卷9，第186页。

② 计六奇：《明季北略》卷20，第492页。

“请兵”“乞师”“借兵”等载之，都说明是向清朝求援，毫无请降之意。且看信之内容，文字多，不便全引，概括其信主旨如下。一是三桂以“亡国孤臣”的名义，恳请清朝，帮助他报君父之仇，以将明朝“中兴”。二是称清为“北朝”，自称“我国”，表明他仍是明臣。三是三桂给清军规定进兵路线，一走“中协”喜峰口、龙井关，一走“西协即墙子岭、密云等处。这都是长城关口，而他自守山海关。可见，三桂自为主，清为“客兵”，不得走山海关。四是，三桂自任明之代言人，表态感谢清军，不只是财物，而是“裂地以偿”，即割让领土酬谢。

通览全信，仍看不出有降清之意，哪怕是一点暗示也没有！

再看多尔衮给吴三桂的回信，一则表达对明亡的同情，对“流寇”陷京师之痛恨，表示必替明复仇：一则称赞三桂“思报主恩，与流贼不共戴天，诚忠臣之义也”。但话锋一转，直言：“今伯（吴被崇祯封为平西伯）若率众来归，必封以故土，晋为藩王……世世子孙长享富贵，如河山之永也。”①

这是吴三桂与多尔衮第一次交涉，在共同应对大顺农民军这个问题上，一拍即合，双方无疑义。但多尔衮对吴三桂提出“裂土以酬”的许诺，不感兴趣，不予理会。因为他要得到的是整个中国，何止是分几块土地！他则提出要吴归清的要求，开出以“藩王”相许的条件，这比皇太极的优待更高、更优渥。三桂态度如何？且看他下一封信的表态了。

此次交谈，还产生一个结果，不能不提及。多尔衮做出一项重要决定：改变行军格线。他既不按原先设定的路线进兵，也不照吴三桂指定的西协或中协路线，而是直赴山海关，此路线既短又直，当多尔衮赶到山海关时，仅比李自成大军晚到一天！三桂侥幸得救，而大顺军遭受重创，从此一蹶不振，这一结果，缘于多尔衮的进关路线。

三桂在确知李自成率大军向山海关进发的消息后，十分惊慌，再修书一封给多尔衮，催促清军快速进兵。除了表达感戴之情，赞赏清军“救民伐暴”，但对劝降事什么也没说。直到四月二十一日晚，清军抵达山海关外10余里处驻营，没有急于进关的迹象。三桂焦急，一夜之中，“三桂遣使者相望于道，往返八次”。至下半夜，多尔衮才下令移营，进至距山海

① 《清世祖实录》卷4，顺治元年四月癸酉。

关四五里处的欢喜岭。三桂再派当地士绅吕鸣章、余一元等5人为代表继续催多尔衮速进关门。

此时，吴三桂却是焦急不已，盼清军即刻进关，因为大顺军马上就要攻关，城池危在旦夕！但多尔衮不急于进关，因为他是在等三桂亲自来见，将事说清楚，特别是到底降不降清。多尔衮当然不甘心，不能救助不属于清朝的人！他便派出重要谋臣汉官范文程随三桂派来的5名民意使者去关内见三桂，通告清军即刻入关。范跟三桂究竟说了哪些话，史书并没有任何记载，但范一出关，三桂随即去面见多尔衮。两人见面，开门见山，谈判快速达成一致。

简短的会晤，迅速达成一致，并统一对大顺军的作战方略。奇怪的是，多尔衮并未谈及三桂降清的事，却提出让三桂及其将士剃发，便于战斗中把农民军与吴军区别开来，免致误杀。对非满洲人而言，一经剃发，就标明其人已降清。所以，剃发意义重大，是入清的标志。多尔衮提出吴军剃发，是便于战场上识别。显然，他与三桂就降清事已达成默契，否则他不会贸然提出让吴军全部剃发的要求。三桂毫不迟疑，慨然应诺："剃发无恨！"他答应之快，行动之迅速，表明他正式降清。这让我们确信，两人确已达成协议。各种相关的史籍对这一具体降清细节没有记载，我们只能据此做出判断，却是没有疑问的。即使后来叛清，他也未予否认自愿降清的事实。退一步说，即使是被迫降清，也不可改变降清这一事实。

从皇太极在世时就向吴三桂发出招抚令，到多尔衮以辅政王身份正式收降吴三桂，正好历时两年，他把皇太极未完成的事圆满地完成了，从而保证清军得以顺利进关，双方联合作战，一举将大顺军精锐彻底击溃，清朝、大顺及吴三桂的各自命运自此改变。

人们不禁要问；吴三桂一直拒绝降清，何以一朝突然改变想法降清？时人纷纷给出解释，如著名史家谈迁就认为："三桂内绌贼寇，外怵建人，权其两害，势必东款以击寇，而三桂孤矣。"又写道：在突发的大事变面前，"吴氏既不能分身以应，又不能先事以防，天未厌祸，蒙羞左衽，虚五日之期，成九州之痛。寡助之至，未可独责三桂，而揆以春秋责备之义，三桂又安所辞乎！"① 对其降清又同情又责备。

① 谈迁：《国榷》卷101，中华书局，1958，第6075、6084页。

当世文化名士夏允彝著《幸存录》，赞吴三桂如“包胥复楚”，当之“无愧”。其“借东夷，而东夷遂吞我中华，岂三桂罪哉？所遭不幸耳！”①

当然，也有人痛斥吴三桂，如亲身经历甲申之变的杨士聪在《甲申核真略》中批判道，“吴三桂西不能讨贼，东不能守关”②，有何功可言？

概括时人非议，吴三桂是在明已亡，面临大顺军征剿之时，在多尔衮诱导之下，除降清外无他路可走，以至于到了与大顺军临战的紧迫时刻，以降清换取支持，达到复仇雪恨的目的。

吴三桂降清是千古不易的事实，同样，降清前，长期抗清，为明而战，关键时刻，抵制亲友劝降的诱惑，不动摇，也是不能掩饰的事实。应把这两方面的事实说清楚，实事求是，才能揭示其历史真相。值得注意点是，吴三桂是在明亡之后，即效忠的王朝不复存在的情况下，又为大顺所逼才改投清朝的。问题的实质是，吴三桂投降的清朝是中国境内满洲创建的政权，把他视为“汉奸、叛徒、卖国贼”，实际是把满洲看作“异民族”“外国”，这是完全错误的，于今天也是有害的。吴三桂降清，可以做各种评论，包括批判，但不宜带上这三顶帽子，应予纠正。

结　语

清朝在关外创兴，持续发展28年，终于在明亡20余天后，大举进关！平常所说清军入关，实际是在一个政权的统率下，由满洲、汉、蒙古及黑龙江流域的索伦（后称鄂温克）、鄂伦春、达斡尔等多民族组成的“民族联军”。以往论清军入关，忽视多民族，只论满洲，认识走偏，特别是欧美学者无视清军入关时的多民族参与，把矛头指向满洲，污蔑满洲是“外来民族”，进关就是对中国“侵略”。美国“新清史”学者更恶劣，明指满洲非中国。本文之论证，也是对国内外谬论的有力驳斥。

清军入关的目标非常明确，此前是与明争天下。明亡后，即与“流寇”李自成建立的大顺政权争天下。还有张献忠建大西政权这一股势力，占据四川，遂成三大势力鼎立的政治格局。在清定鼎北京时，朱明的后裔子孙先在南京建政权，号弘光。其后，又有隆武、鲁监国、绍武、永历相

① 夏允彝：《幸存录》卷2《辽事杂志》。

② 杨士聪：《甲申核真略》，浙江古籍出版社，1985，第38页。

继建政，占据江南，史称“南明”。顺便指出，这是在中国境内出现的四个政治军事集团，他们的目的就是各自称帝，建新一代王朝，统一中国。南明的目标非建新王朝，而是接续明的统治，恢复旧的统一。这四方的政治目标，符合中国历史的发展大趋势，分裂必然走向统一。因此，他们任何一方统一中国都是合理的。在国家统一的大目标下，不应偏袒某一方。我的态度是，谁成国家统一者，就给予肯定，失败的三方，只能总结其失败原因，提供历史教训，而不是否定他们的统一道理。所以，三方角逐国家政权是谁统一谁的问题，绝非“征服”与“被征服”的关系。论者认为农民军夺权合理，南明维护旧统一也合理，但唯把满洲看成外来侵略者、征服者，即使来统一也不合理。这些错误观念与观点应予以纠正。

清军入关，引发中国历史大变局，与李自成、张献忠起义推动中国历史新发展，具有同等重要的意义。晚明及南明腐败透顶，已成为阻碍中国历史发展的严重障碍。大清、大顺、大西打破明的旧的统一，各自为重建中国新的统一做出了他们力所能及的努力。清实现了国家新的统一，而且把中国的统一推向中国历史放最高峰，这一最好的结局皆缘于清军入关。

本文“四辩”，应该肯定清军入关，既符合中国历史发展的需要，也适应亿万百姓求安、厌弃分裂的心愿。避免长期分裂，快速统一，为应对西方侵华创造了有利条件！

（作者单位：国家清史编纂委员会）

读史札记

李箓元略考

张玉兴

清初东北文献上有个神秘的人物，就是“北直人”① 沈阳三官庙道士李希与，他与该庙另一位道士苗焦冥齐名。清初，辽沈的许多活动都留下了他们二人身影，被称作“希、焦”。然而，具体情况却是，有关苗焦冥的记载颇多，不论志书乃至当时人的诗文集，都对其多有记载与反映，且其本人有《焦冥集》二卷行世。故人们得知其本名是苗君稷，乃直隶昌平州人，诸生，是崇德三四年间被清兵掳掠至辽沈的，因拒绝所授官职，皇太极“数欲官之，而焦冥谢不就”②，乃自请为道士，居盛京三官庙。却不见有关李希与身世的具体记载，尽管二人多同时活动，这就不能不令人深疑：李希与这位“北直人”何以来到沈阳？他究竟是谁？其实，李希与本名李箓元。他也是被清兵掳掠至辽沈者，且早于苗君稷。仅略考如下。

关于李箓元之生平、经历，乃至被劫掳之事，则出自钱陆灿著《调运斋集》卷5中的《李营平先生墓铭》一文。这是一篇十分珍贵的文献。据该文可知如下信息。

李箓元（1606～1662），字希与，死后诸友好私谥曰营平先生，直隶昌平州人，道士。清崇德元年（明崇祯九年，1636），清兵攻入昌平时，被劫掠至沈阳，因拒任清之官职，乃于郊外筑茅屋以居，而自食其力。③后与崇德三四年之交，于昌平被掠至沈阳而居三官庙的道士苗君稷颇有

---

① 见函可《千山诗集》卷20《冰天社诗·同社名次》，《四库禁毁书丛刊》集部第144册，北京出版社，1999，第598页。

② 沈荃：《焦冥集序》，《焦冥集》卷首，沈阳出版社，2017，第1页。

③ 钱陆灿：《调运斋集》卷5《李营平先生墓铭》曰：“丙子我兵南巡抵昌平……先生后从而东。待诏行间，虽异其礼，不即用。久之，为人佣书，得束修（脩）羊自赡。”清刊本，国家图书馆藏。

往来。

不久，苗君稷所居住的三官庙里发生了张春绝食自尽之事。原来，崇祯四年（天聪五年，1631）九月，明朝监军兵备道张春，在明与金交战的大凌河之役中兵溃被俘而拒不投降，被带回沈阳后，就被羁押在三官庙里，并让白喇嘛陪住。张春对明朝忠贞不贰，誓死不剃发，不改衣冠，平时坐立必西向，即向京师所在的方向，“每逢朔望西向四拜，越十年如一日也”[①]。张春刚被俘时，只求速死，后来为等待时机为明清议和出力而尽忠，暂且活了下来，并为之做了积极努力。十年后见议和无成而愿望落空，遂于明崇祯十三年（崇德五年）十二月十三日（1641 年 1 月 23 日）在三官庙里绝食而死。[②] 死前撰《不二歌》（又作《明夷子不二歌》）以明志。中有“之死矢靡他，苦节傲冰霜。风疾草自劲，岁寒松愈苍。委质许致身，临敌无回肠”“既名丈夫子，岂肯沦三纲”“忠孝字不识，万卷总荒唐。俯仰能不愧，至大而志刚”[③] 之句。此事对李箓元、苗君稷的震动非同小可。

崇德六年（1641）九月，皇太极爱妃宸妃病逝时，皇太极欲按汉地习俗请道士为其“超度亡灵”，遂按当年辽沈诸道士之荐举，李箓元则受命为其设醮做道场，而“深当上心”，皇太极很满意。之后，皇太极便下令让李箓元居于皇宫之侧的三官庙“备顾问”，至此，他就与苗君稷同住三官庙了。同时，皇太极命近侍“传旨将室之”，准备给其娶妻安顿家小。李箓元谢绝道：“臣之东来有妇年少，今复十年，所摒弃日久。臣少而学道，人间之累，非所好也。……愿恕臣得自从其志。”这是说自己原本有妻子家室的正一道士，不料被劫掠至此而家破人离，现已再无家室之念了。皇太极未再强求。李箓元遂“改全真道士”[④]。当皇太极逝世后，他仍是拒绝清廷的一切官职，洁身自好，不为外界所动，始终居三官庙以道士身份存世自励，保持志节。

① 张四服：《张公合葬墓志铭》，李元春辑《不二歌集》，见宋联奎编《关中丛书》第八集，民国廿四年（1935）山西通志馆铅印本。

② 张玉兴：《张春及其〈不二歌〉——兼论沈阳三官庙与盛京皇宫之关系》，《清史研究》1992 年第 4 期。

③ 载李元春辑《不二歌集》，宋联奎编《关中丛书》第八集，1935。

④ 钱陆灿：《调运斋集》卷 5《李营平先生墓铭》。

当清兵入关之后，大批流人陆续发来盛京地区，李箓元便遇到了知音。“先生之在奉天也，与剩人和尚善，其朝暮相切劘，以世外互期许者。”[①] 确实如此。当剩人和尚函可及左懋泰等一大批流人、文士发来辽沈后，李箓元、苗君稷便积极与之接触。他们时相往来，很快就发现彼此志趣相投，而找到了契合点。函可咏道：“三官庙里频频走，两个黄冠却可亲。闲嬉笑，妄谈论，开口不顾时人嗔。”[②] 函可的《与希、焦二道士夜谈漫记》是一首记录他们之间交往长诗，其中有：

崔嵬丹凤阙，旁耸大罗宫。
中有两道士，老少颜皆童。
少者王子晋，老者是葛洪。
头戴五岳冠，霞裾佩玲珑。
相将步高坛，琅璈响碧空。
曲终天欲曙，紫雾杂幡幢。

忆我初来时，萧索若飘蓬。
李君下拜揖，遥指昆仑峰。
千尺水晶楼，白云有路通。
竹杖叩丹扃，一见气春容。
不识人间礼，欣此邂逅逢。
饮我鸭绿江，食我西山松。
赠我白马牙，衣我千针缝。
乞者固无厌，施者意方隆。
共坐论南华，麈柄各纵横。

三读不二歌，声声噎寒钟。
二仙寂不言，怪涕亦无从。

① 钱陆灿：《调运斋集》卷5《李营平先生墓铭》。
② 函可：《千山剩人和尚语录》卷6《十二时歌》，《四库禁毁书丛刊》子部第35册，第696页。

暗风吹窗棂，残月若蒙眬。
鸡声催天衢，妄谈犹未终。
吁嗟此一时，万年想高踪。
一个寒冰佛，长伴两木公。①

函可在这里饱含深情歌咏了在皇宫之侧的三官庙与希、焦二道士的夜谈。诗中言及对两位道士的印象，指出他们皆是不平凡的道者。并讲述自己初来沈阳时人生地不熟，是李箓元道士主动拜访，并予以关照，并告知三官庙的位置。真可谓“偶尔相逢似旧知”②，函可到三官庙回访后，二位道士给予他无私的帮助及深厚友谊。诗篇中更描写他们的从现实到理想的话题，可谓海阔天空，充满了浪漫主义色彩。此外，还缅怀曾羁押在三官庙中的明朝义士张春。“三读不二歌，声声噎寒钟。二仙寂不言，怪涕亦无从。”张春的精神令其感动至深。漫谈了通宵，意犹未尽。此足见他们志趣相投，有共同语言，彼此情意不断加深。有时函可约诸人同至希、焦二人之处，与之尽情吟咏：

弟兄能爱客，老衲每来寻。
况有同心侣，相偕彻夜吟。
异乡消积恨，明月助清音。
何必求仙去，花源此地深。③

而冰天社集中李、苗二位的诗作，更清楚展示了他们的志节。二人赞颂左懋泰的颇有特色，其中，希与的《和搕搔》诗云：

长携孤月论黄庭，知尔身从去国轻。
一片骨留支雪窖，半床书在即云城。
文章尽向青天问，肝胆偏于野鹤倾。

① 函可：《千山诗集》卷3《与希、焦二道士夜谈漫记》，《四库禁毁书丛刊》集部第144册，第477～478页。

② 函可：《千山诗集》卷9《赠李炼师》，《四库禁毁书丛刊》集部第144册。

③ 函可：《千山诗集》卷7《同诸公夜集希、焦二师室》，《四库禁毁书丛刊》集部第144册。

采得五芝浑不羡，寒冰端自怯长生。[①]

焦冥的《和搕搔》诗云：

何人清晓扣柴扉，不是闲僧定羽衣。
笑溢中庭斑共舞，谈倾四座麈频挥。
关门又见青牛度，辽海今看白鹤归。
未有丹砂堪作供，一觞聊取伴山薇。[②]

李希与称颂左懋泰的硬骨足以支撑“雪窖”，推许其在艰苦环境中仍读书写作，其挥洒的文章足以响亮问世，不愧于青天；苗焦冥则赞美左懋泰如度关门的老子李耳，回归辽东的丁令威。其风度依旧，谈论不凡，令人惊服。显见这是把左懋泰作为楷模来礼赞。

二人赞颂函可的诗作更有思想和见解，希与的《和北里》诗云：

亭前柏树子青青，风雪当年恨独醒。
纵死两间留正气，才生四月睹明星。
谈经听去人为石，乞食归来月满扃。
却笑诗篇成罪案，新题今又遍龙庭。[③]

焦冥的《和北里》诗云：

百练曾经骨逾坚，孤身迢递出长边。
死生既了人伦系，忠义仍凭祖道传。
枯寂无心时咄咄，毵毵破衲亦翩翩。

① 函可：《千山诗集》卷20《冰天社诗·社集诗·第一会》，《四库禁毁书丛刊》集部第144册。

② 函可：《千山诗集》卷20《冰天社诗·社集诗·第一会》，《四库禁毁书丛刊》集部第144册。

③ 函可：《千山诗集》卷20《冰天社诗·社集诗·第二会》，《四库禁毁书丛刊》集部第144册。

丹砂欲作如来供，只恐如来不羡仙。[①]

李希与称函可乃当年风雪中的“独醒”者，是天地之间留有“正气”之人，对诗篇已成罪案之事从容笑对。“新题今又遍龙庭”，即诗篇遍布清朝的发祥地盛京地区，显见他未吸取教训而初心不改，坚毅不屈，依然我行我素。这是在高度赞美函可不屈不挠的抗争精神。苗焦冥则称函可是坚守人伦之念、忠义之志，身经困厄百练，而“骨更坚”，斗士永远不屈。这些更近于顶礼膜拜。二人之政治态度显然。不屈服于暴力，坚守志节，这是二人对函可的肯定，同样亦是与函可心灵相通的契合点，他们正是以这种精神气质傲然挺立于清初的辽沈，并与函可交往，获得函可的认同，可谓志同道合者。二人与函可时相往还，情意深挚。

函可诗《又过希、焦二师》云：

好我真无为，感君此念深。
一从初识后，数载到如今。
狂极偏增重，离多奈独吟。
春风留洞口，扶病更来寻。[②]

他们就这样以学者兼志士的身份留诗于辽沈。可见李箓元与苗君稷皆是具有傲然骨气的凛然志节者。

李箓元居辽沈期间，曾接触各方面人士，他与苗君稷所居的一粟斋，更令很多人神往。函可诗云：

一粟大如许，其中世界藏。
卧听宫漏永，行拂御炉香。
天近神仙赫，恩多日月长。
野人频到此，破衲亦辉光。[③]

---

① 函可：《千山诗集》卷20《冰天社诗·社集诗·第二会》，《四库禁毁书丛刊》集部第144册。

② 函可：《千山诗集》卷7《又过希、焦二师》，《四库禁毁书丛刊》集部第144册。

③ 函可：《千山诗集》卷7《题一粟斋》，《四库禁毁书丛刊》集部第144册。

这是对希、焦二人的高度赞美。说明关心群众的人，自然受到群众的欢迎。三官庙里这间如斗室一般的一粟斋，虽然狭小，却蕴藏着个大世界——一个包含深邃思想与志节的大世界，这是接地气的大世界。说也奇怪，此地紧邻皇宫，受皇家恩惠，却并不受皇家左右，具有独特的思想意志，堪称独树一帜。所以“野人”即一般的平民百姓常常到此受教，“我”这个孤僧到此亦倍感荣光。实至名归，李、苗以凛然的志节赢得了人们的敬重，他们皆被尊称为“炼师”，李箓元还被尊称为“尊师”即“李尊师”。

李箓元学问博洽，知识面广，他在天文、地理、历法、物候学等方面亦颇有造诣，曾绘制《小至阳生图》。民间有“冬至一阳生”的俗语，“小至”即冬至的前一天。天象运转，时序循环，自然奥秘总让人们神往。李箓元这是以图绘的方式，向大众作天时变化的科普宣传。铁岭流人原御史郝浴特为此写诗赞美曰：“故国蓬莱殿，方壶李道君。密牖窥冬至，夜定九宫文。”他指出李炼师即李箓元在密闭的暗室观测冬至前后的变化，于深夜揭示了深邃的天象奥秘，进而解释“小至”“疑是岁星生”，此为阴阳转化一大关键，这种解释化解了疑团，而达到“凝神上与虚危争，忽然而来一阳通。势如武侯出隆中，气如高皇歌大风，仰视青章光熊熊”，让人们有豁然开朗之感。进而热烈赞美道：“嗟乎，吾师真岁精，此时任督二脉交雌雄，紫河之内嫣然一朵芙蓉红。”①

历经风波的李箓元晚年身体欠佳，便宣布“禁足”“闭玄关”，不再外出，闭门谢客。这对社会影响颇大，人们颇有不祥之感。但函可对此却从积极方面加以认识，吟诗道：

人间亦何极，隐几即仙源。
尽扫青牛迹，深藏金马门。
闲应探药笈，静可叩天根。
咫尺三山近，行看一鹤骞。②

称为此乃隐居仙境，闲暇之际应探讨药学原理，安静之时该考究天理

① 郝浴：《中山诗钞》卷1《为李炼师歌小至阳生图》，《清代诗文集汇编》第83册，上海古籍出版社，2004，第87页。

② 函可：《千山诗集》卷7《喜李炼师禁足》，《四库禁毁书丛刊》集部第144册。

奥秘，这虽然远离世俗烟火，却与仙境三山近在咫尺，人们即将看到冲天的一鹤展翅高翔。实是以屈待申，令人欣喜之事。尽管这是友好的勉励与期许，但抵不过自然法则，李箓元在函可圆寂的第二年，即康熙元年九月二十六日（1662 年 11 月 6 日）与世长辞了，世寿五十七岁。苗君稷颇为感伤地吟诗道：

重闭玄关不问春，每看三径泪盈巾。
云移松树多阴雨，风鼓焦琴满壁尘。
怀旧当时同避世，空余今日一悲辛。
花开花落无终极，霜雪其如两鬓新。①

数年的禁足闭关，已令人感伤不已，回想当年怀抱不与暴虐合作的共同理念，凛然自持，傲然存世，至今“我”两鬓斑白，只有悲辛了，真令人无限感慨。

被流放在盛京的原大学士陈之遴诗云：

此老昔相识，云亡倍可思。
杜门良有意，酬客若无知。
鼎冷丹还久，坛虚月到迟。
最伤支许伴，尘榻坐题诗。②

其杜门谢客早已令人预感其不久于人世。此诗说明李箓元的逝世在辽沈间颇有反响，竟有多人写诗怀念，足见其有一定的社会影响。

陈之遴诗又云：

去年冒雪恸支公，此日乘云失葛翁。
世外有交皆寂寞，人间何事不虚空。

① 苗君稷：《怀希与先生》，《焦冥集》卷 2，沈阳出版社，2017，第 166 页。

② 陈之遴：《浮云集》卷 6《读诸君怀李尊师诗》，《四库全书存目丛书》集部第 197 册，齐鲁书社，1997，第 627 页。

霜封玉匣残经在，月冷瑶琴雅奏终。
真觉此生如一粟，莫从沧海问西东。①

支公即晋代高僧支遁，此指函可；葛翁即道家代表人物，晋代人自号“抱朴子”的葛洪，此指李箓元。此诗对两位僧、道代表人物的先后离世，深表感慨。而李箓元乘云而去，则是其在辽沈地区雅奏的终结，这是对其文化成就的高度赞美，对其逝世的无限惋惜。

以上是李箓元的生平简历。从中可以看出，他虽然以高尚的志节凛然存世，并获得不少人士的敬重，但总体说来，其接触面并不广泛。除与苗君稷关系密切，与函可、左懋泰以及郝浴、陈之遴等一些流人有较多接触外，实际上与社会联系并不多，与当权人士几乎无所关涉。其晚年的禁足、闭关，更将自己封闭了起来。所以其在辽沈的实际影响面不广，以致地方志书上没有留踪。

还应该指出的是钱陆灿《李营平先生墓铭》中所言的信息不确。清太宗皇太极“益喜先生专言道家学”，“太宗文皇帝首崇道教，亲礼三光”，“先生实为阐教之首。太宗之有先生，犹黄帝之有广成子，帝喾氏之有赤松子也”。即皇太极首崇道学、道教，而李箓元竟被尊崇为国师，这皆是无稽之谈，绝无其事。甚至有因此派生出其他联想，作出其他评论，诸如所谓皇太极有一套道教思想云云。这种美化与渲染，严重背离事实，绝对不可相信。当年，李箓元仅仅是在宸妃病逝时，奉命按道家礼仪设醮做个道场，满足了皇太极的要求，而被允许进住三官庙，且拟赐妻室而婉拒，如此而已，此外则别无任何事情发生。李箓元并未受到清廷的特殊礼遇，其亦未与清之官员往来，实际与清朝嫌隙甚深，耿耿于怀，因而默默无闻，清朝对他亦并无好感，直至其老死。故清朝官修方志上，亦不载其生平事迹，皆在情理之中。

（作者单位：辽宁社会科学院）

① 陈之遴：《浮云集》卷8《冬日过一粟斋怀李尊师》，《四库全书存目丛书》集部第197册。

《清史稿·土司传》订误七则

张　彤

《清史稿》纂修仓促，因而错误较多，这是人所共知的。此前已有诸多文章纠正其中之错误，本文也就所见《土司传》中的错误七则，加以订正。

1.《土司传一·湖广土司》在谈及施南府沿革时，称：“（雍正）十三年，施南宣抚司覃禹鼎以罪改流，于是忠峒土司田光祖等并请改流，乃以十五土司并原设恩施县，特设施南府。”① 这里有两个问题：一是所谓雍正十三年（1735）施南宣抚司覃禹鼎以罪改流；一是在此影响下，忠峒等十五位土司自请改流。实际上，这两件事均不在雍正十三年。

先看施南宣抚司的改流。施南宣抚司宣抚使覃禹鼎长期淫恶不法，且与容美土司勾结，危害地方。雍正十一年，湖广总督迈柱上疏弹劾，题请改流。雍正十二年五月，清政府正式批准革除施南宣抚司。雍正十一年五月迈柱的奏折称：“施南司土官覃禹鼎……持有容美卫护，淫恶残暴，更甚于别土司……施南土众见覃禹鼎残暴不仁……呈请改土归流。”② 同年，湖北彝陵镇总兵官冶大雄亦奏：“容美司田旻如……与施南司土弁覃禹鼎谊属翁婿……纵容伊婿禹鼎残暴横行，并藏匿大炮八尊……且又袒护禹鼎抗不赴审……请皇上敕下督抚提拿，按法惩处。”③ 显然，迈柱等地方官呈请将施南宣抚司改流是在雍正十一年。据《清世宗实录》雍正十二年五月载：“兵部议复：‘湖广总督迈柱疏言，湖北施南宣抚司覃禹鼎与容美土司田旻如翁婿济恶，奸贪残暴，在施南铜鼓山私开路径，直抵容美，派夫运

---

① 《清史稿》卷512《土司传一·湖广土司》，中华书局，1977，第47册，第14209页。

② 《雍正十一年五月二十二日湖广总督迈柱奏》，《朱批谕旨》等54册，光绪十三年上海点石斋缩印本。

③ 《雍正十一年十月十八日湖北彝陵镇总兵官冶大雄奏》，《朱批谕旨》第38册。

米，私藏炮位。今容美土民能明大义，将覃禹鼎及施南司印，一并押解到臣，理合请旨，革职严审，明正其罪。又据施南土民周一昌、覃祚德等向化输诚，呈请改土归流，急救倒悬。请分设文武官弁，以资弹压。应如所请，将施南宣抚司地方，准其改土归流，一切善后事宜，令该督妥协办理。’从之。”[①]《清实录》记载的这类事情，均为批准时间。可见，施南宣抚司之改流是雍正十二年，而非十三年。

再看忠峒等十五位土司的自请改流。忠峒等十五司，据同治《施南府志》卷2《沿革》之记载，即忠峒宣抚司、散毛宣抚司、忠路宣抚司、忠孝安抚司、高罗安抚司、木册长官司、大旺安抚司、金峒安抚司、腊璧长官司、东流长官司、唐崖长官司、龙潭安抚司、沙溪宣抚司、卯岗长官司、漫水宣抚司。这十五位土司的自请改流，也不是在雍正十三年，而是雍正十二年。湖广总督迈柱于雍正十二年五月奏：“本年五月初八日，据忠峒宣抚司田光祖等十五土司赴臣衙门连名具呈，词称：‘弁等世袭土职，一切用度皆取资于土民……弁等山野，不通律例，凡办理土务，陋习相沿，违悖国典……土众见湖南永、保、桑等处改土之后，人人得所，日渐不受弁等约束。倘弁等再恋土职，又难禁舍把滋扰，必致祸起旦夕……请急早改土归流。’……今忠峒处十五土弁齐集省城，公恳归流，实有不得已之情，非由汉奸之播弄，亦非土民之怂恿也。”[②] 六月，雍正帝对迈柱之奏予以批准：“湖广总督迈柱奏言：‘忠峒宣抚司田光祖等十五土司齐集省城，呈恳归流……’得旨：‘忠峒等十五土司望风归向，愿入版图，朕俯念舆情，准其改流。其一切善后事宜，著总督迈柱详筹定议。’”[③] 七月，迈柱再奏：“十五土司叨蒙圣恩，准予改流，莫不欢呼拜舞。俟部文到日，设立文武员弁，建筑城署塘汛，一切善后事宜，酌量办理另疏。”[④] 非常清楚，忠峒等十五位土司之呈请改流并获得批准，均在雍正十二年。

此外，《土司传一·湖广土司》在总述施南沿革之后，具体记述十五

---

① 《清世宗实录》卷143，雍正十二年五月己卯。

② 《雍正十二年五月十五日湖广总督迈柱奏》，《朱批奏折》第1785号卷《民族事务类》，中国第一历史档案馆藏。

③ 《清世宗实录》卷144，雍正十二年六月丁未。

④ 《雍正十二年七月初八日湖广总督迈柱奏》，《朱批谕旨》第54册。

位土司改流时，亦均误作“雍正十三年”[①]。

2.《土司传一·湖广土司》记桑植宣慰司时，称：“雍正四年，土经历唐宗圣与国栋弟国柄等相率赴愬，总督傅敏入奏，乃缴追印篆，国栋安置河南，以其地为桑植县。”[②] 这是讲桑植宣慰司于雍正四年改流，土司向国栋安插于河南。所谓雍正四年，误。另外，时任湖广总督者为福敏，不作“傅敏”。据雍正五年九月二十二日福敏奏：“查桑植、保靖土司改土归流一案……彭御彬、向国栋先已羁候省城，而其妻子仍留原地。臣今令该将等护送至长沙收管，俟事结之日听候给还安插。”[③] 显然，向国栋是在雍正五年被拘捕关押，题参革职。至雍正六年八月才正式批准改流。《清世宗实录》载：“谕湖广督抚等：桑植土司向国栋、保靖土司彭御彬，暴虐不仁，动辄杀戮，且骨肉相残，土民如在水火，朕闻之深加悯恻。既有被害男妇纷纷来归，情愿编入版籍，以免残虐，若拒而不纳，则结怨之土民，必至无遗类矣。朕抚有四海，内地、苗疆，皆朕版图，汉土民人，皆朕赤子，偶有一夫不获，皆廑朕怀，况数千里土民安忍置之度外。今俯顺舆情，俱准改土归流，设官绥辑弹压……其向国栋、彭御彬应安插何省，不令失所之处，著该督抚酌量定议，以广朕法外之仁，仍将此晓谕附近土司，咸使悉知朕意。”[④] 又，乾隆时所修《桑植县志》载：“雍正五年……署理湖广总督傅敏密陈改土归流疏……六年八月十四日奉上谕……十月十二日摘取土司印信……雍正七年乙酉，三月二十一日，以土司向国栋安置河南开封府。”[⑤]《桑植县志》所述之线索非常清晰：雍正五年，湖广总督题请改流；六年，世宗批准；七年，土司向国栋安插河南。

3.《土司传二·四川土司》述酉阳宣慰使司时，称：“雍正十二年，土司元龄因事革职，以其地改设酉阳直隶州。原管有邑梅峒、平茶峒、石耶峒、地坝四长官司，均于乾隆元年改流。”[⑥] 这里所述雍正十二年，酉阳宣慰使冉元龄因事革职是对的，但以下内容则有两个错误。一是“以其地

① 《清史稿》卷512《土司传一·湖广土司》，第14210～14212页。

② 《清史编》卷512《土司传一·湖广土司》，第14215页。

③ 《雍正五年九月二十二日署湖广总督福敏奏》，《朱批谕旨》等10册。

④ 《清世宗实录》卷72，雍正六年八月乙酉。

⑤ 顾奎光编纂（乾隆）《桑植县志》卷1《建置》，乾隆二十九年（1764）刊本。

⑥ 《清史稿》卷513《土司传二·四川土司》，第14250页。

改设酉阳直隶州”。雍正十二年废冉氏土司，雍正十三年在其地改设酉阳县。据《清世宗实录》，雍正十三年七月戊戌载：“吏部等衙门议复：‘四川总督黄廷桂条奏酉阳安设官弁事宜：一，酉阳土司旧治，请设知县一员、典史一员、分管西北二路……均应如所请。’从之。”① 可见，设知县一员，即于土司旧治设县。至于改设直隶州，那是乾隆朝的事了。二是酉阳所辖的邑梅、平茶、石耶、地坝四长官司的改流时间，不是在乾隆元年(1736)，而是在雍正十三年，即酉阳司改流的次年。雍正十二年，酉阳土司改流后，邑梅、石耶等四土司遂自请缴印改流。十三年，清政府批准四土司改流，并按惯例，分别赏给土千总、土把总职衔。《清世宗实录》雍正十二年五月载：“办理军机大臣等议复：‘四川总督黄廷桂、巡抚鄂昌奏言，酉阳宣慰土司……请改土归流，以顺民情而振声势。应如所请……再，酉阳司附近东南一隅，尚有石耶、邑梅、地坝、平茶四小土司，久欲内向，并应乘机改流，以收全局。一切事宜，令黄廷桂、鄂昌妥协办理。’从之。”② 这就是说，在雍正十二年，酉阳司改流的同时，清廷上下已有对邑梅等四土司改流的意向。数月后，即雍正十二年九月，四川总督黄廷桂、巡抚鄂昌奏：“酉阳土司冉元龄父子济恶，暴虐贪淫，经臣等会疏题参并议设流抚辑……至地坝等四土司久欲内附，今委员一到，即便献图缴印，亦属倾诚……俟该道议详到日，臣等悉心妥酌，另行请旨。”③ 雍正十三年七月，吏部等衙门议复：“四川总督黄廷桂条奏酉阳安设官弁事宜……‘一，石耶、邑梅正长官请各给土千总职衔，地坝副长官司给土把总职衔’。均应如所请。”④ 可见，雍正十二年，四土司已缴印归诚；十三年七月，朝廷正式批准其改流，并授以土弁职衔。“乾隆元年改流”说显然是错误的。

4.《土司传三·云南土司》有一段记载，明显错误：“康熙十四年，撤藩，三桂逆叛。三桂死，其孙世璠袭。二十一年，克之，世璠自杀，云南大定。”⑤ 康熙帝撤藩引起吴三桂反叛，事在康熙十二年（1673），而清兵入昆明，吴世璠自杀，乃康熙二十年（1681）之事。这在《清史稿》的

① 《清世宗实录》卷158，雍正十三年七月戊戌。
② 《清世宗实录》卷143，雍正十二年五月甲辰。
③ 《雍正十二年九月初二日四川总督黄廷桂奏》，《朱批谕旨》第59册。
④ 《清世宗实录》卷158，雍正十三年七月戊戌。
⑤ 《清史稿》卷514《土司传三·云南土司》，第14255页。

《圣祖本纪》中都有明确记载，不知此处如何出现这种常识性错误。

5.《土司传三·云南土司》记阿迷州改流："阿迷州土知州，旧有土目李阿侧，清康熙四年，从征王朔有功，授土知州世职。传至李纯，滥派横征，为群夷所控。雍正四年，籍其产，安置江西，改流。"[①] 这段文字有两个问题：一是讲阿迷州土知州改流是在雍正四年；一是认为被革除的李纯即为土知州。两说均误。实际情况是，阿迷州原为土州，知州为李氏于康熙年间改土归流，后阿迷州流官知州王来宾为催征钱粮，委派李氏支庶李思敬为土催，后传至李纯，因滥派横征，于雍正三年被擒拿，安插江西。这从时任云贵总督高其倬的奏折中可以看出："云南阿迷州原有土知州一官……后改土归流在案。其后知州王来宾揑详各寨皆系夷民，钱粮难催，彼时李廷枢之父李思敬尚在，复详准委为土催，名为代催银米……自李纯替管以来，苛虐更甚，派暴愈多……早经归流之土竟为李纯抗占，李纯一日不拿，钱粮一日不完，民害一日不去……今已将李纯拿获……臣请并其妻母安插省城。"[②] 此奏折已讲得非常清楚，阿迷土州"早经归流"，而对李纯，并非改流，只是"拿获"。嘉庆《阿迷州志》云，康熙五十七年，李纯"复为土催"；雍正二年，"籍李纯家产，安置江西"[③]。《阿迷州志》所载，大体与高其倬奏相合，只是称雍正二年籍李纯家产，待考，或许是雍正二年末之事，而高其倬是在雍正三年初（二月十二日）奏请将其安插。无论如何，雍正四年说都是错误的。

6.《土司传三·云南土司》记姚安府土同知时，称："清顺治十六年，土同知高奣映归附，仍授世职，传至李厚德，雍正三年，以不法革职，安置江南。"[④] 这里的"李厚德"误，应为"高厚德"，姚安土同知，高姓。又，所谓雍正三年改流，亦误。对此，《清世宗实录》有明确记载，见于雍正五年八月甲申："刑部议复：'云南巡抚杨名时疏参姚安府土同知高厚德占夺民田，欺隐庄地，请革其世职，改设流官，迁其家口于省城。应如所请。'从之。"[⑤] 显然，雍正五年八月是清政府批准姚安府土同知改流的

---

① 《清史稿》卷514《土司传三·云南土司》，第14262~14263页。

② 《雍正三年二月十二日云贵总督高其倬奏》，《朱批谕旨》第45册。

③ 张大鼎纂修（嘉庆）《阿迷州志》卷2《沿革》，清嘉庆元年（1796）刻本。

④ 《清史稿》卷514《土司传三·云南土司》，第14265页。

⑤ 《清世宗实录》卷60，雍正五年八月甲申。

时间。

7.《土司传五·广西土司》记镇安府时，称："明洪武元年，改府，授土官岑天保为知府。清顺治间，土官故绝，沈文崇叛据其地；十八年，发兵扑灭之。康熙二年，改置流官通判。雍正十年，改知府。"① 这里是说，雍正十年，镇安府设流官知府，此说误。据《清世宗实录》雍正七年九月戊子载："改广西思恩府属之镇安土府为流府，设知府一员，裁原设通判缺，留知事一员，管辖归顺、上映、都康、向武、小镇安五土属、奉议州一州……从云贵广西总督鄂尔泰请也。"② 又，嘉庆《广西通志》记镇安府，亦称："旧土府，隶思恩府，康熙二年改流，以通判驻理。雍正七年改设知府，隶右江道。"③ 可见，镇安土府改流府的时间为雍正七年。

（作者单位：中国社会科学院古代史研究所）

① 《清史稿》卷516《土司传五·广西土司》，第14302页。

② 《清世宗实录》卷86，雍正七年九月戊子。

③ 谢启昆修撰（嘉夫）《广西通志》卷3《郡县沿革》，约嘉庆六年（1801）成书。

《清实录》用纸问题管窥

王金龙

《清实录》，亦称作《大清历朝实录》，为清代历朝皇帝在位期间的编年大事记，是研究清朝历史的重要史料。一直以来，不管是对《清实录》的宫藏版本、史料价值，还是修改问题、现存状况，诸多学者都进行了全面、广泛和深入的研究及探讨，取得了丰硕成果。但以往研究主要关注《清实录》的内容，很少涉及其纂修时所用的纸张问题。对《清实录》纂修所用纸张问题进行专门探讨的，今仅见美国普林斯顿大学东亚图书馆曹淑文女士所撰《普林斯顿大学加勒特书库藏本〈大清世祖章皇帝实录〉》一文，该文在对美国普林斯顿大学加勒特书库所藏《大清世祖章皇帝实录》（卷 17 至卷 22）的书名、卷数、责任者、版式装订及版本等情况进行描述的同时，还专门对《清实录》的用纸问题进行了探讨，认为加勒特书库藏本《大清世祖章皇帝实录》所用的纸张为泾县榜纸，但这一结论值得商榷。本文在深入挖掘清宫档案相关记载基础上，试对《清实录》用纸问题进行探讨。

依照《清实录》撰修制度，每当新皇帝即位，须设立实录馆，纂修前代皇帝的《清实录》。实录馆要将每个大清皇帝的《清实录》修成五份，一份小黄绫本，二份小红绫本，还有二份大红绫本。其中，小黄绫本和一份小红绫本存于内阁实录库；一份小红绫本存于乾清宫；一份大红绫本存于北京皇史宬；另一份大红绫本存于盛京崇谟阁。以上五份《清实录》，除盛京崇谟阁所藏大红绫本有满、汉文两种文本外，其余均有满、汉、蒙三种文本。那么，这些不同版本的《清实录》在当时纂修时，所用的是什么纸张呢？

1934 年，张国瑞等编《故宫博物院文献馆现存清代实录总目》中，对皇史宬、实录库和乾清宫所藏几个版本的《清实录》用纸有简要说明。皇史宬大红绫本《清实录》“书用泾县榜纸”[①]；乾清宫所藏小红绫本《清实录》用了泾县榜纸，实录库藏小黄绫本和小红绫本也用了泾县榜纸。此外，实录库另发现太祖、太宗和世祖三朝《清实录》的初纂正本，用的也是泾县榜纸。据此来看，故宫博物院文献馆张国瑞等先生认为，皇史宬大红绫本及宫藏的其他版本《清实录》所用纸张均为泾县榜纸。曹淑文女士据此也认为：“故宫博物院这样多次明确地用‘泾县榜纸’描述实录，应当是有依据和出处的，只是没有记明清宫源文件中的出处。中华书局采用了‘泾县榜纸’的说法。笔者也倾向于认为加勒特藏本《世祖章皇帝实录》为泾县榜纸。”[②]

此外，还有《清实录》用纸为“白鹿纸”的说法。康熙二十四年（1685）二月丙午，康熙皇帝谕大学士明珠曰：“太祖实录，先以小本兼满汉字，迅速缮写送进，朕将恭览矣。若待白鹿纸誊写大本实录同进，则为时太迟矣。”[③] 这是《清太祖实录》使用“白鹿纸”的明确记载。1938 年，方甦生在《清太祖实录纂修考》一文中也认为《清太祖实录》用的是“白鹿纸”：“民国二十年，故宫文献馆整理清内阁档案，发现了一种旧实录。书凡四卷，红绫装，白鹿纸画朱丝栏，楷书，半页九行，行二十二字。”[④] 此外，台湾学者庄吉发在描述台北所藏《清太祖武皇帝实录》时，也沿用了“白鹿纸”的说法。[⑤] 但两位学者都认为，用“白鹿纸”的仅指《清太祖武皇帝实录》，并不包括其他皇帝的《清实录》。据此，我们似乎可以得出结论，《清实录》用纸为泾县榜纸或白鹿纸，除《清太祖武皇帝实录》用了白鹿纸外，其他清代皇帝实录都用了泾县榜纸，事实果真如此吗？尚需对此做进一步的查考。

一　泾县榜纸

清代中央及国家机关在制订文件、抄写档案、编修典籍等各项活动

① 张国瑞等编《故宫博物院文献馆现存清代实录总目》，1934，第 11 页。

② 曹淑文：《普林斯顿大学加勒特书库藏本〈大清世祖章皇帝实录〉》，故宫博物院、故宫学研究所编《宫廷典籍与东亚文化交流：国际学术研讨会论文集》，2013，467 页。

③ 《清圣祖实录》卷 119，康熙二十四年二月丙午。

④ 方甦生：《清太祖实录纂修考》，《辅仁学志》第 7 卷 1、2 期合刊，1938，第 65～66 页。

⑤ 庄吉发：《〈清太祖武皇帝实录〉叙录》，《图书季刊》第 1 卷第 1 期，台北故宫博物院，1970，第 55 页。

中，须大量使用各种纸张。雍正十一年（1733），雍正皇帝让奏事处将中央各部院衙门每年用纸情况，年终汇总抄成专折奏报。此后，清朝中央各部院衙门用纸情况每年都会形成总折。今天，我们可借此纸张总折档案来了解清朝中央各部院衙门的用纸情况。从总折看，清朝中央各衙门所用的纸张种类非常丰富，达数十种，有白鹿纸、白榜纸、黄榜纸、扛连纸、太史连纸、奏本纸、裱料纸、金线榜纸、台连纸、毛边纸、棉榜纸、毛头纸、本折纸、本纸、大毛头纸、连四纸、呈文纸、榜纸、黄裱纸、白棉榜纸、青连七纸、清水棉连四纸、连七纸、南红纸、南毛头纸、竹料呈文纸、京红纸、夹板青棉纸、开花榜纸、大棉榜纸、蓝榜纸、夹榜纸、高丽纸，等等。①

金线榜纸即泾县榜纸，根据奏事处每年汇奏的清朝中央各衙门用纸总折档案，我们可了解金线榜纸的使用情况。如乾隆三十五年（1770）的用纸清单中显示，平定准噶尔方略馆和国史馆使用了泾县榜纸。该方略馆的使用情况为："金线榜纸四百张，旧存二百五十五张，缮写方略、一统志、金国语解、评览阐要、西域图志各正本用过三百三十张。"国史馆的使用情况为："金线榜纸三百张，缮写正本并装钉皮面杂页，用过二百零一张。"② 嘉庆九年（1804）清朝中央各部院衙门领用过心红纸张总折中，使用泾县榜纸的有实录馆、方略馆、国史馆、会典馆。实录馆当年共领取金线榜纸二万五千五百张，比嘉庆八年多领了三千五百张，加上原存的一万三千五百五十五张，共计三万九千零五十五张。缮写正本使用了二万九千九百五十八张，剩余九千零九十七张。方略馆添领了金线榜纸五百张，缮写《剿平三省邪匪方略》正本及抽换篇页，使用了四百七十五张。国史馆缮写五朝本纪及各种清汉书篇杂页、皮面用了二千一百九十七张，会典馆添领金线榜纸五千五百张，缮写清汉正本用过二千二百四十三张。③ 嘉庆十七年（1812），使用泾县榜纸的中央各部院衙门有圣训校勘处、方略馆、

① 《乾隆三十五年各衙门所领心红纸张清单》，《宫中全宗朱批奏折》，中国第一历史档案馆藏，档号：04-01-35-0911-053。

② 《乾隆三十五年各衙门所领心红纸张清单》，《宫中全宗朱批奏折》，中国第一历史档案馆藏，档号：04-01-35-0911-053。

③ 《嘉庆九年分各部院衙门领用过心红纸张等项总折》，《宫中全宗朱批奏折》，中国第一历史档案馆藏，档号：04-01-35-1385-044。

国史馆、会典馆、文颖馆。圣训校勘处当年添领泾县榜纸一百张，未用；方略馆缮写《剿平三省邪匪方略》陈设正本，用了一千三百八十六张；国史馆缮写正本及各种清汉书篇杂页、皮面等项，使用了一千三百十三张；会典馆缮写清汉正本用了一千九百五十张；文颖馆添领泾县榜纸六千张，旧存五百张，“缮写唐文正本并装潢清凉山志，用完”①。道光二年（1822），使用泾县榜纸的有实录馆、方略馆、国史馆和会典馆。实录馆缮写正副本使用了一万七千一百九十五张；方略馆缮写《辽史》正本及考评等项使用了九百五十张；国史馆缮写正本及各种清汉书篇杂页、皮面用了八千五百四十八张；会典馆缮写正本用了五千七百八十三张。

不仅奏事处每年抄成的清朝中央各部院衙门用纸总折档案对使用金线榜纸的情况有较为详细的记载，其他一些档案中也有使用金线榜纸的记载。乾隆时纂修《四库全书》，缮写北四阁书籍所用的纸张全部为金线榜纸，“现办四库全书，俱用金线榜纸，若添写三份，仍照前项纸色，恐至牵混，且恭充译谕旨，此书分贮各处，许多士编摩誊录，在于广布流传，与天府珍藏稍有不同，拟用坚白太史连纸刷印红格，分给缮写，以示区别”②。清代玉牒馆纂修玉牒使用的也是金线榜纸。乾隆五十三年（1788）四月，玉牒馆向户部颜料库交回裁截金线榜纸一千五百张。③ 光绪二十二年（1896），玉牒馆纂修玉牒，要求户部给发金线榜纸，户部请旨让安徽巡抚和安徽布政使就近采办二十万张，以供应用。④ 光绪三十二年（1906）纂修玉牒时，采买泾县榜纸数量达二十五万五千张，用银七万一千四百两。⑤ 清帝御制诗也需要用金线榜纸抄写。嘉庆二年（1797）二月，武英殿为缮写御制诗，需用金线榜纸一千二百零五张，广储司茶库和户部如数

① 《汇奏嘉庆十七年分各部院衙门领用过心红纸张等项总折》，《宫中全宗朱批奏折》，中国第一历史档案馆藏，档号：04-01-01-0536-029。

② 《质郡王永瑢等奏陈酌议应定缮写四库全书章程事奏折》，《军机处全宗录副奏折》，中国第一历史档案馆藏，乾隆四十七年八月二十日，档号：03-9675-047。

③ 《为乾隆五十三年三月交回裁截金线榜纸物料细数清册移送江南道查核事》，《宗人府全宗来文档案》，中国第一历史档案馆藏，档号：06-01-001-000788-0002。

④ 《安徽巡抚福润奏为传办金线榜纸查明安徽槽户难以照式制造事》，《宫中全宗朱批奏折》，中国第一历史档案馆藏，档号：04-01-36-0116-114。

⑤ 《恭修玉牒需用缮写一切经费及纸张朱墨界划装订工价各项清单》，《军机处全宗录副奏折》，中国第一历史档案馆藏，档号：03-6665-098。

领取了金线榜纸。

从上面叙述中可以看出，清代使用泾县榜纸的主要有实录馆、玉牒馆、四库全书馆、方略馆、国史馆、会典馆、圣训校勘处，以及文颖馆等专门的修书机构，主要用于缮写《清实录》《玉牒》《四库全书》《方略》《会典》《本纪》《全唐文》等书籍以及一些书籍的皮面、杂页。尤其是四库全书馆、实录馆和玉牒馆使用金线榜纸，用量相对较大，且档案明确记载用金线榜纸缮写实录的正本和副本。

二 白鹿纸

奏事处每年汇奏的各衙门用纸总折档案中，也有关于白鹿纸及使用情况的记载。雍正元年（1723），总督户部三库事务的和硕怡亲王允祥因“额办纸张一年不敷一年之用”，于“（康熙）六十年添办清水连四纸二万张，白鹿纸三万张，照定价共银一万三千四十两。六十一年添办清水连四纸二万张，毛边纸十万张，棉料呈文纸二十万张，白鹿纸三万张，竹料呈文纸十张万，黄榜纸五千张……”① 乾隆三十五年（1770）的各衙门用纸总折中，使用白鹿纸的衙门有三通馆。当年三通馆新领白鹿纸三百张，原存五百七十张，缮写正本使用二百七十张，剩余六百张。嘉庆九年（1804）各衙门用纸总折中，使用白鹿纸的衙门有实录馆，比上年少领了一千八百张，存数为七千二百张，旧存五千三百七十五张，“恭缮皇史宬、盛京尊藏本，用过九千六百六十七张，尚存二千九百零八张”②。嘉庆十七年（1812）各衙门用纸总折中，国史馆下有“旧存白鹿纸二十二张，全存”的记载。道光二年（1822）各衙门用纸总折中，实录馆和国史馆下记载有白鹿纸。“白鹿纸，系恭缮皇史宬、盛京尊藏本用，旧存二千张，新领五千张，用过二千五百三十张，尚存四千四百七十张”③。道光九年（1829）总折中，领用过白鹿纸的有国史馆和太常寺。国史馆新领五百张，

① 《允祥等奏请添办纸张及节省银两事》，《宫中全宗朱批奏折》，中国第一历史档案馆藏，档号：04-01-35-0707-001。

② 《嘉庆九年分各部院衙门领用过心红纸张等项总折》，《宫中全宗朱批奏折》，中国第一历史档案馆藏，档号：04-01-35-1385-044。

③ 《道光二年分汇奏各部院衙门用过心红纸张总折》，《宫中全宗朱批奏折》，中国第一历史档案馆藏，档号：04-01-35-0951-034。

旧存二百零一张，缮写《一统志》正本等项，用过五百七十四张，仍存一百二十七张；太常寺领“白露纸六百张，致祭祖陵并告祭坛庙用”[①]。

从以上档案记载看，白鹿纸的使用机构明显比使用金线榜纸（泾县榜纸）的要少，仅有实录馆、三通馆、国史馆和太常寺，实录馆用于缮写皇史宬和盛京的尊藏本，三通馆用于缮写《三通》正本，国史馆用于缮写《一统志》正本，而太常寺将白鹿纸用于祭祀。

三 《清实录》用纸

通过对有关清代中央和部院衙门用纸总折档案的梳理可以看出，不管是金线榜纸还是白鹿纸，在清代都是缮写书籍正本的纸张，尤其是金线榜纸，广泛应用于各种书籍正本的缮写，如《北四阁四库全书》《清实录》《玉牒》《御制诗》《方略》《本纪》等。相较而言，白鹿纸虽然也用于缮写书籍正本，但使用不如金线榜纸广泛，仅在缮写《清实录》《三通》和《一统志》等少数书籍正本时才使用。

再来看《清实录》用纸。前述嘉庆九年各部院衙门领用过纸张等项总折中，实录馆缮写《清实录》用纸主要有泾县榜纸、白鹿纸、台连纸和太史连纸。泾县榜纸用于缮写《清实录》正本，白鹿纸用于缮写皇史宬和盛京尊藏本，台连纸用于缮写《清实录》草本，太史连纸用于缮写《清实录》稿本。[②] 道光二年各部院衙门用过纸张总折中，泾县榜纸不仅用于缮写《清实录》正本，还用于缮写《清实录》副本，白鹿纸也用来缮写皇史宬及盛京尊藏本，台连纸和太史连纸用来缮写《清实录》的草本和稿本。[③]

《清实录》的宫藏版本，主要包括内阁实录库的小黄绫本、小红绫本，乾清宫的小红绫本、皇史宬大红绫本、盛京大红绫本。这五个版本的《清实录》，其中内阁实录库小红绫本为副本，其余均为正本，小黄绫本是呈

① 《道光九年分汇奏各部院衙门用过心红纸张总折》，《宫中全宗朱批奏折》，中国第一历史档案馆藏，档号：04－04－04－0714－187。

② 《嘉庆九年分各部院衙门领用过心红纸张等项总折》，《宫中全宗朱批奏折》，中国第一历史档案馆藏，档号：04－01－35－1385－044。

③ 《道光二年分各部院衙门用过心红纸张总折》，《宫中全宗朱批奏折》，中国第一历史档案馆藏，档号：04－01－35－0951－034。

进皇帝审阅的正本，其他都是尊藏性正本。[①] 从清朝中央各部院衙门用纸总折看，缮写《清实录》的正本和副本，使用的是金线榜纸，因此可以明确，内阁实录库小红绫本《清实录》所用纸张应为泾县榜纸。同时，总折中实录馆用纸明确记载，缮写皇史宬和盛京大红绫尊藏本，用的是白鹿纸。那么，内阁实录库的小黄绫本和乾清宫的小红绫本两个正本，使用的应为泾县榜纸。因此，美国普林斯顿大学加勒特书库所藏的《大清世祖章皇帝实录》卷17至卷22，作为原皇史宬所藏的大红绫本实录，其所用纸张应为白鹿纸，而不是泾县榜纸。

（作者单位：中国第一历史档案馆）

① 谢贵安：《清实录研究》，上海古籍出版社，2013，292～296页。

史家与史评

考辨清代皇家出版的一部创新之作

——评《皇权与教化：清代武英殿修书处研究》

曹江红

项旋著《皇权与教化：清代武英殿修书处研究》于 2020 年 7 月由中国社会科学出版社出版，全书共 52.8 万字，是首批国家社会科学基金优秀博士论文出版项目成果之一。

清圣祖康熙皇帝以崇儒重道为基本国策，标榜文治，重视文化建设。武英殿修书处设立于康熙十九年（1680），是清代专门从事内府书籍校勘、刷印和装潢工作的皇家出版机构。这一机构运转了 230 余年，刻印殿本数量达 670 余种，以精校、精刊著称于世。武英殿修书处以清朝皇家雄厚财力为后盾，刊印典籍装潢水准高，所用纸墨质量好，校勘精细程度颇佳，在中国书籍文化史中占有重要地位。作者除了大量爬梳档案外，还使用了官书、笔记等文献资料，全面系统地考察武英殿修书处及殿本的相关史实，厘清武英殿修书处的历史源流、发展历程、制度运作等具体的细节问题，是目前国内外关于这一专题研究的领先者。该书鲜明地呈现了如下几个特点。

一　史料翔实，内容丰富

史料是历史研究的基石。在史料运用上，以往学界探讨武英殿修书处最常征引的材料多为《清会典》《清实录》及政书等，受条件所限，而鲜少采用中国第一历史档案馆所藏的武英殿修书处专题档案、台北所藏的内阁大库档案等这些第一手的珍贵原始档案。作者不惮繁难，不仅充分利用新近整理出版的《清宫武英殿修书处档案》《清内府刻书档案史料汇编》等档案史料，而且广泛查阅中国第一历史档案馆、台北故宫博物院、台北中研院历史语言研究所等地所藏朱批奏折、内阁大库档案、军机处录副奏折、军机处上谕档、内务府奏销档、宫中档等档案资料；此外，还调阅了中国国家图书馆、故宫博物院等处的珍藏殿本实物。在留学期间阅读了流传到海外的哈佛大学、普林斯顿大学等北美东亚图书馆的近300部清代殿本古籍。对这些原始档案的挖掘利用，有助于深入考察武英殿修书处制度运行、刊印活动等细节问题，解决许多以往悬而未决的疑难问题。

该书框架由绪论、正文和结语组成。正文分为七章，每章下设若干小节。第一至五章重点厘清武英殿修书处的历史源流、职官设置、日常管理、制度运作、活字印刷等基本问题，第六、七章关注武英殿修书处刊印活动的直接产物——殿本，探讨了殿本的形成过程、版刻特征及其售卖流通。结语部分进一步深入揭示武英殿修书处这一清代“皇家出版社”的政治文化内涵，从而呈现出武英殿修书处的整体面貌。全书框架完整，逻辑严密。这里就个别章节的创新之处加以讨论和评价。

第二章回溯武英殿修书处从成立、发展到衰微的历程，创见颇多。作者在追溯清廷设置武英殿修书处的历史渊源和现实背景的基础上，详细梳理其发展脉络和制度沿革，明确了武英殿修书处发展历程分期。结合分析武英殿修书处制度发展、刊刻殿本数量两种因素，作者“将武英殿修书处的发展历程划分为四个时期：康熙朝为武英殿修书处创始期，雍正、乾隆朝为鼎盛期，嘉庆、道光朝为式微期，咸丰至宣统朝为衰亡期。四个时期各有鲜明的特点。”① “武英殿修书处兴衰与清王朝的历史进程基本保持一致，当康乾盛世时，武英殿修书处发展迅速，制度完备；而当清廷由盛转衰时，武英殿修书处同时走向衰落，制度涣散，最后一起走向衰亡。”② 其新见主要有：第一，证实武英殿修书处成立于康熙十九年十一月，其与同年成立的武英殿造办处属上下级隶属关系，并非同一机构；第二，重新统计清代殿本总数为670余种，呈现了清代各朝刊刻殿本的基本面貌；第三，对武英殿修书处发展进行分期，在此基础上重点论述了该修书处在各个时期的制度发展、技术变革、时代特色及刊印殿本的成绩。

第四章动态考察武英殿修书处的制度损益和机构运作机制，关注武英殿修书处制度的源流、流变，从文献制度研究转变为实践制度研究。既动

① 项旋：《皇权与教化：清代武英殿修书处研究》，中国社会科学出版社，2020，第471页。

② 项旋：《皇权与教化：清代武英殿修书处研究》，第472页。

态考察了武英殿修书处的职官制度变迁，深入揭示了武英殿修书处下属监造处和校刊翰林处两大机构的分工与合作关系，又全面梳理了武英殿修书处人员情况，对管理武英殿的总理、内务府司官及武英殿总裁、提调、总纂、纂修、校录等人员进行考察，还原了武英殿修书处各类匠役的日常生活、奖惩以及写刻字工价等情况。同时探讨武英殿修书处的日常工作，指出该修书处与内务府、内阁、修书各馆等机构存在合作协调关系。修书各馆负责书籍的编纂和校对，书籍编成后一般交由该修书处刊刻、装潢。可以说立体地呈现出武英殿修书处的运行机制和整体面貌。作者由此得出结论，认为武英殿修书处建立了一套完备的组织管理体制和后勤保障制度。

结语部分对武英殿修书处所彰显的皇权与教化内涵进行了总结和探讨。作者认为武英殿修书处在组织管理上有重要的创新和发展，建立了切实可行的奖惩体制，既保证校雠、刊刻工作的高效、有序进行，又保证了殿本刊刻的质量。同时作者客观指出，武英殿修书处本质上为皇家刻书机构，并从皇权政治、书籍传播等角度揭示出该修书处与清代政治文化的内在关联。

二　辨章学术，考镜源流

作者注重考证细节问题，在辨章学术、考镜源流方面多有创获。绪论部分全面梳理了有关武英殿修书处的国内外研究成果，特别对殿本的概念进行界定。以往对殿本数量的统计，由于著录标准不一致，导致统计结果各异，分别有441、468、595、572种等不同说法。因此对于殿本概念的严格界定实属必要。作者回到清人语境，通过梳理《国子监志》《养吉斋丛录》所载，认为清代殿本应特指康熙十九年武英殿修书处成立后在武英殿刊刻、装潢完成的内府典籍，而内府写本、抄本、石印本，铅印本以及地方进呈本均不能计入殿本。据此编制了《清代殿本编年总目（1680—1912)》，首次对现存清代殿本进行较为全面系统的著录、分析，统计出清代殿本总数为674种。“其中康熙朝29种，雍正朝59种，乾隆朝411种，嘉庆朝72种，道光朝50种，咸丰朝17种，同治朝12种，光绪朝20种，宣统朝4种”①，详细地呈现清代武英殿修书处刊刻殿本的成就及特色

① 项旋：《皇权与教化：清代武英殿修书处研究》，第471页。

所在。

殿本用纸问题近些年成为学界关注的一个热点。作者通过梳理清代殿本用纸档案，考证清代殿本常用刷印纸张为连四纸而非开化纸，进而证明清代殿本常用纸张为连四纸，极少有开化纸刷印殿本的记载。在辨析开化榜纸与开化纸为同一类型纸张的基础上，作者结合清代用纸档案同时对开化榜纸、连四纸的记载，可以确证连四纸与开化纸是不同类型的纸张，认为近代以来“殿本多为开化纸”刷印的说法应当重新审视。这些结论，应该说是具有很强的说服力的。

作者对于前人关注极少的殿本回缴、售卖流程等问题进行了重点探讨，颇具新意。作者通过梳理史料，揭示出殿本回缴有补充内府库藏、掩盖是非等目的，回缴方式为回缴内府，或就地销毁改刻。殿本售卖是清代官刻本的主要流通方式，殿本通过五城书铺、琉璃厂书肆、书商贩卖等途径流播海内外。作者指出殿本是皇家刻本，带有鲜明的官方色彩，售卖不以赢利为目的，而“以广教泽”为宗旨。如乾隆三年（1738）颁发《御选语录》，乾隆四年（1739）颁发《性理大全》《古文渊鉴》，乾隆十一年（1746）出售“古香斋袖珍本”《袖珍朱子全书》皆是典型案例。

三　多学科研究方法的运用

作者综合运用历史学、文献学等相关学科的理论与方法，进行跨学科的综合性研究。一方面运用历史学的研究方法，考察武英殿修书处的历史源流和制度沿革。将史实考据与史学理论探讨相结合，分析刻书背后的历史文化内涵。另一方面，运用版本学、校勘学等文献学研究方法，进行了文献调研，比勘文献版本，编制清代殿本总目。此外，还同时借鉴书籍史的方法，考察该修书处制作书籍的成本、用料及售卖书价等问题。

第五章讨论武英殿聚珍版相关问题，就是运用历史学、文献学等多种研究方法的例子。作者首先从历史学的视角出发，从聚珍馆机构运作的角度考察武英殿聚珍版相关问题。提出聚珍馆的得名与“聚珍版”的命名密切相关，早期名为“聚珍版处”或“排印聚珍版处”，设立于乾隆三十九年（1774）而非学界通常认为的乾隆三十八年（1773）。至乾隆五十一年（1786），聚珍馆完成“应刊”书籍的阶段性任务后并没有闭馆，而是将后续工作移交给武英殿，继续摆印其他书籍。之后又爬梳文献，从目录学、版本学的角度出发，重新辨析了“武英殿聚珍版丛书”收书138种的流行说法，作者认为清代乾嘉时期官方只有“武英殿聚珍版”或“武英殿聚珍版书”的用法，乾隆皇帝所定的《钦定武英殿聚珍版书目录》只收录聚珍版书129种。聚珍版书138种之说，并不符合实情。另外还对乾隆朝聚珍版木活字消失的原因重新做出考释。

作者还结合存世殿本，从版本学、书籍史等角度揭示武英殿刻书的基本特征，深入揭示武英殿修书处的政治文化内涵。武英殿修书处是清廷文化政策的集中彰显。清朝皇帝通过典籍的编印，宣传和阐释皇权政治合法性、官方文化主导性、统治秩序的稳定性及统治政策的权威性，辅助统治集团宣扬稽古右文的文教政策，以此教化臣民、巩固统治。武英殿修书处刊刻了大量的皇帝谕旨、诏令类书籍，并在地方加以翻刻、推广这些书籍，明确帝王的立场和行为准则，以统一清朝臣民的思想，划一舆论，武英殿修书处实际成为清朝文化政策的有机组成部分。这些见解都是利用多元化、跨学科的方法考察所得，视角独特。

总之，该书是国内第一部全面系统考察武英殿修书处的创新之作。这一成果的出版，丰富、推进了清代文化史、出版史的研究。第一，武英殿修书处作为清代最重要的内府出版机构，是研究中国古代中央刻书制度史的一个重要窗口。武英殿修书处建立的高效组织管理制度，是考察清代中央刻书机构制度的绝佳切入点。第二，武英殿修书处集中彰显清廷政治文化政策。武英殿修书处与清王朝兴衰同起同落，该修书处的发展历程为认识清朝历史发展提供了独特视角。探讨武英殿修书处精湛的刷印、装潢工艺有助于推动文化传播与技术传承。武英殿修书处在雕版技艺、活字印刷、装帧等方面达到了相当高的技术水准，通过系统研究，这些技术工艺可以得到充分发掘和继承发展。第三，武英殿修书处精校、精刊的管理制度为当今出版管理提供有益借鉴。武英殿修书处任用博学之士主持刻书，对书籍校勘质量把关极严，严格执行三校三修的校勘程序，其精校、精刊的经验为今天的图书出版和管理提供借鉴。这本书的不足之处是作者在运用殿本教化清朝臣民的实际成效方面写得略显单薄。瑕不掩瑜，该书不愧是一部优秀的博士学位论文。

（作者单位：中国社会科学院古代史研究所）

征稿启事

《清史论丛》创刊于1979年，由中国社会科学院古代史研究所（原历史研究所）清史研究室主办，是国内清史界历史最为悠久的学术刊物。数十年来，虽历经风雨，海内外学术界一直以各种方式对敝刊给予支持，使我们葆有办好《清史论丛》的热情和动力。《清史论丛》长期向海内外同仁征集文稿，凡专题研究、文献研究、读史札记、书评综述等体裁的作品，均欢迎稿投。来稿将经过匿名评审，刊出后会致送薄酬。

征稿要求：

1. 稿件请附内容摘要（200字以内）、关键词、英文标题、作者简介、联系方式。

2. 注释格式参照《历史研究》及相关出版规范。

3. 电子文本请发至此邮箱 qshlc@ sina. cn。

《清史论丛》编辑部

图书在版编目(CIP)数据

清史论丛．二〇二〇年．第二辑：总第四十辑／中国社会科学院古代史研究所清史研究室编．-- 北京：社会科学文献出版社，2020.12
ISBN 978-7-5201-6778-9

Ⅰ．①清… Ⅱ．①中… Ⅲ．①中国历史-清代-文集
Ⅳ．①K249.07-53

中国版本图书馆 CIP 数据核字(2020)第 263829 号

清史论丛（二〇二〇年第二辑 总第四十辑）

编　　者／中国社会科学院古代史研究所清史研究室

出 版 人／王利民
责任编辑／吴　超

出　　版／社会科学文献出版社·人文分社（010）59367215
　　　　　地址：北京市北三环中路甲 29 号院华龙大厦　邮编：100029
　　　　　网址：www.ssap.com.cn
发　　行／市场营销中心（010）59367081　59367083
印　　装／三河市东方印刷有限公司

规　　格／开 本：787mm×1092mm　1/16
　　　　　印 张：20.25　字 数：319 千字
版　　次／2020 年 12 月第 1 版　2020 年 12 月第 1 次印刷
书　　号／ISBN 978-7-5201-6778-9
定　　价／99.00 元

本书如有印装质量问题，请与读者服务中心（010-59367028）联系

版权所有 翻印必究